Josef Müller

Der Reformkatholizismus

I. Teil.: Die wissenschaftliche Reform

Josef Müller

Der Reformkatholizismus
I. Teil.: Die wissenschaftliche Reform

ISBN/EAN: 9783743421080

Hergestellt in Europa, USA, Kanada, Australien, Japan

Cover: Foto ©Lupo / pixelio.de

Manufactured and distributed by brebook publishing software (www.brebook.com)

Josef Müller

Der Reformkatholizismus

Der
Reformkatholizismus.

- • -

I. Theil.
Die wissenschaftliche Reform.

Für die Gebildeten aller Bekenntnisse

dargestellt von

Josef Müller
Doktor der Philosophie.

Zweite vermehrte Auflage.

Zürich.
Verlag von Caesar Schmidt.
1899.

Inhalt.

Vorwort zur zweiten Auflage.

„Wenn jemand sich zutraut, Christi
zu sein, so gedenke er dies wieder bei
sich, daß, wie er Christi ist, so auch
wir." 2. Cor. 10, 7.

Der rasche Absatz der starken ersten Auflage in wenig
Monaten beweist das rege Interesse, das kirchlichen Reform=
fragen in unserer Zeit gewidmet wird. Was die innere Auf=
nahme der Schrift betrifft, so können die Preßstimmen natür=
lich nicht als präzises Zifferblatt der Eindrücke und Anregungen
gelten; denn die Brochüre fand sich in der eigentümlichen
Lage, kein einziges Organ der Geistesrichtung, der sie ent=
stammte, in der deutschen Journalistik vorzufinden; das Lob,
das ihr gespendet wurde, ist also sicherlich wohlverdient und
unvoreingenommen. Viele angesehene Blätter hielten es für
passend, die Schrift einfach zu ignorieren; die, welche reagierten,
fanden in der Regel nur einen Teil je nach der religiösen und
politischen Parteistellung als trefflich und richtig. Auf katho=
lischer Seite fand besonders die erste Hälfte, die Theologie
der katholischen Grundprinzipien, uneingeschränkte Anerkennung.
Dieser Teil sei „dem Besten, was in der letzten Zeit auf apo=
logetischem Gebiet geboten wurde, beizuzählen" (Dr. J. B. in
der „Augsb. Postzeitung" wiss. Beilage), enthalte „eine Reihe
Goldkörner, tief=christliche und echt katholische Ideen in durch=
aus moderner Gewandung und scharfer Fassung" (Der
Elsässer); dieser Teil ist „geradezu vorzüglich zu nennen"
(Wiener Volksblatt); „mit großer Frische verarbeitet Müller

hier ein ausgebreitetes, sorgfältig ausgewähltes Material aus alter und neuer Zeit, welches des Eindrucks nirgends verfehlen wird" (Germania). Die Schrift wurde wiederholt als „Markstein in der katholischen Reformbewegung" bezeichnet und als solche auch im Ausland, besonders in Frankreich gewürdigt. Dagegen fühlte man sich seitens der Kreise, welche die katholische Presse inspirieren, von den Reformanregungen unangenehm berührt und der Verfasser verfiel hier dem Schicksal, das schon sein Vorläufer, der Würzburger Apologet, auf dieser Seite gefunden hatte. Dabei wurde mitunter in unfreiwilliger Komik (oder Aufrichtigkeit?) Bemerkenswertes geleistet, so von dem Referenten der Germania, der (3. Bl. v. 7. Okt.) die Reformvorschläge, insbesondere auch Nr. 6. „Vermeidung einer unchristlichen Gehässigkeit in Kritik und Polemik" ausdrücklich abzulehnen sich gedrungen fühlte. Mitunter wurde ich an das Wort Fabers an den Karthäuserprior Gerhard Kalkbrenner in Köln erinnert: „Es ist tief zu bedauern, daß es überaus Viele gibt, die sich mehr vor einer Reform gemäß dem Glauben fürchten, als vor dem Abfall vom Glauben." Protestantischer und Freisinnigerseits war die Aufnahme — eine einzige Pfütze des „evangelischen" Bundes abgerechnet — durchaus nobel. Die Organe auf dieser Seite, soweit sie sich äußerten, fühlten, daß eine katholische Reformbewegung die katholischen Prinzipien nicht verleugnen dürfe und merkten wohl, daß der moderne Geist und die auf protestantischem Boden errungene Kultur in der Schrift deutlich genug zu verspüren sei.

Zu dieser neuen Auflage habe ich nur zu bemerken, daß ich zahlreiche, wie ich glaube, wertvolle und Mißverständnisse berichtigende Zusätze gemacht, die vielen Druckfehler sorgfältig berichtigt und alle gemachten Anregungen in genaue Erwägung gezogen habe.

Zur Sache nur noch folgendes:

Die katholische Reformbewegung hat man ihrem Ursprung gemäß Amerikanismus genannt. Die günstige Entwicklung des Katholizismus in Amerika beruht nach Brunetiere darauf, daß die amerikanischen Katholiken, statt sich nach der in Europa beliebten Methode auf die Vergangenheit zu

beschränken, resolut mit dem Geist der Zeit fortgeschritten
waren, sodaß man zwischen ihnen und der modernen Zivili=
sation nicht jenen Grad von Gegensätzlichkeit beobachten konnte,
wie er in verschiedenen Ländern der alten Welt konstatiert
werden mußte. Schell sagt neuerdings „Aktivismus, Pro=
gressismus, Kommunionismus". Kernpunkt ist jedenfalls die
Geltendmachung der persönlichen und nationalen Indivi=
dualität, gegenüber zu engen und drückenden Fesseln der
Autorität namentlich in dem Punkt, wo Vergewaltigung am
wenigsten zu ertragen ist: im wissenschaftlichen Denken.
Wir Reformkatholiken nehmen, nachdem wir die in Glaubens=
sachen übernatürlich sanktionierte Autorität der Kirche durch
historisch=apologetische Forschung verstandesgemäß erkannt
haben, die Freiheit in dubiis in vollem Umfang in Anspruch
und verlangen Duldung in allen, namentlich philosophisch=
fortschrittlichen berechtigten Ideen. Die Autorität muß an
der Freiheit ihren Gegenpol haben; on ne s'appuit que sur
ce qui resiste. Widerstandslose Passivität gibt kein Leben,
auch kein religiöses.

Wir protestieren gegen die Versuche, uns von Mitarbeit
am modernen Geistesleben fern zu halten und gegen die Ver=
dächtigung unserer religiösen Gesinnung. Wir betrachten
es als eine Schmach, immer hinter den Protestanten einher=
zuhinken, höchstens als Parasiten die Früchte zu stehlen, die
wir nicht gepflanzt; wir betrachten es als nicht genügend,
wenn die katholische Wissenschaft allenfalls ermuntert wird,
„die haltbaren Ergebnisse der fortschreitenden Forschung hin=
zunehmen" (nämlich wenn gar nichts mehr daran zu nörgeln
ist); wir halten es vielmehr als Pflicht und sind nach unseren
Kräften bereit und bemüht, selbstthätig in die Aufgaben und
Arbeiten der Zeit einzutreten, dieselben in gute Bahnen zu
lenken und zu erhalten und glauben so am meisten zur Ehre
und Achtung der Kirche beizutragen. „Wer furchtsam und
verzagt ist, der kehre um!" Richt. 7, 3.

Würzburg, im März 1899.

Der Autor.

I. Apologetische Grundfragen.

Quod manet infectum, nisi tu confeceris, ipse
mandatum a summo tu tibi crede deo!
(Was unvollendet bleibt, wenn nicht du es vollbringst, das
glaube dir vom höchsten Gott als Aufgabe übertragen!)

§ 1. Religion.

Religion ist das Ringen nach Weltverständnis und
Geisteserlösung. Sie ist der innerste, wahrste und mäch=
tigste Drang des Geistes und verläugnet sich nirgends, wo ge=
sundes, normales Denken herrscht. „Nicht weil der Mensch Mensch
ist", sagt Lazarus, „erkennt er Gott, sondern weil er Gott er=
kennt, ist er Mensch, d. h. Gotterkenntnis gehört zum Begriff
des Menschen und ist nicht bloß ein accidentales Merkmal des=
selben; und auf welcher Stufe diese seine Gotterkenntnis steht,
auf derselben Stufe steht auch sein Menschentum." Wo immer
unverfälschtes Volkstum lebendig ist, da bildet die Religion die
innerste, wärmste und kräftigste Triebkraft des gesamten Han=
delns, die schaffende Quelle aller Segnungen für den Einzelnen
und die Gesamtheit, die Seele gleichsam, wodurch der Volks=
geist lebt. Die Furcht Gottes war bei den Alten stets An=
fang und Ende aller Weisheit und ein gottgefälliges Handeln
Voraussetzung eines glücklichen Lebens. „Erinnerst du dich
nicht" sagt Sokrates bei Xenophon (Mem. 1, 4), „oder bemerkst
du nicht, Aristodemus, daß die Königreiche und Freistaaten, die
den größten Ruhm der Weisheit und des langen Bestehens
haben, diejenigen sind, deren Frömmigkeit und Andacht am her=
vorstechendsten gewesen ist, und daß der Mensch niemals ge=
neigter ist, der Gottheit zu dienen, als in dem Abschnitte des

Dr. Josef Müller, Reformkatholizismus. I. 2. Aufl.   1

Lebens, wo die Vernunft die größte Herrschaft übt und sein Verstand sich in voller Kraft und Reife befindet?" Religions= losigkeit war den Alten von Wahnsinn nicht entfernt. „Es ist klar" sagt Herodot (3,38), „daß Kambyses in Raserei geraten war; er würde sich sonst nicht vermessen haben, über Kultus= sachen und Religionssatzungen zu spotten. So etwas kann nur ein Rasender thun."

Heutzutage hat sich das Bild geändert. Die Irreligiosität hat sich mit dem Nimbus der Wissenschaftlichkeit bekleidet und verdeckt mit diesem erlogenen Glanz ihre Blößen. Es gilt als ausgemacht — und das wissen heutzutage schon die Handwerks= gesellen — daß von den jenseitigen Dingen niemand etwas wissen kann, daß alles, was man seit Anfang der Welt darüber gedacht und geschrieben hat, Mythus, Begriffsdichtung ist, daß der Hang zur Transszendenz nur psychologische resp. patholo= gische Bedeutung hat als Ausgeburt der künstlerischen Phantasie, welche die irdischen Erlebnisse phantastisch zu gestalten und über das Diesseits zu verlängern liebe, als Wunschverlangen, welches das Glück, das heiß ersehnte, aber hinieden nie gefundene, ins Jenseits projizire, damit aber doch nur eine täuschende Fata Morgana erschaffe. Wahn, überall Wahn! Laßt alle Hoffnung sinken, über das Welträtsel Näheres zu erfahren! So lautet das neue Evangelium. Viel besser als solchen Phantomen nach= zujagen sei, endgültig auf solche Traumbilder zu verzichten und die kostbare Zeit und Mühe den Aufgaben des irdischen Lebens zu widmen. Dem Tüchtigen sei ja diese Welt nicht stumm, wie der große Goethe gesagt hat, und die rege Beteiligung an der Kulturarbeit sei wertvoller und ersprießlicher als das eigen= nützige und hoffnungslose Schwärmen nach einem jenseitigen Ideal.

Unsere Philosophie ist bescheiden geworden, sehr bescheiden, wenigstens soweit religiöse Tendenzen in Frage kommen, und das Schlimmste ist, daß mit dem voreiligen Aufgeben aller idealen Bedürfnisse sofort eine wahre Abneigung, Fragen meta= physischer Art überhaupt zu berühren, herrschend geworden ist. Es gilt geradezu als unanständig und als grober Verstoß gegen den guten Ton, von so zweifelhaften Materien wie Gott, Kirche, Unsterblichkeit in Gesellschaft nur zu reden, und man kann mit

ben wohlerzogenen Kindern unserer guten Welt Jahre lang ver=
kehrt haben, ohne zu merken, ob sie katholisch oder protestantisch,
heidnisch oder mohammedanisch, ja überhaupt irgend eines Glau=
bens sind. Es mutet uns seltsam fremdartig an, wenn wir
z. B. in Riehls Kulturstudien lesen, daß unsere frommen Vor=
eltern keinen Brief anders als mit einem Laus Deo begannen,
einen Frachtbrief z. B. mit den Worten anhuben: „Unter dem
Geleite Gottes und des Fuhrmanns N. N. übersende ich hie=
mit drei Tonnen Häringe", jeden Vertrag „im Namen der hei=
ligen und unteilbaren Dreieinigkeit" anfingen; wir lesen mit
Wehmut, wie der mittelalterliche Dichter am Schlusse seines
Werks bittet, „daß jeder, der dies Buch liest, seiner Seele
Gnade wünsche," damit er für Müh' und Zeit, so er auf die
Arbeit gewandt, „den frohen Lohn erschaue — daß wer sich dran
erbaue — dereinst nach seinem End' — zu Gott empor die
Händ' — heb' für der Seele Heil" — ein moderner Dichter
würde sich durch so etwas lächerlich machen. Nur im Moham=
medismus und anderen noch weiter zurückgebliebenen Reli=
gionen durchdringt der religiöse Gedanke noch das gesamte
öffentliche und private Leben; dort legt bei dem Ruf des
Muezzin der Handwerker sein Gerät zur Seite, der Kaufmann die
Ware, unbekümmert um seine Kunden, und spricht sein Gebet;
dort ist der Sultan nur Fürst als Herrscher aller Gläubigen
und das spezifisch konfessionelle Denken giebt dem Alltäglichsten
besondere Tinktur: „der Winter ist heuer früh gekommen, Allah
hat es so gewollt" sagt z. B. der Türke. Bei uns im Gegenteil
zeigt sich die Tendenz, das spezifisch Konfessionelle und überhaupt
Religiöse immer mehr und mehr aus dem öffentlichen und ge=
sellschaftlichen Leben, aus Staat, Schule, Gemeinschaft als ein
störendes und anstößiges Element hinausdrängen, wodurch
natürlich auch der privaten Pflege der Nährarm unterbunden
wird. Ja ein wahrhaft tierisches Behagen an der Gottent=
fremdung, eine Lust, sich recht fern von Gott im irdischen Da=
sein heimisch zu machen, nimmt immermehr überhand. „Nir=
gends", sagt Pascal, „zeigt sich so sehr die schlimme Verfassung
des Menschen, als wenn einer die Wahrheit der göttlichen Ver=
heißungen nicht wünscht." Soweit ist ein großer Teil der
Menschheit heutzutage. Statt den Verlust des hehren Glaubens

wenigstens zu bedauern, zeigt man darüber noch Freude und
putzt die Blößen der Geistesverarmung mit allerlei glänzenden
Lappen. Eine Art Theophobie macht sich in mitunter kläglicher,
ja komischer Weise bemerkbar. Ambros erwähnt in seiner
Schrift über „Die Grenzen der Musik und Poesie" als Charak-
teristikum, daß in den Ausgaben der Pastoralsymphonie die
Überschrift „Gott", die Beethoven über das Finale gesetzt hat,
gewöhnlich fehle. Die norddeutschen Kritiker, denen der Glaube
an Gott zufällig abhanden gekommen sei, hätten dies übersehen und daher den Zusammenhang der Symphonie nicht verstanden. Ähnlich wie Beethoven ist es einem andern deutschen
Komponisten ergangen. In Lortzings „Waffenschmied" wird
die letzte Strophe des Schlußliedes immer weggelassen. Sie
ist für unser modernes Theaterpublikum freilich auch recht
anstößig:

> Einst waren die Menschen im Glauben vereint,
> Zufrieden mit Gott und Natur,
> Man hat nicht wie heute fast alles verneint,
> Man schätzte als Menschen sich nur.
> O reichet euch wieder die Bruderhand,
> In Glaube und Sitte ein Vaterland —
> Hinweg mit dem nutzlosen Streit!
> Das wär' eine köstliche Zeit!

Ein Seitenstück dazu ist die Aufführung des Goetheschen „Faust",
der ich einmal in einem der berühmtesten Theater beiwohnte.
Dort wurde die Stelle, wo Mephisto von der Kirche sagt, daß sie
ganze Länder schon aufgefressen und allein unrecht Gut verdauen
könne, schmunzelnd und behaglich mit großem Beifall des Publikums breitgetreten, als ich aber erwartete, daß nun auch der
„Jud' und König" seinen Teil erhalte, harrte ich vergebens.
Denn diese Verse waren viel zu staatsgefährlich gehalten, um
in der Öffentlichkeit gesagt werden zu dürfen. Also die katholische Kirche steht an Wertschätzung bereits unter dem Judentum. Das sind kleine Dinge, aber sie sprechen viel. Dabei
ist man keineswegs gewillt, die Religionsgegnerschaft auch
wirklich zuzugeben; man will bei völliger Aufgabe der Sache
den Schein noch wahren. Wenn Pantheisten, wie Spinoza,
Hartmann, Fechner, Paulsen mit großem Pathos von Gott
und Religion sprechen, welchen Sinn können sie mit diesen

Worten noch verbinden? „Gott," sagt Schopenhauer, „ist in
der neueren Philosophie, was die französischen Könige unter
dem Major domus waren: ein leerer Name, den man bei=
behält, um unangefochtener sein Wesen treiben zu können."
Paulsen meint, die Religion habe die Aufgabe, den Sinn der
Dinge nicht mit Begriffen für den Verstand, sondern mit
heiligen Sinnbildern für das Gemüt zu deuten. Die Religion
gebe ihre Deutungen unbekümmert um die Möglichkeit einer
wissenschaftlichen Konstruktion. Paulsen stellt sich die Religion
als eine Art künstlerischer Ausschmückung des prosaischen All=
tagslebens, als eine höhere Gattung von Fabeldichtung vor,
die nützliche Moralanweisungen unter gefälliger Einkleidung
biete. Aber was das religiöse Gemüt ersehnt, sind nicht solche
Spielereien, sondern 1. Belehrung über das Weltgeheimnis,
2. Trost und Befriedigung der Erlösungssehnsucht. Dazu be=
darf es reeller Kost, wirklicher Offenbarung und gnaden=
voller Beseligung; das aber kann eine bloße Allegoriedichtung
nicht bieten. Der bunte Regenbogen der Dichtkunst kann nicht
haltbarer Schwibbogen der Wirklichkeit werden, auf dem wir wie
die alten Götter zur ewigen Walhalla eingehen könnten. Wo
keine Wahrheit oder nur poetische Wahrheit, da ist keine Religion.
Symbolik ist etwas Schönes als pädagogische Einkleidung, wenn
die Wahrheit des Sinnbilds schon anderswoher gesichert ist;
als bloße geistreiche Erfindung ist sie für das heilsbedürftige
Gemüt wertlos. Paulsen scheint seine Religionsidee von Schillers
Göttern Griechenlands entlehnt zu haben, den „schönen Wesen
aus dem Fabelland," aber auch diese wurden geglaubt und
selbst bei Schiller ist die Dichtung nur die „zauberische Hülle",
die sich „lieblich um die Wahrheit wand." Glaube ist kein
Phantasiespiel, sondern, wie Tolstoi sagt, der Sinn des Le=
bens: Glaube verlangt ein persönliches Verhältnis zum Ur=
heber des Daseins, eine wirkliche Erfüllung mit höherem Licht
und überirdischer Gnade. So dachten sich ihn ausnahmslos alle
Völker; mit diesem Anspruch und dieser Verheißung tritt uns die
Religion überall entgegen, wo sie wirkliche, natürliche Lebens=
schöpfung, erprobtes Lebensprinzip eines geschichtlichen Volkes
und nicht bloß ausgeklügeltes Stubenprodukt eines an der
transzendenten Wahrheit verzweifelnden Denkers ist; nur als

solche kann sie auch dem Handeln kräftigen Impuls, den Institutionen des Gemeinlebens Festigkeit und Autorität geben. Sollte die gesamte Überzeugung der Menschheit, die Basis aller Gesellschaftsentwicklung eine fortgesetzte Lüge gewesen sein? Solches Schlußergebnis dürfte doch zu nochmaliger ernsten Prüfung auffordern. Tolstoi, der große Moralist, der wie ein unbequemes böses Gewissen unseren Schönrednern in den Weg tritt, sagt in seiner Selbstbiographie: „Die Menschen halten es für eine Schande, wenn sie die letzten Aussprüche der Weisheit eines Spencer, Helmholtz . . . nicht kennen, aber von Buddha, Brahma, Konfuzius, Epiktet, Jesaias kennen sie manchmal den Namen, manchmal auch nicht, und es fällt ihnen nicht ein, daß man die Bücher dieser Religionen für fünf Rubel kaufen und in zwei Wochen lesen kann und daß in diesen Büchern, nach welchen die ganze Menschheit gelebt hat und noch lebt mit Ausnahme von 0,007 fast unbekannter Wesen, die ganze menschliche Weisheit, alles das enthalten ist, was die Menschheit zu dem gemacht hat, was sie ist." Tolstoi erzählt ferner, wie ihn nach der Verwerfung des orthodoxen Glaubens das Suchen nach Gott beständig beunruhigt habe. „Immer wieder gelangte ich zu der Erkenntnis, daß ich doch nicht ohne jeden Grund und ohne jeden Sinn auf die Welt kommen konnte, daß ich doch nicht ein aus dem Nest gefallener kleiner Vogel sein könne, als welcher ich mich fühlte. Mag ich selbst, ich der herausgefallene Nestling, auf dem Rücken liegen und im hohen Gras zwitschern, ich zwitschere doch deshalb, weil ich weiß, daß meine Mutter mich unter dem Herzen getragen, mich ausbrütete, wärmte, nährte, liebte. Wer ist sie, diese Mutter?" Und wehmütig bekennt er: „Ich erinnere mich, daß ich nur dann lebte, wenn ich an Gott glaubte. Gott erkennen und leben ist ein und dasselbe; denn Gott ist das Leben."

Zur Lösung des religiösen Problems sind einige philosophische Voruntersuchungen notwendig, vor allem der Vernunftbeweis vom Dasein Gottes, dann die Begründung der Substanzialität der Seele, wodurch die Möglichkeit eines jenseitigen Fortlebens gegeben ist. Diese Probleme habe ich ausführlich nach dem Stand der jetzigen Wissenschaft und in vielfach eigenartiger Weise in meinem „System der Philosophie" (erschienen

1898 bei Kirchheim in Mainz) behandelt und weise hiemit darauf zurück. Unsere Aufgabe ist nunmehr, den wirklichen Manifestationen des göttlichen Geistes in Völkern und Zeiten nachzugehen und die Realität der Offenbarung zu begründen. Fand die Vernunft schon im physischen Kosmus deutlich die Spur einer höheren Hand, so tritt uns in der Entwicklung des Menschengeistes, in der Völkergeschichte ebenso bemerkbar die höhere Führung und Erleuchtung vor Augen. Mannigfach und vielgestaltig — denn Uniformität und Einheitsschablone war offenbar nicht der Wille des Weltlenkers — sind die Funken des Logos spermatikos, des „Lichts, das alle Welt erleuchtet," ausgestreut über die Völker; sie kreuzten und amalgamirten sich mit dem Menschengeist, mit dessen Träumen und Sinnen, und so sehen wir Buddha, Laotse, Lykurg, Solon, Numa als Religionsstifter und Verfassungsgeber in ihren Völkern auftreten und die Grundlage zum Bestand des Gemeinschaftslebens legen. „Aber" — so könnte man mir entgegnen — „hältst du denn diese Männer für gottgesandte und -erleuchtete Propheten?" Gemach! so nenne ich sie nicht in dem eigentlichen übernatürlichen Sinn; schon die zahlreichen Widersprüche in den Naturreligionen deuten auf menschlichfehlbaren Ursprung; immerhin war aber der Wahrheitsgehalt selbst der schlechtesten Religion noch groß und segensvoll genug, um Lebensprinzip für ein Volk werden zu können, was ich den modernen philosophischen sogenannten Religionen nicht zutrauen würde. Man darf nicht schließen: Die Religionen widersprechen sich, also sind alle falsch, sondern wir müssen sagen: Auch die geringste wirkliche Volksreligion muß noch Wahrheit und Kraft besitzen, denn ein Volk lebte von ihr und konnte Jahrtausende durch sie bestehen.

Freilich kann nur eine Religion die absolut wahre und eigentlich gottgeoffenbarte sein. Diese muß sich als solche vor dem Richterstuhl des Verstandes bewähren und untrügliche Kriterien übermenschlicher Herkunft aufweisen können.

Ohne die Thatsache einer vollkommnen eigentlichen Offenbarung wäre die Weltgeschichte eine Frage ohne Antwort, ein Drama ohne Lösung, ein Rätsel ohne Deutung. Wir stünden ratlos in der Schöpfung, geboren mit Anlagen und Bedürfniffen, denen keine Befriedigung winkte, gepeinigt von Zweifeln, die nirgends beruhigt werden könnten, von einem Wahn besessen, der nicht zu heilen, verdammt, einem Trugbild nachzujagen, das uns bei jedem Versuch der Annäherung neckisch entschlüpft. Unsere innerste Natur wäre verfälscht, ein böser Dämon müßte den Menschen geschaffen haben und sich an seiner Täuschung und Ratlosigkeit ergötzen.

Als absolute Religion kann nur das Christentum in Frage kommen. Die gesamte moderne Entwicklung fußt in ihren edleren Bestandteilen auf dem Kapital, das Jesus von Nazareth in die Menschheit geworfen; die Zeit hat es nach seinem reichen In= halt ausgemünzt, vertieft und verwertet, aber nichts Neues, Positives in religiöser und ethischer Hinsicht hinzugewonnen. Im nächsten Kapitel wollen wir prüfen, ob Christus sich als der Gottmensch noch heute rechtfertigen kann.

Zusatz der zweiten Auflage. Es ist in neuerer Zeit Mode geworden, die Religion nur als psychologisches Phäno= men abgesehen von jedem Wahrheitsgehalt zu betrachten, und zu analysieren. Nach Eduard Zeller z. B. können wir den Glauben an die Offenbarung, „unter gewissen kulturgeschichtlichen Voraus= setzungen psychologisch so vollständig begreifen, daß wir in derselben Erscheinung, welche in der geistigen Umgebung des 18. und 19. Jahrhunderts fast für das Zeichen eines kranken Kopfes gelten könnte, in anderen Zeiten die Form sehen müssen, unter welcher als schöpferischer Kraft religiöser Genien ihr eignes Bewußtsein sich naturgemäß darstellte.“ (Zeller, Religionsphil. S. 65). Der moderne religiöse Nihilist am Siechbett des „kranken Kopfes“ religiöser Genien, um die Entstehung solches Wahns zu erklären, — welch erhabene Er= scheinung! Welcher Hochmut! Als ob nicht auch im 18. und 19. Jahrhundert die religiösen Grundfragen den Kernpunkt jedes normalen Denkens und Sehnens ausmachten! Als ob nur Irrwahn und Phantasie den Lauf der religiösen Ent= wicklung bezeichnet hätten, als ob das psychologische und historische Verständnis die Vernichtung des Wahrheitsgehalts bedeutete nach der petitio principii eines verwandten Geistes: „Die Kritik des Dogmas ist seine Geschichte!“ „Es rächt sich hier“, sagt A. Baur „der Mißgriff, wenn man bei der reli=

giösen Forschung von einem aus den rohesten Formen ge=
wonnenen allgemeinen Begriff anstatt von einem Normbegriff
ausgeht — ein Mißgriff, den man in der Ethik und Ästhetik
sich gewiß nicht erlauben dürfte. Was die Hauptsache anlangt,
so enthalten die Worte Zellers eine vollständige Verwerfung
der Wahrheit der Offenbarung und des Glaubens an dieselbe.
Glaube ist hier bewußtlose Selbsttäuschung. Aber selbst
nach Zeller ist die Welt nur als Offenbarung
Gottes zu denken, also muß die Offenbarung doch
einen reellen Boden haben können! Der Umstand,
daß die Entstehung einer solchen Erfahrung psychologisch sich
muß erklären lassen, sollte nicht gegen die Wahrheit der Offen=
barung geltend gemacht werden! ... Den Kulturwert einer
Religion erklärt er aus Fortschritten der Erkenntnis, Moral
Ästhetik, statt auch den Einfluß der Religion auf sie und
die Quellen, welche diese Potenzen in der Religion finden, zu
beachten." (Philos. Monatshefte 1890, S. 536 ff.) „Wer Re=
ligion für illusionäre Befriedigung hält, ist so wenig befähigt,
ihre Geschichte zu verstehen, wie die Kunstgeschichte beurteilen
kann, wer Kunst für das Erzeugnis der Langeweile hält, oder
Kriegsgeschichte, wer das Heerwesen für ein Spielzeug erklärt."
Willmann.

Dieselbe petitio principii wie Zeller begeht Nietzsche,
wenn er naiv fragt: „Ist es eigentlich nötig, daß es einen Gott
nebst einem stellvertretenden Sündenlamm, wirklich gibt, wenn
schon der Glaube an das Dasein dieser Wesen aus=
reicht, um die gleichen Wirkungen hervorzubringen? Alles
Wohlthuende, Tröstliche, Versittlichende, welches die christliche
Religion der menschlichen Seele gibt, geht von jenem Glau=
ben aus und nicht von den Gegenständen dieses Glaubens."
Es ist eben die Frage, ob es einen Glauben von solch phäno=
menalen Wirkungen geben kann, ohne übernatürliche Causalität.
Das wären Wirkungen ohne Ursache.

§ 2. Christus, der Gottmensch.

„Jesus Christus stirbt nicht. Es ist eine wunderliche Idee,
als könnte das deutsche Volk in einem halben Jahrhundert ver=

geſſen, daß es Jeſum ein Jahrtauſend geliebt hat. Der „He=
liand‘ grüßte die Deutſchen bei ihrem Erwachen, Luthers
‚lieber Herr Chriſtus‘ ſtand bei ihnen, als ſie mündig wurden,
endlos iſt dieſer Chriſtus in die Gemüter hineingebetet, =ge=
predigt, =geſungen worden. Mit ſeinem Namen ſtarben lange
Reihen unſerer Väter, und nun kommt heute eine Partei und
denkt, mit etwas natürlicher Schöpfungsgeſchichte und etwas
hiſtoriſchem Kritizismus dieſen Jeſus aus den Seelen blaſen
zu können. Wenn irgendwo, ſo liegt hier die Oberflächlichkeit
auf der Hand. Eine große Geſtalt verdrängt man
nur durch eine noch erhabenere Größe. Wen aber
will man in die leere Niſche ſtellen, aus der man Jeſum weg=
zutragen verſucht? Sollten Marx und Darwin etwa Jeſum
erſetzen? Beide ſind uns in ihrer Art bedeutend, wir gönnen
ihnen einen goldenen Lorbeer, wie ihn Goethe und Schiller in
der Hand haben, aber mehr als die Klaſſiker einiger Jahrzehnte
ſind Marx und Darwin nicht. Jeſus aber überdauert die
Tage der Völker, er bleibt — weil er unerſetzlich iſt.“

„Es gehört zum Geheimnis der ewigen Jugend Jeſu, daß
er für alle Zeiten eine friſche Entdeckung iſt. Er erſcheint vor
dem geiſtigen Auge ſtets in einer Art, daß man meint, ihn
vorher noch nicht recht gekannt zu haben. So war Jeſus neu,
als ihn Luther verkündigte, ſo wird er neu ſein, wenn unſer Volk
ſich wieder zu ihm wendet. Wir werden in die Sprüche der
Evangelien mit glücklichen Händen hineingreifen, wie man in
neu gefundene Kleinodien ſich vertieft. Worte, welche bis jetzt
von den Theologen für nebenſächlich angeſehen wurden, werden
in den Mittelpunkt des Glaubenslebens treten.“ (Naumann,
Was heißt chriſtlich=ſozial? S. 6 und 7.)

Der Heiland war ſicher der größte Erdengeiſt, aber
war er auch wirklich Gott? Hat er ſich ſelbſt Gott, dem
Ewigen, gleichgeſtellt. oder ſind die Ausdrücke Sohn Gottes,
Meſſias nur im Sinne von Geſandter Gottes, Prophet ſeiner
Lehre zu nehmen? Das iſt die Frage, auf die es zunächſt
ankommt.

„Wäre Jeſus nicht mehr als ein großer Theolog und edler
Heldengeiſt, ſo wäre er viel weniger als das,“ ſagt Roſcher
in den „Geiſtlichen Gedanken eines Nationalökonomen.“ „Hier

täuſche ſich niemand. Wenn man noch ſo ſkeptiſch den Kern
der evangeliſchen Überlieferung aus ſpäteren Zuſätzen heraus=
ſchält, ſo bleiben immer noch Beweiſe genug übrig, daß Jeſus
ſelbſt für etwas ganz anderes, viel höheres hat gelten wollen.
So ſind die Einſetzungsworte des heiligen Abendmahls gewiß
authentiſch überliefert, da ſie ſchon Paulus übereinſtimmend
mit den Synoptikern bezeugt, dergleichen Abſchiedsworte eines
geliebten Sterbenden ſchon bei gewöhnlichen Menſchen treu
erhalten werden und bei ſolchen Religionsformeln bis auf
unſere Tage herab jede Änderung den lebhafteſten Widerſtand
findet. Aus dieſen Einſetzungsworten geht mit Sicherheit her=
vor, nicht blos daß Jeſus freiwillig in den Tod gegangen iſt,
ſondern auch daß er es gethan, um die Menſchheit mit Gott
zu verſöhnen. Auch Stellen wie Mat. 10, 37 und 11, 28
tragen im höchſten Grad den Stempel der Urſprünglichkeit an
ſich. ‚Wer Vater oder Mutter mehr liebt als mich, iſt meiner
nicht wert,‘ ſo ſpricht nur ein ganz herzloſer, dabei unmäßig
eitler und ſelbſtſüchtiger Fanatiker oder — ein Weſen, das auf
geheimnisvolle, übernatürliche Weiſe mit dem Urgrund alles
Guten, der zugleich die Liebe ſelbſt iſt, zuſammenhängt. ‚Kommt
zu mir alle, die ihr mühſelig und beladen ſeid, ich will euch
erquicken‘ das iſt der Ausſpruch entweder eines Leichtſinnigen,
der keine Ahnung von dem Jammer der Menſchheit hat, oder
eines von Hochmut Verrückten oder — des Sohnes Gottes!
Der Zuſatz: ‚Denn ich bin von Herzen demütig‘ macht einen
geradezu ſchauerlichen Eindruck, wenn man nicht an die letzte
Alternative glauben will. Bei allen drei Synoptikern erklärt
ſich der Herr vor dem hohen Rat, alſo der rechtmäßigen Obrig=
keit, bei Matthäus ſogar mit einem Eid, für den Sohn
Gottes. Daß er dies nicht in dem Sinne thut, wie jeder gute
Menſch, erkennt man nicht bloß an dem Zuſatz: ‚von den
Wolken des Himmels,‘ ſondern auch unzweideutig daraus, wie
ſeine Richter die Erklärung als Gottesläſterung auffaſſen.
Wenn man die Quellen auch noch ſo ſkeptiſch behandelt, ſo
läßt ſich kaum bezweifeln, daß dieſer Kern ſeines Kriminal=
prozeſſes treu überliefert worden iſt. Feinde wie Freunde
hatten ein gleich ſtarkes Intereſſe daran, daß eben dieſer Punkt
nicht entſtellt werde.“ Die Bezeichnung Menſchenſohn kann

nicht gegen den Gottessohn ausgespielt werden. Jesus nannte sich so offenbar mit Beziehung auf Daniel 7, 13, wo der Prophet nach dem Sturz der vier Weltreiche „einen wie eines Menschen Sohn auf den Wolken des Himmels' kommen sieht, dem dann die ewige Herrschaft, Herrlichkeit und Königtum gegeben wird."

Eben in der Machtvollkommenheit seiner göttlichen Würde verlangt der Heiland vor allem Glauben an sich als den Gottgeborenen. „Glaubst du an den Sohn Gottes?" fragt er den Blindgeborenen und Sehendgewordenen. Und als dieser erwidert: „Ja, Herr, ich glaube" und ihn anbetet, begnadigt er ihn (Joh. 9, 35, 38). Dieser Glaube wirkt unsagbar auf alle moralischen Handlungen, auf Ausübung der brüderlichen Liebe, auf heroische Sanftmut, Geduld, Reinheit, er ist das belebende Prinzip, das alle Kräfte unterstützt und beseelt. „Wer an mich glaubt, hat das ewige Leben". Joh. 6. 47. „Wer an mich glaubt, wird auch die Werke thun, die ich thue, ja noch größere, denn ich gehe zum Vater." Joh. 14, 12.

Ganz verkehrt ist es, mit Christian Baur den Schwerpunkt der christlichen Heilslehre in ihre sittliche Größe zu verlegen. Allerdings hat das Christentum auch sittlich die Welt umgeschaffen, aber das konnte es nur, indem es ein neues überirdisches Ferment in die Menschheit verpflanzte. Die sittliche Verjüngung der Welt war Folge und Frucht des Wunderglaubens an die Herabkunft des Reiches Gottes, dieser aber war das Primäre, der schaffende Keim. „Wären die Apostel nur Moralisten gewesen, so hätten sie," sagt Herder gegen Nicolai, „ihrer Zeit nichts geboten; aber sie kamen mit der vollen, sicheren Gewalt des Glaubens an die erfüllte Zeit einer im innersten Kern verzweifelnden Welt entgegen, die nach einem Wunder verlangte, aber nicht die Kraft hatte, das Wunder zu erzeugen. Nicht das moralische, sondern das mystische Element des Christentums war es, das ihm Zugang in die Gemüter verschaffte." Ein Glaube ohne Wunder ist ein wunder Glaube.

Es sei gestattet, auch das Urteil eines unserer idealsten Geister über den Heiland zuzufügen. Nach Wolzogen sagte Richard Wagner am Tage nach der Vollendung des Parsifal im Gespräch über ein neues Buch von der atheistischen Rich-

tung: „Man ſollte doch froh ſein, von der Kindheit an mit
den religiöſen Traditionen verwachſen zu ſein; ſie ſind durch
nichts von außen zu erſetzen. Sie enthüllen uns immer mehr
und immer beglückender ihren tiefen Sinn. Zu wiſſen, daß
ein Erlöſer einſt dageweſen iſt, bleibt das höchſte Gut des
Menſchen. Dies alles mit einem Mal wegwerfen zu wollen,
zeugt von großer Unfreiheit, von einer Sklaverei des Geiſtes
durch unſelige demagogiſche Einflüſſe, ja es iſt ſchließlich nichts
wie Renommage." Von Strauß ſagte er: „Der ſchreibt über
Religion und Chriſtentum wie ein Quartaner, der eben Ter=
tianer geworden iſt. Ihm fehlt der tiefe ernſte Blick ins In=
nere des Größten, Einzigen. . . Man könnte meinen, es habe
ja doch ſo viele Märtyrer und Heilige gegeben, warum ſollte
gerade Jeſus der Göttliche unter ihnen ſein? Aber all' jene
heiligen Männer und Frauen wurden es erſt durch göttliche
Gnade, durch eine Erleuchtung, Erfahrung, eine innere Umkehr,
die ſie aus ſündigen Menſchen zu Übermenſchen werden ließ. . .
Auch Buddha war ein wollüſtiger Prinz, ehe ihm die Erleuch=
tung kam. Es war ſittlich groß, erhaben von ihm, aller Welt=
luſt zu entſagen, aber er war nicht göttlich. Bei Jeſus dagegen
war von Anfang an völlige Sündloſigkeit ohne jede Leidenſchaft=
lichkeit, göttlichſte Reinheit von Natur, und dabei erſcheint ſie doch
nicht, wie man denken ſollte, dadurch etwa wie etwas Inter=
eſſantes oder gar wie etwas Unmenſchliches, ſondern dieſe
reinſte Göttlichkeit iſt gänzlich von reinſter Menſchlichkeit, durch
Leid und Mitleid innig und allgemein menſchlich ergreifend,
eine unvergleichlich einzige Erſcheinung. Alle anderen b r a u ch e n
des Heilandes, er i ſt der Heiland." Wolzogen, Erinner. an
R. Wagner.

Aber wo bleibt denn die Bibelkritik, die große Errungen=
ſchaft des deutſchen Geiſtes, der unwiderlegliche Nachweis des
mythiſchen und apokryphen Charakters der evangeliſchen Ur=
kunden? Gemach; wir wollen dieſer Kritik eine wenn nicht
erſchöpfende, doch zum Verſtändnis genügende Aufmerkſamkeit
ſchenken.

§ 3. Die moderne Bibelkritik.

„Ich möchte die jungen Herren vor allem bitten, ſich nicht
zu ſehr dem deutſchen Bedürfnis der Kritik hinzugeben," ſagte

Bismarck zu den Studenten, die ihm zu seinem 80. Geburtstag gratulierten. Das war ein Wort zur rechten Zeit, welches zugleich bezeugt, wie scharf der Denker von Friedrichsruhe die Zeitsymptome beobachtet. Es gibt heute Gelehrte, deren ganze Wissenschaft in Bestreitung aller festen Grundlagen der Gesell= schaft, besonders ihrer religiös=sittlichen Basis besteht. Als ein Autor behauptete, der Philosoph müsse entweder auf dem ideali= stischen oder realistischen Standpunkt stehen, gab Eugen Kühne= mann zu verstehen, es gäbe noch einen dritten Standpunkt, den kritischen (der also rein in der Luft hängt). Dabei sind aber diese negativen Köpfe voller unbewiesener Voraussetzungen, die sie der Kritik stillschweigend zu Grunde legen, wie ja Kant, ihr Großmeister, die abstrusesten Ideen als möglich annahm, z. B. daß der Verstand die Kraft habe, ein ganz ordnungsloses, unbegreifliches Chaos in einen ideenmäßigen Kosmos umzuwan= deln, daß die Einheit der Persönlichkeit nur formal und mit stetem Wechsel des Bewußtseinskerns wohl vereinbar sei u. dergl.

Sonst galt ätzende Kritik als auflösendes und böses Gift. „Wo Zweifel nah' dem Herzen wohnt, da wird der Seele schlimm gelohnt" heißt es im Parzival und unsere Ahnen hatten die Sprüchwörter: Zweifel ist ein übler Zimmerer — Zweifel baut selten aus — nie mit starker Säul' ein Haus (Reinmar von Zweter). — Zweifel baut zweifelhafte Wand und zweifel= haftes Dach. Diese Sünde ist jetzt Tugend geworden; alles und jedes zu bezweifeln ist jetzt die Hauptsache, um das Auf= bauen kümmert sich die Wissenschaft nicht.

Ich bin weit entfernt, einem blinden Glauben, und sei es selbst im religiösen Leben, das Wort zu reden. Auch Kritik muß sein. Unsere Alten wußten schon: „Sicherheit macht Frie= den krank," wie es im Freidank heißt; und ehrlich betrieben, kann selbst die schärfste Kritik nur zur Läuterung des Guten oder Vernichtung des Schlechten führen, was beides für die Wahr= heit von Vorteil ist; aber es muß redliche Kritik sein. Mit bloßem grundsätzlichen Verneinen ohne eine Spur von Erklä= rung ist der Wissenschaft nicht gedient; der wahre Weise sieht zuerst auf das, was ist, der Afterweise auf das, was mangelt. Wie es nun mit der Redlichkeit der modernen Bibelkritik steht, das hat einer, der es kennen konnte, deutlich ausgesprochen.

Ritschl sagt von dem Tübinger Baur: „Seltsam ist Baurs Vorstellung von Kritik. Damit meint er nicht Methode der geschichtlichen Forschung, sondern die dogmatisirten Resultate seiner negativen Stimmung. Er ist immer im Begriff, Abtrünnigkeit von der Kritik da zu sehen, wo man von ihm abweicht, auch wo man ihn gar nicht nennt.“ „Nur kein Zugeständnis an die Orthodoxie!“ das ist der oberste Grundsatz; alles, was nach Wunder, übernatürlicher Offenbarung aussieht, wird a priori geläugnet, die willkürlichsten Schemata werden angelegt, um den Text darnach zurecht zu stutzen, äußere Zeugnisse ignorirt, die vagsten Hypothesen entworfen, wobei jeder dem anderen widerspricht und ein besonderes Steckenpferd reitet. Einigkeit herrscht nur in der gemeinsamen Verwerfung alles göttlichen Bodens.

Man hat alles aufgeboten, um das Christentum zu stürzen: Scharfsinn, Gelehrsamkeit, Rhetorik, man ist mit einem Eifer, der einer besseren Sache würdig gewesen wäre, gegen die Religion zu Felde gezogen, als ob es sich um eine gemeinschädliche Sache handelte, als ob für Staat und Gesellschaft nichts bringender und förderlicher wäre, als die letzten Spuren christlichen Denkens und Fühlens auszurotten, man ist in dieser Minirarbeit, unbekümmert um den Ersatz durch Besseres, bis zum Äußersten gegangen und hat sich zu rechtfertigen geglaubt durch das Recht der Wissenschaft, alles vor ihr Forum zu ziehen. Ist man aber auch mit der Redlichkeit des unparteiischen Forschers zu Werk gegangen? Hat man nicht mit Leidenschaft, ja mit Fanatismus alles hervorgehoben, was die vorgefaßte Meinung begünstigte, alles versteckt, was ihr nachteilig war?*

Und wie steht es mit den **positiven** Resultaten? Was

---

* Wenn nicht im Galaterbrief der Streit mit Petrus zu fruktifiziren wäre, hätten ihn unsere Kritiker schon längst für apokryph erklärt; so aber langen sie mit beiden Fäusten darnach. Neuerdings hat Kehrbach in seinem haarsträubenden Machwerk: Was lehrte Jesu? die ganze subjektive Methode diskreditirt. Nun entsetzen sich die Beteiligten (cf. die Rezension Holtzmanns im Literar. Centralblatt vom 25. Dez. 1897). Aber haben Strauß, die Tübinger, Wellhausen nicht in demselben Stil, wenn auch etwas klüger gearbeitet? Solche Willkür muß eben ins Bodenlose führen.

hat man zur Erklärung einer so ungeheuren und neuen Erschei=
nung, wie sie das Christentum ist, beigebracht?

Hier ist der wundeste Punkt. Man hat vergessen, daß
die Aufgabe des Historikers nicht bloß eine negative, destruktive
sein kann, daß der Geschichtsschreiber nicht nur zu verneinen,
zu kritisiren, sondern auch zu erklären hat, daß mit Betrugs=,
Fälschungs=, Erdichtungshypothesen bei Dingen, die doch eben vor
aller Augen sich abgespielt haben sollen, eine Bewegung nicht
erklärt werden kann, die einen Heroismus, eine sittliche Hoheit
zeigt, welche nur aus der unerschütterlichsten, auf die gewissesten
Thatsachen und Erfahrungen gegründeten Überzeugung hervor=
gehen konnte. Der Wirkung muß doch auch die Ursache entsprechen.
Das Erhabenste kann nicht aus Lüge, Täuschung, Wahn her=
vorgehen; das widerstreitet dem Prinzip der Kausalität. Wie
leicht sich die Herren die Gründung einer Religion vorstellen!
Da soll nach Bruno Baur Seneca in seinen Nebenstunden aus
Überdruß an den sittlichen Zuständen Roms das gesamte
Christentum samt seinen Urkunden und Legenden erfunden haben:
Es mögen sich doch einige geistreiche Männer zusammenmachen,
um etwas wie das Christentum, wo möglich noch etwas Besseres,
zu erfinden! Kann man denn Naturgesetze, Geisterrevolutionen
erfinden? Kritisiren, prüfen kann der Verstand, aber die Ge=
setze des geistigen Lebens müssen ihm gegeben werden als Offen=
barungsthatsachen, ebenso wie die des materiellen in der sinn=
lichen Anschauung. „Das Wesen der Offenbarung fällt in das
Gebiet des religiösen Erlebens, nicht in das der religiösen
Reflexion“, sagt A. Baur gegen Zeller. Die bewußte Verstandes=
thätigkeit an Stelle der Religion setzen heißt nach Wundt die
Wissenschaft mit dem Leben verwechseln; die Wissenschaft kann
und muß die religiösen Phänomene beurteilen, aber sie kann
sie nicht schaffen. Die Nationalökonomie kann nicht wirtschaft=
liche Güter, die Grammatik nicht die Dichtwerke, die Phi=
losophie nicht die Offenbarung ersetzen.

Diese Erwägungen geben von vornherein der Bibelkritik
ein ungünstiges Licht. Wir stehen im besten Fall vor einem
unlösbaren Rätsel, vor einer psychologischen und historischen
Amphibolie. Wo der Christ einen majestätischen Tempel sieht,
da findet der Freigeist nur einen Schauplatz von Trümmern,

deren Herkunft er nicht zu deuten weiß. Dazu kommt die furchtbare Gefahr, welche mit der Zerstörung der bisherigen Kulturgrundlage auch für das gesellschaftliche Leben droht. Schon Goethe hat vor den Gefahren einer übertriebenen Kritik gewarnt. Bei Eckermann II, 339 sagt er: „So rütteln sie jetzt an den fünf Büchern Mosis, und wenn die Kritik irgend schädlich ist, so ist dies in Religionssachen. Denn hiebei beruht alles auf dem Glauben, zu welchem man nicht zurückkehren kann, wenn man ihn einmal verloren hat. In der Poesie ist die vernichtende Kritik nicht so schädlich; da gleichen die homerischen Helden (die Wolf zerstört) den Helden Walhallas, die sich des Morgens in Stücke hauen lassen und Mittags mit heilen Gliedern zu Tische sitzen."

Immerhin müssen wir die negative Kritik unbefangen würdigen; denn sollte der Nachweis der menschlichen Entstehung der christlichen Religion gelungen sein, so müßten wir, so schmerzlich es uns ankäme und so wenig Ersatz uns der Unglaube für den zerstörten Glauben bieten könne, der Illusion doch vernunftgemäß entsagen. Prüfen wir nun des Näheren die Aufstellungen der Kritik im Besonderen. Natürlich können hier die Resultate der gegenwärtigen Bibelforschung nur in kurzer Übersicht gegeben werden; sie sind aber auf dem Boden des gesamten vorliegenden Materials gewonnen. Eingehendere Belehrung muß dem Studium der Spezialwerke überlassen bleiben.

§ 4. Das alte Testament.

Die erste Untersuchung betrifft die Authentic der Offenbarungsurkunden. Seit Spinoza, dem Vater der zerstörenden Kritik, war das Hauptaugenmerk der ungläubigen Gelehrten darauf gerichtet, die heiligen Schriften als weit spätere, untergeschobene Erzeugnisse hinzustellen und so von vornherein ihrer Glaubwürdigkeit zu berauben. Diese Methode erwies sich gründlicher und wirksamer als die famose Umdeutung aller Wunderberichte nach dem Rezept des Heidelberger Paulus, wonach man z. B. einfach: Jesus ging am Meere statt auf dem Meere übersetzt, oder: Elias wurde mit

Raben statt von den Raben ernährt, worüber Heine den
Vers dichtete:

> Nicht von Raben, sondern mit Raben
> Ward Elias ernährt,
> Anstatt gebratener Tauben
> Gab man ihm gebratene Raben,
> Wie wir denn selbst mit Glauben
> Zu Berlin gespeiset haben.

Die Erscheinung am Berge Horeb ist dann nichts anderes
als ein Busch, der brannte. „Wir lassen Jehovah in seinem
Busch verbrennen." Das ist sehr einfach. Noch einfacher frei=
lich, mit der neueren Kritik die ganze Geschichte für Erfindung
zu erklären. Aber wie erklärt man dann das Werden und
die Gestaltung des heilsgeschichtlichen Volks? Wie die That=
sache der allgemeinen Anerkennung und Geltung der heiligen
Urkunden? Wie das Entstehen einer dem ganzen Altertum
so fremden Ideenwelt mitten unter der heidnischen Umgebung?
Was wissen die gelehrten Konjekturenreiter von der Einfüh=
rung und Unterschiebung des Betrugs? Doch gehen wir auf
die Hypothesen ein!

Vor allem ist die Authentizität des Pentateuch Gegen=
stand der Angriffe. Natürlich, er ist ja das älteste der Bücher
und mit dem Zugeständnis der Autorschaft Mosis, des Augen=
zeugen, wäre die Sache der Kirchenfeinde schon verloren. Das
Buch ist auch inhaltlich, da es die Heilsgeschichte in nuce be=
reits enthält, so wichtig, daß hier die kritischen Messer ganz
besonders geschärft werden müssen. Aber angenommen, der
Pentateuch sei nicht von Moses, von wem ist er dann? Kann
ein so hohes, ideales Dokument von so gewaltiger Tragweite
das Werk eines Betrügers sein? und das müßte es sein, wenn
Wellhausens Hypothese zu Recht bestände, die Priesterschaft
habe für den bestehenden Kultus eine historische Basis gesucht
und in dieser Tendenz die Offenbarungsgeschichte erdichtet.
Der Gedanke der Entstehung und Ausbildung einer in
religiöser und sozialer Hinsicht so gewaltigen Volksindivi=
dualität, wie sie das jüdische Volk ist, ohne wirklich führende
machtvolle Persönlichkeiten so gewissermaßen von selbst durch
das Milieu müßte unbegreiflich erscheinen, wenn nicht der
blinde Widerwille gegen alle Religion in Rechnung käme. Eine

Bibelkritik, die an Stelle der geschichtlich bezeugten gewaltigen
Führer mit unbekannten Verfassern arbeitet, die alles aus der
Analyse des Inhalts, also aus inneren Gründen herausklaubt
unter Mißachtung der Tradition und äußeren Bestätigung,
trägt das Kains= und Todeszeichen schon auf der Stirn. Doch
gehen wir auf das Einzelne ein!

Die Einwände gegen die Authentie der fünf Bücher Mosis
stellt am schärfsten Dillmann in seinem exegetischen Hand=
buch des alten Testaments zusammen. Er sagt: Moses kann
nicht Verfasser des Pentateuch sein. Er wird nirgends als
solcher genannt. Wo etwas Schriftliches auf ihn zurückgeführt
wird, ist es stets ausdrücklich bemerkt; so Ex. 17, 14; 24, 4. 7;
34, 28; Num. 33, 2. Nur für das Deuteronomium (aber
nur für Kap. 5—26) ist Moses als Autor genannt D. 31, 9.
24; cf. 17, 18; 28, 58—61. Von Moses wird immer nur
in der dritten Person gesprochen; Deut. 34 wird sein Tod er=
zählt. Deut. 3, 11 wird erwähnt, daß die eiserne Bettstelle
des Königs Og, dessen Besiegung eben erzählt wird, zu Rabbath
gezeigt werde, offenbar als eine Antiquität. Ebenso werden
Num. 21, 14 und Jos. 10, 13 Bücher aus nachmosaischer Zeit
citirt. Auf die Vertreibung der Kanaanäer wird als auf etwas
Vergangenes zurückgeblickt Gen. 12, 6; 13, 7; Lev. 18, 28;
Deut. 2, 12. Die Israeliten sind längst im Besitz des Landes:
Gen. 40, 15; Deut. 19, 14. Mit den Örtlichkeiten des West=
jordanlandes zeigt sich genaue Bekanntschaft Deut. 11, 30;
Ausdrücke, die erst in Kanaan sich bildeten wie יָם Westen,

נֶגֶב Süden, עֵבֶר הַיַּרְדֵּן Ostjordanland, עֶצֶם Deut. 8, 17 sind
17 geläufig. Auch Begebenheiten der Richter= und Königzeit
werden vorausgesetzt Gen. 14, 14; Deut. 34, 1; Gen. 36, 31, 49;
Ex. 15; Num. 24; Deut. 32. Doppelte und dreifache Berichte
kommen vor: Ex. 3, 6 Berufung Mosis; 14 das Meerwunder; 19,
24 die Gesetzgebung auf Sinai, widersprechende Angaben: über
den Namen des Schwiegervaters Mosis Ex. 2, 18; 3, 1; 4,
18; 18, 1; Num. 10, 29; über die Mitnahme seines Weibes:
Ex. 4, 20 gegen 18, 2; über die Herstellung der Stiftshütte:
Ex. 33, 7—11 gegen Ex. 35—40 u. a. Auch die Ordnung
ist mangelhaft z. B. wenn Ex. 16, 23 Sabbath und Stiftshütte,

Ex. 38, 16 schon Num. 1, 50, vorausgesetzt wird oder Num. 7 hinter Num. 1, 1 steht. Das ist nicht leicht erklärbar, wenn ein Augenzeuge berichtet, wohl aber wenn das Buch aus verschiedenen Berichten zusammengestellt wurde. Über die 40 Jahre der Wanderschaft in der Wüste ist fast nichts berichtet, die Gesetze und Rechte erscheinen als völlig neu eingeführt, während in Wirklichkeit derlei Reformen nur Modifikationen von Althergebrachtem sind. Der vormosaische Hintergrund des Gesetzes ist fast völlig verwischt, dagegen werden Bedürfnisse und Verhältnisse der späteren Zeit, wo die Israeliten ein ansässiges, Ackerbau treibendes, von Fremdlingen und Gegnern durchzogenes Volk waren, stillschweigend vorausgesetzt; Dinge, die erst in Kanaan praktisch und ausführbar waren, sind bereits mit großer Sachkenntnis und Genauigkeit geschildert, so die Opfer, Feste. Die vielen Bestimmungen über Ort und Personen des Kultus, über Zehent, Wohnplätze, Freilassung der Sklaven sind innerhalb des kurzen Zeitraumes von 40 Jahren nicht zu erklären, während sie als Niederschlag einer Jahrhunderte langen Fortentwicklung sich leicht begreifen lassen.

Dillmann setzt die Entstehung der vier ersten Bücher, und zwar aus zwei Quellen: der Jave- und Elohimsurkunde, um die Zeit von 800 v. Chr. an, das Deuteronomium jedoch sei schon wegen seiner rhetorischen, paränetischen Sprache nicht vor dem siebenten Jahrhundert zu denken. Ähnlich Knobl, Reuß (l'histoire sainte), Kuenen u. a. Wellhausen denkt sich das Deuteronomium 621 verfaßt, wo das Buch unter König Josias angeblich gefunden worden sei. Der Priesterkodex sei 441 von Esdras verfaßt — diametral entgegen der Dillmannschen Conjektur, welche die Ceremonialgesetze als Grundstock des Pentateuch nahm und sogar für älter als die erzählenden Bücher hielt. Das ganze Buch Leviticus sowie die in Exodus und Numeri stehenden Gesetze gehören nach Wellhausen dem Priesterkodex an. Von Moses sei gar nichts. Doch wird er als geschichtliche Person anerkannt. Er habe die Israeliten aus Ägypten nach Kanaan geführt und zur Verehrung einer Nationalgottheit, Jave, gebracht, die aber keine andere Stellung eingenommen habe als der Kemosch der Moabiter. Die Gesetze waren Menschensatzungen, ein Gewebe absichtlicher Täuschung

und Trug. Besonders Jeremias sei ein solcher Betrüger gewesen und habe bei der Unterschiebung des Deuteronomiums
eine wichtige Rolle gespielt. Die religiöse Entwicklung habe
in Israel keinen anderen Gang eingehalten als bei den übrigen
semitischen Völkern: vom Fetischismus durch den Polytheismus
zum Monotheismus. Beweis seien die Reminiscenzen an die
heidnischen Menschenopfer im Opfer Abrahams, Jephtas, an
den Polytheismus im Plural Elohim, Teraphim, der Kult des
Baal und der Astarte in der Richterzeit, eine Art Fetischüber-
rest im Stein bei Bethel Gen. 28, 18, den Jakob salbte, sowie
in dem Stein und der Terebinthe aus der Zeit Gideons, Richter 6, 11, 19, die Nichtkenntnis und Nichtbeobachtung des Gesetzes in der Richterzeit, der Mangel eines erblichen Priester-
standes in dieser Periode u. a.

Gegenkritik.

Der Pentateuch ist abgesehen von einigen leicht erkennbaren
Zusätzen von Moses. Der Führer des Bundesvolks ist als
Aufschreiber der „Worte des Herrn" und als Verfasser des
„Bundesbuchs Ex. 17, 14 und 24, 4 bezeichnet; ebenso schrieb
er das Gesetz Deut. 31, 9. 24. Die tendenziöse Abgrenzung
des Geschriebenen durch Dillmann ist willkürlich. Aus Deut.
28, 61, wo dem Richterfüller des Gesetzes noch mit anderen
Plagen gedroht wird, als im „Buche des Gesetzes" erzählt
werden, desgleichen aus 29, 23, wo die Zerstörung Sodomas und
Gomorrhas als Analogie herbeigezogen wird, geht hervor, daß
unter Gesetzbuch keineswegs bloß die Ritual- und Sittenvor-
schriften zu verstehen seien, wie ja die „Thora" bei den Juden
stets als Gesamtname der fünf Bücher gegolten hat. Bereits
unter Josue ist das Buch des Gesetzes, welches Moses geschrieben hat, Gegenstand beständiger Lesung und Betrachtung;
er wird von Gott ermahnt: „Es soll nicht wegkommen das
Buch dieses Gesetzes von deinem Munde, sondern du sollst darin
betrachten Tag und Nacht, damit du alles haltest und thuest,
was darin geschrieben ist; dann wirst du gerade machen deinen
Weg und ihn verstehen." Jos. 1, 8. Josue liest das Gesetz
Mosis dem Volke vor 8, 34, seine Rede 22, 2 ff. enthält wört-
liche Beziehungen zum Pentateuch.

Auch bei den Samaritanern, die in heftigster Feindschaft mit den Israeliten lebten, steht der Pentateuch als Schrift Mosis in ungetrübtem Ansehen. Da dieses Mischvolk, das sich erst nach 721 bildete, sicher nichts von den Juden als heilige Überlieferung annahm, so muß die Autorschaft Mosis, und zwar auch für das fünfte Buch, nicht bloß zu jener Zeit, sondern lang vorher unbezweifelt gewesen sein. Dasselbe Argument läßt sich auch auf die Trennung des nördlichen vom südlichen Reich 975 nach Salomon anwenden. Keine Spur von dem Vorwurf einer Fälschung begegnet uns in der Geschichte der beiden feindlichen Stammesgruppen, ein Beweis, wie zweifellos auch bei den nördlichen Stämmen der mosaische Ursprung des Pentateuch war. Beweis, daß ein Augenzeuge die Ereignisse vom zweiten Buch an beschrieben, ist die geographische Genauigkeit, mit der Ägypten und die sinaitische Halbinsel gezeichnet wird; Kanaan aber wird als unbekanntes Land behandelt, Orte werden in Ägypten ohne weiteres genannt, solche „im Lande Kanaan" z. B. Hebron immer mit diesem Zusatz. Die Einheit von Sprache und Stil spricht für einen einzigen Verfasser. Daß Moses von sich in der dritten Person spricht, ist so wenig als bei Xenophon und Cäsar ein Gegenargument. Deut. 34 ist ein Nachtrag, wahrscheinlich von Josue. Die Stellen, die vom Standpunkt einer späteren Zeit aus geschrieben zu sein scheinen und von den Kritikern so unmäßig ausgebeutet werden, können Glossen von Abschreibern sein, und selbst dies ist nicht überall anzunehmen nötig; denn einmal kann vieles erst später aufgezeichnet worden sein, wo sich bereits Vergleiche mit den folgenden Zuständen boten; dann sind manche derartige Stellen falsch übersetzt worden wie Gen. 12, 6, wo nach Kaulen zu verstehen ist: damals waren „schon" die Kanaaniter, nicht „noch" im Lande; ebenso gilt dies für Gen. 13, 7; wenn Israel Deut. 2, 12 schon im Besitze seines „Erbes" genannt ist, so bezieht sich dies auf das Land der Könige Sehon und Og, das damals schon erobert war. In Gen. 40, 15 bedeutet der Ausdruck „Land der Hebräer" den von Abrahams Nachkommen bewohnten Strich. Mosis Schwäher mag zwei Namen Raguel und Jethro gehabt haben, oder ersterer war der des Großvaters seiner Frau (die hebräische

Sprache ist mit dem Vater- und Brudernamen freigebiger als
unsere). Wenn Dillmann prophetische Abschnitte wie Gen. 49
die Weissagung Jakobs über seine Söhne, Ex. 15 den Lob-
gesang Mosis, Num. 24 die Weissagung Bileams, Deut. 32
die Verheißung des gelobten Landes nur als Reflex späterer
geschichtlich gewordener Zustände auf eine frühere Zeit auf-
faßt, so liegt hier eben seine willkürliche Hypothese und das
Dogma von der Unmöglichkeit der Wunder schon zu Grunde
ebenso wie in seinen Erörterungen über die Vorschriften der
Festfeierlichkeiten, der Zehenteinsammlung, der Fremden- und
Jubeljahrordnung.

Wellhausens Aufstellungen sind ganz unhaltbar. Die Be-
trugshypothese als Erklärung der heiligen Offenbarungen widerstreitet dem Prinzip der Kausalität, wie es auch psychologisch ab-
surd erscheint, Männer wie Jeremias, Isaias, Esdras, welche
als gottesfürchtig, wahrheitsliebend geschildert werden, welche
alle Annehmlichkeiten des Lebens verschmähten, selbst Bande,
Kerker, ja den Tod nicht scheuten, in abgefeimte Betrüger und
Heuchler übergehen zu lassen. Die Ursprünglichkeit des Fetischismus ist, namentlich von Max Müller, längst widerlegt
(cf. mein „System der Philosophie" S. 369 ff.), der spontane
Übergang vom Polytheismus zum Monotheismus nirgends beobachtet, vielmehr erscheint der letztere als das Ursprüngliche und
in dem späteren Verfall noch dunkel nachwirkend; die Idee von
Jehova ist nicht dem Naturdienst entsprungen, sondern ihm
entgegengesetzt. Bei Wellhausen freilich ist Jave nicht viel
mehr als ein besserer Götze. „Er hatte unberechenbare Launen,
ließ sein Antlitz leuchten und zürnte, man wußte nicht warum,
schuf Gutes und Böses, strafte die Sünde und verleitete zur
Sünde — der Satan hatte ihm damals noch nicht einen Teil
seines Wesens abgenommen!" Also Gott ein halber Satan!
Die Hörner des Altars sollen auf die alte Verehrung einer
Stiergottheit zurückdeuten! — ein Beleg von der Auslege-
kunst des Kritikers. Wellhausen fehlt es bei groben Ent-
stellungen an jeder Methode. „Diese ganze Kritik," sagt Ämil.
Schöpfer in seiner Geschichte des alten Testaments, „ist ein
großartiger circulus vitiosus. Alle Beweise werden aus der
Bibel geschöpft, deren Authenticität doch gelengnet wird." Was

z. B. vom Deuteronomium in die Zeit des Josias nicht paßt, wird einfach als ‚spätere Überarbeitung und Interpolation‘ erklärt; daß diese Stücke aber spätere Zuthaten seien, wird daraus bewiesen, daß sie in die Zeit des Josias nicht passen. Ebenso werden alle Stellen wie 4. Kön. 18, 3—6; Jos. 20 und 23. 6; Richt. 20, 26, und die zahlreichen Stellen der Bücher Samuels, welche von der Bundeslade, dem Opferkult, dem Hohepriester sprechen, ganz willkürlich für Interpolation erklärt. Die Stiftshütte sei nur eine ‚Projektion des Tempels in den Wüstenaufenthalt.‘ Woher aber die minutiöse Beschreibung desselben und woher der Tempel selbst? Wellhausen versteht es, dieses unwissenschaftliche Vorgehen durch blendende Sprüche zu verdecken, den Mangel gründlicher Argumente durch eine dreiste Sprache zu ersetzen, mit ‚wohl nicht‘, ‚kaum,‘ ‚wahrscheinlich‘ zu beginnen und unvermerkt im Gang der Darstellung ein ‚gewiß nicht,‘ ‚unmöglich,‘ ‚zweifelsohne‘ unterzuschieben.“

Vernichtend für die destruktive Bibelkritik sind aber ganz besonders die aufgefundenen ägyptologischen und assyrischen Inschriften und Dokumente. Die chaldäische Sintflutsage, von George Smith in der Bibliothek des assyrischen Königs Assurhanipal als Niederschrift des Priesters Berosus entdeckt, ist eine glänzende Bestätigung des biblischen Berichts. Die Thontäfelchen Smiths sind zwar aus dem 7. Jahrhundert vor Christus, aber Kopien sehr alter Exemplare, die bis ins zweite Jahrtausend vor Chr. zurückgeführt werden. Die Urtradition hat sich bei Moses rein erhalten, während sie in der babylonischen Überlieferung vom Helden Izdubar mythologisch entstellt wurde. Die Elophim- und Javehypothese erscheint gänzlich verunglückt, da im babylonischen Text Abschnitte aus beiden Teilen vorkommen. Elohim ist mehr der allmächtige Schöpfer, Jave mehr der Bundesgott; je nach dem Charakter der Handlung werden beide Namen gebraucht. Auch die von Mehrnstein beschriebenen Siloah- und phönizischen Inschriften widerlegen das Luftgebäude der Hypothese von mehreren Verfassern und bestätigen die Exaktheit der biblischen Geographie und Geschichte. Solche Bestätigungen mehren sich immermehr, je bekannter wir mit den althistorischen Quellen werden. Fritz Hommel sagt in seiner interessanten Schrift: „Die altisraeli tische Überlieferung in inschriftlicher Beleuchtung, ein Einspruch gegen die Aufstellungen der modernen Pentateuchkritik" : „Meine schönste Belohnung wird sein, wenn ich den zahlreichen jüngeren Theologen und auch den vielen wissenschaftlich gebildeten Laien, die sich durch Wellhausen nur ungern oder halb mit Widerwillen, aber doch dem vermeintlichen Zwang seiner wissenschaftlichen Beweisführung gehorchend haben bezaubern und verwirren lassen, das zurückgebe, was sie als bereits unwiederbringlich dahin betrauert — ihres alten Bibelglaubens verlorenes Paradies." Hommel legt dar:

1. Die Eigennamen der patriarchalischen Zeit bis auf Moses und Josue tragen unverkennbar arabisches Gepräge und treten in ihrer Bildungsform jenen Eigennamen zur Seite, welche die Inschriften der arabisch-babylonischen Hammurabi-Dynastie ungefähr aus dem 2. Jahrtausend und die südarabischen Inschriften aufweisen.

2. Die Eigennamen der Zeit von Josue werden bereits nach kanaanäischer Weise gebildet, was sich auf Grund der in den Tell-Amarna-Briefen enthaltenen zahlreichen kanaanäischen Eigennamen aufzeigen läßt. (Diese wurden 1887 ausgegraben und stammen aus dem 14. Jahrhundert v. Chr.; sie geben einen Einblick in die Zustände des Westjordanlandes vor der hebräischen Invasion.)

3. Zur Königszeit verdrängen die mit Jah und Jeho gebildeten Namen alle übrigen; diese letzteren tragen also speziell das israelitisch-religiöse Gepräge. Die sieben Amarnabriefe zeigen nach Hommel auch, daß um 1400, also noch vor der Richterzeit, Jerusalem Uraschim hieß, während Wellhausen behauptet, Jerusalem habe vor David Jebus geheißen.

„Die Eigennamen spiegeln also dasjenige Geschichtsbild wider, welches die bisherige traditionelle Auffassung aus der Bibel herauszulesen pflegte, und jede Hypothese, welche die Geschichte Abrahams, des aus dem Herrschergebiet einer arabischen Dynastie eingewanderten Patriarchen, für Sage erklären will, scheitert an dem Zeugnis der Eigennamen."

Für die Geschichtlichkeit der von Abraham erzählten Abschnitte der Genesis zeugt nach Hommel insbesondere die merk-

würdige Vertrautheit, welche das 14. Kapitel mit den politischen
Verhältnissen offenbart, wie sie nach Keilschriften in Babylonien
geherrscht haben. Der in Vers 1. genannte Amraphel wird
hier als Hammurabi bestätigt, ebenso die zwei anderen Könige,
welche in Abrahams Feldzug vorkommen. Diese Entdeckung
war ein fataler Schlag für die religionsfeindlichen Kritiker.
Wie halfen sie sich? Ein gelehrter Jude habe, so meinten sie,
in der nachexilischen Zeit die babylonischen Archive durchstöbert
und dort die Namen der Könige entdeckt, die er nun mit Abraham in Verbindung brachte — merkwürdiger Weise ohne
irgend welche chronologische Mißgriffe, da er doch von Abraham
und Melchisedek bei seinen babylonischen Gewährsmännern nichts
hören konnte! Mit erschöpfender Gründlichkeit deckt Hommel
die Oberflächlichkeit dieser verlogenen und albernen Hypothese
auf und kommt zu dem Ergebnis, daß Gen. 14 aus dem Keil-
schrifttext geflossen und von da ins Hebräische übertragen sein
müsse, was die Form der hebräischen Namen nahe lege. Auch
Kittel habe schon diese Idee geäußert. Vgl. auch Sayce,
The Early History of the Hebrews. London 1897.

Der Exodus der Israeliten aus Ägypten scheint unter
Meneptah, dem Nachfolger Ramjes II. geschehen zu sein.
Eine in letzter Zeit gefundene Inschrift preist Meneptah als
Sieger: „Das Volk von Ysiraal ist verheert, es hat keinen
Samen." Ein Bericht über die von Thutmoses III. (16—15.
Jahrh. v. Ch.) im 22. Jahr seiner Regierung besiegten Palästiner
kennt zwei Orte: Jakob-el und Joseph-el. Eine von Flinders
Petrie 1896 gefundene Gedenktafel Meneptahs II. läßt Israel
damals schon im West-Jordanland wohnen. Vergl. auch Brugsch-
Bey, L'Exode et les monuments égyptiens, Leipzig 1875.

Auch für die bisher dunkel gebliebenen Namen der Heilsgeschichte mehren sich die Aufhellungen. Balthassar ist historisch
festgestellt. Er ist der Sohn des letzten Königs Nabunaid von
Babylon und wurde bei der Erstürmung der Stadt durch die
Meder getötet. Vier Thoncylinder, jetzt im britischen Museum,
enthalten das Gebet: „Mich Nebunaid, König von Babel, be-
freie von Sünden wider deine hohe Gottheit und gib Leben
ferner zum Geschenk! Und was Bel-sar-bezar, den erstgeborenen
Sohn, den Sprossen meines Herzens betrifft, so laß die Furcht

deiner Gottheit in seinem Herzen wohnen!" Diese Inschrift wurde im Tempel des Nannar oder Sin zu Ur, der Geburts= stadt Abrahams, niedergelegt zur Erinnerung an den Neubau dieses Tempels unter Nabunaid. (Die feurige Schrift Mene tekel phares soll nach neuerer Auslegung bedeuten: Sekel, Mine und ½ Mine d. h. du bist zu leicht vor Gott.) Als Er= oberer Babylons wird von Daniel (5, 31) Darius bezeichnet. Dieser ist bei den Griechen Cyaxares II. Auch hierin hat Daniel jetzt Recht bekommen gegen Herodot, der Cyrus nennt. Sargon Isaias 20, 1, der Nachfolger Salmanassars und Zerstörer des Reiches Israel, war bisher bis auf die eine Stelle bei Isaias völlig unbekannt. Jetzt sind wir durch die Ausgrabung seines Palastes und durch gefundene Keilschriften genau über ihn be= lehrt. Selbst sein Porträt ist gefunden worden. S. Menant, annales des rois d'Assurie p. 193 ff. Die Bücher Judith, Esther, Job, Tobias — von Scholz voreilig allegorisch erklärt — sind geschichtlich. Der von Nabunaid besiegte medische König Arphaxad (Judith I. 1.) ist Arbaces; Bethulia ist Beth Ilva auf dem Gilboa=Gebirg; in der Nähe liegt das Dorf Jubaida = Judith! Scholz macht gar den Zug des Holofernes zum Zug des Gog bei Ezechiel (38 und 39)! (Den großen Verdiensten des Würzburger Exegeten um eine den jetzigen Forschungen entsprechende Bibelerklärung soll damit keineswegs zu nahe getreten werden.)

Bezüglich der geologischen und ethnographischen Schwierigkeiten verweise ich auf die reiche Literatur. Die Schö= pfung ist unter dem Bilde einer Woche mit offenbarer Tendenz, die Heiligkeit des Sabbaths einzuprägen, geschildert. Die Tage sind aber buchstäblich zu verstehen als Zeiträume von 24 Stun= den, jedoch metaphorisch! Nichts von idealer Erklärung oder gar von einer Vision, die Adam geträumt habe, wie der Jesuit Hummelauer phantasirt. Unter dem Bild der Morgenröte, dem schönsten und freundlichsten Phänomen des Himmels, das jeden Tag an die Weltgeburt erinnert, giebt Gott die erste Offenbarung über das Weltwerden. Damit fällt die Einwen= dung: das Licht kommt bei Moses vor der Sonne.

Die Sintflut war keine allgemeine Überschwemmung der ganzen Erde; sie war nicht das geologische Diluvium. Die

Chinesen, Tibetaner, Siamesen, Anamiten 2c. sind nicht Nach=
kommen Noahs, sondern schon weit früher von der Menschheits=
familie getrennt. Belege s. in Hammerschmidts geistvollem
Aufsatz über die Sintflut in der Passauer Monatsschrift 1896.

Das erste Auftreten des Menschen ist weit höher hinauf=
zurücken, als man früher gewohnt war. Die biblische Chrono=
logie überspringt oft Mittelglieder; das „genuit" bedeutet nicht
immer unmittelbare Abstammung z. B. in Gen. 11, 12 heißt
es: Arphaxad vixit 35 annis et genuit Sale, bei Lukas 3, 35
wird ein Glied eingeschoben: Sale. qui fuit Cainan, qui fuit
Arphaxad. Dies macht die ganze biblische Chronologie un=
brauchbar zur Zeitberechnung der Dauer des Menschengeschlechts.

Wenn somit die ausschweifenden, aus kirchenfeindlicher Ten=
denz hervorgegangenen und auf ungenügendes Material gegründe=
ten Theorien und Construktionsversuche abgewiesen werden müssen,
so wäre es doch sehr gefehlt, diese bibelkritischen Forschungen
gänzlich zu mißachten und — wie Kaulen rät — die negativen
Kritiker sich selbst zerfleischen zu lassen. Die dogmenfreien
modernen Exegeten besitzen vielfach hervorragende philologische
und archäologische Kenntnisse, sodaß auch nach Abweisung der
Grundtendenz Späne genug für den Fortbau der exegetischen
Wissenschaft abfallen. Die Aufhellung in Einzelheiten, text=
lichen wie historischen Charakters, die man ihnen verdankt,
ist bedeutend. Auch ist zu hoffen — ähnlich wie bei der neu=
testamentlichen Forschung — daß mit Erschließung und Ver=
arbeitung neuerer Quellenfunde die Spekulation bald in be=
sonnenere Bahnen münden und ein Zusammenarbeiten mit den
gläubigen Forschern ermöglichen werde. Der Wirrwarr auf
glaubensfeindlicher Seite wird allmählich selbst Anhängern
dieser Richtung zu bunt. Sagte doch Dillmann schließlich:
„Wenn ich bei näherer Einsicht in die Sache sehe, mit welch
oberflächlichem Urteil und nichtswürdigen Gründen jetzt operirt
wird, um das Unterste zu oberst zu kehren, so komme ich immer
wieder zu dem Resultat, daß diejenigen, welche nicht die völlige
Entwertung der Bibel als Ziel anstreben, den Kampf dagegen
nicht lassen dürfen." Er fühlt sich genötigt zur „Funktion eines
Bremsers, damit nicht das Fuhrwerk umgeworfen werde und
die Fahrt von neuem beginnen müsse."

§ 5. Das neue Testament.

Gegen die Mitte des zweiten Jahrhunderts waren die vier Evangelien und die apostolischen Briefe in allen Teilen der Kirche bekannt und anerkannt. Auch bestanden bereits Übersetzungen wie die syrische der Peschito, die lateinische der Itala. Irenäus vergleicht die vier Evangelien den vier Weltgegenden, den Weltwinden, den vier Gesichtern der Cherubim. Irenäus, gest. 202, hatte in Smyrna zu den Füßen Polykarps ,des Schülers des heiligen Johannes, gesessen und Augenzeugen der Geschichte Jesu gekannt.‘ (Adv. haer. 3, 3, 4). Wie kann da das Johannesevangelium um 150 entstanden sein, wie die Tübinger annehmen! Auch alle Briefe Pauli mit Ausnahme der an Philemon und die Hebräer bezeugt er als echt und göttlich, ebenso den ersten Brief Petri, die zwei ersten des heil. Johannes und die Apokalypse. Auch Tertullian nennt ausdrücklich die vier Evangelien und nimmt sie gegen die Fälschungen Marcions in Schutz, der aber gleichfalls die vier Evangelien annimmt. Ebenso Theophilus und Tatian. Im Brief des Polykarp ist eine sichere Spur von dem Gebrauch des 1. Johannesbriefs. Der Tübinger Baur will dies auf kursirende Sentenzen zurückführen, die von Polykarp gleicherweise wie von Johannes zu Papier gebracht worden sein sollen! Noch genialer ist Bretschneider, der Johannes umgekehrt den Polykarp citiren läßt. Am bequemsten macht es sich jedenfalls Hilgenfeld, der die Echtheit des Polykarpbriefs kurzweg leugnet, obgleich schon Irenäus, der Freund des Polykarp, an seine Echtheit geglaubt hat!!

Justin hat schon in seiner ersten Apologie, 138 entstanden, sehr viele Citate aus allen vier Evangelien, auch aus dem Johanneischen. Er gebraucht von Christus den Ausdruck Logos, führt Worte des Täufers an, die nur bei Johannes stehen, citirt die Stelle von der Wiedergeburt Joh. 3, 4. Auch die sieben für echt geltenden Briefe des hl. Ignatius († 107) berufen sich auf das Evangelium und die Schriften der Apostel und citiren den Brief Pauli an die Epheser. Es scheint also schon im ersten Jahrhundert eine Sammlung der neutestamentlichen Schriften gegeben zu haben.

Aber auch apokryphe Werke zeugen indirekt für die heiligen Schriften. Das Jakobusevangelium steht nach Tischendorf in einem solchen Verhältnis zu unseren kanonischen Evangelien, daß diese längst verbreitet gewesen sein müssen, ehe zur Erfindung des ersteren geschritten werden konnte. Da nun diese Schrift in die ersten Jahrzehnte des zweiten Jahrhunderts fällt, müssen die vier kanonischen Evangelien schon im ersten gegolten haben. Ähnlich liegt es mit den Pilatusakten, von Justin 138 citirt. Dieses Werk setzt unbedingt insbesondere das Johannesevangelium voraus. Die Gerichtsverhandlung über Jesus lehnt sich wesentlich an Johannes an. Die Pseudo-Clementinischen Recognitionen galten bisher als ein Sturmbock gegen das Johannesevangelium. Durch Dressel ist jetzt in Rom der Schlußteil desselben gefunden worden, wo sich 19, 22 die Erzählung von der Heilung des Blindgeborenen benützt findet. Ganz besonders entscheidend ist der Barnabasbrief, der im Sinaitischen Codex sogar als Bestandteil des Kanons gilt! Er ist die älteste griechische Pergamenturkunde, welche die Welt besitzt. Dort ist die Stelle: Viele sind berufen, Wenige auserwählt als „Wort der Schrift" citirt. Verzweifelte Hypothesen hat diese Thatsache hervorgerufen, so die Ansicht: unter der Schrift sei das 4. Buch Esdras gemeint, wo es heißt: Viele sind geboren worden, aber Wenige werden selig werden. Ja man wollte sogar die Worte des Heilands als Kommentar zu Esdras auffassen. Auch sonst ist Matthäus von Barnabas oft verwertet, sodaß wir, mag es mit der Authenticität des Briefs stehen wie immer, in ihm einen Beleg für die Existenz eines evangelischen Kanons schon im Anfang des zweiten Jahrhunderts besitzen. Der Brief kann nicht später sein, da ihn schon Clemens von Alexandrien als echten Apostelbrief citirt. Nach Weizäcker ist er sogar schon aus dem ersten Jahrzehnt nach der Zerstörung Jerusalems.

Resultat: In dem letzten Jahrzehnt des ersten Jahrhunderts müssen alle Evangelien vorhanden gewesen sein, cf. Tischendorf „Wann wurden unsere Evangelien verfaßt?" Eine allgemeine besonnene Rückkehr oder mindestens Annäherung an die kirchliche Tradition (selbst bei Harnack) ist die Frucht eines eingehenderen und leidenschaftsloseren Studiums der Heilsge-

schichte; Strauß, Renan und die Tübinger sind als unmethodi=
sche Spekulanten ins Licht gestellt. Vgl. neuestens die Ver=
theidigung des Lukasevangeliums durch Professor Blaß gegen
die luftigen Hypothesen der hyperkritischen Theologen und seine
Aufstellungen über den Codex D zu Cambridge, den er als
ausführlicheres Vorevangelium des heiligen Lukas nimmt, von
dem das gebräuchliche ein abgekürzter Text für Theophilus sei.
Belser („Zur Evangelienfrage", Tübinger Quartalsschrift 1898,
Heft 2) setzt die Entstehung des Matthäusevangeliums (in he=
bräischer resp. aramäischer Sprache) ins Jahr 42, der griechi=
schen Übersetzung ins Jahr 70, des Lukasevangeliums zwischen
62—70, des Johannesevangeliums mit Harnack in das letzte
Jahrzehnt des 1. Jahrhundert. Näh. Nachw. s. daselbst.

§ 6. Das apostolische Glaubensbekenntnis.

Da die heiligen Urkunden wenigen zugänglich waren, von
der Kirche sorgfältig verwahrt wurden, nur an Festtagen zur
teilweisen Vorlesung kamen und ihres schwierigen Verständnisses
wegen einer genauen Auslegung bedurften, war der Schwer=
punkt des religiösen Unterrichts in die mündliche Predigt ver=
legt. Gar bald machte sich das Bedürfnis geltend, den Haupt=
inhalt der christlichen Lehre in kurze Formeln zusammenzufassen
(συμβάλλειν), welche Symbole bei der Taufe als Bekenntnis
abgelegt wurden. Schon Paulus erinnert Timotheus an das
schöne Bekenntnis, das er vor versammelter Gemeinde abgelegt,
da er dem Ruf zum Leben folgte (1. Tim. 6, 12.) Auch die
καλὴ παραθήκη 2. Tim. 1, 14, die gute Hinterlage des Glaubens,
die der Schüler bewahren soll, mag sich auf das Glaubenssymbol
beziehen. Bei Justin tauchen schon 130 nicht weniger als sechs
solcher Perlschnüre, welche dem zweiten bis siebenten Artikel unseres
Symbolums entsprechen, auf: Apol. 1, 21; 31; 42; 46; Dial.
85; 134. Die erste Formel lautet: Jesus, den wir erkannt
haben als den Christus, Sohn Gottes, gekreuzigt, auferstanden,
aufgefahren gen Himmel und bereit wiederzukommen als Richter
aller Menschen bis zu Adam; die zweite: Durch eine Jung=
frau geboren und ein leidensfähiger Mensch geworden,
gekreuzigt unter Pontius Pilatus von eurem Volk, gestorben und

auferstanden von den Toten, aufgefahren gegen Himmel. Vor=
her schon finden wir Symbolformen bei Ignatius († 107) im
Brief an die Ephes. 14, 2, wo der Apostelschüler vom „Geloben
des Glaubens für die, welche Christus angehören wollen"
spricht; dann im Brief an die Trallaner 9. Kap. und an die
Smyrnäer Kap. 1., wo der Ausdruck „wahrhaft von der Jung=
frau geboren" wichtig ist. Auf den Synoden wurden die For=
meln geprüft, begutachtet, erweitert, je nach dem brennenden
Tageskampfe ergänzt. Die Synode zu Rimini 359 enthält
bereits das conceptus de Spiritu Sancto, natus ex Maria
Virgine. In der Formel von Nike, die dieser zu Grunde
liegt, heißt es griechisch: γεννηϑέντα ἐκ πνεύματος ἁγίου καὶ
Μαρίας τῆς παρϑένου. Theodoret, h. e. 2, 21. Selbst die
judenchristlichen Sekten, welche bis ins fünfte Jahrhundert ein
sagenhaftes Dasein gefristet haben, hielten am Bekenntnis des
Jungfrau=Sohnes fest. So auch die apokryphen Petrus= und
Jakobusevangelien. cf. Zahn, Geschichte des Kanons 2, 668—83.
Wenn daher in der neuerdings aufgetauchten syrischen Über=
setzung des Matthäusevangeliums von den Kritikern das:
„Josef zeugte Jesus" so betont und sofort als aus einem ur=
sprünglicheren Text genommen erklärt wird, so vergessen diese
abgesehen von der Belanglosigkeit einer bloßen Übersetzung den
unmittelbar vorhergegangenen Vers: „Jakob zeugte Josef,
dem Maria, die Jungfrau, verlobt war." Warum der Zusatz
„die Jungfrau"? Also doch übernatürliche Geburt; sonst hätte
der Beisatz keinen Sinn. Selbst ein Kritiker der „Grenzboten"
sieht darin ein Auftauchen der unbefleckten Empfängnis, so
sehr er in dem Fund einen Triumph der deutschen Wissenschaft
begrüßt. Dieser Triumph ist aber hinfällig; denn Jesus heißt
Josefs Sohn, nicht weil dieser ihn erzeugt, sondern weil Maria
legitime Gattin Josephs war und nach dem Vater die Ab=
stammung bestimmt wurde. Übrigens ist eben sicher, daß das
Original, dem doch mehr Glaubwürdigkeit beizumessen ist, den
Zusatz nicht enthält. Selbst die schmalkaldischen Artikel nennen
Maria: sancta semper virgo. Es bedurfte einer langen ne=
gativen Entwicklung, bis man wie etwa Harnack in der jung=
fräulichen Geburt des Heilandes einen „Stein des Anstoßes
und ein Mittel zur Entfremdung vom Evangelium" fand.

Harnack meint, man solle das Gewissen nicht mit Formeln beschweren, die nicht den Heilsglauben enthalten, „auch wenn sie wörtlich der Bibel oder der ältesten Verkündigung ent= sprechen." Denn auch diese seien von vergänglichen Zügen ihrer Zeit nicht frei. Was dann freilich als „Heilslehre" übrig bleibt und was für ein „Heil" damit eigentlich errungen wird, das ist schwer zu sagen. Harnack preist es als Verdienst Luthers, daß er den Formeln des alten Christentums wieder Leben gegeben, er habe sie dem Glauben wieder geschenkt. Ihm habe man es zuzuschreiben, daß dem Protestanten diese Formeln eine lebendige Macht für den Glauben sind. Ja „nur dem Protestanten". „Hier lebt man in ihnen, verteidigt oder bestreitet sie, aber auch die, welche sie bestreiten, wissen ihr relatives Recht zu schätzen. In den katholischen Kirchen sind sie ein totes Besitztum." (L. b. Dogmengeschichte III, 731). Die Worte: „oder bestreitet sie" sind köstlich. Ideen sollen eine lebendige Macht sein, für den, der sie leugnet!! Es gehört doch eine eigne Geistesverfassung dazu, sich in den Gedankengang des unleugbar großen Historikers zu versetzen.

Feuerbach sagt einmal: „Das ist der Vorzug der christ= lichen (protestantischen) Religion, daß man ihr das Herz aus dem Leibe reißen und doch ein guter Christ bleiben kann". Daran wird man erinnert, wenn die Fundamentallehren des Christentums als Stein des Anstoßes und als nebensächlich für die Religion erklärt werden, und zwar von offiziellen Professoren der Theologie.

§ 7. Die Kirche.

„Ich glaube die eine, heilige, katholische und apostolische Kirche." Dieser Satz, der den ältesten Symbolen, wie auch Harnack zugiebt, eigen ist, enthält die regula fidei für den gläubigen Christen; der Quellpunkt der Gnade und Offenbar= ung ist nach göttlicher Institution die Kirche, die „Säule und Grundfeste der Wahrheit." Das Reich Gottes geht von oben aus, nicht von unten, vom Volk: Christus der Gottmensch legte den Grundbau, nachdem er die Versöhnung der Mensch= heit mit dem Himmel vollbracht; er richtete die Säulen auf, seine Apostel, ausgerüstet mit himmlischer Macht und gestärkt durch das Versprechen unaufhörlichen überirdischen Beistandes; nun sollte die himmlische Pflanze weiter blühen mit immer größerer Ausbreitung bis ans Ende der Welt. So ist der geschichtliche Hergang. Die Kirche ist nicht durch den Menschen nach dessen Einsicht und Belieben, sondern gewissermaßen vor dem Menschen gesetzt als integrierendes Moment in der Idee der Menschheit; denn die Idee ist früher als die Ausführung, das Ganze eher als die Teile (nämlich dem Plan und Typus nach in der verwirklichenden Kraft). Dieses universale Moment darf nicht übersehen und zu Gunsten der isolierten Menschenatome zurückgesetzt werden. Hier liegt der Fundamentalunterschied zwischen Katholizismus und Protestantismus. Letzterem ist es seiner Natur nach unmöglich, zu einem eigentlichen Kirchenbegriff zu kommen. Denn der Protestantismus ist wie jede Sekte durch Revolution gegen die bestehende gottgesetzte Ordnung ins Leben getreten und würde sich selbst verleugnen, wollte er dem Gedanken der kirchlichen Gemeinschaft und realen Verknüpfung mit der apostolischen Autorität den Vorgang vor dem subjektiven Heilsbewußtsein einräumen. Die kirchliche Organisation mag dem Protestanten eine nützliche, ja notwendige Einrichtung sein für die äußeren Zwecke der Verwaltung und Leitung der Gemeinden; eine bindende Autorität in Glaubenssachen, eine eigentliche Heilsanstalt und unentbehrliche Vermittlerin der Gnade ist sie ihm nicht. Immer ist der Einzelne im Protestantismus in Heilssachen auf sich allein angewiesen und steht seinem Gott selbständig gegenüber.

Das aber ist nicht die Art, wie das Christentum historisch sich bildete. In den religiösen Gruppierungen so gut als in den Staatenbildungen war die Gemeinschaft das Erste. Der Mensch existierte, soweit wir immer in der Geschichte zurückgehen, nirgends als isoliertes Individuum, der Mensch ist durch und durch gesellschaftliches Produkt, getragen und tragendes Glied in der unabsehbaren Kette der Zeiträume; die Absonderung ist stets pathologische Ausnahme, und nicht einmal die Sprache, geschweige irgend ein kultureller Fortschritt wäre dem einsam Hausenden erreichbar. In der Heilsgeschichte vollends ist das Heraustreten aus dem Glaubensverband stets identisch mit Gottlosigkeit (so schon bei Kain). In der Offenbarungsgeschichte begegnen wir nun wohl göttlichen Aufträgen an einzelne Propheten, immer aber ist die Sendung für die Gesamtheit bestimmt, immer ist der gemeinschaftbildende Zweck maßgebend, niemals ist die persönliche Führung durch Gott das Regelmäßige und Ordnungsgemäße mit Umgehung der offiziellen Autorität. In der absoluten Religion, deren Grundlagen endgültig gesetzt sind, können individuelle Missionen gotterleuchteter Personen wohl zur Auffrischung des zeitweise ermatteten religiösen Lebens stattfinden, können und dürfen sogar mit flammendem Eifer gegen die erschlaffte kirchliche Obrigkeit sich wenden, nie aber darf die göttlich fundirte und mit der Verheißung ewigen Beistandes ausgerüstete Autorität selbst in Frage gestellt werden. Dies hieße den ausdrücklichen, oft wiederholten Worten des Stifters der Kirche und der gesamten Überlieferung des Altertums widerstreiten und die Heilsgewißheit im Bodenlosen und rein Subjektiven untergehen lassen. Der Satz des Augustinus (Brief an die Manichäer 6): „Ich würde dem Evangelium nicht glauben, wenn mich nicht die Autorität der katholischen Kirche bewöge", drückte selbst nach Harnack (Dogmengeschichte 2, S. 83) d i e a l l g e m e i n e Ü b e r z e u g u n g a u s. Allen Vorstellungen von der Autorität der Schrift und Tradition habe schließlich die Überzeugung zu Grund gelegen, „daß der Kirche vermöge ihrer Verbindung mit dem heiligen Geist selbst eine Autorität eingestiftet sei".

Den Menschen rein auf sich allein stellen in Fragen des Heils, der übernatürlichen Welt, Fragen, auf welche die Vernunft absolut keine Lösung zu geben vermag, heißt den religiösen Skeptizismus sanktionieren. Das Buch, das doch nur der Niederschlag und zwar der t e i l w e i s e Niederschlag der kirchlichen Glaubenshinterlage ist und auf den Anschluß an die Gemeinschaft der Heiligen und den apostolischen Grund unaufhörlich hinweist, wird, losgetrennt von diesem Boden und damit seines Lebensnervs beraubt, in dieser Isolierung das rechte Verständnis nicht mehr bieten und höchstens zu einem Trost- und Erbauungsmittel herabsinken gleich unzähligen anderen reli

giösen und profanen Büchern. Eine geträumte „Führung des
Geistes“ bei der Lektüre ist eine Anmaßung und kann sich beim
Mangel aller Kriterien und bei den offenbaren Widersprüchen
der diese individuelle Führung in Anspruch Nehmenden selbst
in der subjektiven Überzeugung nicht auf die Dauer erhalten.
Darum ist alles Ausgehen vom Subjekt bei offenbarungs-
geschichtlichen Untersuchungen grundverfehlt. „Die Religion,“
sagt Biedermann,“ tritt uns empirisch zunächst als eine psychologische Erscheinung entgegen.“ Weit gefehlt. Die Religion
ist eine Macht über den Subjekten; sie tritt uns erfahrungsge-
mäß auf Schritt und Tritt als Kirche entgegen. In der
Kirche haben wir das konkrete, anschauliche Phänomen gegenüber dem vielumstrittenen Begriff Religion. Die Kirche ist
eine der großen Potenzen, die das Leben der Gesamtheit wie
des Einzelnen bedingen. Sie umgiebt uns thatsächlich wie die
Luft, in der wir atmen; wir können versuchen, die Augen gegen
sie zu verschließen, aber sie ist da in übermächtiger Gegenwart.
Die Psychologie mag die individuellen Momente würdigen, die
Eigenart der religiös-ethischen Gefühle und ihr Verhältnis zur
Gesamtheit des Geisteslebens darlegen, über mehr als einige
abstrakte Sätze wird man durch solche Analyse nicht hinaus-
kommen; ein Verständnis des real-historischen Menschheitslebens
wird auf solchem Wege nicht vermittelt. So wenig man den
Staat, geschweige einen konkreten Staat, aus dem subjektiven
Rechtsgefühl heraus konstruiren und erklären kann, so wenig
kann man die Kirche aus der subjektiven Religiosität ableiten
und begreifen. Kirche muß erlebt werden; nicht einmal der
Verstandsgehalt ist das Erste; nicht die Doktrin, sondern das
kirchlich-gemeinschaftliche Leben ist das Wichtigste an der Kirche.
Die Doktrin ist wohl leitende Idee, aber nicht sofort und
überall bewußt, namentlich nicht im Volk; die praktischen
Zwecke sind das Nächste, die Liebesgesinnung ist das subjektive Band, wie die Gnade das objektive. Als Hauptsache
wurde bei den Vätern stets betrachtet, zur Kirche zu gehören,
dieser heiligen Gnadengemeinschaft einverleibt zu sein und Nähr-
kraft aus ihr zu saugen wie das Kind aus der Mutterbrust,
in ihrem Schatten siegesgewiß zu ruhen als der gottbegläubig-
ten, durch so viele Heilige und Wunder bestätigten Gnaden-

anstalt; die Hauptsache war nicht, durch tiefsinnige Spekulation über Gott und göttliche Dinge hervorzuragen. Darum galt auch der getaufte Säugling schon als wirkliches und geheiligtes Mitglied der Kirche, was ohne Sinn wäre, wenn der bewußte Glaube das konstituierende bildete. Im Protestantismus, wo die Idee der Gemeinschaft geschwächt und die That des Einzelnen das Entscheidende ist, muß daher die Kindertaufe immer beargwöhnt werden.

Von diesem universelleren Standpunkt müssen wir an die Offenbarungsgeschichte herantreten; sonst schwindet uns das Verständnis. Dem Weltenlenker war es darum zu thun, einen Gottesstaat zu gründen und an ihn als Heilsvermittlung den einzelnen zu verweisen. Daher die lange Vorbereitung durch Jahrtausende hindurch, darum das scheinbar unbekümmerte Gehenlassen des ungeheuren Gros der Menschheit in der „Finsternis und im Schatten des Todes." Wäre das Individium das einzig für Gott in Betracht Kommende, so wäre die soteriologische Führung der Menschheit im großen weltgeschichtlichen Stil unbegreiflich. Ein höchst trauriges Surrogat für die konkrete lebendige Kirchengemeinschaft, immer aber noch ein Beweis für das schmerzliche Gefühl des Verlustes derselben, ist die Idee von der unsichtbaren Kirche, eine leere Abstraktion, ein Gedankending, entsprungen der Verzweiflung am Artikel von der allgemeinen Kirche. „Da muß dann die wohlklingende Phrase von einem stillen Geisterbund den Abgrund der Kirchenlosigkeit verdecken," sagt Döllinger von Hase. „Unsichtbare Kirche ist ein Widerspruch, weil das, was Kirche ist, nicht unsichtbar und das, was unsichtbar, nicht Kirche ist," sagt sogar Ed. v. Hartmann.

Eine andere Ausflucht, entsprungen demselben trostlosen Gefühl der Isoliertheit, ist die vorgegebene Tendenz, das Urchristentum erneuern zu wollen. Schon seit Marcion war dies das Losungswort der Häretiker, womit sie ihr Auftreten gegen die Kirchenautorität beschönigten. Abgesehen davon, daß jede Lostrennung von der Kirche dem altkirchlichen Bewußtsein am allerfernsten, und die Annahme einer Verirrung der Kirche als solcher die göttlichen Verheißungen Lügen straft, würde dadurch das Christentum nicht als etwas Lebendiges, sondern

als tote Begriffsfache aufgefaßt, die, keiner Entwicklung fähig
und bedürftig, auf mechanische Weise zurückgeschraubt werden
könnte. Die Religion wird als bloße Antiquität, als ein nicht
nur in ihrer Grundform sondern auch in ihrer ganzen Ent=
faltung unabänderlich Fixes gefaßt, womit im Grunde das
Wesen des Geistes und der Geschichte verleugnet wird.

Vae soli! Dieser Ruf wird stets das Brandmal des Pro=
testantismus sein; denn selbst in seiner Gemeinschaft ist jeder
Protestant doch eigentlich allein. „Die Autorität ist die allge=
meine, durch Zeugnisse geoffenbarte Vernunft, ohne welche
keine Wahrheit, keine Ordnung." Lamennais. „Die Religion
haßt die Einsamkeit," sagt auch Schleiermacher. „Ich gehe in
die Kirche, um in einer Gemeinde zu sitzen, um mit der Ge=
meinde das Vaterunser zu beten und den uralten Segen in
der Gemeinde über mich sprechen zu lassen," sagte Rückert,
als Lagarde ihn besuchte. Rührend ist auch die Art, wie La=
garde dieser Sehnsucht nach der Kirchengemeinschaft Ausdruck
giebt: „Ich bin Nachts am Meer durch die Dünen gewandert;
im Sand knirschte und fraß die harte Flut, der Seewind
seufzte im Ried, aus dem der Schrei des aufgescheuchten See=
vogels emporfuhr, um sofort jäh in dem weiten Schweigen
zu versinken; ich habe in kaltem, hellem Mittagslicht felsiges
Hochgebirg durchstreift, wo Pans Schlaf die Seele so
ängstigt, daß unwillkürlich der Mund liebe Namen rief, um
ihr das Gefühl der Verlassenheit zu nehmen — aber was ist
solche Einsamkeit des Ozeans und der Alpenwelt gegen die
Einsamkeit, die jetzt mitten im Gewühl der Menge alle um=
fängt, welche, Söhne alter, versinkender Zeiten, Bürger einer
zukünftigen Welt, mühseligen Schritts und schweigenden Munds,
zu besserer Arbeit ungeschickt und unberufen, Ähren und Ähr=
chen lesen zum Gebrauch für die Kinder Gottes im Winter=
schnee, zur Aussaat für den — ach so fernen neuen Tag, der
sich ja freilich mit seiner breiten goldenen Wogenpracht Bahn
brechen, den aber des jetzt tändelnden und sich anlügenden
Geschlechts keiner erblicken wird. Gäbe es wenigstens Ver=
schworene unter uns, einen heimlich offenen Bund, der für den
großen Morgen sänne und schaffte und an den, wenn ihn auch
in diesem umgekehrten Pfingsttag die Menge nicht verstehen

würde, alle sich anschließen könnten, deren unausgesprochenem Sehnen er die Worte böte!"

Zusatz der 2. Auflage. Es dürften zu diesem Kapitel die Worte eines hervorragenden Kirchenhistorikers bemerkens= wert sein, namentlich mit Rücksicht auf die Stellung, welche derselbe im religiösen Parteigetriebe einnimmt. Adolf Harnack schreibt in seinem Lehrbuch der Dogmengeschichte Bd. 2, S. 76: „Noch hat es in der Welt keinen starken religiösen Glauben ge= geben, der nicht an irgend einem entscheidenden Punkt sich auf eine äußere Autorität berufen hätte. Nur in den bloßen Aus= führungen der Religionsphilosophen oder in den polemischen Einwürfen protestantischer Theologen wird ein Glaube konstruirt, der seine Gewißheit lediglich den inneren Momenten entnimmt. Diese fördern unzweifelhaft die Kraft seines Daseins und seiner Unterhaltung. Aber sind nicht Bedingungen nötig, unter denen diese Kraft wirksam wird? Jesus Christus hat sich auf die Autorität des alten Testamentes, die alten Christen haben sich auf den Weissagungsbeweis, Augustin hat sich auf die Kirche, selbst Luther hat sich auf das geschriebene Wort Gottes berufen. Es ist nur eine akademische Spekulation, welche die äußere Autorität hier eliminieren zu können meint, das Leben wie die Geschichte weisen darauf hin, daß kein Glaube über= zeugungs= wie zeugungsfähig ist, der nicht den Gehorsam gegen eine äußere Autorität in sich schließt und nicht das Be= wußtsein ihrer absoluten Macht hat. Es kann sich lediglich darum handeln, die richtige Autorität zu bestimmen und das zutreffende Verhältnis zwischen äußerer und innerer Au= torität zu finden. Wäre es anders, so wären wir nicht schwache und hilflose Wesen. Man kann vom Ideal der menschlichen Anlage nicht hoch genug denken, aber so hoch ist diese Anlage nicht, daß der Mensch die Summe aller der idealen Elemente, die das innere Leben ausmachen, sich so anzuzeigen vermag, daß sie mit dem Gemüt einfach zusammenwachsen oder zum Produkt desselben werden. Vor allem kann der Gottesgedanke, der Gedanke der Liebe Gottes, nie eine unerschütterliche Ge= wißheit erhalten, ohne daß er getragen wird von einer äußeren Autorität. Es ist keine falsche religiöse Betrachtung, daß das unruhige Suchen der Seele erst aufhört, wenn ihr eine Au=

torität aufgegangen ist, deren Geltung für sie unabhängig (?) ist
von dem Grad der Stärke, mit welcher sie die innere Berech=
tigung dieser Autorität empfindet."

Wegen dieser Erörterung ist Harnack von seinen frei=
sinnigen Kollegen, wie begreiflich, hart mitgenommen worden.
In der zweiten Auflage erklärt er, trotzdem nichts daran
ändern zu können. Er unterscheidet wohl den spiritualen
Christen, der den Geist Gottes unmittelbar empfindet von dem
nicht=spiritualen, der eine Zwischenautorität nötig hat, aber
auch der spirituale, der direkt mit Gott verkehrt, habe ‚wie
die Geschichte lehre' sich doch höchst selten, vielleicht nie, von
jeder Zwischenautorität befreit, im Gegenteil, er habe sie fest
umklammert trotz seines persönlichen Verkehrs mit der Gott=
heit.

§ 8. Die kirchliche Unfehlbarkeit.

Christus hat den Vollinhalt der Glaubenslehre und des
Erlösungsschatzes vor seinem Scheiden auf Erden zurückge=
lassen; denn sein Werk sollte keine tote Reliquie, sondern eine
fruchtbare, nie verwelkende Pflanze sein, als Samenkorn in
die Menschheit gesenkt, um aus unscheinbaren Anfängen zum
weltumspannenden, die ganze Menschheit verjüngenden Baum
des Lebens heranzuwachsen. „Ich lasse euch nicht als Waisen
zurück. Ich will den Vater bitten und er wird euch einen
anderen Tröster geben, daß er in Ewigkeit bei euch bleibe, den
Geist der Wahrheit, den die Welt nicht empfangen kann; denn
sie sieht ihn nicht und kennt ihn nicht. Ihr aber werdet ihn
erkennen; denn er wird bei euch bleiben und in euch sein."
Joh. 14, 16; 17, 18. „Wenn aber jener Geist der Wahrheit
kommt, der wird euch alle Wahrheit lehren. . Er wird von
dem Meinigen nehmen und es euch verkünden." Joh. 16,
13. 14.

Diese himmlische Vollgewalt und dieser übernatürliche
Gnadenbeistand ruhte natürlich zunächst in den vom Gottes=
sohn auserwählten und mit der Mission des Evangeliums be=
auftragten Aposteln. Denn das Reich Gottes ist Ordnung;
niemand kann frevelhaft göttliche Sendung sich selbst anmaßen.
Der durch die Thüre kommt, nicht der durchs Fenster einbricht,
ist der wahre Hirte. So ist für alle Zeit durch die Einsetzung

einer geregelten Verwaltung der Geheimnisse Gottes jedem
revolutionären Sekten= und Schwärmerwesen ein Ziel gesetzt.
Nie kann diese gottgegründete und gottgeführte Ordnung sich
vom Wesen des Christentums verlieren. Das würde der
göttlichen Lenkung ein schlechtes Zeugnis geben. Zum Über=
fluß hat der göttliche Stifter solche Möglichkeit energisch ab=
geschnitten. „Ich bin bei euch alle Tage bis ans Ende der
Welt," sagt er ausdrücklich, und auch der Geist der Wahrheit
sollte ja bei seiner Kirche bleiben „in Ewigkeit" uud sie in alle
Wahrheit einführen.

Für den einzelnen ist dadurch der klare, offene, unver=
lierbare Weg des Glaubens vorgezeichnet; das Festhalten an
der Kirche als der „Säule und Grundfeste der Wahrheit."
„Jesus hat Hirten und Lehrer verordnet, damit wir nicht
mehr Kinder seien, die wie Meereswellen hin= und herfluten
und von jedem Wind der Lehre umhergetrieben werden durch
die Schalkheit der Menschen, durch die arglistigen Kunstgriffe
der Verführung zum Irrtum." Ephes. 4, 14. Keine irdische
Macht, nicht einmal „die Pforten der Hölle" können den himm=
lischen Bau zertrümmern.

So stellt sich die Kirche als ein lebendiger Körper dar,
beseelt vom Geiste Gottes, in dem die Vorsteher die Träger
der überirdischen Gewalt sind: „Wer euch hört, hört mich, und
wer euch verachtet, verachtet mich." Luk. 10, 16; „Alles was
ihr auf Erden binden werdet, das wird auch im Himmel ge=
bunden sein; und alles was ihr auf Erden lösen werdet, das
wird auch im Himmel gelöst sein." Matth. 18, 18.

Unter den Aposteln ragt wiederum Petrus in bevor=
zugter Stellung hervor. Er ist der Fels, auf dem die Kirche
ruht, ihm sind die Schlüssel des Himmelreiches speziell über=
geben; er weidet die ganze Herde; für ihn hat der Herr er=
beten, daß sein Glaube nie wanke. Während die Nachfolger
der Apostel nur in ihrer Gesamtheit und in Verbindung mit
dem Haupt der Kirche an den göttlichen Verheißungen, ins=
besondere an der Unfehlbarkeit teilnehmen, besitzt letzteres für
sich „ex sese, non ex consensu ecclesiae" dieses Charisma;
denn ein Leib ohne Haupt, ein Gebäude, dessen Grund wankt,
kann nicht bestehen. Daß ferner die Verheißungen Christi nicht

bloß persönlichen Charakter für seine Apostel tragen, sondern typisch und providentiell gesprochen sind, geht schon aus dem Beisatz „in Ewigkeit," bis ans Ende der Welt" u. s. w. hervor. Wozu wäre auch ein so mächtiger Apparat nötig, wenn alles nur für ein paar Jahrzehnte dauern sollte!

Die Lehre von der Unfehlbarkeit des Papstes gründet nicht nur auf den unmittelbaren Sendungsworten Christi, auf dem Ansehen, das Petrus und die römische Kirche als „die Vorsteherin des Liebesbundes" (Ignatius), als die Kirche, „mit der wegen der mächtigeren Prinzipalität alle Gläubigen übereinstimmen müssen, (Irenäus)*, schon im tiefsten Altertum genoß, sondern auch auf der ungestörten Geltendmachung dieser Glaubensautorität in den zahlreichen Rekursen und Appellationen an den römischen Bischof, welche schon in den ältesten Zeiten der orientalischen wie occidentalischen Kirche üblich waren. Nicht bloß in Verfassungsfragen, auch in ausschließlich dogmatischen Kontroversen gab die Stimme des Statthalters Christi ohne oder vor einem Konzilsbeschluß den Ausschlag; so verurteilte Victor I. den Sabellius, Zephyrin die Montanisten, Cornelius die Novatianer, Damasus den Apollinaris, Coelestin I. den Nestorius, was nachher die allgemeine Synode von Ephesus 431 bestätigte, indem sie erklärte, das Schreiben des apostolischen Stuhls an Cyrillus habe schon Urteil und Regel über die nestorische Frage enthalten, und sie, die versammelten Väter, hätten nur, darnach sich richtend, diese vollzogen; ebenso bestätigte die allgemeine Synode von Chalcedon 451 den Brief des Papstes Leo I. gegen Eutyches mit den Worten: „Das ist der Glaube der Väter, das ist der Glaube der Apostel; Petrus hat durch Leo gesprochen!" Ebenso maßgebend war das dogmatische Schreiben des Papstes Agatho II. an den griechischen Kaiser Konstantin Pogonatus für die 6. allgemeine Synode 680 in Sachen des Monotheletismus. Das 6. allgemeine Konzil sagt: „Auf dem apostolischen Stuhl ist immer unbefleckt bewahrt worden

---

* Funk gibt in seinen „Kirchengesch. Abhandl. u. Unters." dieser vielumstrittenen Stelle eine der Döllingerischen sich nähernde Deutung, aber er weist mit Nachdruck auf Irenäus 4, 26 hin, wo der Kirche Roms ein charisma veritatis certum als apostolischer Kirche zugeschrieben wird.

die katholische Religion und hochgehalten die heilige Lehre. Indem wir in allem seiner apostolischen Lehre folgen, hoffen wir gewürdigt zu werden, in jener einigen Gemeinschaft zu stehen, welche der apostolische Stuhl verkündigt, worin die ganze und wahre Festigkeit der christlichen Religion beruht."

Die pelagianischen Streitigkeiten waren durch das Rescript Innocenz I. im Kern geendet (damals schrieb Augustin: Causa finita est; utinam finiatur error); ebenso die Kontroverse über die Ketzertaufe durch den Entscheid des Papstes Stephan trotz des heftigen Widerstands Cyprians.*) Beim Jansenismus, bei den in unser Jahrhundert fallenden Irrtümern eines Hermes, Günther, Frohschammer hatte der Entscheid des päpstlichen Stuhls dieselbe Bedeutung. Das Recht des apostolischen Stuhls, in Glaubenssachen endgültig zu entscheiden, haben auch die allgemeinen Konzilien zu Lyon 1274 und Florenz 1430 beidesmal unter Zustimmung der Griechen anerkannt.**) Dagegen ist kein Konzilsbeschluß, selbst nicht der eines allgemeinen Konzils, für die Kirche rechtskräftig geworden ohne die Bestätigung des römischen Stuhls.

. „Gegen die Meinung des Bischofs von Rom dürfen die Kirchen keine Canones aufstellen", diese Forderung des Papstes Julius I. berichtet schon Sokrates (h. e. II, 17) als maßgebend für die Concilien. „Als die Hauptstadt des Reichs", sagt Harnack, „als die Stadt der Cathedra Petri, . . . als die Gemeinde, welche mehr für die Gesamtkirche gethan, als irgend eine andere, genoß Rom auch im Morgenlande doch ein einzigartiges Ansehen. Im großen arianischen Kampf kompromittierten sich die morgenländischen Stühle außer Alexandrien, die orthodoxen Orientalen suchten und fanden ihre Stütze in Rom. Kein Zweifel kann darüber bestehen, auch in den Augen der Orientalen haftete an dem römischen Bischof ein besonderes

---

*) Aber auch Cyprian nennt die Kirche Roms matrix et radix ecclesiae catholicae, ecclesia principalis, unde unitas sacerdotalis orta est. Ep. 48, 2; 59, 19. Ep. 43, 5: deus. unus est, et Christus unus et una ecclesia et cathedra una supra petram domini voce fundata. (Ein Gott, ein Christus, eine Kirche, ein Lehrstuhl auf dem Felsen, durch Gottes Wort gegründet.)

**) Über dieses Konzil und besonders des quemadmodum etiam, das in dem Originaltext und in allen Originalkopien steht, vergl. Jos. Scheeben, Die männliche That und die „unwiderleglichen Bemerkungen" des Prof. v. Döllinger, S. 29 ff.

Etwas, was jedem anderen Bischof fehlte, ein Nimbus, der ihm eine besondere Autorität verlieh." (Ab. Harnack L. b. Dogmengesch. II S. 100 vgl. I S. 439). Harnack weist dies in Konkreten nach und bemerkt aus historischem Wahrheitsgefühl gegen Janus („der Papst und das Concil" 1869, S. 93), der im 4. Jahrhundert bei den orientalischen Kirchenvätern nichts von einem Vorrecht des römischen Bischofs finden will: „Richtig ist, daß das Ansehen des römischen Bischofs im Orient zu Anfang des 4. Jahrh. gemäß der nun verbreiteten Ansicht von der apostolischen Succession aller Bischöfe kaum bemerk= bar ist und daß er es in der Folgezeit zu erkämpfen, d. h. die Stellung für sich zu erringen hatte, die einst schon die römische Gemeinde besessen hatte. Darum sind die Zeugnisse für ein besonderes Ansehen der römischen Bischöfe im 4. Jahrh. in der That verhältnismäßig gering; aber sie fehlen nicht, (s. Gr. Naz., Carmen de vita sua II p. 9 Chrysost. ep. ad. Jnnoc. I) und von 380 an wächst das An= sehen in den Augen der Orientalen, ohne freilich einen bestimm= ten festen Inhalt zu bekommen. Sehr charakteristisch sind in diesem Punkt die Kirchengeschichten des Sokrates und Sozo= menus, die in diesem Punkt jeder Parteilichkeit ermangeln und die allgemeine Meinung wiedergeben. (Vgl. Innsbrucker Theolog. Zeitsch. 1877 S. 662). Das Ansehen der römischen Bischöfe im Orient war also von Anfang des 4. Jahrh. bis zur Mitte des 5. gestiegen, hielt sich auf der Höhe bis zur Zeit Justini= ans, büßte in dieser Periode seine faktische Bedeutung ein und ging dann, die Episode 680 und die nächsten Dezennien abge= rechnet, langsam abwärts, so jedoch, daß es nie ganz erloschen ist. Jetzt gilt der römische Stuhl als schismatisch; wäre er es nicht, so wäre er immer noch der erste".

Nähmen wir nicht den Papst als das Subjekt der Un= fehlbarkeit an, so hätten wir überhaupt keines; denn selbst allgemeine Konzilien haben sich widersprochen und ihre Be= schlüsse sind umgestoßen worden. So erklärte das Konzil zu Konstanz und das zu Basel die Superiorität des allgemeinen Konzils über den Papst, das 5. Lateranense umgekehrt die des Papstes über das Konzil; so verdammte die 5. ökumenische Synode zu Konstantinopel zwei hochangesehene Kirchenlehrer,

die auf dem Chalcedonense als rechtgläubig gegolten hatten.
Appellationen vom Papst an ein Konzil wurden schon von
Pius II. für ketzerisch erklärt, und gegen die Konstanzer und
Baseler Beschlüsse, soweit sie der Gewalt des päpstlichen Stuhls
widerstritten, wurde alsbald von der obersten Autorität Pro=
test eingelegt, ebenso wurde der Canon 28 des Chalcedonense,
einer unzweifelhaft ökumenischen Synode, alsbald vom Papst be=
kämpft und in der Folge fallen gelassen. Mit dem letzten Kon=
zil im Vatikan ist diese Lehre jeder Zweifelhaftigkeit entrückt;
dieselbe aber als eine neue und mit dem Geist des Katholi=
zismus im Gegensatz stehende zu brandmarken, setzt eine völlig
verblendete Anschauung von dem Wesen und der Entwicklung
der Kirche voraus, selbst wenn es ein berühmter Kirchenhisto=
riker spricht; denn es ist allbekannt, wie sehr Parteileidenschaft
und Gelehrtenverranntheit den klaren Blick trüben. Döllingers
Einwände laufen im wesentlichen auf maßlose Ausbeutung
des Lerinischen Kriteriums „was immer, was überall,
was von allen geglaubt wurde", hinaus, das, wie Friedrichs
Biographie Döllingers I, 133 zeigt, von Anfang an Döllingers
Leitstern war. Es ist klar, daß mit der buchstäblichen Fassung
dieses zunächst doch individuellen Wahlspruchs jede historische
Entwicklung unvereinbar ist. Was wußte der erste Christ von
den Naturen in Christo, was von hyspostasis und natura, von den
Subtilitäten der Gnadenlehre? Die Lehre von der Unfehlbarkeit
ist übrigens, wie gezeigt wurde, als depositum fidei historisch
und selbst biblisch fest genug begründet. Die Forderung, daß
jedes Dogma zu jeder Zeit jedes einzelne Glied der Kirche
oder selbst des Lehrkörpers mit vollem Bewußtsein durch=
drungen haben müsse, würde wenige oder keine Dogmen fest=
stehen lassen. Es hat zur Proklamirung eines Dogmas stets
genügt, wenn es im Depositum als fruchtbarer Keim nieder=
gelegt und durch die Zeitläufe mit stillschweigender Wirksam=
keit (wie sie die kirchliche Praxis zeigt) festgehalten wurde.
Tradition ist nicht eine antiquirte Verlassenschaft, die nur noch
als Gegenstand der philologischen und exegetischen Gelehr=
samkeit dient, der Zeit nach abgeschlossen und für eine
primitive Epoche privilegiert, sondern auch in unserer Zeit
und in alle Zukunft als lebendige Macht wirksam. Und

wo sollte denn das Organ der unfehlbaren Kirche sein? Nimmt man das allgemeine Konzil als solches, obwohl Christus kein Wort von einem solchen gesprochen, so liegen erstens obige positiven und negativen Thatsachen im Wege, und zweitens ist dann die Lehre der Unfehlbarkeit des Papstes eben als Dogma eines allgemeinen Konzils Glaubensgegenstand. Man müßte nur wieder das letzte Konzil als unfrei oder weiß Gott wie verdächtigen, eine Manier, der die Willkür an der Stirne steht. Mit der Verwerfung dieses Dogmas ist die Lossagung von der gesamten kirchlichen Ordnung, von dem gesamten Vorsteherkörper, Papst und sämtlichen Bischöfen, notwendig verbunden und der religiöse Subjektivismus und Skeptizismus bereits betreten. Die Apostaten haben darum nicht mehr das Recht, sich als die „alte katholische Kirche“ zu gerieren, denn wo und wann gab es eine katholische Kirche ohne Papsttum? Ebensowenig können sie Geister wie Görres, Möhler, Hirscher rc. für sich beanspruchen; denn es ist ein gewaltiger Unterschied, zur Zeit der Freistellung einer Lehrmeinung der freieren Anschauung zu huldigen, was nicht in den mindesten Konflikt mit dem katholischen Bewußtsein bringt, und dieselbe nach dogmatischem Entscheid in Revolution gegen das kirchliche Lehramt hartnäckig festzuhalten. Ob jene als Eideshelfer angerufenen Autoritäten zum Verrat an der Kirche bereit gewesen wären, ist sehr fraglich, ja mit Rücksicht auf ihre stets bewiesene treukirchliche Haltung entschieden zu verneinen.

Man hat nun indirekte Beweise gegen die Unfehlbarkeit vorgesucht und vermeintliche häretische Entscheidungen des päpstlichen Stuhls geltend gemacht. Da Privatmeinungen einzelner Päpste hier nicht in Betracht kommen, so handelt es sich ernstlich nur um die Honoriusfrage. Honorius I. soll in einem Brief an Sergius, den Patriarchen von Konstantinopel, den Monotheletismus vertheidigt haben und deswegen vom 6. Konzil zu Konstantinopel 680 als Ketzer verdammt worden sein; diese Verdammung sei von den päpstlichen Legaten auf dem Konzil selbst und später vom Papst Leo II. bestätigt und die Verdammungsformel sogar in das Glaubensbekenntnis eingerückt worden, das jeder neugewählte Papst geloben mußte.

Es besteht nun gegenwärtig vor allem kein Zweifel, daß

Honorius kein Häretiker war. Seine Schrift war ein diplomatisches Ausweichen und Beiseiteschieben der ernsten Schwierigkeit, was auch seine eigentliche und einzige Schuld ist, aber seine Worte enthalten nichts Unkatholisches. Honorius will, daß weder von ei n em noch von z w ei Willen in Christus gesprochen werden solle, darüber sei in der Schrift nichts enthalten; es genüge, wenn die ei ne, stets harmonische, gott=menschliche Handlungsweise betont und jeder Widerstreit von Willensenergien ferngehalten werde. Also nicht die zwei Wirkungsprinzipien verwarf der Papst, sondern nur einen Widerstreit in den Naturen Christi. Bezüglich der prinzipiellen Frage verhielt er sich ablehnend, was freilich eine indirekte, wenn auch nicht gewollte, Begünstigung der Häresie in sich schloß und ihre Ausbreitung beförderte. Die Hauptschwierigkeit in der Honoriusfrage liegt nicht in dem Problem der Orthodoxie oder Nichtorthodoxie des Papstes, worüber kaum mehr ein Bedenken herrscht, sondern wie es kam, daß ein Papst wegen Häresie aus der Kirche ausgeschlossen und diese Ausschließung vom päpstlichen Stuhl gutgeheißen werden konnte. Die strenge Censur wurde ausgesprochen, weil der Vorsteher der Christenheit nicht die apostolische Tradition wahrte, sondern „durch verräterische Nachlässigkeit den reinen Glauben unterwühlen ließ" subverti permisit (passiv nach dem griechischen παρεχώρησε; Hase hat die falsche Übersetzung: „subvertere conatus est.") Also eine ethische Schuld der Fahrlässigkeit, die anbetrachts der Wichtigkeit der Sache so schlimme Folgen zeitigte und daher so furchtbar gerügt wurde, aber keine ketzerische, den Glaubensinhalt betreffende! Mindestens wurde i n Rom die Verurteilung des Honorius in diesem Sinne gefaßt; denn Leo II. schrieb nachher erläuternd an die spanischen Bischöfe, Honorius habe die Flamme der Häresie nicht, wie es geziemt hätte, durch apostolische Autorität im Entstehen ausgelöscht, sondern durch Nachlässigkeit gefördert (negligendo confovit); und in einem Brief an den König Erwig : maculari consensit, er ließ den Glauben beflecken.

Daß Petrus die römische Kirche gegründet, ist schon durch den Brief des hl. Clemens von Rom an die Korinther konstatiert. Unter den „edlen Vorbildern", die in Rom gewirkt und gelitten hätten, führt er auch Petrus an, „der viel Müh-

fale ertrug und als ein Martyrer hinging an die Stätte der
Herrlichkeit." Dann folgen die Zeugnisse von Ignatius 116 im
Briefe an die Römer, von Papias, Dionysius von Korinth,
Irenäus, Tertullian, Eusebius u. f. w. nebst den zahlreichen
monumentalen Erinnerungen, die schon im dritten Jahrhundert
bezeugt sind: der Kirche der hl. Pudentiana, wo der Apostel-
fürst Messe gelesen haben soll, der Kapelle Domine quo vadis
auf der Via Appia, der Menge allegorischer Abbildungen in
den Katakomben, die Petrus als Moses Wasser aus dem Felsen
schlagend, als Steuermann das Schiff der Kirche lenkend u. a.
darstellen. Unter dem Symbol Babylon im ersten Brief Petri
ist offenbar die Weltstadt zu verstehen.   Die dagegen geltend
gemachten Argumenta ex silentio (Nichterwähnung in den Pau-
linischen Briefen) besagen gegen so klare, positive Zeugnisse nichts.
Paulus selbst nennt Rom einen für ihn „fremden Boden", wo
der Grund schon gelegt sei.   Sollte bei der Nichterwähnung
des ersten Apostels in Pauli Briefen aus Rom nicht eine kleine
Eifersucht gegen den Gründer der Kirche Roms, die ja schon
im Antiochenischen Streit so lebhaft ausgebrochen war, mit-
spielen? Ich dächte, das dürfte unbeschadet der Achtung vor
dem Apostelpaare zugestanden werden. Auffallend ist die Thatsache immerhin.   Selbst Hase giebt übrigens die Anwesenheit
Petri in Rom zu; nur brauche er nicht Gründer der römischen
Christengemeinde gewesen zu sein, die sich bei dem Zuströmen
aller Welt nach der Hauptstadt ganz von selbst dort habe bilden
können. . . . Dies Letztere ist nichts als vage Vermutung.

§ 9.   Notwendigkeit des unfehlbaren Lehramts und Ver-hältnis desselben zu Schrift und Tradition.

Kein Satz ist der modernen Zeit unbequemer und unsym-
pathischer als der von der Infallibilität, und keiner ist doch
fundamenteller und notwendiger; denn ohne ihn hängt die gesamte Heilsvermittlung in der Luft.   Das Magisterium muß
durch fortwährenden höheren Beistand gegen Mißgriffe und
Verwirrungen gesichert werden. Ohne solche Beihülfe von oben
bestünde keine Garantie gegen Irrtum.   Wer sollte davor
schützen? Die theologische Wissenschaft? Ist schon in profanen

Dingen die menschliche Vernunft keineswegs unfehlbar und haben selbst große Gelehrte die größten Fehler begangen, wie könnte die Vernunft in übersinnlichen Wahrheitslehren von selbst das Richtige treffen, in Dingen, die ihrer Natur nach über den Grenzen der menschlichen Spekulation hinausliegen! Wohl sind uns das Wort Gottes und die Erblehre als Hinterlage des Glaubens gegeben, und es handelt sich bei der kirchlichen Heilsvermittlung ja nicht um Anschließung neuer, bisher unbekannter Geheimnislehren, das kirchliche Lehramt hat vielmehr ausgesprochener Weise nur den Zweck, das materiell abgeschlossene Depositum fidei den Völkern zu vermitteln, den Zeitverhältnissen gemäß zu entfalten und zu erläutern — aber selbst dies setzt, soll es in vollkommner, unverirrbarer Weise geschehen, mehr als menschliche Kraft voraus. Wo immer Menschen sind, ist gegen Irrtum keine Gewähr; Angelegenheiten des ewigen Heils aber verlangen unbedingte Sicherheit, und dies voraussehend hat der Heiland sie gegeben durch die oben angeführten Verheißungen. Wie Inspiration zur Offenbarung, so gehört Assistenz zur Handhabung und Verwaltung der Offenbarung. Die heilige Schrift ist kein Lehrbuch mit Paragraphen, aus dem unschwer der Glaubensinhalt entnommen werden könnte, sondern ein Komplex von Gelegenheitsschriften, unsystematisch, ahnungsvoll, selbst mit teilweisem Antagonismus (so zwischen Paulus und Jakobus); sie enthält die Glaubenslehre als erhabenes Mysterium, das immer neu zum nachdenkenden Erfassen reizt, aber nie ganz in der menschlichen Analyse aufgeht. Alle Sekten haben sich auf die Schrift berufen, jede hat das richtige Verständnis für sich in Anspruch genommen — ein Beweis, daß eine auslegende Gewalt neben ihr notwendig ist. Es handelt sich ja nicht darum, jede Einzelheit klarzulegen, den Verstand, die Erkenntnis in allen Punkten festzulegen; dies wäre vielmehr der Tod der Wissenschaft — aber die Hauptziel- und Richtpunkte müssen doch von der Autorität vorgezeichnet und gegen Verwirrung gesichert werden; sonst fällt, wie im heutigen Protestantismus, wo bereits die Gottheit Christi, ja die Persönlichkeit Gottes nicht mehr allgemein anerkannte Wahrheiten sind, das ganze Lehrgebäude auseinander, und es bleibt nur der Name Christi übrig. Ist ja bei den Protestanten der Sturm gegen das Apostolikum, das stets und unter allen Glaubensgemeinschaften, die sich christlich nannten, das unverrückbare Grund= und Bollwerk der Lehre war, in vollem Gang und findet bei den Konsistorien und Synoden nur schwachen Widerstand; auch die Taufe ist vielfach zur bloßen Ceremonie herabgesunken und wird in ganz willkürlicher Weise gespendet. Die Schweizer Synode beschloß 1893 sogar mit großer Mehrheit, die Taufe nicht mehr als Bedingung der Zugehörigkeit zur evangelischen Kirche zu betrachten. In Württemberg erklärte Prälat Wittich Pfarramtskandidaten gegenüber die Religion als Denkfehler — so berichtet unwidersprochen Steudell. Dekan Kneucker erklärt im evangelischen Kirchenblatt von Baden die Gottheit Christi für katholische Menschensatzung; nur pfäffische Anmaßung und dummdreiste biblische Unwissenheit könne dies Dogma festhalten; der Mann bleibt aber in Amt und Würde.

Zusatz der zweiten Auflage. Das Widerstreben gegen die kirchliche Unfehlbarkeit, wie es für das moderne Bewußtsein so bezeichnend ist, beruht im Grunde auf einer voreiligen Verzweiflung an jeder Sicherheit transcendenter Wahrheiten. Der Sehnsucht nach einer Verbindung mit dem Übernatürlichen, die das Heidentum trotz beständiger Enttäuschung zu den Orakeln, Mysterien, Theurgen trieb, welche das Judentum in den Propheten, ja im Inhaber des hohepriesterlichen Amts den Vertreter der Gottheit ahnen ließ — vgl. die hochbedeutsame Stelle Joh. 11, 51: „Dies redete er (Kaiphas) nicht aus sich, sondern er weissagte, daß Jesus für das Volk sterben werde, da er Hohepriester in jenem Jahre war" — dieser Sehnsucht und heimlichen Überzeugung von dem Herabreichen eines überirdischen Bandes zur Welt der Menschen hat die katholische Kirche vollen Ausdruck gegeben, indem sie die Wirklichkeit und Fortdauer der Offenbarung und zwar in der legitimen ständigen Institution des von Christus eingesetzten Lehramts statuiert, und für ihre, nach scharfen Kriterien abgegrenzten Lehren übernatürliche Beglaubigung in Anspruch nimmt. Die andern christlichen Konfessionen haben nicht einmal den Mut, ihre Lehren als göttliche auszugeben; wie können sie Glauben fordern, den sie selbst nicht haben? Glauben kann man doch nur dem übernatürlich Beglaubigten! In der ersten Zeit der Reformation suchte man noch nach Surrogaten der regula fidei, wie sie die übernatürliche Offenbarung fordert: Luther hielt sich persönlich inspiriert und selbst berechtigt, Teile der Bibel zu verwerfen (Bücher Mosis, Jakobusbrief, Apokalypse, die deuterokanonischen Bücher), dann wurde die hl. Schrift als Canon des Glaubens betrachtet; als dieses Kriterium nicht ausreichte, verwies man auf die innere Führung durch den hl. Geist bei der Lektüre; nunmehr hat man die Kriterie völlig aufgegeben und ist dem Subjektivismus rettungslos verfallen. Aber was können wir vom Jenseits, von Gott und göttlichen Gebot aus eigener Vernunft wissen, wenn nicht eine höhere Richtschnur zu Gebote steht?

II. Die wissenschaftliche Reform des Katholizismus.

§ 10. Katholizismus und Protestantismus der Gegenwart.

Dem dargelegten Verhältnis zwischen Katholizismus und Protestantismus, der Ohnmacht des letzteren in allen prinzipiellen Fragen gegenüber dem festen Grundbau des ersteren würde auch äußerlich ein starkes Anwachsen der katholischen Bevölkerung und ein Zurückweichen der protestantischen entsprechen, da das gläubige Gemüt sich von einer in Auflösung begriffenen Lehre, der jede feste Glaubensregel dahingeschwunden, unmöglich befriedigt finden, noch weniger sein ewiges Heil erwarten kann. Ein unbefangener Blick auf die Zeitlage zeigt uns das Gegenteil: Wir bemerken ein siegreiches Vordringen des Protestantismus trotz seiner dogmatischen Haltlosigkeit und ein auffallendes Zurückweichen des Katholizismus fast auf allen Gebieten und in allen Ländern. Wo der Katholizismus mit dem Protestantismus zusammentrifft, da scheint er diese Konkurrenz nicht bestehen zu können; wir bemerken in paritätischen Staaten ein weit stärkeres Anwachsen der protestantischen Bevölkerung und zwar auf Kosten der katholischen, so in Baden, wo das Minus zu Gunsten der Protestanten

in wenig Jahren 44000 betrug, im Elsaß, wo die Zunahme
der Protestanten das Doppelte der Zunahme der Katholiken
ausmacht und ähnlich überall, wo nicht besondere Verhältnisse
wie das Zuströmen aus rein katholischen Gegenden das Facit
für den Katholizismus günstiger stellen. 18000 Übertritte ge=
schahen 1895 in Preußen von der katholischen zur protestanti=
schen Kirche, denen nur 2000, also kaum der zehnte Teil von
der protestantischen zur katholischen Kirche gegenüberstehen.
Noch ungünstiger ist es in Sachsen, hier werden 85% aller
Kinder aus gemischten Ehen protestantisch. In Köln allein
traten im einzigen Jahre 1894 322 Katholiken zum Protestantis=
mus, 60 sogar zum Judentum über, und während sich die
katholische Bevölkerung der Erzdiözese Köln von 1872—91 um
42% vermehrte, stieg die protestantische um 84%, also um
das Doppelte! Der Verlust der katholischen Kirche im Gebiet
des deutschen Reiches beträgt allein für unser Jahrhundert trotz
der Conversionsströmung im Anfang desselben über eine
Million, in Elsaß=Lothringen seit der deutschen Besitzergreifung
100000 Katholiken. (Historisch=politische Blätter 1893, 2. Heft
S. 422 ff. Vgl. auch Feyerabend, Katholizismus und Prote=
stantismus S. 68—71.) Auch in England sind die Katholiken
in der Zeit von 1876 · 95 von 5,8 Millionen auf 5,4 zurück=
gegangen.*)

------

*) Einigermaßen komisch ist die Nervosität derer, die aus ihrem
Phäakenruf: „Katholisch ist Trumpf" durch die unläugbaren Thatsachen un=
angenehm aufgeschreckt wurden. Nun zählt man schon die Abiturienten
alljährlich, die Doktorpromotionen, die Preise, die ein Schüler irgendwo kriegt
und ruft triumphierend: „Schaut das nach Inferiorität aus?" Die Augs=
burger Postzeitung war in der Lage, ein ganzes halbes Schock frischge=
backener Doktoren des Germanikums auf einmal anzumelden, wodurch
natürlich wie sie meint, die Inferiorität der Katholiken beseitigt war. Als
ob diese Sorte „Doktoren" nicht gerade Träger der Inferiorität wäre!
Belustigend ist auch, die Beschlüsse der Katholikentage, durch welche die
Inferiorität wegreglementiert wurde, zu lesen, gewöhnlich mit dem komischen
Zusatz: „Die Generalversammlung empfiehlt eingehende Prüfung und all=
seitige ernste Erwägung der Ursachen und Folgen dieser Erscheinung." Auch
die schönen Proteste erschallen jetzt häufig: „Wir wissen uns von Inferio=
rität frei", noch dazu aus einer Diözese, wo der Schelm der Inferiorität
aus allen Winkeln guckt und, obwohl es die größte ist, seit Jahrzehnten
kein einziges wissenschaftliches Werk von Bedeutung zum Vorschein kam.

Schlimmer noch als dieses numerische Zurückbleiben ist
das qualitative Sinken der Katholiken nach Rang, Intel=
ligenz und Besitz. Ein Maßstab dafür ist die Anteilnahme an
den höheren Schulen, welche seitens der Katholiken in Baden
verhältnismäßig nicht halb so stark als bei den Protestanten
ist, in anderen Staaten etwas, aber nicht viel günstiger.
Speziellere Zahlen siehe bei Schell, Der Katholizismus als
Prinzip des Fortschritts, S. 6.

In katholischen Staaten ist es geradezu staunenswert,
welchen Einfluß sich die wenn auch minimale protestantische
Quote der Bevölkerung auf Staatsleitung und Wissenschaft
zu verschaffen weiß. Besonders auffallend ist dies in Frank=
reich und Ungarn, wo der protestantische Einfluß dominiert,
ja sich zum Unterdrücker der katholischen Majorität aufzu=
schwingen wußte. Selbst wo eine solche unwürdige Knecht=
schaft in katholischen Staaten nicht besteht, ist doch das katho=
lische Prinzip fast nirgends fähig, sich zur Leitung der öffent=
lichen Angelegenheiten, zur Beherrschung des Volkserziehungs=
wesens, zur Christianisierung der Gesellschaft durchzuringen.
Wird ja von Protestanten mit Vorliebe darauf hingewiesen,
daß katholische Staaten der Herd der Revolutionen seien und
überhaupt der kräftigen Führung und inneren Solidität ent=
behrten. Dieser Vorwurf läßt sich nicht abschneiden mit dem
Einwand, daß diese Staaten eben nicht wahrhaft katholisch
seien und den katholischen Grundsätzen nicht ungestörten Wir=
kungskreis gönnen; denn dann läßt sich wieder fragen: Wie
kommt es, daß die katholische Kirche, die doch hier einst allein=
herrschend gewesen, ihren Einfluß nicht besser hat zu bewahren
verstanden? Und warum hat sie jetzt nicht die Kraft, durch
ihre Ideen diesen Einfluß wieder zu gewinnen, die einst doch
im Fluge die civilisierte Welt gegen eine Armee von Feinden
eroberte? Es hilft nichts, sich über das Unbequeme der That=
sachen hinwegzutäuschen. Wer es redlich mit der Kirche meint,
muß diesen klar ins Auge schauen, die Ursachen zu ergründen
suchen und dann auf die wirksamen Heilmittel sinnen. Sehen
wir nun, wie der Sachverhalt zu erklären ist!

1. Bei dem stärkeren Anwachsen der protestantischen
Bevölkerung waren schon ethnologische Ursachen im Spiel,

indem die neue Religion vorzugsweise in Ländern germanischer Rasse um sich griff, die mit jüngerer Kraft und größerem Unternehmungsgeist ausgerüstet waren, als die sich bereits im Niedergang bewegenden Romanen; auch politisch waren die Protestanten gewaltig bevorzugt, indem die lebenskräftigsten Staaten: Preußen, England, Holland, Amerika, sich an seine Spitze stellten und demselben Siege auf Siege errangen, während gleichzeitig die katholischen durch Eifersucht gespalten waren, ja unter sich im eigenen Fleische wühlten und dem Feind in die Hände arbeiteten. Ganz besonders schädlich wirkte die unversöhnliche Gegnerschaft der beiden katholischen Hauptstaaten Frankreich und Österreich, welche den 30jährigen Krieg zu Ungunsten der katholischen Partei entschied. Die politischen Eroberungen hatten aber die religiösen in unmittelbarem Gefolge, entweder durch zwangsweise Protestantisierung nach dem früheren Rechtssatz: cujus regio, ejus religio, oder, wo dies nicht mehr ging, durch starke Bevorzugung des der führenden Partei angehörigen Bekenntnisses und durch eine Reihe kluger Verwaltungsmaßregeln, wodurch es z. B. Preußen gelang, in der ehemals ganz katholischen Rheinprovinz binnen kurzem eine starke evangelische Minorität hervorzubringen. Auch die günstigere soziale Lage, in der sich meist die protestantische Bevölkerung befindet, drückt auf das Emporkommen der katholischen, was namentlich in der für diese so ungünstigen Einsegnungsziffer bei gemischten Ehen zum Vorschein kommt.

Es giebt aber auch spezifisch konfessionelle Ursachen, die außer diesen mehr zufälligen Konjunkturen thätig sind. In der katholischen Kirche besitzt der Cölibat ein geheiligtes Ansehen und wirkt naturgemäß dem Wachstum der Bevölkerung entgegen. Nicht bloß der gesamte katholische Klerus, der viel zahlreicher ist als der protestantische, wird dem Familienleben entzogen, sondern auch von der übrigen Bevölkerung beiderlei Geschlechtes wird ein nicht unbeträchtlicher Teil in Klöstern dem Weltbetrieb ferngehalten oder aus Privatdevotion für das ehelose Leben gewonnen. Es ist dabei nicht zu vergessen, daß es gerade der sittlich und in der Regel auch physisch kräftigste und edelste Teil des Volkes ist, der so für die Fortpflanzung verloren geht, was das katholische Familienleben auch quali-

tativ dem protestantischen gegenüber in Nachteil setzt. Dazu
kommt noch, daß der katholische Bauernstand vielfach, nament=
lich in den Alpengegenden, weit später zur Ehe schreitet als
der protestantische, daß das Erbgut meist ungeteilt in Einer
Hand bleibt und die jüngeren Geschwister oft als Arbeiter bei
dem Bruder bleiben, daß auch die Dienstboten selten verheiratet
sind, während im protestantischen Norden, namentlich auf den
Ritterstandssitzen, wo die Taglöhner gesucht sind, das Heiraten
von der Herrschaft begünstigt wird. Daß auch die außerehe=
lichen Kinder unter den Protestanten weit zahlreicher sind als
unter den Katholiken und zwar trotz der günstigeren Heirats=
möglichkeit, ist statistisch erwiesen.*) Ein keusches Leben findet
im protestantischen Christentum weit weniger Antrieb und
Wertschätzung als im katholischen, wo der Glanz der evange=
lischen Räte und der Ascese in voller Blüte steht.

2. Die qualitative Besserstellung der protestan=
tischen Bevölkerung ist aus dem Bisherigen bereits zum Teil
erklärt. Nicht bloß von Anfang an verfügte die Reformation
über den gebildeteren und reicheren Teil Deutschlands, so
namentlich über die Reichsstädte und das Gros der Gelehrten=
welt, sondern dieses Mißverhältnis mußte nach dem Sieg der
Reformation immermehr sich vergrößern. Es ist berechnet
worden, daß allein der Einfluß des evangelischen Pfarrhauses
gegenüber der Unfruchtbarkeit des katholischen einen Verlust
von einer Viertelmillion gebildeter und wohlhabender Familien
für den Katholizismus bedeutet, ein Verlust, der sich täglich
vergrößert. S. meine „Keuschheitsideen", S. 172. Dadurch,
wie durch die Absorption der Klöster und die sozial schwächere
Lage wird die katholische Quote der Bevölkerung immermehr
ins Proletariat herabgedrückt.

3. Auch bezüglich der Intelligenz ergeben sich nicht
wegzuleugnende Rückstände. Dieselben haben keineswegs in den
bisher gewürdigten Umständen, namentlich in der ärmeren Lage
der katholischen Bevölkerung, allein ihren Ursprung, sondern be=
dürfen einer genaueren Betrachtung. Es ist unleugbar, daß sich der
Protestantismus zum Führer der Kulturbewegung gemacht hat,

*) Hier können nur die Zahlen auf dem Land in Betracht
da in den Städten die sozialen Verhältnisse fälschend eingreifen.

daß die Leistungen desselben in Philosophie, Geschichte, Technik, Dichtkunst die katholischen im allgemeinen weit überragen — eine Erscheinung, die zur Behauptung einer allgemeinen „Inferiorität" des Katholizismus geführt hat und von den gegnerischen Organen mit Jubel verkündigt wurde. Gregorovius schreibt in seinem „Römischen Tagebuch": „Jetzt ist die römische Kirche nur noch eine entseelte Maschine im Vergleich zu der alles Leben durchströmenden Macht, die sie im Zeitalter der Hohenstaufen hatte. Die deutsche Reformation hat ihr mehr entzogen als bloß ein großes Länder- und Völkergebiet — sie hat sie innerlich verarmen machen. Alles, was vordem ihre Größe gewesen: die Wissenschaft, die humanen und fortbildenden Ideen jeder Art, ist Eigentum der Reformation geworden. Alles, was die europäische Menschheit seit drei Jahrhunderten entwickelt und vorwärts treibt, ist die Wirkung des reformatorischen Prinzips allein. Das römische Papsttum, in welchem sich jetzt die katholische Kirche vollkommen centralisiert hat, ist als Weltmacht und Führer der Kultur erloschen, und kein die Menschheit begeisternder und mit sich fortreißender, kein prophetischer und zukunftvoller Gedanke kann irgend im Vatikan entdeckt werden. . . . Kann das Prinzip der Infallibilität, der Ertötung der Vernunft in der Kirche und die Knechtung des Gedankens überhaupt als eine Idee begriffen werden, welche die Menschheit begeistern muß, weil sie ihr das hohe Ziel ihrer Entwicklung in der Zukunft vor Augen stellt? Nur mit Lächeln kann man diese Frage anhören und beantworten."

Wie steht es mit dieser Behauptung der katholischen geistigen Inferiorität?

Ein badisches Blatt leitete auf Grund von Otto Ammons Schrift „Die natürliche Auslese beim Menschen" das Zurückbleiben der Katholiken in der Bildung von ihrer physisch unvollkommeneren Organisation ab: die Katholiken wären Flachköpfe und als solche denkschwach, borniert am Autoritätsglauben festhaltend, die Protestanten dagegen Langköpfe und deshalb energischer, fortschrittlich, zum Selbstdenken geneigt. Diese Entdeckung des liberalen Blattes ist allgemein mit dem gebührenden Heiterkeitserfolg aufgenommen worden und würde einer Berücksichtigung nicht wert sein, wenn sie nicht zeigte,

wie weit schon der Hochmut im protestantischen Lager gestiegen
ist. Man will uns bereits als eine niederere Rasse wie die
Neger, Malayen brandmarken. Daß ein Sinken der katholischen
Intelligenz, wenn es vorhanden, mit der katholischen Religion
als solcher nichts zu schaffen hat und höchstens in vorüber=
gehenden und abstellbaren Umständen seinen Grund haben
kann, lehrt schon ein Blick auf die Geschichte. Selbst Grego=
rovius giebt zu, daß die katholische Kirche bis auf die Neuzeit
die Führerin der Kultur gewesen sei, sie habe nur, meint er,
ihre Rolle seit den letzten drei Jahrhunderten an die Refor=
mation abgegeben. Aber warum sollte der Katholizismus, der
so Großes geschaffen, auf einmal seine Kraft verloren haben,
aus einem, ja dem eigentlichen und höchsten Kulturträger zu
einer kulturfeindlichen Macht geworden sein? Die Kirche hat
den Kampf mit der reichen antiken Bildung aufgenommen, sie
hat die alte Kultur durch ihre höhere überwunden, aber die
reichen Bildungsfermente des Altertums nicht hochmütig ver=
achtet, sondern in das christliche Denken eingegliedert und die
katholische Wissenschaft durch sie bereichert; sie hat auf dieser
Grundlage eine überaus reichhaltige Kultur auf allen Gebieten
des Lebens und Wissens unter allen Völkern hervorgebracht
und sollte nun mit einem Schlag dieser hohen Mission untreu
geworden sein?

Und was hat denn die Reformation für große, früher
unbekannte Kulturideen ans Licht gebracht, daß das bisherige
civilisatorische Prinzip dagegen ganz verschwinden mußte? In
den Augen unparteiischer Beurteiler nehmen sich diese neuen
Kulturerrungenschaften nicht so vorteilhaft aus. Paul de La=
garde sagt: „Das ist sicher, die Geschichte ist noch nicht am
Ende. Wir haben die große Verzweiflung der alten heidnischen
Welt gesehen, auf welche das Christentum folgte, wir wissen,
mit welchem bitteren Schmerz die Menschheit am Ende des
Mittelalters zu ringen hatte, Gott sei's geklagt, daß damals
nichts weiter herauskam als die schäbige Reformation des 16.
Jahrhunderts.“ Der Protestantismus hat nach Lagarde nicht
eine einzige positive Idee in die Menschheit gebracht. Was er
Positives hat, sei von der katholischen Vergangenheit herüber=
genommen worden. „Die Reformation,“ sagt er, „war ein

Subtraktionsexempel, in dessen Folge das reiche erquickende Gefühlsleben der alten Kirche mehr und mehr versiegte, von starrer Verstandesmäßigkeit und allerlei Judaismus wie von Wüstensand überweht wurde, gleichwie die bleibende Religionsspaltung zum nationalen Unglück ohne Gleichen geführt hat." Auch Comte nennt im V. Buch seiner Phil. positive p. 231 den katholischen Geist den positiven Geist; der protestantische Geist habe auf sozialem Gebiet nur sterile und zwecklose Kontroversen hervorgerufen gegenüber dem eminenten sozialen Genie des Katholizismus, der gerade durch die Doppelheit der Gewalten, durch das Geltendmachen einer rein moralischen Macht gegenüber dem Despotismus der Fürstengewalt so segensreich für die Völker gewirkt habe. In seinem Humanitätskalender führt Comte keinen einzigen der protestantischen Religionsstifter und Koryphäen auf, „weil sie nichts Positives zur Menschheitsentwicklung beigetragen haben." Selbst Schelling hebt den rein negativen, kritischen Charakter des Protestantismus, wie er schon im Namen liegt, scharf hervor; der Protestantismus könne ein universelles Prinzip nicht sein, weil, wenn er es würde, dann nichts mehr wäre, wogegen er protestieren könnte. „Er lebt mit seinem Gegensatz und fällt mit dessen Vernichtung."

Wenn man freilich alles, was seit dem Ausgang des Mittelalters geschaffen wurde, auf Rechnung des Protestantismus oder mindestens des „protestantischen Geistes" setzt, so kann man leicht Protestantismus mit Geistesfortschritt, Katholizismus mit Rückschritt identifizieren; aber vor der Geschichte nimmt sich die Sache doch etwas anders aus. Selbst wenn man den Verfall der mittelalterlichen, besonders der scholastischen Bildung zur Zeit der Reformation zugiebt, so darf doch nicht vergessen werden, daß vor Luther und ganz unabhängig von der reformatorischen Bewegung bereits eine ganz neue Kulturära, ein gewaltiges Aufblühen der Philosophie, Naturwissenschaft, Technik, Kunst, Philologie und Rhetorik auf durchaus katholischem Boden und unterstützt von den höchsten kirchlichen Autoritäten im Gange war — die Kultur der Renaissance, deren Entwicklung durch die Reformation eher gestört als begünstigt wurde. Descartes, Geulinx, Malebranche, Galilei,

Michel Angelo, Raphael, Vives, de Feltre, Petrarca, Reuchlin, Celtes, nebst der Masse der älteren Humanisten waren gute Katholiken und sicher keine Feinde der Bildung. Die Kunst litt stark unter der eintönigen neuen Religionsrichtung, und auch die weltlichen Wissenschaften konnten zunächst — etwa mit Ausnahme der Philologie — unter dem theologischen Gezänk, das nun alle Hörsäle erfüllte, nur schwer sich Gehör verschaffen. „Was das Luthertum war, ist jetzt das Franztum in diesen letzten Tagen; es drängt ruhige Bildung zurück", sagt sogar Goethe. Und betrachten wir das rein religiöse Moment, so mußte das neue Prinzip der Freiheit von aller Autorität auf dogmatischen Gebiet ebenso zerstörend werden, als das andere der Selbstrechtfertigung durch den Glauben auflösend für Sitte und moralische Zucht wirkte.

Die Reformation hatte von Anfang an ihre Stärke nur in der Kritik, im Ankämpfen gegen unleugbare Mißbräuche, an denen die Kirche krankte; sie ging aber in der Polemik viel zu weit, sie schüttete das Kind mit dem Bade aus. Vom berechtigten Vorwurf des unkirchlichen Lebens so vieler Bischöfe und Kirchenoberen schritt sie zur Abschüttlung der gottgesetzten kirchlichen Autorität, vom Tadel des marktschreierisch ausgebotenen Ablasses, des äußerlich und gedankenlos gewordenen Christentums kam sie zur gänzlichen Verwerfung erst der kirchlichen Bußübungen, dann der guten Werke überhaupt, zur Entwertung der gesamten Moral; von der Forderung der Verinnerlichung des christlichen Lebens schritt sie zur Verachtung der Ascese, zu dem frevelhaften Vertrauen, die Rechtfertigung vor Gott ohne jede eigne That durch den bloßen Gedanken an die Verdienste Christi abtrotzen zu können. Während früher Anstoß erregt hatte, daß man durch ein Almosen, wobei aber reuevolle Beicht vorausgesetzt war, von allen Sündenstrafen frei werden könne, trug Luther seinerseits kein Bedenken, die ewige Seligkeit und Verzeihung nicht bloß der Strafen, sondern aller Sünden an etwas noch weit Müheloseres, ja geradezu Frivoles: das vermessene Vertrauen, sie seien verziehen, zu knüpfen. Dieser bloße Fiducialglaube, der von wahrem, demütigen Tugendglauben, wie ihn die Väter gelehrt, himmelweit entfernt ist, kam also einem vollkommenen

Ablaß nebst sakramentaler Lossprechung gleich. Selbst Schwenk=
feld äußerte gegen die Lutheraner: „Ihre Gerechtigkeit ist rein
auswendig: Vergebung der Sünden, Glauben, wie wenn man
Ablaß kauft." (Epistolar. 1550. Thl. I, S. 812.) Zugleich
wagte der sogenannte Reformator, das Gesetz Gottes als gänz=
lich unverbindlich und zur Seligkeit unnütz hinzustellen und
damit dem schrankenlosesten Libertinismus Bahn zu brechen.
Die anfängliche moralische Entrüstung endigte in erklärtem
Antimoralismus. Luther entblödete sich nicht zu sagen, die
Stellen der Schrift, wo Gott uns zu gebieten scheine, seien
nur schimpflicher Vorwurf unseres Unvermögens, sie begriffen
einen Hohn in sich, „wie wenn man einen Lahmen zum Tan=
zen auffordert." (S. die Belegstellen bes. zu Gal. 3. bei Döl=
linger, Reformation I. S. 251. Note.) Culmann beklagt
in seiner „Christlichen Ethik", daß die Reformation über die
Idee der Rechtfertigung den Gedanken der Heiligung
und Gottebenbildlichkeit bei Seite gelassen. „Kein
Wunder, daß die Ethik ein dürres Zweiglein am Baume des
kirchlichen Lebens blieb und die Dogmatik alle Säfte absorbierte.
Wenn man nicht in der ascetischen Literatur und im Kirchen=
lied auf frisch sprudelnde Quellen ethischer Erfahrung stieße —
man möchte glauben, die Kirche sei eine Wüste geworden, ein
Leichenfeld voll dogmatischer Totengebeine."

Drastisch hat das neue Evangelium der Humorist Liskow
in seiner Satire „Über die Unnötigkeit guter Werke zur Selig=
keit" geschildert. Er sagt dort: „Die Lehre von den guten
Werken führt bloß zum Hochmut. Wenn ein reicher Fürst
einem armen Schuldner die ganze Schuld schenkt, müßte der
nicht der größte Geck von der Welt sein, wenn er sich ein=
bilden wollte, er dürfe sich vor seinem Gläubiger nicht sehen
lassen, wenn er nicht seine schon bezahlte Schuld noch einmal
abträge? Ich sehe schon, daß Ew. Hochedelgeboren denken
werden, es würde doch wohl von dem geretteten Schuldner
übel gethan sein, wenn er die Güte seines Wohlthäters miß=
brauchen und sich durch eine liederliche Lebensart von neuem
in Schulden setzen wollte. Hieraus werden Sie den Schluß
ziehen, daß ein tugendhafter Wandel einem Christen, der selig
werden wolle, so nötig sei, als eine gute Haushaltung einem

Menschen, der einmal durch Freigebigkeit eines andern aus der Not gerettet wurde; allein um Ihnen diesen Wahn zu nehmen, brauche ich nur mein Gleichnis fortzusetzen. Wir wollen demnach sagen, der Wohlthäter unseres Schuldners habe nicht nur die schon gemachten Schulden seines Freundes bezahlt, sondern auch noch für alle künftigen gutgesagt und darüber eine Versicherung ausgemacht, die nicht verbindlicher sein könnte. Meinen Ew. Hochedelgeboren, es sei nötig, in Künftigem besser hauszuhalten und keine Schulden mehr zu machen? Mir däucht, der natürlichste Schluß ist, daß er nunmehr glaubt, keine Ursache mehr zum Sparen zu haben, „„da uns Gott um Christi willen die Sünde nicht will zurechnen. Ob wir schon Sünder seien und böse Buben bleiben, so werden wir doch um des Glaubens willen an Christum vor Gott für gerecht gehalten und angenommen. Paulus muß uns schützen: Dem, der nicht mit Werken umgeht, aber glaubt an den, der den Gottlosen gerecht macht, wird sein Glaube gerechnet zur Gerechtigkeit. Röm. 4, 5.““ Als ob uns Gott im Sterben oder am jüngsten Tag sagen würde: Kommt, ihr bösen Buben, in den Himmel um meines Sohnes willen!..“ Den Beweis, daß die Werke zur Seligkeit nicht gehören, sieht der Satiriker auch darin, „daß ein Prediger sogleich abgesetzt wird, wenn er irrige Lehren überliefert, keineswegs aber, wenn er Bubenstücke, Schandthaten sich schuldig macht. Alle diese Männer hören nicht auf, rechtschaffene Diener Gottes zu sein, was sie nicht mehr wären, wenn ihre Lehre nur im geringsten Teil so irrig wäre, als ihre Aufführung lasterhaft ist. „Die Ursache ist, weil unsere Gottesgelehrten wider die alten und neuen Donatisten mit Recht behaupten, daß die Gottlosigkeit eines Predigers der Gültigkeit seines Amtes nichts nehme. Wie könnten sie aber dies thun, wenn die guten Werke eine notwendige Eigenschaft und nicht vielmehr ein bloßer Zierat eines Christen wären?“ Die Beispiele, die Luther für seine Lehre gewählt habe, zeigten, wie sein Geist weiter sehe, als der gewöhnlicher Leute. Er sehe in der Blutschande der Töchter Lots und in der Pracht Rebekkas das Protzen mit guten Werken, „„damit sie wollen den Himmel pochen.““ Die Lutherischen Gottesgelehrten, das müßte ihnen der ärgste Feind

lassen, hätten für Reinerhaltung der Lutherischen Lehre von
Werken alles gethan. „Auch der boshafteste Verleumder kann
ihnen nicht nachsagen, daß sie jemals auf die Notwendigkeit
der guten Werke gedrungen oder etwas gethan, woraus man
schließen könnte, daß sie dieselben für wichtig hielten. Sie
haben sich vielmehr all denen, die von einer Verbesserung des
Christentums in Ansehung der Sitten geschwätzt, zu allen
Seiten männlich widersetzt und solche für falsche Brüder, für
Wölfe in Schafskleidern gehalten. So geschah es dem Johann
Arnd, dem Rostocker Müller u. a. Auf Akademien unterwies
man die, welche sich dem Dienst der Kirche widmeten, in
keiner anderen Wissenschaft als in der Kunst, mit den Ketzern
um die Wahrheit zu fechten, und wenn sie, auf solche Art zur
rechten Führung in der Kirche des Herrn zubereitet, wirklich
zum Lehramt kamen, so trugen sie ihren Gemeinden vor, was
sie gelernt hatten, nämlich die unverfälschte, lautere Milch des
Evangeliums: sie verfluchten die Ketzer, trösteten die Sünder und
vermieden sorgfältig, der Besserung des Lebens und der guten
Werke zu gedenken. Schlugen sie dem groben Sünder mit
dem Hammer des Gesetzes eine Wunde, sie ließen ihn nicht,
so klein auch die Wunde war, unverbunden in seinem Blute
liegen, sie hatten gleich das Öl und den Wein des Evange=
liums zur Hand und tröpfelten von diesem heilsamen Saft
so viel in die Wunde als nötig war, zu verhindern, daß der
kalte Brand und die Verzweiflung dazu schlüge. Nur eine
solche Lehre giebt Beruhigung für die Todesstunde. Wenn
man ein reines Gewissen verlangen würde, wer hätte es? Da
man nun die wahre Religion an der Kraft und Beruhigung,
die sie giebt, erkennt, so folgt daraus, daß der lutherische
Glaube der rechte ist.“

Es war fatal für das neue Evangelium, daß es so stark
auf die Gelüste des niederen Menschen, auf Freiheit vom Ge=
setz, von Buße und Abtötung, Rücksicht nahm, daß die Refor=
matoren den Gelüsten der weltlichen Obrigkeit auf die reichen
Kirchengüter in jeder Weise entgegenkamen, überhaupt sich ganz
an die weltliche Macht anlehnten. Während das Evangelium
Christi an die höchsten und idealsten Gefühle appellierte, eine
innere Reinheit und Entsagung forderte, welche bisher nicht

geübt worden war, und nur dem edelsten Enthusiasmus, der
aufs höchste entflammten Tugendbegeisterung seinen Sieg zu
danken gehabt hatte, kam die reformatorische Lehre den nie=
deren Strebungen des Herzens in bedenklichem Maße entgegen
und verdankte nur diesem glücklichen Umstand wie der sehr
unevangelischen Politik der Fürsten seine Übermacht. Es war
also eigentlich ein Abfall vom Christentum, der sich in der Re=
formation vorbereitete und teilweise schon vollzog.*) Alles was
Anstrengung erforderte, wurde vom alten Christentum bei
Seite geworfen, so vor allem der verhaßte Cölibat, das Fasten,
Beichten und sonstige „Werkheiligkeit“. Das war nun freilich
bequem, für ein tieferes Heilsstreben aber beunruhigend und
durch die Empfindung, für die göttliche Begnadigung zu wenig
zu thun, peinigend. Im besseren Protestanten schlummert und
nagt immerwährend der unbefriedigte Drang nach Bußwerken,
das Gefühl, daß die kirchlichen Vorschriften zu leicht, der Weg
zur Seligkeit zu gebahnt ist. Selbst das Bekenntnis der
Sünden, die dem reuigen Gemüt so natürliche Aussprache über
seine Verfehlungen und Ratserholung für die Herzensänderung,
soll nach Luther und Melanchthon eine unerträgliche Gewissens=
folter sein! Welch eine rohe Anschauung! Schon das Mini=
mum der Buße, das so erleichternde, von Christus deutlich
vorgeschriebene Sündenbekenntnis, das sich überall von selbst
auf die Lippen drängt, wo wahre Reue ist, das jede Mutter
vom fehlenden Kind als erste Bedingung der Verzeihung ver=
langt, soll etwas Unerhörtes, eine Folter sein? Ist das die
Empfindung des unverfälschten Menschengemüts? Goethe er=

---

*) Die furchtbare Sittenverwilderung, die in Folge der Sola fides-
Lehre und der neu verkündigten Freiheit von allen christlichen Werken
einriß und sich namentlich auch auf die niederen Stände verbreitete,
während sie vordem mehr die höheren und den Clerus befallen hatte,
ist durch eine Unmasse von Zeugen, auch solche, die der Reformation
günstig waren oder ihr angehörten, festgestellt (Belege s. b. Döllingers
„Reformation“). Es bedurfte energischen Eingreifens der staatlichen Au=
torität, wie starker Abschwächung der reformatorischen Rechtfertigungs=
gedanken und Aufnahme reicher, auch katholischer Ideenkreise, bis der Prote=
stantismus als fruchtbare Geistesmacht sich consolidierte und bis sich das
Christentum Luthers, Calvins, Osianders, Flacius’ zu dem des Grotius,
Leibniz, Hamann, Claudius, Stahl, Thiersch, Tholuck, Vilmar läuterte.

zählt in seiner Selbstbiographie, wie er bei seiner Konfir=
mation mit der Sehnsucht, ein selbstverfaßtes Bekenntnis über
sein bisheriges Leben abzulegen, zur Beichte ging, aber, von
dem näselnden, trockenen Ton des Geistlichen abgekühlt, sein
Konzept in der Tasche ließ und das nächste beste Schema wie
die anderen herabbetete. Sudermann berichtet in der Novelle
„Es war" die Geschichte einer Beicht: „„Kraft meines Amtes
verkündige ich dir, deine Sünden sind dir vergeben."" „Er
fuhr erstaunt in die Höhe. So rasch, so einfach ging das zu?
Das, wonach er gerungen hatte mit der Kraftanspannung des
Verzweifelnden, mit der Preisgabe seines ganzen Wesens,
ward ihm hier nach etlichen Momenten unbehaglichen Hin=
brütens von einem fremden bebrillten Mann mit einer aus=
wendig gelernten Wendung wie ein Gelegenheitsgeschenk in
den Schoß geworfen? Wie konnte, wie durfte das geschehen?"
So wurde alles Große und Erhabene im Christentum ent=
wertet und verdächtigt, die heroischen Tugenden zur Philister=
haftigkeit herabgedrängt, die heiligen Gebräuche wurden auf=
gehoben oder verweltlicht, das Gebetläuten wurde zum Abend=
läuten, die Weihnachtsfeier zur Christbaumfeier säkularisiert,
an die leer gewordene Stelle der katholischen Heiligen traten
die Staatsmänner und Eroberer: Gustav, Friedrich, Cromwell.

„Bewundernd" sagt Gregorovius „stehen sie vor den Ti=
tanen des Katholizismus, den Heiligen, aber sie legen sich
nicht die Frage vor, woran es liegt, daß so etwas bei den
Protestanten nicht entfernt vorkommt! Die geheimnisvolle
Tiefe und Macht des Katholizismus ahnen sie, aber sie scheuen
sich, hinzustreifen, sie gehen schüchtern und nachdenklich darüber
hinweg. Die Aaszeiten hingegen sind ihnen ein gefundenes
Fressen; da können sie so schön augenverdrehend über die
‚Fäulnis des Papsttums' vom Herzen reden, denn bei ihnen
kommt so etwas nicht vor. Gutmütig geben sie von oben
herab, von dem Oben ihres seichten, elenden Moralismus ohne
Halt und Kraft, ihr mildes Urteil, das sich mit der Ausrot=
tung der Kirche gewöhnlich ganz befriedigt und beruhigt er=
erklärt." Das ist das Urteil eines freien Protestanten, der
sich scharf gegen den „Ultramontanismus," ja, wie wir oben
sahen, gegen die Zukunft der katholischen Kirche ausgesprochen.

Lecky, ein Geist gleicher Richtung, sagt in seiner „Geschichte des
Rationalismus" (vom Reformjuden Jolowicz falsch mit „Auf=
klärung" übersetzt): „Das Edelste, was wir besitzen, der himm=
lische Funke, der in uns ist, das Gepräge des göttlichen Eben=
bilds, das ist das Prinzip des Heroismus. Wo dieses nicht
entwickelt ist, da ist die Civilisation, so groß ihr Durchschnitt
sein mag, gelähmt und verstümmelt. . . Der Verfall des
alten Geistes der Loyalität, die Vernichtung der Ascese und
die Beschränkung der Sphäre der Barmherzigkeit . . repräsen=
tiren ebensoviele Einbrüche ins Gebiet der Selbstaufopferung,
die . . unserer Zeit einen gewinnsüchtigen, käuflichen und un=
heroischen Zug verliehen haben. Das ist der Schatten, der
auf dem sonst so glänzenden Bild liegen bleibt, das die Ge=
schichte des Vernunftsfortschrittes bietet." Und Nietzsche wirft dem
Protestantismus vor: „Er zerstörte den Begriff Kirche, indem er
den Glauben an die Inspiration der Concilien wegwarf; denn
nur unter der Voraussetzung, daß der inspirirende
Geist, der die Kirche gegründet hat, in ihr noch
lebe und wirke, noch fortfahre, sein Haus zu bauen,
behält der Begriff Kirche Kraft. Er gab dem Priester
den Geschlechtsverkehr mit dem Weibe zurück; aber Dreiviertel
der Ehrfurcht, deren das Volk, vor allem das Weib aus dem
Volk fähig ist, ruht auf dem Glauben, daß der Ausnahms=
mensch in diesem Punkt auch in anderen Punkten eine Aus=
nahme sein wird — hier gerade hat der Volksglaube an et=
was Übermenschliches im Menschen, an das Wunder, an den
erlösenden Gott im Menschen, seinen feinsten und verfänglichsten
Anwalt. Luther mußte dem Priester, nachdem er ihm das
Weib gegeben hatte, die Ohrenbeichte nehmen; das war psy=
chologisch richtig, aber damit war im Grunde das christliche
Priestertum selbst abgeschafft, dessen tiefste Nützlichkeit immer
die gewesen ist, ein heiliges Ohr, ein verschwiegener Brunnen,
ein Grab für Geheimnisse zu sein. „„Jedermann sein eigner
Priester,"" hinter dieser Formel und ihrer bäurischen Ver=
schlagenheit versteckte sich bei Luther der abgründliche Haß
gegen den ‚höheren Menschen' und die Herrschaft des höheren
Menschen, wie ihn die Kirche concipirt hatte; er zerschlug
ein Ideal, das er nicht zu erreichen mußte, während

er die Entartung dieses Ideals zu bekämpfen schien. Thatsächlich stieß er, der unmögliche Mönch, die Herrschaft der homines religiosi von sich; er machte also gerade das selber innerhalb der kirchlichen Gesellschaftsordnung, was er hinsicht= lich der bürgerlichen Ordnung so unduldsam bekämpfte: den Bauernaufstand. . . . Vergessen wir nicht, was eine Kirche ist und zwar im Gegensatz zu jedem ‚Staat!‘ Eine Kirche ist vor allem ein Herrschaftsgebilde, das den geistigen Menschen den obersten Rang sichert und an die Macht der Geistigkeit so= weit glaubt, um sich alle gröberen Gewaltmittel zu verbieten. Da= mit allein ist die Kirche unter allen Umständen eine vornehmere Institution als der Staat.“ (Fröhl. Wissenschaft S. 358.)

Wenn nun der Berliner Professor Pfleiderer in seinem Buch „Moral und Religion“ Luther als den „Wiederhersteller“ der evangelischen Reinheit“ feiert, seinen Gnadenbegriff „die wirksamste Kraft zu allem wahrhaft Guten“ nennt und be= hauptet, es sei das erste Mal seit der apostolischen Zeit ge= wesen, daß das christliche Moralprinzip so rein erkannt ward, so wirft ein solches Urteil sowohl auf die kirchengeschichtlichen Kenntnisse als auf die Begriffe des Herrn Professors von „Moral und Religion“ ein sehr grelles Licht. Dies wird noch schlagender durch die folgende Bemerkung: „Zwar etwas ascetisches Gift (!) haftet dem Puritanismus und Calvinismus an, aber durch die glänzende Energie, mit der sie stets für die Reinigung und Verklärung (?!) des gesamten Weltlebens im Geiste Christi thätig waren, legten sie das letzte Zeugnis dafür ab, wieweit die reformatorische Moral von dem unfrucht= baren Quietismus und negativen Ascetismus der vorrefor= matorischen Mystik entfernt war.“

Von diesem ascetischen „Gift“ war sie sicher weit entfernt; das ist aber auch das einzig Wahre an dem ganzen Passus.*)

Es ist ohne Zweifel: was den religiösen, den moralischen, den gesellschaftlich idealen Gehalt betrifft, birgt der Katholizis=

---

* Von Pfleiderer stammt auch das schöne und menschenfreundliche Diktum: „Die katholisirende Richtung der Schlegel hat in Fehlern des Herzens und Charakters ihre tieferen Wurzeln gehabt“. Geschichte der Religionsphilosophie, S. 266. Diese Manier, katholische und katholisirende Ideen als „pathologisch“ zu brandmarken hat in geradezu krankhafter

mus Schätze, Quellen der Erhebung, denen der protestantische Geist nichts an die Seite zu setzen vermag und die noch lange nicht erschöpft sind, so sehr sie unter unglücklichen Zeitverhält= nissen zurückgedrängt scheinen. Die Mystik eines Eckart, Fenelon, einer hl. Theresia, einer Katharina Emmerich enthüllt einen inneren Reichtum, eine Hoheit, die nur der Spiegel eines überirdischen Glanzes sein kann; selbst Schopenhauer, ehrlicher als Pfleiderer, stand betroffen vor dem Bild Rancés, des Stifters des Trappistenordens, und gestand: das ist mehr als menschlich, das ist Gnade! Und Hübbe=Schleiden sagt: „Daß von allen in Europa vorhandenen Religionen bisher allein die katholische Kirche das Leben des Volks mit religiösen Gefühlen durchgeistigt hat und auch allein im Stande ist, die Gesamtheit des Volks anzuregen, ist das Ergebnis meiner Beobachtungen und Erlebnisse in allen Ländern Europas und außerhalb Eu= ropas. Und doch bin ich im Protestantismus aufgewachsen und erst durch geistige Entwicklung nicht zum Katholiken, wohl aber zum Mystiker geworden. Die katholische Kirche allein birgt wenigstens die Mystik und das esoterische Bewußtsein in sich, wenn auch nur wenigen bewußt; der Protestantismus, auf seinem Verstand trumphend, leugnet und verleugnet beides."

Wenn es nicht das religiöse, noch das moralische, noch das mystische Element ist, welches den Protestantismus groß gemacht hat, so bleibt nur übrig das Moment des Verstandes und der Thatkraft. Nicht als ob der Protestantismus oder die aus ihm hervorgegangenen Geistesströmungen vernünftiger wären als das alte Christentum — die katholische Kirche ist eine vor der Vernunft völlig gerechtfertigte Institution, und der echte, unentstellte Katholizismus hat auch für die profane Wissenschaft und Kunst belebend und anregend gewirkt, wie die Blüte der Renaissance in Italien, Spanien, Frankreich und Deutschland beweist — die katholische Kirche bedurfte auch nicht notwendig der gewaltigen Erschütterung der Reformations= bewegung, um sich aus ihrem Verfall zu erheben und auf ihre

---

Weise der Kirchenhistoriker des „evangelischen" Bundes Nippold geübt. Selbst Tholuck und Ewald, ebenso wie Kottwitz und Neander haben nach ihm den „bizarren, sagen wir geradezu pathologischen Zug." (Handb. d. neuesten Kirchengeschichte III, 1, S. 120. III. 2, S. 62.

inneren Kräfte wieder zu besinnen; denn die religiösen Reform=
bewegungen in Italien und Spanien verliefen völlig unbeein=
flußt durch die deutsche Kirchenspaltung: gerade das von dem
Stürmen der Reformation verschont gebliebene Spanien, das
also von dem „läuternden Einfluß" derselben nichts verspürte,
gebar die hl. Ignatius, Franz Xaver, Franz Borgias, Johann
von Gott, Petrus von Alkantara, Johann vom Kreuz, als
Luther die Kirche verließ, und vorher schon hatten in Italien
Franz von Assisi, Bernhard von Clairvaux, Katharina von
Siena, Philippus Neri eine bessere und nachahmenswertere
reformatorische Thätigkeit als Luther und Calvin entfacht, die
auch von bestem Erfolg gekrönt war. Aber es ist außer Zweifel,
daß sich die katholischen Länder in den letzten Jahrhunderten
von den Protestanten wissenschaftlich haben überflügeln lassen.
Zwar blieb wenigstens das katholische Frankreich im ganzen
17. Jahrhundert und noch anfangs des 18. an der Spitze der
geistigen Kultur; aber mit dem 18. Jahrhundert vollzog sich
auch hier, wie anderwärts schon früher, ein Rückgang, und die
Führung der Geister wurde allmählich an den Protestantismus
abgegeben. Schon daß die Hauptsitze des deutschen Buchhandels
in Norddeutschland lagen, ist dafür kennzeichnend, noch mehr
die Thatsache, daß die norddeutschen und niederländischen Ver=
leger von dem anfänglichen Changiren der Novitäten mit den
süddeutschen Genossen bald abgingen, da sie für ihren wert=
volleren Verlag kein genügendes Äquivalent bekamen. Während
die geistigen Strömungen, namentlich die philosophischen, sprach=
wissenschaftlichen und geschichtlichen in protestantischen Regionen
gewaltigen Aufschwung nahmen, gingen die katholischen
Leistungen zurück, in Deutschland hinkten sie der protestantischen
Führung mühsam nach und waren von ihr abhängig, die rein
katholischen Länder wurden an großen Geistesschöpfungen immer
steriler. Bald griff die Bewegung auch auf die Kunst über;
die Blütezeit der deutschen Dichtkunst wurde fast ganz von
Protestanten geschaffen; selbst in der nachfolgenden katholiken=
freundlichen Romanik blieben Protestanten an der Spitze.

Solche, Jahrhunderte und ganz Europa durchziehende Strö=
mungen mit zufälligen lokalen Ursachen, wie größere Anzahl
der höheren Schulen in protestantischen Gegenden, Säkularisation

der Kirchengüter und Kultusstiftungen erklären wollen, wie es
Hertling versuchte, heißt die Augen vor der Wahrheit verschließen.
„Ist denn,“ fragt Schell mit Recht, „das häufigere Vorkommen
von Mittelschulen und Universitäten bei Protestanten immer
nur Ursache und niemals Wirkung?“ Warum that denn der
Protestantismus so unverhältnismäßig mehr für Bildung?
Auch in protestantischen Gegenden wurden die Kirchengüter
confiscirt und jedenfalls radikaler als in katholischen; warum
kamen sie hier der Volksbildung zu Gute und warum schuf
der sonst so opferwillige katholische Geist nichts Entsprechendes
zum Ersatze? Es handelt sich auch nicht einfach um die Zahl
der Bildungsanstalten. Es ist leider unwidersprechlich, daß
die protestantischen Anstalten mit weit besseren Kräften ausgerüstet sind und Gediegneres leisten, sodaß sie bereits
einen mächtigen Prozentsatz von Lehrern an die stiftungs-
gemäß katholischen Institute abgeben.

Die Präponderanz des Protestantismus in der
Wissenschaft hat ihren Grund in dem regen fortschrittlichen Geist, der von Anfang an das treibende
Element in ihm bildete, in dem Drang, aller Wissens-
quellen sich zu bemächtigen, sie auszubeuten und
auf den gewonnenen Grundlagen fortzubauen,
während der katholische Geist im Gegensatz dazu
sich mehr und mehr abschloß und die Fühlung mit
den Zeitströmungen, damit auch den Einfluß auf
die Gebildeten verlor. Der Protestantismus, so wenig
positiv er war, hatte doch eben wegen seiner Unsicherheit und
inneren Nichtbefriedigung ein treibendes, unruhiges Element in
sich, welches der Aufstachelung und Anspannung der Verstandes-
kräfte günstig war; wie die Not die Mutter der Erfindungen,
so wurde hier die geistige und religiöse Not die Schöpferin der
neuen Kulturbewegungen. Mit einer Art Stoffhunger
warf sich der protestantische Geist auf alles ihm Erreichbare
und suchte es sich zu assimilieren; die antiken Geistesdenkmale,
die ausländischen Schöpfungen, die Errungenschaften der neueren
Zeit in allen Ländern und Völkern wurden gesammelt und
dienten zum Ausgangspunkt fruchtbarer Weiterentwicklung,
während auf katholischem Gebiet angeblich im Interesse der

Reinerhaltung des Glaubens ein Absperrungssystem, ein Fest=
halten und Zurückgreifen auf alte, längst abgestorbene Ideen=
kreise einbrang, das die katholische Welt immermehr isolirte
und der protestantischen gegenüber in Nachteil brachte. Die
katholische Gelehrsamkeit nützte nicht einmal ihre eignen posi=
tiven Kräfte und Geistesschätze aus, geschweige daß sie fremde
zu assimilieren vermochte. Die Patristik, die mittelalterliche
Dichtung, ja die eigne Geschichte blieb lange ein verschlossenes
Buch; die so hoffnungsvoll eingeleitete Bewegung der Renais=
sance der Künste und Wissenschaften versiegte bald, an ihre
Stelle trat dürrer scholastischer Formelkram, moralische Casuistik
und ewig wiedergekäute mittelalterliche Philosophie und Dog=
matik. Jede originelle Idee ward prostituirt, als Sünde gegen
den hl. Geist der „Tradition“ verdächtigt und aller gedeihliche
Fortschritt lahmgelegt.

Die rührige Thätigkeit, die der Protestantismus, wie auf
politischem und merkantilem, so auch auf spekulativem Gebiet
entfaltete, ging freilich nicht ohne religiöse Einbuße vor sich;
mehr und mehr zernagte die Kritik die noch bewahrten Glau=
bensfundamente und drängte die negative Seite des Pro=
testantismus ans Tageslicht. Dafür aber entschädigte sich
derselbe durch Aufnahme einer Fülle von neuen Ideen,
durch Aufwerfung ganz neuer Probleme, durch Erschließung
frischer Ideengänge, die ihre gerechte und befriedigende Wür=
digung im katholischen Lager nicht fanden und auf dem un=
genügenden Standpunkt der dortigen Philosophie nicht finden
konnten. Dort begnügte man sich gewöhnlich, das Neue als
Beweis der Zerfahrenheit im protestantischen Lager hinzu=
stellen (wenn man überhaupt davon Notiz nahm) und dagegen
selbstgenügsam genug die Einigkeit des katholischen Glaubens
anzupreisen. So erweiterte sich die Kluft immer mehr, statt
sich zu schließen; der anfangs nur konfessionelle Gegensatz wurde
bald zum kulturellen; die fortschrittlich Gesinnten beider Lager
reichten sich die Hände zum Kampf für „Geistesfreiheit“ und
Fortschritt, wobei aber auch hier die protestantisch Gebildeten
die Führung übernahmen

In diesem Stadium stehen wir noch heute; die Frage des
Ausgleichs zwischen Glauben und Wissenschaft ist dringender

geworden als je; es handelt sich darum, ob der Katholizismus noch fähig ist Kulturträger zu sein, ob die Wahrheit seiner Grundlage für den gereiften Geist unserer Zeit noch besteht, ob er vielleicht sogar noch Prinzip des Fortschritts werden kann, oder ob er definitiv zu den Toten zu legen und eine Fortentwicklung der Kultur auf neuer Basis zu suchen ist.

Als Schell seine Broschüre über den „Katholizismus als Prinzip des Fortschritts" schrieb, erregte schon der Titel Befremden. Wie? sagten diejenigen, welche gewohnt waren, sich als die „Fortschrittlichen" x. e. zu betrachten und thatsächlich nicht nur über den Katholizismus, sondern über das Christentum überhaupt fortgeschritten waren: eine Denkrichtung, die einem unfehlbaren Papst als höchster Autorität huldigt, soll mit dem Fortschritt zu thun haben, gar Prinzip des Fortschritts sein? Aus einer anderen Gegend erscholl der Ruf: Freilich ist der Katholizismus Prinzip des Fortschritts; aber der Fortschritt hat sich in den Bahnen der altehrwürdigen, von den Vätern und kirchlich autorisirten Lehrern überlieferten Wissenschaft zu halten; jedes Zugeständnis an moderne Ideen ist verpönt und ein Schritt zum Abfall.　In diesen zwei völlig heterogenen Urteilen kommt die trostlose Lage der gegenwärtigen Zersplitterung auf geistigem Gebiet, die noch nicht dagewesene Sprach- und Gedankenverwirrung gleichzeitig lebender Tendenzen, die beide sich gebildet nennen, zum prägnanten Ausdruck.　Was die einen weiß nennen, heißen die anderen schwarz, was den einen der höchste Gipfel der Kultur, der Quell alles Segens für die Menschheit ist, gilt den anderen als tiefe Nacht der Unwissenheit und umgekehrt.　Zu allen Zeiten gab es Gegensätze und kämpfende Richtungen; aber was bedeutet der Unterschied der Stoiker und Epikureer, die Polemik der Katholiken und Arianer oder Nestorianer, die Streitigkeiten des 16. Jahrhunderts, gegen die Kluft zweier Welten, wie sie sich in jetziger Zeit vertieft hat?　Sollte eine Annäherung nicht bewerkstelligt, ein gemeinsamer Boden nicht gefunden werden können? Sollen wir stets wie Nachtwandler fremd und von einander unverstanden neben einander hergehen, die gleiche Luft atmen, dieselbe Sprache reden und doch geistig um Siriusweiten auseinander liegen? Das kann nicht im Plan einer vernünftigen Politik liegen, und das erste Mittel einer Verständigung ist eben die Mühe, die man sich giebt, um zunächst einander kennen zu lernen. Haupt-Ursache der Entfremdung ist der Verzicht, vom Gegner nur Notiz zu nehmen. Man verachtet sich gegenseitig zu tief, als daß man in den gegensätzlichen Gedankenkreis nur ein= dringen, den Gegner nur unbefangen prüfen möchte; man weiß ja schon im voraus, daß alles nichts taugt, und man hält auch alle Schüler und Genossen, soweit man Einfluß hat, davon ab, sich unmittelbar Kenntnis zu verschaffen. In dieser Hinsicht wird auf beiden Seiten gesündigt. Daß das Christen= tum, zumal der Katholizismus, ein überwundener Standpunkt ist, weiß heutzutage jeder sozialdemokratische Arbeiter; er selbst hat freilich darüber nicht studirt, aber da es Thatsache ist, daß große Gelehrte darin einig sind, warum soll er allein der „Ver= dummung" fröhnen? Andererseits weiß man auf christlichem Felde der fruchtbaren Propaganda des Unglaubens vielfach nichts Besseres gegenüberzustellen als die leidige Vogelstrauß= politik des Ignorierens und Verbietens; wo Widerlegung ver= sucht wird, geschieht es vielfach in elender, ganz ungenügender Weise, ja gar noch unter Verbrehung, unredlicher Entstellung der feindlichen Lehren und Gesinnungen.

Wir Katholiken sind in der glücklichen Lage, daß die Grund= lagen unseres Glaubens vernunftgemäß gesichert sind, und die Hindernisse seiner allgemeinen Anerkennung in aufhebbaren verschuldeten und unverschuldeten Zeitumständen liegen, wäh= rend von einer protestantischen Religion schon eine einbeutige Definition nicht gegeben werden kann, geschweige eine göttliche Institution und Beglaubigung. Nur als weckendes, kritisches, anstachelndes Prinzip ist er berechtigt und als solches hat er auch Großes geschaffen. Nach dieser Seite müssen wir auch die Fortschritte, welche er der Geisteskultur gebracht hat, an= erkennen und in uns aufnehmen, ohne daß wir darum die eignen Vorzüge preiszugeben brauchten. Es muß mit dem engherzigen Konservatismus gebrochen werden, welcher dem Zeitbewußtsein, ja im Grunde selbst dem Kern des Katholizis= mus, der fortschrittlich wie die Wahrheit selbst ist, so wider= strebt. Stellen wir nun gleichsam den kranken Körper unserer Glaubensgemeinschaft die Diagnose, so müssen wir uns hüten,

an Äußerlichkeiten herumzumedizinieren. Wir müssen auf die
Tiefe gehen, auf den geistigen Kern der Misere. Der tiefste
Grund einer Kulturgemeinschaft aber ist ihre p h i l o s o p h i s c h e
Basis. Um gleich das Hauptbollwerk der Rückständigkeit zu
treffen: es müssen die nicht mehr haltbaren Lehrmeinungen der
S c h o l a s t i k in Philosophie und Theologie aufgegeben
werden.

Man sollte es nicht für möglich halten, daß in weitaus
den meisten theologischen Bildungsanstalten die Philosophie
und Theologie einer mehr als sechs Jahrhunderte zurückliegen-
den Geistesrichtung nahezu unverrückt festgehalten wird und
jede Abweichung davon gewissermaßen als Abfall vom Glauben
gebrandmarkt ist. Berücksichtigt man diesen Umstand, so wird
die Rückständigkeit der meisten katholischen Gelehrten und ihr
Unvermögen auf die fortgeschrittene Zeit zu wirken von selbst
klar.

W e l c h e s i s t d e r B i l d u n g s f o n d d e r s o g. S c h o-
l a s t i k?

Die S c h o l a s t i k e r sind, wie schon der Name sagt, Schullehrer, welche im Mittelalter die Bildung des Klerus leiteten.
Aus dieser Eigenschaft leitet sich auch die Methode her, in
der sie ihre Lehren darstellen; es ist die Form der Disputa-
tionsthesen und Kontroversen ohne systematische Verknüpfung.
Der ganze Fond, der den Stoff für ihre dialektischen Untersuchungen bot, bestand neben einigen lateinischen Klassikern
und der Bulgataübersetzung der Bibel aus den Schriften des
Boethius, Marcianus Capella, Cassiodor, Isidor, des durch Scotus
Erigena übersetzten Pseudo-Dionysius Areopagita und einigen
Aristotelischen Werken und Schriften der lateinischen Patristik,
vorzüglich Augustins. Das Geistesmaterial war also ein äußerst
dürftiges. Mit der Kenntnis der griechischen Sprache war
auch die Fühlung und der Zusammenhang mit nahezu der
gesamten orientalischen Patristik verloren gegangen, und eine
tausendjährige Kluft breitete sich zwischen den zwei christlichen
Kirchen. Philosophisch kam fast nur Aristoteles in Betracht,
aber auch von diesem waren bis zum 13. Jahrhundert nicht
einmal die logischen Schriften ganz bekannt; erst seit 1128
kamen die Analytik und Logik, erst 1200 die physischen und

metaphysischen Werke des Stagiriten in Umlauf, erstere in der
durch Michael Psellus gegebenen Form der logischen Synopsis
und in der Übersetzung des Petrus Hispanus, letztere in dem
durch die Araber vermittelten Text und wiederum in latei=
nischer Übersetzung (Prantl, Geschichte der Logik II, 99, Specht,
Geschichte des Unterrichtswesens in Deutschland bis zum 13.
Jahrhundert S. 123).   Indem die Scholastik diese Schriften,
die ihr zum Unterbau dienten, kritiklos verwertete und mangels
Sprach= und Geschichtskenntnisse einer Prüfung gar nicht unter=
ziehen konnte, hing sie mit ihrem ganzen Aufbau eigentlich
in der Luft; sie konnte sich über ihre Grundlagen selbst keine
Rechenschaft geben.   Man bedenke noch, daß der Philosoph
der Scholastik, dem, soweit er mit dem Dogma vereinbart
werden konnte, fast blinde Anerkennung gezollt wurde, nur
in einer schlechten lateinischen Übersetzung, die wieder erst
durch das Arabische und Syrische filtrirt war, studirt wurde,
und man wird die Verunstaltungen, die seine Anschauungen
erfahren mußten, verstehen.   Prantl hat dies in seiner Ge=
schichte der Logik des näheren dargelegt.   Uns interessirt diese
Frage hier nicht; denn wie kann nach dem jetzigen Stand der
philosophischen und naturwissenschaftlichen Entwicklung die
Aristotelische Weltsynthese überhaupt mehr aufrecht erhalten
werden?   Einzelne Züge, so die ungemein fruchtbare Analyse
und Durchführung des Zweckbegriffs, die Aufstellung der Seele
als Formprinzips des Leibes (nicht aber der Dualismus von
Materie und Form als Seinsprinzip überhaupt — s. darüber
meinen Aufsatz: „S. Thomas und die moderne Wissenschaft“
in der Beilage zur Allgemeinen Zeitung 1894, Nr. 292, 293)
werden unvergänglich sein, aber das System als Ganzes ist
veraltet.   Es läßt sich auch nicht ausflicken und etwa nur nach
der naturwissenschaftlichen Seite durch die neueren Forschungen
ergänzen — die metaphysischen und psychologischen Teile sind
durch den neueren Geistes= und Gottesbegriff nicht weniger
überholt.   Desgleichen fehlt der Scholastik wissenschaftliche
Methode.   Wo einzig gründliche und ausgebreitete Empirie
entscheiden kann, das meinte man zu jener Zeit aus reiner
Spekulation und durch Autoritäten herausfinden zu können;
dadurch kam eben nur ein Luftgebäude zu stande.   Auch

Thomas ist über diesen Makel nicht erhaben. Die Naturwissen=
schaft mußte ganz neu einsetzen, den ganzen Wust der Formen,
Quidditäten, Spezies sensibiles, intentionales u. s. w. vergessen
und mit der molekularen und mathematischen Behandlung be=
ginnen, um wissenschaftlich brauchbare und namentlich exakt
berechenbare Resultate zu zeitigen, überhaupt zu Gesetzen
des Seins zu kommen. Das Gleiche gilt für die Geschichte,
die Psychologie, die Ästhetik. Auch wo die Scholastiker das
Richtige geahnt, ist es von wenig Wert, weil es nicht auf
methodisch strengem Weg erkannt wurde. Oft ist der Weg
wichtiger, als das momentane Resultat. Wenn Willman (Gesch.
b. Ideal. 3, 891) die Worte Ritters: „der Erscheinung das
Gesetz entlocken“ umdeutet „d. h. aristotelisch ausgedrückt: den
thätigen Verstand in Bewegung setzen“, so verkennt er diesen
fundamentalen Gegensatz. Warum brachte denn der „thätige
Verstand,“ der doch in der Scholastik so stark „in Bewegung
gesetzt“ wurde, in den 1000 Jahren seiner Herrschaft von jenen
Gesetzen absolut nichts zu Tage, oder nur bei solchen, die sich
in bewußtem Gegensatz zur Scholastik und ihrer Methode
befanden wie Roger Baco, den er in den drei Bänden seiner
„Geschichte des Idealismus“ nicht einmal zu nennen der Mühe
wert findet? Da ich in meinem System der Philosophie diese
Probleme ausführlich erörtert habe, so kann ich mir das
Weitere ersparen; ich bemerke nur, daß seit Descartes, Hume
und Kant die erkenntnistheoretischen Grundlagen der Speku=
lation viel sorgfältiger gelegt werden müssen, als es vom
naiven Standpunkt der Scholastik aus Bedürfnis war, und
daß die Psychologie durch eine tiefere Fassung des Geistes=
problems, sowie durch die Anwendung experimenteller Methoden
in ein ganz neues Stadium getreten ist.

Die Theologie ist nun in all ihren systematischen Grund=
lagen von den philosophischen Disziplinen abhängig. Es ist
daher selbstverständlich, daß mit der weitergeschrittenen For=
schung auch sie alterirt wird und in der scholastischen Form
nicht unverändert aufrecht erhalten werden kann. Nicht bloß
der vollkommnere Welt=, Geistes= und Gottesbegriff wirkt in
der Art einer durchgreifenden Durchsäuerung des gesamten
Lehrbaus, sondern die Theologie als moderne Wissenschaft muß

eine allseitige Rechtfertigung und kritische Festigung ihrer
Quellen und Grundlagen bieten, sie muß der geschärften Kritik
nach jeder Richtung hin eine glänzende Bewährung ihrer
Lehren gegenübersetzen. Die Zeiten sind vorbei, wo man sich
für einen guten Dogmatiker halten durfte, ohne gründliche
Kenntnis der Exegese, Kirchengeschichte, Patristik, Geschichte
der Philosophie zu besitzen, ohne nur das neue Testament im
Originaltext lesen zu können. Zur Zeit der Scholastik lebte
man nur in der Gegenwart; man begriff und kannte nur das
Fertige, nicht das Werdende, nicht die auch für das religiöse
Gebiet gültigen Gesetze der geschichtlichen Entwicklung. Die
Theologie war sozusagen einäugig: sie besaß das spekulative,
sie entbehrte das historische Auge. So reich auch nach der
logischen und dialektischen Seite der Geistesbau der mittel=
alterlichen Welt ausgeführt wurde, er war doch nur ein Koloß
mit thönernen Füßen.

Schon in der Zeit der unumschränkten Herrschaft der Scho=
lastik gab es fortgeschrittene Geister, die diesen Mangel fühlten
und eine Reform anstrebten. Roger Bacon geb. 1214 wies
bereits die Einseitigkeit und die Verirrungen der Scholastik
nach, forderte, daß man einerseits auf die Natur, andrerseits
auf die Schrift und die Alten zurückgehen solle, weshalb er
neben der Naturwissenschaft vorzüglich die Sprachen getrieben
wissen wollte; er selbst war in Mathematik, Physik, Astro=
nomie ganz hervorragender Entdecker und in der Philosophie
Befürworter einer strengeren Methode. Im 9. Kap. seines
Opus tertium bezeichnet er als die drei Hauptfeinde der Er=
kenntnis das Beispiel, die Gewohnheit und die Volksmeinung,
wozu als vierter trete: die Verfechtung der eignen Unwissen=
heit durch Verwerfung dessen, was man nicht kenne, unter
schnöder Außerachtlassung der Wahrheitsliebe (defensio propriae
ignorantiae per reprobationen eorum quae nescimus et non
propter amorem veritatis). Er weist den Vorwurf, den man
ihm immer mache, seine Lehren seien gegen die Tradition, mit
dem Bemerken zurück, eben das exemplum und die consuetudo
wie die opinio vulgaris seien die Feinde des Fortschritts. Nie=
mals sei eine neue Wahrheit aufgekommen, ohne auf Widerspruch
zu stoßen; schon Aaron und Maria hätten nach Num. 10 Moses

widerstrebt und wären doch heilig gewesen; Augustin und andere
Väter hätten den hl. Hieronymus einen Fälscher und Corruptor
der Bibel genannt; die Theologen zu Paris hätten vor 40 Jahren
die Metaphysik und Naturlehre des Aristoteles verdammt; so
könne auch er sich trösten, daß ihm gleiches passiere. Er be=
klagt sich, daß man ihn bei Strafe des Verlustes seiner Bücher
und fast bei Wasser und Brot vom Schreiben und Lehren ab=
halte. Die wahre Philosophie sei jetzt schon für alle Zeiten
fertig gestellt in lateinischer Sprache und werde zu Paris ge=
lehrt, nachdem sie noch vor kurzem als gottlos excommu=
niziert gewesen sei. Dort lehre ein Magister, der es weiter
gebracht als Christus der Herr; denn seine Lehre werde schon
zu seinen Lebzeiten canonisiert, während der Heiland und seine
Lehre in seinen Lebenstagen verachtet gewesen seien. Allein
die Wahrheit sei stärker als alles. Baco wirft der gegnerischen
Doktrin vanitas puerilis infinita, falsitas ineffabilis, super-
fluitas voluminis vor; im 20. Teil jener Folianten könnte
das bischen Weisheit untergebracht werden; der praktische Wert
derselben sei gleich Null. Diese Philosophie sei schädlicher als
irgend eine frühere; denn wenn die anderen fehlten, so hätten
sie sich doch nicht die Autorität herausgenommen, allein die
Wahrheit zu lehren. Diejenigen, welche jetzt der Wissenschaft
und dem Leben vorstehen, hielten gewaltsam die bessere Erkennt=
nis zurück, die blinde Menge der Schüler andererseits richte
sich nach den Exempeln, sie werde nicht durch Vernunft geleitet,
sondern durch Gewohnheit geführt.

Im Opus minus betont Baco die Notwendigkeit der
Sprachkenntnisse für die Theologie, der Mathematik für die
Naturerkenntnis. Nur durch die mathematische Methode könn=
ten die Ursachen und Gesetze der Naturdinge erkannt werden;
sonst gäbe es nur occulte Ursachen. Das Experiment in Ver=
bindung mit der Rechnung sei der einzig fruchtbare Weg der
Forschung. Baco erläutert dies an seiner Entdeckung der
Strahlenbrechung und seiner Theorie der Verbrennung. Der
Theologe müsse auch profane Wissenschaften kennen, vor allem
Griechisch und Hebräisch, die Bibel müsse nach den Grundtexten
erklärt werden. Jetzt würden einzig die Sentenzenbücher
als Inbegriff aller Weisheit gefeiert; wer darüber an den Uni=

versitäten lese, der wähle die Stunden nach seinem Wohlgefallen
und habe noch einen Genossen und einen Diener bei der Or=
densgesellschaft; der die Bibel erkläre, entbehre all dessen und
müsse die Lesestunden elend zusammenbetteln, soweit sie ihm
der Sentenzenmagister gnädig frei lasse. Dadurch werde die
hl. Schrift nicht gekannt, geschweige ein Verständnis des Textes
bewerkstelligt. Eine Geschichte des hl. Textes wäre
das Notwendigste, wie es bei jeder Fakultät eine Ge=
schichte der Wissenschaft gebe. Der Text der Vulgata sei fehler=
haft; Baco sucht dies an einzelnen Beispielen, so Marc. 38
zu erweisen; hebräisch sei ganz unbekannt und doch könne einer
nicht einmal den prodromus galeatus des Hieronymus ohne
Hebräisch verstehen, geschweige die Schrift selbst. Alle Wissen=
schaft sei jetzt Autoritätsglauben; aber autoritas non sapit,
nisi detur ejus ratio, nec dat intellectum, sed credulitatem;
credimus enim autoritati, sed non propter eam intelligi=
mus. Nie sei noch soviel apparentia sapientiae, soviel
exercitium studiorum in der Welt gewesen — in
jedem Thal, in jedem Dorf gebe es Magister — nie aber
noch soviel Irrtum, soviel Unwissenheit!

Den zweiten Teil der Schrift bildet eine leidenschaftliche
Anklage des gekränkten Denkers gegen die Hierarchie, das
schwelgerische Leben der Geistlichkeit, die unredliche Art der
Polemik, wie sie üblich sei. Ihn beschimpfe man als Ketzer
und unchristlich, ihm werfe man vor, daß er astrologische Lehren
verkünde; Thomas aber, der den Einfluß der Gestirne auf die
Menschen gelehrt habe, bleibe unbehelligt. Er habe mit den delira=
mentis der Astrologen nichts zu schaffen; er habe vielmehr auf
wissenschaftliche Fundierung der Sternkunde und auf experimen=
telle Behandlung gedrungen, wovon Thomas nichts verstanden
habe. Albertus und Thomas hätten schon als zwanzigjährige
Knaben gelehrt (pueri nennt sie Bacon oft), sie wollten Lehrer
sein, ehe sie gelernt hätten, da doch nicht einmal im ganzen
Leben die Weisheit erlangt werde, sondern von Anfang der
Welt nur allmählich gewachsen sei und noch wachse.

Mögen des großen Franziskaners Vorwürfe auch oft über
das Ziel hinausschießen, (sie waren übrigens durch sein Schicksal
verzeihlich — er war wiederholt in Gefangenschaft, einmal zehn

Jahre, trotzdem zwei Päpste ihm günstig waren —), seine An=
regungen hätten besseren Boden finden sollen; er war seiner
Zeit weit voraus und ist erst in neuerer Zeit gewürdigt worden.
Daß auch dies vorzugsweise von Fremden geschah (so von
Dühring, der ihn weit über seinen englischen Namensvetter er=
hebt) gereicht uns Katholiken nicht zur Ehre.

Die Reformation gab der philosophischen Fortbildung keine
Impulse; Luther, durchaus mystisch angelegt, hatte keine philo=
sophische Ader — das übernatürliche Prinzip absorbierte bei ihm
alles — die reformatorischen Humanisten anderseits griffen
auf die Scholastik zurück; namentlich Melanchthon, der das
ganze protestantische Schulwesen in Deutschland einrichtete, war
ein steifer Aristoteliker, sodaß die mit Cartesius beginnende
philosophische Bewegung zunächst auf katholischem Boden spielte.
Dasselbe war mit der gleichzeitigen Naturwissenschaft der Fall;
Galilei, Kopernikus, Kepler fanden mehr Hindernisse bei den
Protestanten als den Katholiken — Paul III. nahm die Widmung
des Kopernikus gnädig auf und schützte ihn vor den Zeloten,
während Osiander dem Werk, das in Nürnberg gedruckt wurde,
ein gehässiges Vorwort aufdrängte. Diese tolerante Haltung
der kirchlichen Obrigkeit, welche das Aufblühen der Künste und
Wissenschaften so begünstigte, änderte sich jedoch, als mit dem
17. Jahrhundert die Befürchtung um sich griff, die neueren wissen=
schaftlichen Strömungen könnten dem Unglauben Vorschub leisten.
Auch die nun beginnende Vorherrschaft der Dominikaner und
Jesuiten war einem Aufblühen der Renaissancebewegung auf
katholischem Boden hinderlich. Nun begann eine Repristination
der Scholastik auf den katholischen Akademien, die meist in die
Hände der Jesuiten fielen, jeder Fortschritt wurde gelähmt und
die geistige Vorherrschaft ging an die protestantischen Länder
über, wo inzwischen die theologische Gegnerschaft ohnmächtig ge=
worden oder selbst rationalistisch zerklüftet war. Dies war nach
zwei Seiten hin bedauerlich; einmal weil der Zufluß neuer
Ideengänge, den alles geistige Forschen braucht, um nicht zu
versteinern, für die katholischen Länder unterbunden wurde, dann
auch, weil durch die Auslieferung der Wissenschaft an die zügel=
lose Spekulation eine Entfremdung von der christlichen Tradition
eintreten mußte und dieser wertvolle Regulator der Besonnen=

heit und Nüchternheit des Denkens aus der Kulturbewegung
ausgeschieden und verdrängt wurde. Die Folge war die Zer=
klüftung, vor der wir jetzt stehen. Pantheismus in allen
Sorten, Skeptizismus und unverhüllter Materialismus konnten
so aufwuchern und ihre unheilvollen Früchte bis in die Volks=
kreise werfen; andererseits war das 18. Jahrhundert für die
Theologie eine Zeit entsetzlicher Stagnation. Erst mit dem
jetzigen begann ein allmähliches Wiederaufblühen und ein
fruchtbarer Wettbewerb mit der großartigen Entfaltung der
profanen Wissenschaften. Einige zu kühne Denker wie Hermes,
Günther verfielen der Zensur, andere wie Baader und Kuhn,
der sich zu eng an Jacobi anlehnte und die Sicherheit der
Gottesbeweise anzweifelte, streiften nahe daran; auch Deu=
tinger und der noch viel zu wenig gewürdigte Münchner
Philosoph Rosenkranz lassen den Schellingschen Einfluß zu
deutlich verspüren, aber diese Mängel dürfen doch die Augen
nicht gegen die großen, dem Katholizismus Achtung verschaffen=
den Leistungen dieser Männer verschließen; bald folgten die
durchaus tadellosen Möhler, Alzog, Staubenmaier, Haneberg,
Hefele u. a. Auf außerdeutschem Boden erregten die kühnen
Spekulationen eines Rosmini, Gioberti, Ventura Anstoß, des=
gleichen in Frankreich der unklare Geist Lamennais; aber alle
diese hatten doch auch große Verdienste um die Neubelebung
des Glaubens, und so berechtigt die Korrektur seitens der kirch=
lichen Obrigkeit auch war, wäre vielleicht doch in der Form
ein schonenderes Vorgehen am Platz gewesen. Es gibt Irr=
tümer, die sich durch die Zeit selbst korrigieren; die idealistische
Strömung zu Anfang des Jahrhunderts hat sich in ihrer ab=
soluten Geltung verlaufen; aber die geistigen Früchte, die sie
und zwar auch für die Fortentwicklung der Theologie zurück=
gelassen, sind keineswegs gering zu schätzen; es ist auffallend,
mit welch feinem Takt die katholischen Forscher das Wertvolle
an der neuen Richtung herauszufinden und nutzbar zu machen
verstanden, während das Extreme und dogmatisch Bedenkliche
ausgeschieden blieb. Nun wurden zum erstenmal die Grund=
lagen des Christentums den jetzigen Methoden der Wissenschaft
gemäß gesichert, eine Geschichte der Offenbarung nach gründ=
lichen Forschungen wurde geschaffen und der Kampf gegen die

auflösende Kritik ehrenvoll geführt. Auf dieser Basis muß
weiter gearbeitet werden; denn noch viel ist zu thun, namentlich auf exegetischem und apologetischem Felde. Die Aufgabe
des modernen Theologen muß eine doppelte sein: Aufnahme
jedes wirklich fruchtbaren und wahrhaft fortschrittlichen Ge-
dankenkeims im Interesse der Bereicherung des Christentums
und der Annäherung desselben an die gegenwärtige Kultur,
andererseits Zurückweisung alles vor dem Forum der Vernunft
nicht Stichhaltigen, mag es noch so anspruchsvoll auftreten.
Ich glaube, in letzterer Hinsicht geschieht von uns meist zu
viel, in ersterer zu wenig. Die Furcht vor dem Wissen und
die Angst für den Glauben ist noch immer zu stark, und im
Grunde ist sie meist die Furcht, das eigne und so sorgfältig auf-
gebaute und behütete Gedankengebäude könnte vor dem fortgeschrittenen Denken nicht standhalten. Darum wird alles der
Scholastik Widerstrebende als glaubensfeindlich gebrandmarkt,
darum wird vor dem Besuch der Universitäten so eindringlich
gewarnt und für die unschädlichen Ordensinstitute, natürlich
nur aus reiner Sorge für den Glauben, so lärmend agitiert,
darum werden fortschrittliche Ansichten auf philosophischem
und theologischem Gebiet mit solcher Gehässigkeit, ja Unredlichkeit bekämpft. Als höchstes gilt jetzt, ein überzeugungs-
treuer Thomist und möglichst unselbständiger Denker*) zu sein,
wobei aber über die wirkliche Deutung der Worte des Aquinaten noch der lebhafteste Streit wogt. Möge doch die Mahnung des sicherlich untadeligen Münchener Dogmatikers Alois
Schmid beherzigt werden, die er in seinem Werk über die
„Wissenschaftlichen Richtungen auf dem Gebiet des Katholizismus in neuester und gegenwärtiger Zeit" an die Theologen
richtet: „Die großen Lehrer der katholischen Vorzeit sollen uns
Muster und Vorbilder sein nicht zum Nachbeten, sondern
zum Nachdenken. Nicht in Worten, sondern in Thaten
sollen wir zur Grundanschauung der mittelalterlichen Denker
zurückkehren, sobald wir insbesondere den hl. Thomas zum
Musterbild nehmen, wie er sich nämlich fortgebildet

---

*) Als Falkenberg beklagte, daß es in der heutigen philosophischen
Bewegung an schöpferischen Geistern fehle, entgegnete Glossner, die schöpferischen Geister hätten den Verfall der Philosophie verschuldet.

hätte und fortbilden würde angesichts der frucht=
baren Errungenschaften der neueren Zeit. Mit
welchem Freisinn eines wahrhaft katholischen Forschers, mit
welcher Milde des Urteils prüfte er und verwertete er nicht
die Leistungen der heidnischen und mohammedanischen Systeme?“

Schmid spricht weiterhin Bedenken aus gegen die römische
Indexcongregation. Die Entscheidungen würden beeinflußt
durch die scholastische Bildung der Censoren. Nicht der reine
Standpunkt des Glaubens entscheide manchmal, sondern die
Richter seien präoccupiert durch philosophische Schulmeinungen.
Schon die scholastische Methode der Auflösung des organischen
Wissensstoffs in abgerissene Traktate, Objectionen und Respon=
sionen sei mangelhaft, wenn sie auch für Disputationen mit
Glück angewendet werden könne. „Wir glauben es mit dem
anatomisch zerstückelten Leichnam einer Wissenschaft, nicht mit
einem lebendigen Organismus zu thun zu haben.“ Das mo=
derne Denken könne den sein distinguierenden Geist der scho=
lastischen Methode in sich aufnehmen ohne deren äußere Form
und Gestaltung. Und Döllinger sagte noch in seiner guten
Zeit: „Die Theologie kann nur dann beweisen, daß ihr eine
fürstliche Würde unter den Disziplinen zukomme, wenn sie es
versteht, sich der Hilfe dieser Schwestern zu bedienen, wenn sie
Raum hat und weitherzig genug ist, auch hinreichendes Selbst=
vertrauen besitzt, um das echte und edle aus allen Werkstätten
unserer Fakultäten zu Tage geförderte Material; die besten
Früchte aller Zweige des großen Wissensbaums als ihr Eigen=
tum hinzunehmen und mit diesem Pfund nach Kräften zu
wuchern. Wehe der Theologie und wehe ihren Jüngern, wenn
sie wie ein nervenschwaches Weib sich absperren wollte gegen
jeden frischen Luftzug der Forschung, wenn sie jedes ihr —
oder nicht einmal ihr, sondern nur den Theologen unbequeme
Ergebnis der Geschichte zurückwiese als eine allzu derbe, ihrer
schwächlichen Konstitution nicht zusagende Speise. Gerade
daran hängt für sie Leben und Tod, daß ihre Pfleger und
Jünger jenen historischen Sinn in höchster Reinheit bewahren,
der sich in der Anerkennung aller fremden Vorzüge und Güter,
in der Verwertung aller auf anderm Gebiet gefundenen Wahr=
heiten bewährt. *Γίνεσθε τραπεζῖται δόκιμοι* — werdet gute

Wechsler! hat Christus nach einer alten Überlieferung zu den Seinigen gesagt. Üben wir also die Kunst, echte Münze und unechte im Reiche der Geister, ganze und halbe Wahrheit, ganzen und halben Irrtum gehörig zu unterscheiden, in jedem Wahn, jeder schiefen oder falschen Behauptung das beigemischte Körnchen von Wahrheit mit geübtem Auge aufzufinden und auszuscheiden, nicht aber unbesehen oder nach dem bloßen, oberflächlichen Schein und Wortklang zu verdammen, nicht ganze Gebiete des Wissens, als ob sie von dämonischen Mäch= ten besessen seien, fremd und vornehm von uns abzuweisen! Theologus sum, nihil divini a me alienum puto. Es gilt nur, im Besitze des neuen Magnets zu sein, der überall das Wahre aus der umgebenden und oft verbergenden Umhüllung heraus= und an sich zieht. So haben ehedem die großen Männer der alexandrinischen Schule ihre Aufgabe der grie= chischen Philosophie und Naturwissenschaft gegenüber verstanden. Uns freilich ist eine noch viel schwierigere bei dem unermeß= lichen und noch täglich sich mehrenden Material gestellt. Die ganze Geschichte der Menschheit in all ihren Zweigen, die Sprachwissenschaften und die Altertumskunde, die Rechtslehre, die Philosophie und ihre Geschichte, sie alle treten an die Theologie heran mit der Forderung, geistig bewältigt zu wer= den. Es ist wie in Mohammeds Paradies, wo gleich der erste Baum dem Seligen zuruft: Brich dir meine Frucht! sie ist süß, und sofort ein anderer Baum ausruft: Hieher zu mir! meine Früchte sind noch besser."

„Das Traditionsprinzip muß freilich gewahrt werden, aber nicht so, als ob die Theologie mit dem überlieferten Stoff zu verfahren habe wie ein Geiziger, der einen Haufen Goldstücke in den Topf füllt und in die Erde vergräbt. Er hat dann freilich einen Schatz, an dem nichts zu= und nichts abgeht, der nach Jahrhunderten gehoben werden kann, der aber eben auch in dieser ganzen Zeit tot und unfruchtbar ge= blieben ist. Nihil, quod tetigit, non deornavit muß für den echten Weisheitsforscher gelten. Semper idem sentire et nil sentire, in idem recidunt, sagt Hobbes." „Wer es zu keiner Sondermeinung bringt, leistet auch nichts für den Fortschritt der Wissenschaft." Funk.

Hören wir noch einen dritten Denker: „Heutzutage ist Furcht an die Stelle der alten Begeisterung getreten, Gefahren und Schrecken sind es, die jeder scheut. Die Kundschafter, die zurückgekommen, sind wie die Kundschafter Israels in der Wüste, die vom gelobten Land berichteten, daß Riesen darin wohnen und seine Städte bis an den Himmel vermauert seien, unmöglich sei, in das Innere derselben einzubringen. Bequem- lichkeit und pharisäischer Hochmut haben sich mit einander ver- bunden, das Vorurteil unter den Menschen auszubreiten, daß nur mit Gefahr des wahren Glaubens die Wege des Forschens und der Erkenntnis betreten werden könnten: Gehe nicht hinaus, spricht der Faule nach der Schrift; denn es ist ein Löwe auf der Straße! ... Wie können diejenigen, die nie auf der Bahn lebendigen Wissens gewandelt sind, behaupten, daß es verderblich sei, nach einer solchen Erkenntnis zu ringen, daß der Mensch beim Glauben beharren und auf ihm allein stehen bleiben soll, weil der Glaube allein selig mache? Wer glaubt, wird nicht um des Glaubens willen glauben, sondern um der Kraft und Seligkeit willen, zu welcher der Glaube ihn führen kann und soll. Wenn aber der Glaube meine Kraft nicht stärkt und hebt, wozu glaube ich dann? Wie kann der Glaube meines Strebens Leitstern sein, wenn ich nicht strebe, wenn ich nicht meine Kräfte nach der Weisung des Glaubens in Bewegung setze? Auf diese Weise sich auf den Glauben berufen, heißt geradezu den Glauben als eine lebendige, uns verliehene Gnade und Gotteskraft leugnen. Alle Beispiele der Geschichte der christlichen Kirche, die tausendjährigen Zeugnisse beweisen, daß das wahre Leben und die wahre Seligkeit nur durch die frei mitwirkende Thätigkeit des Menschen gewonnen werden könne, daß das Streben nach Erkenntnis eine unerläßliche Bedingung des wahren Glaubens sei, daß das Gefährliche dieses Strebens nur eine notwen- dige Bedingung desselben zum freien Leben ist, weil jede Freiheit, die keine Gefahr zu bestehen hat, nicht als lebendige, wahre sich erproben kann... Sollen die geistig Ringenden nicht eben darum Hilfe erwarten können von Gott, oder ist die geistige Hilfe ausgeschlossen von der göttlichen Gnade? Soll das Christentum jedem Streben der menschlichen

Natur erlösend und lösend zur Seite stehen, nur nicht dem
Streben nach Erkenntnis? Warum schmähen wir ge=
rade über dies Gebrechen der Zeit mehr als über andere?
Warum freuen wir uns nicht lieber darüber, daß auch hierin
wieder die heilende Kraft des Christentums sich erproben kann,
warum freuen wir uns nicht darüber, daß die Menschen über=
haupt nach etwas streben, was ihnen im Christentum nach
seiner höchsten seligmachenden Kraft gegeben werden kann?
Werden die Menschen nicht eben darum, weil sie suchend sind,
auch bittend werden können, wenn man sie nicht von vorn
herein von den Thüren der Kirche abweist, um ihnen zu sagen,
für alle Gebete ist das Haus des Herrn geöffnet, nur für
dieses nicht? Wahrlich gerade für dieses sind zu dieser Zeit
die Pforten der Gnade am weitesten geöffnet, weil es das
aufrichtigste und tiefgefühlteste ist. Auch jetzt sitzt der Herr
im Haus der Zeit, und Pharisäer und Schriftgelehrte sind um
ihn her und die Kraft des Herrn ist da, um in diesem Haus
zu heilen." (Martin Deutinger, Geist der christlichen Über=
lieferung.) „Der Schlaf scheint ein glücklicher Zustand als
der Kampf des Lebens und des ermüdenden Tagwerks der
eignen Willensbethätigung, aber ein besserer ist er nicht. Da=
mit wir die volle Untrüglichkeit und Wahrheit der göttlichen
Offenbarung erkennen, muß zuerst all unser Wissen und Glau=
ben wankend geworden sein. Das ist des Geistes Leben und
Wesen, daß er die höchsten Gegensätze des Lebens versöhnt,
und darum ist er Tröster, weil er diese Gegensätze, aus denen
jedes Leben besteht, ausgleicht. Wo nicht der höchste und tiefste
Grund offenbar wird, da ist das Leben nicht und der Geist
nicht. Je größer der Kampf, je durchgreifender die Erschütte=
rung all unserer Einsichten, Meinungen und Neigungen, um
so tiefer, sicherer, durchgreifender, beseligender wird auch die
Gnade des Geistes in uns offenbar werden." (M. D., Reich
Gottes). Ähnlich sagt Hillebrand: „Das Wissen, das sich zum
Glauben durchgerungen hat, ist weit besser als die Einfalt,
und sei sie noch so heilig, und keiner der Thoren, die ins
Himmelreich eingegangen sind, steht so hoch wie ein Wissender,
der die Krone der Seligkeit erlangt hat."

Entscheid in dem wogenden Kampf der Wissenschaft kann

nur die Wissenschaft geben, nicht der Glaube. Die Wissenschaft allein hat eine zwingende Gewalt, der sich am Ende jeder unterwerfen muß. Selbst Thomas gesteht hierin einen Vorrang der profanen Wissenschaften zu: sie gründen auf Prinzipien, die per se einleuchten, die Theologie bedürfe eines höheren Lichts. (Summa theolog. 1. qu. 1, art. 2). Duns Scotus geht noch weiter; er spricht der Theologie sogar den Charakter der Wissenschaft ab: Impossibile est, ex principiis opinatis sequi conclusionem nisi opinatam; igitur simul impossibile est, ex principiis creditis sequi conclusionem nisi tantum creditam, quia certitudo conclusionis non excedit certitudinem principiorum. (Reportata Paris. prol. qu. 2. n. 2.) Die Frage, ob die Theologie Wissenschaft sei, löst sich durch die vernunft= gemäße Sicherstellung ihrer Grundlagen.

Anmerkung. Zum § 10 habe ich in der 2. Auflage zwei Bemerkungen zu machen, von denen die erste die Reformation, die zweite die Scholastik betrifft. Es ist von protestantischen Blättern gerügt worden, daß ich die Reformation so un= günstig beurteilt habe. Ich kann den spezifisch lutherischen und calvinischen Confessionslehren von der Rechtfertigung oder richtiger Selbstgerechtsprechung mit Unterdrückung des Heili= gungsmoments, der empörenden Prädestinationslehre, der pessi= mistischen Auffassung der Menschennatur, der Knechtschaft des Willens und seiner behaupteten Unfähigkeit zum Guten, dem Haß gegen Virginität und ideale Tugend, wie überhaupt den Ver= teufelungen des Natürlichen auch jetzt keine größere Sympathie entgegenbringen, Anschauungen, die gleich anfangs im Syn= ergismus und später im Rationalismus auf protestantischem Boden selbst ihre energische Korrektur herausforderten und heute wohl nirgends in ihrer früheren Gestalt mehr vertreten werden, aber ich kann ihre Entstehung historisch und psychologisch begreifen und dieses Begreifen fällt keineswegs zum Ruhm des Katholizismus am Ende des Mittelalters aus. Wie schlimm muß es um das Ansehen der Geistlichkeit gestanden haben, daß man selbst diese Lehren für annehmlicher fand, um nur der Heilsvermittlung der Kirche auszuweichen? Die Wurzel der neuen Lehre war der tief antiklerikale Zug, wie er schon bei den Wiklefiten, Hussiten und früher bereits bei

den Waldensern und Albigensern hervorbrach und dieser Haß
gegen den Klerus konnte wieder nur durch allgemeines und
für unheilbar gehaltenes Darniederliegen der kirchlichen Zucht
und Sitte verschuldet gewesen sein, sodaß man den ganzen
kirchlichen Apparat der äußeren Gnadenvermittlung bei Seite
warf und die Rechtfertigung unmittelbar im bloßen inneren
Glauben und allenfalls auf das Bibelwort gestützt erwartete.
Man gewöhnte sich durch das Scheitern aller Reformvorschläge
an den Gedanken, daß die Mißbräuche in der Kirche von
der Kirche selbst ausgingen und ihr zu Last fielen, während
sie doch nur dadurch entstanden, daß kirchliche Persönlichkeiten,
niedere, hohe und höchstgestellte, von den Idealen der Kirche
und ihren Grundsätzen sich nicht durchdringen ließen. Von da
bis zum „Papsttum vom Teufel gestiftet", zur Idee eines unerhörten der Christenheit gespielten Betruges in der Usurpation
der kirchlichen Vorsteherschaft war nur noch ein Schritt, der
durch die erwachte historische Kritik lebhaft gefördert wurde.
Wie gesagt, ich begreife die historische Notwendigkeit der Reformation. Es fällt mir auch nicht ein, Luther als leichtfertigen Empörer, der den Streit mit der Kirche frech vom
Zaun gebrochen, hinzustellen. Luthers Größe liegt darin, daß
er es mit dem religiösen Heilsproblemen ernst nahm und sich
nicht leichtfertig über den Zwiespalt zwischen Forderung und
Leben hinwegsetzte wie die Renaissancekünstler oder die in
Formalismus aufgehenden Humanisten. Wie er schließlich damit zuerst kam, das war freilich ein Bruch mit den Grundlagen des Kirchen- und Moralwesens. Es geschah durch einen
Bruch, durch Aufgabe des Ideals. Da er Klosterpflicht und
Leben nicht in Einklang zu setzen vermochte, so verzweifelte er
an der Möglichkeit und Berechtigung der kirchlichen Gesetzes-
würde überhaupt. Und da seine Lage typisch war in der
damaligen Zeit, fand er so mächtigen Anklang und Nachhall,
daß es schien, als ob man nur auf das Losungswort gewartet
hätte. Luther wollte sich Frieden erkämpfen in der Krise
seiner Gewissenspeinen und da er es in den Fesseln der
Kirchengebote nicht zu können vermeinte, fand er nur noch einen
Verzweiflungsausweg in dem Zurechnungsglauben ohne Werke
und menschliches Verdienst. Weil seine Natur der Bändigung

durch die Zucht widerstrebte, warf er die Schuld auf die menschliche Natur überhaupt. Wie anders Franziscus v. Assisi, auch ein Reformator wahrlich aber verschiedener Art! Auch dieser erlebte in seinem Innern den schmerzvollen Antagonismus der Zeit, er aber kämpfte sich — was Luther nicht vermochte — zur Reinheit der Ideale durch und brachte den Frieden, den er durch Überwindung der Leidenschaften errungen, belebend ohne Haß und Rebellirung der staunenden Welt.

Was die Scholastik betrifft, so ist zu bedenken, daß meine Ausführungen gegen die maßlose Überschätzung gerichtet sind, deren in neuerer Zeit namentlich das thomistische System in theologischen Kreisen sich erfreut. Ich habe seiner Zeit eine Reihe von philosophisch und dogmatisch absolut unhaltbaren Thesen des Aquinaten aufgezeigt. Damit ist der Ehre des großen Kirchenlehrers nicht zu nahe getreten; denn es ist keine Kunst, jetzt nach dem Kulturfortschritt von sechs Jahrhunderten in einem Denker der Vorzeit Mängel zu entdecken; ein Schulkind kann heute Aristoteles widerlegen; deswegen ist es wahrlich kein Aristoteles! Aber es muß diese Kritik vorgenommen werden, weil von gewisser Seite geradezu eine Art Infallibilität für den Doctor angelicus in Anspruch genommen wird und zwar nicht nur für seine Theologie, sondern selbst für seine Philosophie, die doch fast ganz auf Aristoteles beruht.*) Also der alte Heide

---

*) Neuerdings wird von unscholastischer Seite unter dem peinlichen Eindruck dieser Thatsache der Versuch gemacht, die Abhängigkeit des Aquinaten von Aristoteles zu vertuschen. Auf der Görresversammlung zu Konstanz 1896 meinte ein Professor der scholastischen Philosophie, man dürfe die Abhängigkeit der scholastischen Philosophie von Aristoteles nicht betonen, weil sonst die Originalität der Scholastik beeinträchtigt würde!!

Rolfes sagt von Schneids „Aristoteles in der Scholastik", der dasselbe Manöver in Scene setzt: „Wer einigermaßen durch eigenes Studium das wahre Verhältnis zwischen Thomas und Aristoteles kennt, staunt über die darin vorgetragenen Unrichtigkeiten. Um Thomas zu erhöhen, werden Aristoteles die grassesten Irrtümer oder doch Unklarheiten in den wichtigsten Fragen zur Last gelegt, wo dann der große Scholastiker durch Berichtigung und Klarstellung seine Überlegenheit bekundet habe. Damit erweist man Thomas einen schlechten Dienst, der doch immer die Lehre, die er vertritt, bei Aristoteles gefunden haben will." Rolfes sagt auch von Kleutgen, er sei sehr beeinflußt gewesen durch ungünstige Urteile; an

Aristoteles genießt in der katholischen Kirche infallible Auto=
rität! Dabei werden alle anderen scholastischen Richtungen
des Mittelalters zu gunsten des einen Meisters völlig miß=
achtet und in ihrer Bedeutung, namentlich für die Continui=
tät der philosophischen Weiterentwicklung in keiner Weise ge=
würdigt. Stöckls Darstellung des Nominalismus ist ein Hohn
auf alle historische Methode, ja es drängt sich der Verdacht
auf, er habe die Vertreter desselben gar nicht gelesen. Es ist
eine durchaus falsche Anschauung, in der gesamten Spekulation
nach Thomas nur ein Sinken, einen Abstieg von der Höhe zu
sehen; sie ist nach anderer Seite auch eine Fortbildung, be=
sonders in der Ausbildung besserer Willenstheorien. Von
Occam durch Buridan ist ein stetiger Fortschritt aus Duns
Scotus Willkür zur ethischen Autonomie. Nur die Nominalisten
bieten den Übergang von der Scholastik zur neueren Philo=
sophie; nur durch das Studium der Spätscholastik erkennen
wir, daß die Restauration der Philosophie durch Baco und
Descartes keinen Abriß, keine völlig neue Anknüpfung bedeu=
tete, sondern einen continuirlichen Übergang. Näheres bei
Siebecks Geschichte der Psychologie.

Es ist hier auch wohl der geeignete Platz, Prof. Will=
mann auf seine Rezension meines „Systems der Philosophie"
(Katholik, Dez. 1898) zu antworten. Der hochgeachtete Kri=
tiker erkennt an, daß das katholische Bewußtsein darin den modernen
Verirrungen gegenüber zu kraftvoller Geltung komme und daß
ich mit Geist und Beredsamkeit für die Güter des Glaubens
eintrete, aber überall, wo ein Hinausgehen über Thomas und
Aristoteles zum Vorschein kommt, werde ich rücksichtslos ge=
geißelt; ja es wird mir als Inkonsequenz angerechnet, daß ich
doch noch manches von der Scholastik beibehalten. Die an=
geblichen Widersprüche muß ich als völlige Mißverständ=
nisse bezeichnen, wie bei nur einigermaßen aufmerksamer
Lektüre jedem einleuchten wird und wenn Willmann so scharfe
Gegner der Scholastik wie Erdmann, Ritter, Lotze, Eucken ge=
wissermaßen als Zeugen gegen mich ins Feld führt, kann ich
nur mein Erstaunen ausdrücken. Das erinnert an die beliebte

---

ein selbständiges Studium des Aristoteles scheine er nicht herangetreten
zu sein.

Art einer Sorte Polemiker, aus Zeugnissen moderner Forscher
die Vernichtung modernen Geistes durch geschickte Zusammenstellung hervorgehen zu lassen. Habe ich denn den Scholastikern Scharfsinn rc. abgesprochen und wer ist der größere
Gegner der Scholastik, ich oder Erdmann, Lotze, Euden rc.?
Das ist nicht ehrlich. Willmann scheint leugnen zu wollen,
daß die Renaissance durchaus antischolastisch war, (antikatho-
lisch war sie nicht), er hat den Mut, den Ruf nach
„Zurückbildung“ auszustoßen, heute, wo die Parole Fortschritt
geradezu schreiendes Bedürfnis ist und glaubt mit dem Schlagwort „Continuität“ die Panace der Zeit zu finden. Will Referent das Schlagwort auf Physik, Medizin, Zoologie rc. aus-
dehnen? Will er zu Galenus, Ptolemäus, Paracelsus zurückkehren? Soll die Pädagogik, Ästhetik, Geschichte auf die
mittelalterliche Stufe erhoben werden? Und in Philosophie
und Theologie soll es anders sein? Continuität ist freilich
etwas Bequemes, man braucht nichts zu forschen und zu
denken, sondern nur ungeprüft hinzurechnen. Solche Stimmen
ist man von gewissen Collegien her gewohnt, von einem Uni-
versitätskatheder sollten sie nicht erschallen.

Es ist auch noch zu bedenken, daß ein Gedankenkreis,
eine wissenschaftliche Schule ein ganz anderes Gesicht trägt
in ihrer Entstehung, wo sie als jugendlich frischer Fortschritt
über die vorangegangene Entwicklung erscheint, als nach einem
halben Jahrtausend, wo dieselben Ideen altersschwach und einer
höheren Entwicklungsstufe gegenüber hemmend und gleichsam
als Ruine entgegengetreten. Die Gedanken bleiben im Lauf
der Zeiten nicht gleichgeltend, die Relationen sind andere.
Der Standpunkt Willmanns ist der fehlerhafte einer absoluten
Wissenschaft ohne Entwicklung und Geschichte. Das heißt man
stolz philosophia perennis. In der Wissenschaft giebt es
keine perennierenden Gewächse. Bei Aufhebung aller Span-
nungen und Gegenstrebungen erlischt auch das wissenschaftliche
Leben. Oder will Herr Willmann auch das Urteil Glossners,
den er als treuen Waffengefährten citiert, unterschreiben:
„Allerdings kann der neueren Philosophie ein gewisses Leben
nicht abgesprochen werden. Aber das Leben, das sie führt, ist
jenes, das sich im Cadaver entwickelt, wenn der Zersetzungs-

prozeß eintritt und der höhere Organismus niederen zur Beute
wird. Es ist der Prozeß der Zersetzung und Fäulnis"? Und
so etwas steht in einem Festgruß an den Papst! Solitudinem
faciunt, pacem appellant.

§ 11. Heilmittel und Versöhnung.

Angeborne Großheit giebt herrliche Thatkraft;
Wer an Gelerntem hängt, der dämmernde Mann
Irrt unsichern Trittes hin und her; an unzähligen
Tugendreizungen kostet er blos erfolglos herum.

Pindar.

Die Abgeschiedenen betracht' ich gern,
Stünd' ihr Verdienst auch noch so fern,
Doch mit dem edlen, lebendigen Neuen,
Mag ich wetteifernd mich lieber freuen.

Goethe.

Unter den Reformen, welche auf katholischer Seite notwendig sind, ist die erste: Anerkennung und Verwertung
der modernen Fortschritte in allen Wissenschaften,
namentlich in Philosophie und Theologie. Man betrachtet vielfach die gesamte Entwicklung der Philosophie seit
dem Mittelalter als eine succeffive Entfremdung vom Christentum und sieht nicht oder will nicht sehen, welche fruchtbaren
Fermente zur Neubelebung der Theologie in ihr liegen. Umgekehrt beklagte sich der Oratorianer Malebranche, daß man
seiner „philosophie chrétienne" die „païenne" des Aristoteles
vorziehe. Im Beginn seiner „Recherche de la verité" sagt
er: Je suis surpris que des philosophes chrétiens qui doi-
vent préférer l'esprit de Dieu à l'esprit humain, Moïse à
Aristote, S. Augustin à quelque misérable commentateur
d'un philosophe païen, regardent plutôt l'âme comme la
forme du corps que comme fait à l'image et pour l'image
de Dieu . . . Il me semble que ce sont d'ordinaire ceux
qui crient le plus contre les nouveautés de philosophie
qu'on doit estimer, qui favorisent et qui défendent même
avec plus d'opinâtreté certaines nouveautés de théologie
qu'on doit détester. Die neueren Philosophen könnten

alle Wahrheiten der alten wissen und noch neue dazu erfinden. Die Rolle eines bloßen Commentators dagegen sei eines Mannes von Geist unwürdig. Die Eigenliebe spiele dabei eine starke Rolle; der Schüler bilde sich nämlich ein, daß von der Apotheose des Meisters einige Strahlen auf die eigene Person des Auslegers fallen. Dieses Nachbeten ohne eigne Geistes= thätigkeit stütze sich auf den dem Menschen angebornen Trieb zur Sklaverei. Ganz besonders verwerflich, ja nichtswürdig sei die Verketzerung des Neuen, das man gar nicht verstehe. Malebranche zitiert Augustins Mahnung aus dem Commentar zum ersten Buch der Genesis: Multum nocet, talia quae ad pietatis doctrinam non spectant vel asserere vel negare quasi pertinentia ad sacram doctrinam. Mihi videtur tutius esse, et haec quae philosophi communes senserunt et no- strae fidei non repugnant, neque sic esse asserenda ut dogmata fidei neque sic esse neganda tamquam fidei con- traria, ne sapientibus hujus mundi contemnendi doctrinam fidei occasio praebeatur. Ein beherzigenswertes Wort auch für unsere Zeit!

Eine tiefere Gotteserkenntnis, als sie der Scholastik an der Hand der Aristotelischen Metaphysik möglich war, ist un= streitig bei Descartes, Malebranche, Leibniz zu finden. Wer kennt den herrlichen Brief Descartes ‚an die Königin Christine von Schweden‘, die er zum Katholizismus bekehrte, über die Liebe Gottes (es ist der 35. im 1. Buch der Briefsammlung)? Hat nicht Descartes den Gottesbeweisen ein weit solideres Fundament, als die ganze Scholastik kannte, gegeben, indem er an die Natur des Geistes, an die eingeborenen noetischen, ethischen und religiösen Ideenkeime anknüpfte? Wie dürftig ist des Aquinaten Gottesbeweis! Nicht einmal die Zeitlichkeit der Welt ist ihm durch die Vernunft gewiß, daher schon der kosmologische Beweis ausfallen muß und nur mit Hilfe un= haltbarer Distinktionen von Potenz und Akt, Zeit und Ursache, Bewegung und Ruhe geführt werden kann. Dies war sogar ein Rückschritt; denn Albertus Magnus hatte die Unhaltbar= keit einer ewigen Materie neben Gott gezeigt, da sie Gott einschränke und er sein Wesen aufgeben müßte. S. theol. II tract. I. qu. 4. Vom sittlichen Gottesbeweis ist in der ganzen

Scholastik keine Spur, außer in Hugo von Skt. Viktors erud.
did. l. VII. c. 28, wo das geistige Strebevermögen, „welches
gleich dem sinnlichen seine Bedürfnisse hat," in Beziehung zu
dem obersten Gesetzgeber gebracht wird. „Ein allgemeines
Sittengesetz gibt ihm die Norm seines ethischen Ringens und
ein unbegrenztes, seiner Natur innewohnendes Vertrauen auf
übernatürlichen Beistand hält es aufrecht in dem Streben nach
einer die eigne Machtsphäre überragenden Güte und Seligkeit."
Also Wechselbeziehung zwischen subjektivem sittlichen Streben
und objektiver sittlicher Forderung. Obwohl dieser Gedanke
noch nicht zur eigentlichen Argumentation ausgebildet wird,
liegt eben in der Ausführung doch das fruchtbare Samenkorn
für einen sittlichen und religiösen Gottesbeweis. Vgl. Kilgen=
stein, die Gotteslehre des Hugo von Skt. Viktor, S. 71. Des
Aquinaten Erklärung des Bösen ist völlig verfehlt. Das Böse
sei reine Negation; alles, was an Realität im Geschöpf und
dessen freier Bethätigung vorhanden sei, müsse auf die Ursach=
lichkeit Gottes zurückgeführt werden! Der Mensch falle ähn=
lich, wie der Körper fällt, wenn er nicht gehalten wird! Als
ob der Körper falle ohne positive Kraft! Das Geschöpfliche
habe eine natürliche Neigung zu Nichts, daraus es entstanden
sei! Diese Anschauung ist getragen von einem völlig passiven
Geistesbegriff, wie er in der Lehre der Thomisten von der
potentia obedientialis, der völligen Indifferenz des Menschen=
geistes gegenüber der göttlichen Allmacht seine Ausbildung
fand. Wie aber läßt sich dann die Freiheit und die Schuld
des Menschen aufrecht erhalten? Durch eine feine Distinktion:
Gott giebt den Anstoß zum Handeln, die exercitatio actus,
aber nicht die specificatio actus; so glaubte man dem Cal=
vinismus auszuweichen. Aber giebt es denn einen Anstoß des
Willens ohne Bestimmung des Inhalts? So wenig als im
Physischen. Beides ist eine rein abstraktive Trennung, die real
unmöglich ist. Die praedeterminatio physica ist eben doch
praedestinatio. Das erkannte Molina und er suchte die mensch=
liche Freiheit auf besserem Wege zu wahren. Nicht ein gött=
liches Dekret bestimme souverän das Schicksal des Menschen,
sondern umgekehrt die göttliche Gnade sei vom menschlichen
Willensentscheid, den der Allwissende voraus erkenne, abhängig

und mit Rücksicht auf die Lage des Geschöpfs gegeben. Dieser Molinismus war gänzlich unzureichend, da er erstens nicht erklärte, wie Gott die zukünftigen Handlungen, die seiner Gewalt ganz unabhängig gegenüberstehen, voraussehe, und zweitens eine wahre Theodicee doch nicht gab. Denn wenn Gott alle Konstellationen der Zukunft bis ins kleinste durchschaut, warum gestaltet er seine Hilfsmittel nicht so, daß kein Geschöpf verloren geht? In dem Zumessen der Gnade liegt doch wieder ein Willkürmoment, das schuld am Untergang der einen und an der Beseligung der andern ist. Der eine findet Zeit zur Buße, der andere vielleicht edlere hat das Unglück in eine Todsünde zu fallen, und plötzlich zu sterben. Ob dies Los in der Entität der Gnade begründet ist oder in den inneren und äußeren Verhältnissen, bleibt sich im Effekt gleich. Solche Zufälle sollten doch nicht über das ewige Heil des Menschen entscheiden.

Was die erste Aporie, das Vorauswissen Gottes betrifft, so haben hier K u h n und S ch e l l das Beste gesagt. Eine Unlösbarkeit des Problems ergiebt sich nur, wenn man das Vorauswissen zum Vorausbestimmen macht und ein Band zwischen Vorausdenken und Geschehen nur in der Dekretierung des Vorhergesehenen erblickt. Das göttliche Wissen ist aber weder ein vorheriges, noch ein zukünftiges, sondern das Wissen eines dem Geiste Gegenwärtigen. Die Sicherheit, mit der das von Gott Erkannte eintreffen muß, ist keine reale Notwendigkeit. Ein geheimnisvoller Zusammenhang besteht zwischen dem göttlichen Weltplan und den freien Handlungen, aber nicht ein Band der brutalen Notwendigkeit. Es giebt keine rein willkürliche That, sowenig als in der Natur ein zufälliges Geschehen. Auch die Willensentscheide haben ihre Gesetze; damit ist für das Vorauswissen Gottes die Möglichkeit gegeben, die Molina nur postulieren, aber nicht erklären konnte. Der göttliche Blick reicht weiter als wir glauben, er durchschaut das Wesen des Willens, weil er Schöpfer desselben ist. Die menschlichen Handlungen fallen desto bestimmter in den Gesichtskreis des Forschers, je charaktervoller sie sind — so wird schon dem Menschenkenner vieles vorherzuberechnen möglich — ganz charakterlos und rein willkürlich aber ist keine; es giebt kein

liberum arbitrium indifferentiae, keinen reinen Anfang ohne
Voraussetzungen im Innern und Äußern. Der menschliche
Wille kann ein Hemmnis des göttlichen Wunsches, daß alle
Menschen selig werden, bilden, aber kein Hemmnis seiner Vor=
aussicht und Allwissenheit; es ist ein Hemmnis, das er kennt
und in seinen Heilsplan aufnimmt.

Auf diesem Boden der Betrachtung ist auch eine wahre
Theodicee möglich. Daß nicht alle Menschen selig werden,
liegt daran, daß Gott den Menschen nicht nolens zum volens
macht. Der Anschluß des Geschöpfes an seinen Schöpfer ist
eine sittliche That, keine erzwungene. Die Gnade macht den
freien Willen zum sittlichen Willen nicht durch Untergrabung,
sondern auf Grund seiner methaphysischen Freiheit (gegen
Luther). Die gratia ist efficax und sufficiens zugleich; auch
die efficax wirkt nicht unwiderstehlich. Wie freilich der gött=
lichen Güte gegenüber das non serviam des Geschöpfes moralisch
möglich sei, ist eben das mysterium iniquitatis; denkbar ist
es, daß der Willensstolze selbst der göttlichen Huld seine Eigen=
mächtigkeit vorzieht und in seiner ihn unglücklich machenden
Selbstverblendung verharrt.

Prachtvoll bei Schell ist die Durchführung dieses soterio=
logischen Gedankens für die Todesstunde. Es war ein Mangel
der bisherigen Dogmatiken, daß der Tod gewissermaßen als
ein Zauberer erschien, der in der Seele eine vollständige und
noch dazu ganz mechanische Umwandlung vor sich brachte. Die
Freiheit des Willens sollte mit einem Schlag durch diese rein
äußerliche Katastrophe verschwinden und eine einzige Tod=
sünde, deren Begriff übrigens mangelhaft genug war, den
menschlichen Willen in förmlichen Satanismus verwandeln!
Die im Leben nur aus Leichtsinn und Hang zur Sinneslust
begangene Sünde solle nun als furchtbarer Gotteshaß sich kund
geben, um eine endlose Bestrafung zu rechtfertigen. Ja die
Gottesliebe soll sogar Ursache des Hasses sein! „Er (der Ver=
dammte) liebt ihn (Gott), aber während er nach Gott sucht,
zieht Gott sich zurück, und deshalb haßt ihn der Verdammte
mit einem Haß, der eben so groß ist als seine Liebe." Mon=
sabré, Die andere Welt, p. 77. cf. Schell, Gott und Geist,
II, 1 p. 675. Das ist doch gewiß nicht die Gesinnung, in

welcher der Sünder starb! Und Thomas nennt den geistigen Zustand der Verdammten nicht bloß schreckliche Bosheit, sondern
auch grauenerregenden Wahnsinn! (Contra cent. 4, 95.) Und
die Seligen ergötzen sich nach ihm an den Qualen der Verdammten, weil sie in ihnen die Gerechtigkeit Gottes und das
Glück, solchem Los entronnen zu sein, erkennen und zwar
je furchtbarer das Elend des Verdammten ist, um so mehr
steigert sich die Befriedigung und der Dank gegen Gott. (S. th.
Suppl. q. 99. art. I ad IV.) Welchen Geistes= und Gottesbe=
griff setzte solche Doktrin voraus!

Nach Schell entscheidet der Tod und das letzte Gericht
endgiltig über die Zugehörigkeit oder den Ausschluß der Gottes=
gemeinschaft; diese Entscheidung aber dürfe nicht als durch
äußere Ursachen gewaltsam herbeigeführt gedacht werden. Der
Tod setze der sittlichen Verdienstfähigkeit ein Ziel, aber er
mache aus sich keinen Menschen anders als er ist, er verge=
waltigt den Willen und die Freiheit nicht im geringsten, er
macht auch nicht eine einzige Sünde zur radikalen Bosheit;
nur wo die Richtung des Willens noch nicht endgiltig gefestigt
war, wird derselbe zur Entscheidung gedrängt unter dem Ein=
fluß der Wahrheitssonne, die erleuchtet, aber nicht verbrennt.
Der Tod macht dem Zustand der Selbsttäuschung und Unklar=
heit ein Ende, der die Seele umfing, solange sie in dieses
Leben eingetaucht war. Die Wandlung ist eine psychologische
und geistesgemäße, nicht eine mechanische. Eine Ausreise des
Willens vollzieht sich, eine einheitliche definitive Willensrichtung
gestaltet sich, wo sie nicht schon vom Diesseits herübergenommen
wurde, was selten der Fall sein mag; denn das Diesseits ist
die Welt der Halbheit und Inconsequenz.

Jetzt endlich ist die Aureole der Gerechtigkeit des Höchsten
und seiner Gerichte gewunden, der Tod erscheint nicht als
tückischer Fallstrick, das ewige Los ist ein verdientes, resp. ver=
schuldetes, die Sterbstunde eine Weihe, eine Erschütterung und
Läuterung des ganzen Lebens. Vertrauensvoll mag die Seele
dem himmlischen Richter nahen; denn die ewige Verdammnis
kann nicht als Unglück, sondern nur als Schuld als furchtbare
Schuld der freiwilligen Gottentfremdung gefaßt werden. Nun
ist auch das Schicksal der ungetauften Kinder kein Rätsel mehr.

Wie armselig klingt noch Oswalds selbstgenügsames Urteil:
Sie gehen verloren, aber ihr Los ist doch besser als Vernicht=
ung; „denn der Gedanke des Nichtseins ist so furchtbar, daß
selbst große Schmerzen mit dem Lebensmut auf Erden verein=
bar sind." (Sakramentenlehre S. 230) Ja auf Erden! wo
die Hoffnung der Besserung und des Lohnes aufrecht hält.
Das wendet Oswald schlechtweg auf die ewig hoffnungslose
Lage des Ausgeschlossenen an!! Ein mächtiger Stein des An=
stoßes für das Empfinden der modernen Zeit ist dadurch hin=
weggeräumt. Man bedenke nur, wie Lecky in seiner Geschichte
des Rationalismus immer wieder auf die ewigen Höllenstrafen
als eine entsetzliche Lehre zurückkommt und darin eine unver=
söhnliche Kluft des Christentums mit dem aufgeklärten Denken
sieht; die Verdammung aber stellt er sich nach der traditio=
nellen Lehre vor, nicht in der Art, wie sie schon die fortge=
schrittene Patristik, besonders Gregor von Nyssa sich dachte.
Es ist ja nur Wiederanknüpfung an die alten Ideen, die von
der Scholastik schmählich überwuchert wurden, was die neuere
Dogmatik ausgezeichnet, allerdings mit der Bereicherung, wie
sie eine vielhundertjährige Kulturentwicklung zeitigt. Daß
der Thomismus ebensowenig wie der Molinismus zur Predigt
taugt, hat Schell mit Recht betont.

Zwei Perlen der Schellschen Dogmatik sind noch besonders
die Angelologie, namentlich in Beziehung auf die Thätigkeit
der reinen Geister nach außen und die Ausführungen über
die zwei Naturen in Christus. Auch hier vertritt der moderne
Dogmatiker eine lebendigere organische Verbindung gegenüber
dem widerspruchsvollen Doppelleben, das man sonst in den
Heiland hineindichtete, und bringt auch das Moment der Ent=
wicklung zur berechtigten Geltung.

Bedenklich erscheint mir nur an der Formulierung, nicht
am Kern des Schellschen Gottesbegriffs die Anwendung der
Kausalkategorie. Wenn schon die Kategorie von Substanz und
Accidenz auf das göttliche Sein nicht übertragen werden darf,
so möchte der Terminus Ursache erst recht zu spröde sein,
um das göttliche Selbstleben uns näher zu bringen; der bis=
herige klassische Sprachgebrauch nahm vorsichtiger den Ter=
minus Prinzip an und zwar nur in Bezug anf das Verhält=

nis der göttlichen Personen. Wir halten es mit den Hontheim=
schen Satz: Deus est sibi ratio ut existat, causam non habet,
(keineswegs aber mit der eigentlich Hontheimschen Gottesdoktrin);
Selbstverursachung ist übrigens ein Widerspruch, die causa
ist immer real getrennt vom causatum. Freilich haben schon Suarez
und die Väter wie Hieronymus (ad Ephes. 3.), Augusti (Q. oct 15.,
de trinit. 7, 1) von Gott als causa sui gesprochen, was neuere
Bekämpfer Schells nicht zu wissen scheinen. Von neueren
Philosophen grenzt Euckens „Erschließung der eignen Substanz“
an den Schellschen Gedanken. Jedenfalls aber ist die
Gotteslehre des Würzburger Apologen, in der die Blüte
der Patristik und die fortgeschrittenen Ideen der Neuzeit zu=
sammenlaufen, des intentivsten Studiums wert. Sie ist ein
Markstein in der Geschichte der Dogmatik; kein Theologe wird
fürder an ihr vorbeikommen können. Bei Schell kann man
ersehen, was der Gottesbegriff für die Grundlegung der theo=
logischen Wissenschaft bedeutet, wenn er so großartig gefaßt
und in seiner ganzen Tragweite verwertet wird; bis in die fernsten
Verzweigungen der Dogmatik, Moral, ja Pastoral wirft er
sein charakteristisches Licht.

Es kann natürlich nicht im Plan unserer Schrift liegen,
der Errungenschaften und Fortschritte der Denker seit der Scho=
lastik ausführlich darzulegen; das ist Aufgabe der Spezial=
wissenschaften; ich wollte nur an einigen Beispielen zeigen,
daß wir jetzt doch weiter gekommen sind und zwar ganz be=
sonders in der Fassung des Geistes= und Gottesproblems;
damit sind wir aber in den innersten Kern der Dogmatik und
Moral eingedrungen und die gesamte Theologie bekommt ein
anderes Gesicht. Und selbst da, wo neuere Geistesrichtungen
auf Abwege geraten sind, ist es interessant, sie zu studieren.
„Der tiefere Geist“ sagt Sengler, „zeigt uns auch da, wo er
irrt, die Wahrheit, weil er in die Tiefe der Sache geht; er
zeigt uns aber auch direkt die Wahrheit, weil er nicht in
allem irrt. In die Irrtümer großer Männer fallen kleine
Geister deswegen nicht, weil sie gar nicht die Kraft zu solchen
Irrtümern haben.“ Übrigens waren die frömmsten Geister
stets auch die kühnsten Denker.

2. Mit der Forderung der wissenschaftlichen Vertiefung und Erweiterung des Gesichtskreises steht in naher Beziehung die Benützung der Universitäten für die studierende Jugend als der Haupt= und Centralstätten der Wissenschaft. Wir haben in Deutschland noch 6 oder 7 Hochschulen mit theologischen Fakultäten; ich sage nicht, daß sie durchaus musterhaft besetzt sind; mir scheint vielmehr auch hier die Scholastik eine bedauernswerte Überherrschaft zu besitzen; doch sind wenigstens einige Gelehrte ersten Rangs noch vorhanden, und ohne unsere Universitäten wäre das Aufblühen der katholischen Theologie in diesem Jahrhundert unmöglich gewesen. Der rege Verkehr und Ideenaustausch unter den Gelehrten, die reichen Sammlungen und Bibliotheken, die Befruchtung durch die verwandten Fakultäten geben den Lehrern und Schülern an den Universitäten einen Vorsprung vor den Seminarien, den diese niemals einholen können. Die Elite der Geistesbildung concentrirt sich an den Hochschulen; würde die Theologie nach dem Wunsch ihrer bittersten Feinde sich von ihnen zurückziehen, wozu leider aus beklagenswerten Motiven schon Schritte geschahen — Marburg, Gießen, wo ein Kuhn, Staudenmeyer, Hermes wirkten, sind bereits verloren, Straßburg ist abgelehnt — so würde dies eine Kapitulation und Selbstenthauptung der kirchlichen Wissenschaft bedeuten, die Fühlung mit den übrigen Fakultäten wäre verloren, und der Einfluß auf die Gebildeten und besonders auf die studierende Jugend, soweit sie nicht in weltabgeschiedenen Seminarien vor dem Luftzug des modernen Geistes behütet ist, wäre vernichtet. Wenn man eine solche Absperrung wünscht — etwa um der Reinerhaltung des Glaubens willen — dann muß man aber auch den Mut und die Aufrichtigkeit haben, zuzugestehen, daß man die Theologie nicht für fähig hält, die Konkurrenz der profanen Wissenschaft zu bestehen; denn niemand weicht vor dem Gegner zurück, solang er sich noch für stark hält zum Kampf. Dies mag ja seitens der Scholastiker auch in ganz richtiger Selbsterkenntnis gehandelt sein; die Herren sollten aber dann wenigstens den Vertheidigern der Kirche, die vor dem offenen Streitfeld nicht feige zurückbeben, Raum und Gelegenheit zur Erprobung ihrer Kräfte lassen. Sie sollten nicht in frevelhafter Unbekümmertheit die

Blüte und den Glanz der Jugend ohne den begeisternden und aufklärenden Einfluß der christlichen Wissenschaft lassen und der Macht der Gegner schutzlos preisgeben. Sie sollten dem modernen Theologen eine bessere Ausbildung nicht mißgönnen, selbst auf die Gefahr einer härteren Prüfung seiner Glaubensfestigkeit hin, als er bei Unkenntnis der neueren Philosophie läuft. Die im Sturm erprobte Tüchtigkeit ist dann eben auch eine für das Leben ausdauernde und im Grund ist jene Taktik des Verbietens und Abschließens nicht bloß armselig an sich, sondern auch ganz unwirksam, höchstens im entgegengesetzten Sinn; denn eine Abschließung von der modernen Geistesbildung ist im Zeitalter der Buchdruckerei eine Chimäre. Kennen lernen wird der im Museum erzogene Jünger der Kirche doch die Einwürfe der feindlichen Wissenschaft, aber er wird für sich und andere die Widerlegung nicht finden können, er wird blind sein und Führer von Blinden. Aubry fragt in seinem „Essai sur la méthode des études ecclésiastiques en France 1890“: „Wir konstatieren, daß es in Frankreich 50 000 Priester gibt, welche sich mit der Seelsorge, der Erziehung und dem Apostolat in allen seinen Formen beschäftigen, und dennoch entschlüpft die Gesellschaft ihren Händen. Woher kommt dieses trostlose Übel? Von den Seminarien. Diese sind an sich, speziell aber in Frankreich, nicht imstande, einen Klerus auszubilden, welcher den Angriffen des modernen Unglaubens gewachsen ist. Die vielen kleinen Seminarien sind abgeschlossen vom großen geistigen Verkehr, besitzen zu wenig literarische Hilfsmittel, um den Professoren Gelegenheit zu geben, mit den Fortschritten der theologischen Wissenschaft gleichen Schritt zu halten; die Kontinuität des Unterrichts fehlt, wenn jeder folgende Bischof seine individuellen Ansichten zur Norm macht und die Professoren wie in einem Beamtenkollegium der Anciennität nach von Stelle zu Stelle vorrücken, mögen sie für das neue Fach vorbereitet sein oder nicht. . . . Der Unterricht wird zur geisttötenden Dressur. Statt des lebendigen Wortes wird dem Zögling ein trockenes Lehrbuch, ein entwickelter Katechismus in die Hand gegeben, sie müssen ihr Gedächtnis mit allen möglichen und unmöglichen Dingen vollstopfen und sind froh, wenn sie beim Examen die Register richtig gezogen haben. . . Die Leiter der

Seminarien wollen ja keine gründlich gebildeten Theologen, weil diese zu stolz werden könnten! Der Bischof hat in der Leitung seiner Diözese mit ungelehrten, aber demütigen und frommen Priestern weniger Schwierigkeiten als mit gelehrten und selbstbewußten."

Aubry sagte ferner, daß er auf die neuen katholischen Universitäten Hoffnung gesetzt habe. Dieselbe sei aber schmählich getäuscht worden; denn die Bischöfe hätten den Kandidaten verboten, die Universitäten zu besuchen — man bedenke selbst die katholischen Universitäten!*) Daher konnten diese keine Zuhörer bekommen, und alles so mühsam zusammengebettelte Geld war verloren. Anstatt daß die katholischen Universitäten ein Mittel geworden wären, den Klerus aus seiner Isolirung zu befreien und ihm wieder einen Einfluß auf das gebildete Publikum zu verschaffen, hätten sie nur den Gegensatz recht offen kund gegeben. Der Klerus sei bei dem jetzigen Bildungssystem ohne Macht und Bedeutung in eine ihm fremde Welt hineingestellt und stehe dem politischen Getriebe machtlos gegenüber. Dies erklärt es auch, wie selbst an der Renaissance der Theologie in Frankreich die Seminartheologen ganz unschuldig waren. Alle Führer der neuen Bewegung: Chateaubriand, de Bonald, de Maistre, Montalembert, Lamennais, Lacordaire, Nicolas kamen vom Barreau oder von der polytechnischen Schule, waren auch seltsamerweise sämtlich Laien oder erhielten wenigstens ihre Geistesrichtung schon als Laien.

---

*) Ich kann mich für spezifisch katholische Universitäten nicht erwärmen. Abgesehen, daß dieselben schon wegen der Besoldungsfrage nie die Bedeutung der staatlichen gewinnen können, wären sie ein neues Ferment zur Isolierung der katholischen Geistesbildung, und was davon bereits zu Tage getreten ist, zeigt deutlich das Widerspruchsvolle, das in dieser Gründung liegt. Statt auf die mittelalterliche akademische Freiheit zurückzugehen, schmiedet man immer neue Ketten zur möglichsten Abhängigkeit der Dozenten von Bischof, Parteileitung, zuletzt vom Gemeinderat der Stadt. Die Zustände in Freiburg haben dies erschreckend gezeigt. Alleinherrschaft eines Ordens und zwar des starrsten, Occupierung aller theologischen und philosophisch-systematischen Fächer mit Verdrängung jeder anderen Richtung, und unwürdige Behandlung der Professoren, die unter falschen Vorspiegelungen gewonnen wurden bis zur Entziehung des Gehalts und hintennach hinterlistige Rechtfertigungsversuche! Der Lektionskatalog der Universität für 1898 weist nicht einmal Psychologie auf!

Daß übrigens diese französische Apologetik, die ihren Haupt-
erfolg in der geschickten Rhetorik hatte, den Anforderungen
der strengen Wissenschaft nicht entsprach, lag in der mangel-
haften philosophischen Basis.

Ähnlich wie in Frankreich liegt die Misere in Italien und
Spanien. In Italien ist die Theologie von den Universitäten
glücklich verdrängt und sind die Hochburgen der Wissenschaft dem
Unglauben widerstandslos ausgeliefert. Dafür hat Italien
277 Seminare mit 696 Lehrern; von welcher Qualität letztere
sind, läßt sich daraus wohl erkennen. Die wirklichen Zierden
der neueren theologischen Wissenschaft: Rosmini, Gioberti, Ventura, Passaglia verfielen der Censur. Ob das Irrtümliche
dieser Männer, das ich keineswegs vertrete, so gefährlich war,
um die keimende Blüte einer idealen und charaktervollen Geistesrichtung erbarmungslos zu ersticken und jene edlen Männer im
Innersten zu verwunden, darf wohl noch bezweifelt werden. Omnia mihi licent, sed non omnia expediunt wäre auch für kirchliche Censurbehörden eine beherzigenswerte Mahnung, desgleichen
die Antwort, die der Heiland Mat. 13, 29 unbesonnenem Eifer
gegenüber gab: „Laßt beides wachsen bis zur Ernte, damit
ihr nicht mit dem Unkraut auch den guten Samen ausrottet!“
In der Ernte wird sich dann ausweisen, was gute Frucht für
die himmlische Scheuer und Mißwachs für den Feuerbrand ist.
Treffend sagt Schell: „Die Menschheit würde in Gedanken und
Geistesleben viel mehr leisten, wenn man dem jungen Menschengeist nicht so erbarmungslos die Geistesschwingen ausrupfte
oder zustutzte, sobald sie sich zum Flug entfalten wollen. Insbesondere würde die Zeit der reiferen Jugend und die Freiheit
nicht so verhängnisvoll für die Religion werden, wenn man
dem Denkbedürfnis der Knaben und Mädchen nicht so mechanisch
und feindselig entgegenträte und alles als Wildling ausrottete,
was den eigenen eingerosteten Philistergeist unbequem befrem-
dete und in Verlegenheit brachte. Nur geistige Fabrikware
wird dadurch gezüchtet, Reif und Hagelschlag sollen erziehen
statt des Sonnenscheins, der eignes Wachstum aus dem Seelen-
grund lockt und in Blüten erschließt. Wenn der junge Mensch
den Eindruck bekommt, daß man ihm den Gedankenflug verwehrt, dann flieht er einst sicher aus diesem Gedankenkreis fort,

sobald er nur den Gedankenflug gelernt hat." Hohe Ziele muß
der Bischof im Auge haben, die geistige Not der Zeit, den mächtigen Ansturm der glaubensfeindlichen Wissenschaft muß er bedenken, wenn er überlegt, wie er seine Priester für diese Aufgabe, für dieses Bedürfnis genügend ausrüste; nicht kleinliche
Rücksichten der bequemeren Leitung, oder gar der Herrschsucht
über die Geister und Eifersucht auf besseres Wissen dürfen hier
maßgebend sein.

Als unter dem Eindruck der jüngsten Diskussionen über
diese Frage ein Theologe, der selbst im Germanikum erzogen
war, in der wissenschaftlichen Beilage der Germania die philosophische Bildung daselbst ungenügend fand: die neuere Philosophie würde völlig ignoriert, Geschichte der Philosophie würde
nicht gelesen (auch nicht Kirchengeschichte), die gerühmten Disputationen wären nichts als Paradestücke, wobei sowohl Einwendungen als Widerlegungen aus Thomas entnommen würden . . . die Anstalt wäre nur von Theologen besucht, kein Fach-
gelehrter kümmere sich um die scholastische Philosophie, was doch
kein gesunder Zustand sei — erwiderte gleich ein Germaniker:
Die thomistische Philosophie sei das absolut richtige System;
die neuere Philosophie zu kennen, sei nicht notwendig, weil
Aristoteles schon die Einwürfe des Heraklit, Empedokles . .
beantwortet habe, die ganz mit den modernen übereinstimmten!!
Deshalb sei auch nicht die Geschichte der Philosophie nötig. Bei
den einzelnen Traktaten werde ohnehin der geschichtliche Gang
zur Sprache gebracht. Wenn unsere Gymnasien den italienischen
gleich wären (!!!), dann wäre das Bedürfnis nach Philosophie
und Physik nicht so rege, da dieses schon auf den Gymnasien
dort befriedigt würde??! Die Einwände seien keineswegs bloß
aus Thomas genommen, sondern auch aus neueren Autoren und —
„aus der eignen Dummheit"!!! Dissertationen und eigene
Werke seien nicht nötig, da die mündlichen Disputationen
diese ersetzten. Solche Arbeiten müßten dem späteren Forschen
überlassen werden, was mehr Wert habe, als die Schrift eines
jungen Doktors, die doch niemand lese.*) Damit war die

---

*) Die Dissertationsschrift hat 1. formelle Bedeutung: sie lehrt
die jungen Wissenskandidaten wissenschaftlich und streng methodisch arbeiten
und gibt einen Beleg dieser Arbeit, 2. materiell mag das Forschungs-

Sache für das Germanikum befriedigend abgemacht und der wohlmeinende Vorschlag glücklich abgeschlagen.

Sint ut sunt aut non sint! ist immer noch auf dieser Seite die Parole.

Böhmer sagt einmal, er habe die katholische Kirche immer als eine Mutter betrachtet, der wir das Beste, was wir besitzen, verdanken, an den großen Männern der Kirche habe er sich so gehoben. Gleich allen deutschen Patrioten, die sich den christ= lichen Glauben bewahrt haben, wünschte er sehnlich, daß die religiöse Spaltung der Nation geheilt werde, daß es zu einer Wiedervereinigung kommen möge; aber er setzte freilich eine Bedingung, er meinte nämlich, sie würde erst dann eintreten, wenn die Kirche wieder auf der Höhe des geistigen Bewußtseins der Zeit stehe, wenn sie wieder eine wahrhaft geistige Macht geworden sein werde. Und er beklagte häufig, daß in diesem Sinn viel zu wenig geschähe. Und Damiron sagt: „Wir müssen weise werden, um Christen zu werden; wir müssen durch die Theorie werden, was unsere Väter durch Gefühl und Inspiration wurden. Die Wissenschaft ist schwanger von Re= ligion. Das Volk ist zur Indifferenz gekommen durch Philo= sophie, es wird sich daraus herauswinden nur auf ihrer Spur." Denn wenn die Kirche auch nicht bloß für die Gebildeten da ist, so ist doch gut und rätlich, wie Riehl sagt, daß sie auch für die Gebildeten vorhanden sei. Wer die Spitzen der Gesell= schaft, die geistig Mündigen für sich hat, der hat den unteren Troß ohnehin. Im 17. Jahrhundert war die Blüte des fran= zösischen Geistes auf Seite der Kirche, im 18. umgekehrt waren alle bedeutenden Geister gegen sie, die Folge zeigte sich in beiden Epochen auch nach unten.

3. Zu den weiteren Desideraten auf katholischer Seite ge= hört die Wiedereinführung von Synoden, damit auch der

gebiet noch so eng abgesteckt sein, über das Thema muß doch Neues bei= gebracht, die Forschung muß weiter geführt, ein Baustein für das Gesamt= gebiet der Wissenschaft muß geliefert sein. Die gründliche und erschöpfende Behandlung eines Spezialproblems gibt eine Ergänzung zu der mehr all= gemeinen Wissensprobe des examen rigorosum und berechtigt allein zum Eintritt in die Reihe der selbstthätigen Forscher. Das Examen ist mehr Gedächtnissache.

Seelsorgklerus über seine Angelegenheiten und über die der Kirche beraten könne (im Tridentinum sind sie für zweimal jährlich befohlen, aber von solchen Bestimmungen der Concilien wird immer geschwiegen!) Nur Bischof Dr. Dingelstedt hat in Deutschland in Münster 1897 nach 50 jähriger Unterbrechung den Versuch dazu gemacht. In England hielt Kard. Wisemann 1852 zum ersten Mal seit der Reformation wieder eine Provinzialsynode zu Oscott, wo Newman seine berühmte Rede über den zweiten Frühling hielt. Kard. Manning hielt jedes Jahr die Diözesansynode ab, „um in den Priestern das Bewußtsein ihrer eignen Macht hervorzurufen." „Es drängte sich mir die Gewißheit auf, daß schlummernde Kräfte naturnotwendig abnehmen, daß dagegen Fähigkeiten durch ihre Bethätigung erweitert und Energien durch Uebung zu beständigem Wachstum gesteigert werden." C. Manning, Neun Hindernisse übersetzt von G. Wahrmut, S. 34. „Clerum synodis quotannis celebratis reformavit", heißt es von hl. Josaphat in Brevier, (14. Nov. 6. Lektion). Der deutsche Klerus bedarf einer Ermunterung zum Hervortreten in besserer als einseitig politischer Richtung, er bedarf eines stärkeren Verfechtens seiner zurückgedrängten Rechte, um die sich niemand annimmt; die Verbesserung seiner Lage ist auch eine Kräftigung der Kirche und Religion, eine Aufmunterung zum Eintritt in den geistlichen Stand, der jetzt so wenig Verlockendes bietet, ein Mittel, um in größere Achtung bei der Laienwelt zu kommen.

4. Auch größere Annäherung an die Laienwelt ist zu wünschen, Beteiligung an interkonfessionellen charitativen Unternehmungen, an menschenfreundlichen Anregungen, an allem, was dem Klerus Achtung und Freundschaft ohne Aufgabe seiner Prinzipien eintragen kann. Manning beklagt das Phäakentum, die Indolenz der Katholiken für alles, was über das engherzige eigne Interesse hinausgeht. Bei den Temperenz-, Antisklaverei-, Tierschutzbewegungen in England sei sein Name der einzige katholische gewesen; nicht eines der zu Gunsten gedrückter Klassen unternommenen Liebeswerke sei von Katholiken ausgegangen, ja man fände kaum einen katholischen Namen unter den Mitgliedern, „sicherlich waren wir unterdessen in der Sakristei!" Auch der nunmehrige Bischof Keppler beklagt in einer Kritik

der Moraltheologie Göpferts (Liter. Rundschau 1898 I. Heft)
daß, während auf protestantischem Boden rege Thätigkeit sich
zeige in der ethischen Reform, während die deutschen Sittlich=
keitsvereine gegen jede Art von Prostitution wirksam vorgingen,
die katholische Moral von den ethischen Bewegungen der
Zeit so gut wie unberührt bleibe. Man streite über Proba=
bilismus und Äquiprobabilismus, wobei nichts herauskomme.
Göpferts dämonische Erklärung der spiritistischen und mag=
netischen Phänomene sei von der Wissenschaft längst überholt,
die ausführliche Behandlung der Sünden contra VI. (50
Seiten) sei unnötig und gehöre nicht in den Druck.

Eine sehr traurige Parallele ist auch die furchtbare Zu=
nahme der Trunksucht in der echt katholischen Bretagne, wäh=
rend es den Temperenzbestrebungen in Schweden und Nor=
wegen gelang, den Alkoholismus fast auszurotten. Aehnliches
Widerstreben der katholischen Gegenden gegen die Antialkohol=
bewegung berichten die vegetarischen Blätter aus Kanada.
Während fünf Millionen Abstainer in England dem Alkohol
entsagt, die Basler Mission in der Schweiz, Temperenzver=
eine in Holland, Amerika, den Nordlanden intensive Erfolge
zeitigen, wo ist eine ähnliche Bewegung in den katholischen
Ländern auch nur in ihren Anfängen zu spüren?

5. Der Mangel der hl. Schrift in den Händen der
Laien ist ein bedauernswertes Hindernis zur Belehrung, wodurch
der Protestantismus einen gewaltigen Vorsprung besitzt. Wo er
Propaganda macht, weist er stets triumphierend auf die Freude
hin, welche die Proselyten durch das zum ersten Male erschlossene
Bibelwort empfanden. In dem wallonischen Belgien machte die
protestantische Mission in wenig Jahren solche Fortschritte, daß
sie bereits 9000 Convertiten und 2000 Schulkinder zählt. Die
Bekehrten, die vorher nur ihr Pater und Ave gekannt, seien
durch das ihnen zugänglich gewordene Wort Gottes gewonnen
worden. Besondere Propaganda habe noch wider Willen ein
katholischer Abbé gemacht, der die Bibeln aufgekauft (teilweise
um 20 Fr.!) und sie dann vor seiner Kirche verbrannt habe!
Für die verbrannten seien dann zehnfach soviel neue gekauft
worden. Es wäre kirchlicherseits doch zu erwägen, ob denn das
Wort Gottes nicht wieder frei zu geben wäre, nachdem die

Gefahr des Abfalls zum Protestantismus eher durch als ohne das Bibelverbot besteht. Die hl. Theresia hat die Unkenntnis und Vernachlässigung der hl. Schrift als die Hauptursache des Bösen in ihren Tagen erklärt und die ganze Patristik hätte ein Verbot des göttlichen Wortes gar nicht verstanden. Auch das ganze Mittelalter kannte kein Bibelverbot. Was würde der hl. Paulus, der sich stets an die ganze Gemeinde, an alle Christen wandte, was die Evangelisten sagen, wenn sie hörten, daß man das reine göttliche Wort für mehr gefährlich fände, als nützlich ob hominum temeritatem (wegen der Verwegenheit der Menschen)!“ Uns Katholiken fehlt ein Schiboleth, ein allen zugängliches Volksbuch, wie es die Protestanten im direkten Bibelwort besitzen, woran die religiöse Unterweisung anknüpfen kann. Der Goffiné, dieses armselige Gerippe, oder eine Heiligenlegende oder Thomas von Kempis zunächst für Ordens- leute geschriebenes ascetisches Büchlein, sind ein schwaches Surrogat. Es ist heutzutage ferner in Betracht zu ziehen, daß die Gefahr der Mißdeutung und der Hang zur Sekten- bildung nicht mehr so besteht, wie zur Zeit der Kirchenspaltung, weil die dogmatischen Detailfragen zurückgetreten und jetzt das Ganze des Christentums in Frage steht, worüber die hl. Schrift sicher unzweideutige Antwort giebt. Auch entspricht es der vorgeschrittenen Bildung und der Allgemeinheit der Kennt- nis des Lesens, die Christen nicht mehr auf der Stufe eines eingelernten Katechismus und einiger Gebetsformeln zu lassen. „Der Nichtgebrauch ist nicht das rechte Heilmittel gegen den Mißbrauch“, sagt Schell. Dem Verbot gleich ist natürlich zu achten, wenn auf die Beigabe eines ausführlichen Kommen- tars gedrungen wird, wenigstens soweit das eigentliche Volk in Betracht kommt. Es ist übrigens bezeichnend, daß man katho- lischerseits selbst die Verbreitung der commentirten Bibeln meist als zu protestantisch ablehnt und lieber süßliche und mystische Andachtsbücher befürwortet. Hat ja doch der Bischof Keppler in seinen herrlichen Adventsperikopen es schmerzlich beklagt, daß die Kenntnis und Auswertung der Schrift selbst in der Predigt bedeutend abgenommen habe und daher gleich beim Antritt fürs Hirtenamt ein Pastoralschreiben an Klerus und Volk gerichtet, die hl. Schrift fleißig zu lesen. Keppler ist freilich jetzt der einzige Bischof in Deutschland, der Hervorragendes in der Wissenschaft geleistet hat.

6. In Kritik und Polemik möge jene unchristliche Ge= hässigkeit, welche so schön die Miene des Glaubenseifers annehmen kann, die Lieblosigkeit, die nur verletzt, ohne das mindeste zu nützen, und die um so empörender wirkt, wenn sie gegen geniale Geister und Führer in Philosophie und Dicht= kunst sich wendet, endlich einmal einer objektiveren und — wir können es wohl sagen — christlicheren Beurteilung Platz machen. Es macht keinen schönen Eindruck, wenn ein ganzes Buch nichts als ein Pamphlet enthält, wenn n u r die Schatten= seiten, die Fehler und Verirrungen aus dem Leben und Denken eines Gelehrten, vorgeführt werden, von dem in wissenschaft= licher formeller und moralischer Beziehung so viel, auch vom Kritiker, zu lernen wäre und alles noch dazu in tendenziösester Weise zu dem Plan der Verdächtigung zurecht gelegt wird. Man wird da an Dantes Worte (Paradies 19. 79) erinnert:

"Wer bist du, der du zu Gericht willst sitzen,

Auf tausend Meilen weit Urteil zu fällen

Mit deinem Blick, der eine Spanne reicht?"

Ich möchte nicht der Thersites eines großen Mannes sein! Auf diesem Weg der Verleumdung und Beschmutzung des Großen der Kirche Ehre machen wollen, scheint mir auf ein mindestens verworrenes Gewissen zu deuten.

(Nachdem in der bekannten Verleumdungsfabrik nach ei= nander Goethe, Lessing, Kant, Herder, Richard Wagner, der Dichter des "Parsifal!" sogar Herbart, der edle und milde Denker "verarbeitet" wurden, ist nun auch Rosegger, der feine Volksdichter mit dem treuherzig frommen Gemüt an die Reihe gekommen und samt Gerhard Hauptmann, für dessen tief= poetische "versunkene Glocke" ein Kreiten freilich kein Ver= ständnis hat, zu allen Teufeln geworfen worden.)

Damit in Beziehung steht auch die Lieblosigkeit gegen Anders= denkende in dem eignen Lager. Die Behandlung, wie sie Schell wurde, bot einen Schrecken erregenden Einblick in die Gemüts= und Geistesverfassung eines großen Teils unseres Klerus. Schell war dem Hochmut einer aufgeblähten und doch inferioren Clique zu nahe getreten, hatte den Nimbus, in dem diese sich in den Augen noch unwissenderer breit macht, etwas verstört, und dafür wurde er nun zum Feind der Kirche erklärt. Die alte Praxis! Ja, „die Inquisitorenmiene leistet oft treffliche Dienste, da wo das Wissen hinter dem Wollen zurückbleibt." (Schell, Gott und Geist, Vorrede). Auffallend ist schon der Ton, den die kleinen Geister gegen einen Schell anstimmen. Die Fragen sind von Schell „viel zu wenig gründlich durchdacht" (civis Romanus) „nicht klar genug dargelegt" (id.), „Schell hat ab irato zur Verherrlichung seiner Theologie geschrieben aus reinem privaten Ärger" (Höhler, der sich bereits gegen Funk in der Frage der Berufung der Concilien so blamirt hatte*) „der Fortschritt Schell's ist ein Fortschritt in kirchenfeindlichem Sinn, nicht im Sinn der Kirche" (id.), seine Schrift zeigt „Mangel an Logik", „enthält logische und theologische Schnitzer bedenklichster Art, leidenschaftliche Unbesonnenheit oder maßlose Ungerechtigkeit, welche das achte Gebot vergessen läßt" (wen vergessen läßt, den Autor oder den Herrn Kritiker?), „fixe Ideen und Verfolgungswahn" (!!), „die Broschüre läßt auf jeder Seite Feile und Schulung vermissen" (id.) Auch ein eben fertig gewordener Münchener Doktor liest in der Postzeitung, dem Organ aller Rückständigkeit, einem Schell den Text; er habe die neueren Erscheinungen der Literatur nicht verfolgt (wahrscheinlich des jungen Herrn Schriftübungen?) u. s. w. Die Kritiken sind sämtlich im jammervollsten Jesuitenstil geschrieben, und am komischsten nimmt es sich aus, wenn die Censoren ihre dialektische Überlegenheit zeigen wollen und mit ihrem distinguo-subdistinguo-nego-transeat daherkommen, als ob mit solchen hohlen Nüssen bei vernünftigen Menschen etwas auszurichten sei; perfide

---

*) Die Berufung der Conzilien durch den oströmischen Kaiser machte ihm ungeheure Schmerzen; wie fand er nun, da die Thatsache feststand, einen Ausweg? Sehr einfach: Der Kaiser habe die Versammlungen als Reichssynoden berufen und nach der Zusammenkunft habe sich die bisher weltliche Versammlung (zu der aber nur Bischöfe geladen waren!) mit einem Schlag in ein geistliches Kirchenconzil verwandelt und über religiöse Dinge zu beraten angefangen! Soweit kommt man mit dem „dogmatischen Kriterium der Kirchengeschichte." „Die Geschichte muß durch das Dogma überwunden werden." Diesen grauenhaften Grundsatz eignet sich H. an und führt ihn durch.

Supposition und Verdrehung spielen eine wichtige Rolle (be=
sonders bei Höhler); die „Schulung" verleugnet sich nicht.

7. Statt Steigerung der Gegenstände dürfte A n n ä h e r u n g
an das Empfinden der Gegenwart auf allen Gebieten am Plaße
sein. „Die Kirche entfremdet mehr als daß sie verführte; wie
viele von uns wären freie Geister, wenn es nicht die Kirche
gäbe?" — dieses entsetzliche Wort Nießsches sollte gewissen
Leuten im Ohre klingen, die in der furchtbar ernsten Zeit
nichts besseres zu thun wissen als den Riß zu erweitern und
die moderne Wissenschaft und Kunst so schlecht wie möglich zu
machen!

„Es gab" sagt Erzbischof Ireland, „manche Lacordaires,
welche die Pflicht der Gegenwart erkannten und proklamierten;
aber ihre furchtsamen Gefährten ließen sie im Stich, die Reak=
tionäre klagten sie eines gefährlichen Liberalismus und halber
Kezerei an und sie waren gezwungen zu schweigen. Die
Meisten sahen nur die Laster des Zeitalters und sie sprachen
ihr Anathem mit aller Kraft; die guten und edlen Bestrebungen
entgingen ihnen und sie sträubten sich, an sie zu glauben. Die
Zeit war für sie die finstere „Welt," gegen welche Christus
seine Jünger auf die Hut gesandt. Sie jemals dem Evange=
lium zu gewinnen, gehörte in die Reihe der verlorenen Hoff=
nungen. Man dachte, nicht weniger als ein eklatantes Wun=
der sei notwendig, so etwas zustande zu bringen, und bis zu
diesem Wunder sei für die Diener Christi am Plaß, die Winter=
quartiere in den Sakristeien und Tempeln zu nehmen, wo sie,
umgeben von einer kleinen Truppe Auserwählter, sich und ihre
Freunde vor dem herrschenden Contagium bewahrten. Die
Zeit, sich selbst und falschen Führern überlassen, wandte sich
jedes Jahr mehr und mehr von der Kirche ab, während diese
ihre Kräfte sozusagen im Isolierzustand hielt." Der Kirchen=
fürst von S. Paul predigt den „neuen Kreuzzug, den glor=
reichsten der Kreuzzüge: Kirche und Gegenwart, einigt euch
im Namen der Menschlichkeit, im Namen Gottes! . . . Ich
suche nicht herabzusteigen in die Vergangenheit jenseit des
Ozeans der Zeiten; ich blicke vorwärts. Ich glaube, die Ge=
genwart ist besser als die Vergangenheit und die Zukunft besser
als die Gegenwart." Die Anbeter des Mittelalters nennt der

Bischof Leute, welche den Niagara in den Eriesee zurückstauen wollen. „Wir können, wenn wir wollen, unsere Zeit zum erbarmungslosen Feind der Religion machen. Es ist möglich, durch Härte und Kälte sie zur Verzweiflung zu bringen und das, während die Irreligion und der Weltgeist ‚klug in ihrer Art‘ uns die heiligen Parolen rauben, welche die Zeit sich sehnt zu hören und welche zu sagen wir uns weigern . . es liegt an uns, diese Zeit zu verderben oder aus ihr ein ergebnes und dankbares Kind der christlichen Religion zu machen.“ . . . „Der Stifter des Evangeliums hat uns gesagt, daß ein guter Hausvater Altes und Neues aus seinem Schatze zieht. Heutzutage müssen wir Neues hervorziehen!“ . . . „Was uns fehlt, ist rastlose, couragierte Thätigkeit, die uns in den Stand setzt, uns an die Spitze des Publikums zu stellen. Uns Katholiken steht es zu, die Ersten zu sein und am lautesten zu sprechen! Lassen wir uns überflügeln, sagen wir dann nicht hintennach, wenn die Citadelle genommen: ‚wir sind die wahren Retter‘! Es ist wahr, die andern können nicht wahrhaft helfen; aber glaubt mir, das Volk wird einfach sprechen: ihr kommt zu spät! . . Kann man Furcht haben für die Religion? Das ist gerade, wie wenn man mich fragte: Muß man fürchten für die ewige Wahrheit? für das Reich des Allmächtigen?“ Ireland, L'Eglise et le Siècle. Conférences et discours publiés par Félix Klein. Paris 1894, p. 31, 86, 89, 172, 220.

Diesen Sätzen können wir noch einen Kantschen Gedanken hinzufügen, der lautet: „Sollte es mit dem Christentum dahin gekommen sein, daß es aufhörte, liebenswürdig zu sein, so müßte, weil in moralischen Dingen keine Neutralität stattfindet, eine Abneigung und Widersetzlichkeit gegen daselbe die herrschende Denkart des Menschen werden.“ (Das Ende der Dinge S. 427.)

Zu S. 106. Nach neuesten Zusammenstellungen folgen sich im Alkoholverbrauch die Länder Europas folgendermaßen: Frankreich, Belgien, Dänemark, Spanien, Italien, Portugal, England, Deutschland, Schweden, Norwegen. Mit Ausnahme von Dänemark sind nur katholische Staaten an der Spitze. Dies ist um so bedauerlicher, weil darin ein unerhörter Rückschritt liegt.

§ 12. Hindernisse der Versöhnung im protestantischen Lager.

> Haltet inne auf eurem Wege und schaut und fragt nach den alten Wegen, welches der gute Weg sei, und wandelt darauf, so werdet ihr Erquickung finden für eure Seelen. Aber sie sprechen: Wir wollen nicht darauf wandeln! Jeremias 6, 16.

„Wenn ich eine Vorliebe für die katholische Kirche hege", sagt Hillebrand in seinem so interessanten Essay über „Zeiten, Völker und Menschen," „so rührt das daher, daß sie mich mehr an eine natürliche Mutter und nicht so sehr an eine gemietete Amme erinnert wie ihre Rivalin. Auf der Theorie von der fortdauernden Offenbarung, von der Unfehlbarkeit der Kirche beruht ihre Größe. Der Protestantismus hat, nachdem seine Autorität der Bibel und der christlichen Grundlagen gebrochen ist, keinen positiven Halt mehr." Es ist nicht zu leugnen: soweit der Protestantismus positiv ist, soweit ist er katholisch; soweit er sich von der altchristlichen Tradition losgemacht hat, kann er auch nicht mehr als christliche Religion, sondern nur mehr als Kritik in Betracht kommen. Die Frage der Rechtfertigung, die zunächst den Anstoß zur Kirchentrennung gegeben, ist durch das Tridentinum so meisterhaft gelöst, daß die katholische Lehre von dem Verhältnis des Glaubens und der Gnade zu den Werken stillschweigend in die protestantische Doktrin aufgenommen wurde. Kein Pastor lehrt mehr, daß die guten Werke unnütz, ja schädlich wären zur Seligkeit, daß Gott oder der Satan den Menschen reite und ohne sein mindestes Zuthun zur Seligkeit oder Verdammnis führe, daß der Mensch prädestiniert sei ohne sein Verdienst oder Verschulden u. s. w. In all dem hat man sich dem katholischen Dualismus anbequemt, hilft sich aber, um doch noch einen Gegensatz zu gewinnen, durch die Verdächtigung der katholischen Tugendlehre als bloßer „Werkheiligkeit," welche die göttliche Gnade mißachte. Nun solche Werkheiligkeit, wie sie die katholischen Heiligen zu Tage gefördert, stünden auch der protestantischen Kirche schön, und selbst bezüglich der Reinheit des Motivs darf man wohl von den edlen Früchten auf die Gesinnung zurückschließen. Leider

iſt, wie Schell hervorgehoben, in der proteſtantiſchen Polemik
der unredliche Kniff ſehr in Schwung, die verſchiedenen Tendenzen, welche ſich im Kosmus der katholiſchen Glaubenslehre
in harmoniſchem Gleichgewicht halten und gegenſeitig ſtützen
und tragen, ins Extrem zu deuten und zu verzerren. Die
Wertſchätzung der Jungfräulichkeit iſt nun Verachtung der
Ehe, und es wird dem Katholizismus als Inkonſequenz angerechnet, daß er an die ſakramentale Würde der Ehe glaubt;
die Empfehlung der Räte und der freiwilligen guten Werke
wird als Geringſchätzung der pflichtgemäßen Sittlichkeit und
der berufsmäßigen Tugend dargeſtellt, die Pflege des äußeren
Gottesdienſtes und der Ascese wird geſtempelt zur Gleichgiltig-
keit gegen die innere Gottesverehrung und ethiſche Geſinnung,
das myſtiſche Element des Katholizismus wird als völlige Ab-
kehr von dem Leben, als thatloſer Quietismus gedeutet; das
ganze Mittelalter gilt dieſen Leuten als eine Zeit der Verachtung des Weltlebens und grundſätzlicher Verneinung der
irdiſchen Wirkſamkeit, als ob es im Mittelalter nur Einſiedler
gegeben hätte, als ob nicht gerade die Durchſäuerung des
Erdenlebens und -wirkens mit göttlichen Ideen und Strebungen
das Prinzip des Katholizismus ſei, wovon das mittelalterliche
Staats-, Geſellſchafts-, Kunſt- und Wiſſenſchaftsleben doch
einen Begriff geben ſollte. Umgekehrt gerade der proteſtantiſche
Geiſt vollbrachte eine Spaltung und Zerreißung des innigen
Bandes zwiſchen Natur und Übernatur, Gnade und Freiheit,
Kirche und Staat, Nationalität und Kosmopolitismus, Fürſten-
hoheit und Volkstreue, wie es der Katholizismus ſo ſchön
darſtellt. Der katholiſche Geiſt iſt dieſer Polemik nur eine
mechaniſche, juriſtiſche Auffaſſung des Chriſtentums, eine Ver-
materialiſirung der Erlöſung; findet ſich dieſer Theorie zum
Trotz doch noch eine ideal-ethiſche Erſcheinung auf katholiſchem
Boden, ſo zeigt ſich darin, meinen ſie, der Einfluß des proteſtantiſchen Princips, das allein den ſittlichen Ernſt vertritt;
liegt die Erſcheinung aber vor der Reformation, ſo iſt ſie
eben Ausdruck der unſichtbaren Kirche, die hinter der äußeren
Verweltlichung im Geheimen den Geiſt Chriſti fortpflanzte.
Die zahlreichen Fälſchungen der Geſchichte, wie ſie durch die
Übermacht der proteſtantiſchen Forſchung, freilich auch durch

die Nachlässigkeit der Katholiken Heimatrecht und Geltung er=
langt, sind diesem Beginnen sehr dienlich. „Unsere Professoren"
sagt Hillebrand, „mögen sich noch so viele Illusionen über
ihre Objektivität machen, über ihre wissenschaftliche Unbestech=
lichkeit und Gewissenhaftigkeit, über die Unfehlbarkeit ihrer
wunderbaren Methode, sie haben, ohne es zu wollen und zu
wissen, den protestantischen und nationalen Interessen gedient,
ihnen zu Liebe die Geschichte gebeugt, in diesem Sinn die
Thatsachen gesichtet und zusammengestellt." Daher das Auf=
sehen und die Entrüstung, wenn einmal eine katholische Dar=
stellung die Sachen in etwas anderm Lichte zeigt. Daher die
furchtbare Intoleranz, die, aus einem verzerrten Bild von der
Kirche gewonnen, keine Rücksichten der allgemeinen Duldung
und gesetzlichen Mitbürgerschaft nimmt und in geradezu be=
drohlicher Weise für den Frieden des Staates um sich greift.
Ein Bund, der ohne jeden positiven Halt einzig im Haß gegen
die Mutterkirche sich Genüge thut, ihre Glieder von allen
Ämtern und einflußreichen Posten zu verdrängen sucht und
die Polemik mit allen Mitteln der Verleumdung führt bis zur
Vernichtung des Gegners, kann doch nur einem völligen Defekt
christlicher Gesinnung den Ursprung verdanken. Der Hinweis
auf ähnliche Sünden im katholischen Lager ist keine Rechtfer=
tigung solchen Vorgehens; denn es giebt außer der extremen
Richtung in der Kirche doch noch vieles Anziehende und Er=
hebende, das für einen höheren Kommunionismus wohl An=
knüpfungspunkte böte. Warum nicht den Blick auf die großen
Zeiten und Gestalten der katholischen Kirche richten? Warum wie
ein Aasgeier immer auf die faulen Stellen herabfliegen und sich
an ihnen weiden? Warum jedes Wort, wie es da und dort
fällt, hämisch ausbeuten und die eigne Rachsucht willkommen
an ihm entzünden? Ist das evangelisch? Auf diesem Wege
und mit dieser Methode kommen wir nie vorwärts. Wenn
die Schlagworte Inquisition, Bartholomäusnacht, Pulverver=
schwörung, denen die Katholiken hundert andere und zwar auf
nähere Dinge bezügliche entgegensetzen könnten, nie ihre Kraft
verlieren sollen, wenn nie Gerechtigkeitssinn, Objektivität die
Stelle der Leidenschaft und des Fanatismus einnehmen sollen,
dann wäre es geratener, wenn beide Parteien in entlegenen

Weltteilen Platz nähmen, wo sie vielleicht unter Wilden fried-
lichere Gesinnung anträfen. So kann es denn doch nicht fort-
gehen! Bloßer Haß und tötliche Feindseligkeit um verschiedener
Prinzipien willen ist das Verächtlichste, was es geben kann,
auch wenn Grafen an der Spitze solcher Hetze stehen. Es
macht den positiven Elementen im Protestantismus Ehre, daß
sie von solchem Treiben sich angewidert fühlen und die unchristlichen Elemente des Protestantismus im evangelischen Bund
das Wort führen lassen. „Lernen wir," sagte Stöcker mit
Bezug auf ein vertrauliches Schreiben des evangelischen Bundes, „doch endlich die Feindseligkeiten zwischen Christ und
Nichtchrist als das kennen, was sie sie sind: als ein Blend-
werk der Hölle, an dem niemand begründete Freude hat als
die Mächte der Finsternis; reichen wir uns doch, die wir vor
demselben Kreuz anbetend niedersinken, die wir bekennen, es
giebt kein Heil außer in Christus, die Hand zum Bruderbund,
zu gemeinsamem treuen Wirken und Schaffen, und wir brauchen
fürder keine Umsturzvorlage und kein Sozialistengesetz." Von
Stöcker stammt auch das Wort über die Liberalen, die Staats-
einschreitung gegen die Christlich-Sozialen forderten: „Was ist
das für ein elendes Volk! Wenn nur ihr Haß Befriedigung
findet, geben sie alle Prinzipien auf." Konsistorialrat Schröder
erklärte auf einer Berliner Konferenz: Lieber eine jüdisch-
evangelische Ehe als eine katholisch-evangelische! In Hildburg-
hausen wurde der Antrag, für die 800 Katholiken einen Seelsorger aufzustellen, zurückgewiesen mit der infamen Motivierung, daß der konfessionelle Friede bedroht sei! In Lippe
wurde ein armseliges Postulat von 300 Mark für den katholischen Religionsunterricht der Gymnasiasten vom protestantischen Fanatismus abgelehnt trotz Befürwortung der Regierung. Als ein mecklenburgischer Gutsherr sich einen katholischen
Kaplan anstellte, ließ die Regierung ihn noch 1852 über die
Grenze schaffen, weil der katholische Kultus nur durch landes-
herrliche Genehmigung in bestimmter Ortsbeschränkung gestattet
sei. In Braunschweig müssen die Katholiken noch heute jedes
Kind dem lutherischen Pastor anzeigen und von ihm taufen
lassen. Nur mit Genehmigung desselben darf ein katholischer
Priester taufen. Auf der Landessynode beantragte ein Jurist

8*

die Aufhebung dieser Bestimmung wegen Gewissensbedrückung; aber die Pastoren verhinderten die Annahme des Vorschlags, es sei diese Gepflogenheit ein Mittel der Kontrolle über die Katholiken (und wohl auch der Protestantisierung). Der Fabrikant Bolle entließ die katholischen Arbeiter, die seinen Hausgottesdienst nicht besuchen wollten. Als die Zeitungen die Sache an die Öffentlichkeit brachten, entließ er die sämtlichen katholischen Arbeiter, „um Ruhe zu haben". Welcher gemeine Cynismus! Und in protestantischen Blättern fand er noch Unterstützung, z. B. im Reichsboten. Ähnlich machte es ein Amberger Fabrikant, der für die Protestantisierung seiner Arbeiter durch gemischte Ehen sehr thätig war. Während in katholischen Ländern der Protestantismus noch Bevorzugung genießt, sind die Katholiken in protestantischen von paritätischer Behandlung weit entfernt, was namentlich in Bezug auf Schulen, Gehalt der Geistlichen und Avancement im Beamtenwesen*) gilt.

Es wäre Zeit, daß einmal ein versöhnlicher Geist Platz griffe, wie er herrschte, als Novalis nach dem alten katholischen Glauben sich sehnte, „seine Allgegenwart im Leben, seine Liebe zur Kunst, seine tiefe Humanität, die Unverbrüchlichkeit seiner Ehen, seine menschenfreundliche Mitteilsamkeit, seine Freude an der Armut, an Gehorsam und Treue" empfand und es offen aussprach: „Wir müssen nach der Heimat gehn, um diese hl. Zeit zu sehn. Die andern Weltteile warten auf Europas Versöhnung und Auferstehung, um sich anzuschließen und Mit-

---

*) Einzelne Ausnahmen und zwar zu Gunsten der Extrem-Klerikalen auf Grund politischer Agitationen machen die Sache nicht besser, offenbaren vielmehr die Prinziplosigkeit der Staatsautorität, die gerade die versöhnlichen und geistig weit bedeutenderen Vertreter des Reformkatholizismus, die freilich keine politische Partei hinter sich haben, im Stiche läßt. Die Staatsautorität hätte eine wichtige Mission in der Gegenwart, wenn sie ihre Aufgabe verstände und ein Herz für Hebung des religiösen Zustandes im Volke, der doch auch für die rein politischen Verhältnisse von so großer Importanz ist, für Ausgleichung und Versöhnung der konfessionellen Tendenzen bethätigte. Werden unsere Staatsmänner zu solch wahrhaft segensreicher Volksregierung sich erschwingen können? La carrière ouverte au talent! muß die Parole einer einsichtsvollen Staatsleitung sein.

bürger des Himmelreichs zu werden. Sollte es nicht in Europa wahrhaft heilige Gemüter wieder geben, sollten nicht alle wahrhaft Religionsverwandte voll Sehnsucht werden, den Himmel auf Erden zu erblicken und gern zusammentreten, um hl. Chöre anzustimmen?"

Jetzt muten uns solche Reminiscenzen und Sehnsuchtsklänge nach der verlorenen Kirche seltsam an; doch sind sie noch nicht ausgestorben, wenigstens nicht in besseren und idealeren Geistern. Beim Olafjubiläum sprach Björnston, der große Dichter und Ethiker: „In Wirklichkeit sind wir doch näher verwandt mit denen, die Drontheims Dom erbaut haben als mit denen, welche ihn überkalkt, ausgeplündert und als Roßstall benutzt haben." Der Redner gab auch seiner Entrüstung Ausdruck, daß man den großen norwegischen König und Nationalhelden, welcher sein ganzes Leben der Verbreitung des Christentums widmete und zuletzt im Kampf mit heidnischen Empörern fiel, gleichsam aus dem Lande gejagt und seines Ruhms beraubt habe, nur weil er katholisch gewesen war.

Coleridge gab seinerzeit dem Schmerz über die Religionsspaltung ergreifenden Ausdruck:

„So schieden wir auf Nimmerwiedersehen,
Doch keiner fand Ersatz für das Verlorne,
Noch Lind'rung für des Herzens herbe Pein,
Die Trennungswunde wollte nicht vernarben —
Zwei Riffe, die ein Sturm gespalten hat,
Und zwischen ihnen wogt die öde Flut."

Die Frage der Rekatholisierung ist zugleich die Frage der religiösen Wiedergeburt, der Wiederbesinnung auf den transcendenten Hintergrund des Daseins und seine unabgebrochene Manifestation in der Geisterwelt. „Fromme Ehrfurcht vor einem großen Unbekannten," sagte Carlyle in seinem Abschiedsruf an die Studenten, „bildet einen hl. Thronhimmel, unter dem alles wachsen muß. Alles ist verloren und vergeblich, wo dieser fehlt. Wissenschaftliche und technische Fertigkeiten sind vortrefflich und nützlich, aber im Vergleich hiemit sind sie nur gleichsam das Zubehör zur Werkstätte eines Schmieds.... Du trägst nur eine Fackel zum Niederbrennen, keinen Hammer zum Aufbauen? Dann sei schönstens bedankt und lebe wohl?

Sagen Sie ihnen, sie müßten die ewigen Orakel befragen, die noch nicht verstummt sind und auch nicht verstummen werden, wenn man sie nur würdig zu Rate zieht, das zeitliche Lärmen, Drohen und Rasen dagegen ganz und gar bei Seite lassen? Mögen sie Weisheit lieben, wie Weisheit, wenn sie ihre Schätze hergeben soll, geliebt werden will: mit frommem, tapferem, bemütigem Sinn, inniger als das Leben selbst oder Preise dieses Lebens, von ganzem Herzen und von ganzer Seele."

Wo echter religiöser Drang, da ist Verständnis unter den Suchenden möglich; da ist mindestens ruhiges Nebeneinander= bestehen und freundliches Zusammenwirken zu den vielen ernsten Aufgaben des Lebens und der Zeit zu hoffen. Ein Schärf= lein zu diesem Ziel beizutragen, in Mitte des Kampfgeschreis ein ruhiges Wort zu beiderseitigem Nachdenken im irenischen Sinne zu sprechen, war die Absicht vorliegender kleinen Schrift. Möge die wohlgemeinte Warnung nicht fruchtlos verhallen!

Schlußwort der zweiten Auflage.

> „Am meisten ärgert ihn, sobald wir vorwärts gehn.
> Wenn ihr euch so im Kreise drehen wolltet,
> Wie ers in seiner alten Mühle thut,
> Das hieß er allenfalls noch gut,
> Besonders wenn ihr ihn darum begrüßen solltet".

Wenn man das erste Drittel unseres Jahrhunderts mit dem letzten in religiöser Hinsicht vergleicht, so muß ein für uns Katholiken bedauerlicher Kontrast sofort auffallen: damals reges Leben, erfreulicher Aufschwung der Theologie, Nutzbar= machen aller Kräfte und Früchte für sie, Sympathie der Fern= stehenden und Einströmen derselben in die Kirche, — jetzt Mißtrauen auf jede Verwertung neuerer Forschungen, Verdächtigung jeder selbständigen Leistung, Lähmung aller Kräfte, alles freudigen Schaffens, das der Kirche Freunde gewinnen möchte; bei den außerhalb Stehenden statt der früheren Zuneigung glühender Haß gegen ein, wie es heißt, verweltlichtes, freiheits= und fort=schrittfeindliches, tyrannisches Kirchentum, das in seinem Be=reich jede Blüte origineller Kraft zertreten möchte. Damals drängten sich die Protestanten in die Kirche, ohne daß diese sich Mühe gab, Proselyten zu werben — man war über die durchaus spontane Erscheinung selbst überrascht — heutzutage wird alles Mögliche zur Propaganda aufgeboten; es wird in Vereinen, Kongressen, Missionen fieberhaft gearbeitet, es wimmelt von Reglements, Verordnungen, Encykliken in nervöser Folge und was ist das Resultat? Das Gegenteil von dem, was beabsichtigt ist: ein zunehmender Abfall von der Kirche; Verstimmung und Trauer seitens der denkfähigen Katholiken, auf die Protestanten ist die Wirkung gleich Null, wenn nicht gar Spott und Entrüstung.*) „Die Neukräftigung des katholisch=kirchlichen Lebens im Anfang des Jahrhunderts kann man nicht scharf genug unterscheiden von der Restauration des weltlichen Papsttums und seiner Jesuiten". Dieses Wort Nippolds gibt den Fingerzeig zum Verständnis. Mit dem Aufsteigen und Einflußgewinnen des restaurirten Jesuitenordens hält der Niedergang des Katholizismus ganz parallelen Schritt. Der Sieg über eine gegnerische Kulturrichtung kann nur errungen werden, wenn alle wertvollen Bildungsfermente derselben angeeignet und mit dem höheren Geist der eignen verschmolzen werden. So machten es die alten Theologen. Sie nahmen alles Tüchtige aus der antiken Kultur: die Phi=losophie, die Kunst, die Politik; dadurch wurde das Altertum obsolet, es hatte keinen Rest mehr, auf den es sich als höheres steifen konnte. Auch die moderne Bildung wird nicht eher

---

*) Man tröstet sich hier selbstgenügsam damit, daß diese Erwerbungen des Protestantismus doch keine innern Eroberungen seien und nennt letzteren eine „Hürde, in der alle Menschen ohne positive Religion Platz finden" (Dipauli im östr. Reichsrat auf die Drohungen Wolfs); aber um so schlimmer, wenn das Elend bei uns so bedrückend ist, daß alle bedeutenden Talente hinausgedrängt werden und lieber zu einer unfesten Religions=gemeinschaft übergehen, um nur der Tyrannei und geistigen Rückständigkeit zu entfliehen.

überwunden werden, als bis man alles Tüchtige und Dauer=
hafte, statt es zu verdächtigen, aus ihr annimmt, und mit
dem unvergänglichen Gold des übernatürlichen Kulturfaktors
vermählt. Erst dann wird der Vorwurf der Inferiorität ver=
stummen. Franz von Baader, ein guter Katholik, sagt in
der Vorrede zum 5. Heft seiner Fermenta cognitionis: „So
lange der Religion nicht wieder von Seite der Wissenschaft
eine auf freies Forschen und sohin wahrhafte Überzeugung ge=
gründete Achtung verschafft worden sein wird, solange die Be=
mühung darnach nicht das angelegentlichste Geschäft aller
Denker von Talent sein wird, solange werdet ihr — Fromme
und Nichtfromme — mit all euren Geboten, mit all eurem
Gerede und Thun oder vielmehr euren Geberden von Religion
dem Übel nicht abhelfen, und solange wird auch diese nicht
geachtete Religion nicht wahrhaft geliebt werden, weil man
doch nur herzhaft und aufrichtig lieben kann, was man auf=
richtig geachtet sieht und als achtbar unbezweifelt erkennt;
sowie der Religion auch nur mit einem solchen amor genero=
sus gedient sein kann, nicht aber mit euren faden, verstohlenen
pietistischen Liebeleien. Mit anderen Worten: Wollt ihr, daß
die Praxis der Religion wieder gedeihe, so sorgt dafür, daß
wir wieder zu einer vernünftigen Theorie derselben gelangen
und räumt nicht euren Gegnern, den Atheisten, vollends das
Feld mit jener unvernünftigen und blasphemischen Behaupt=
ung: daß an eine solche Religionstheorie, als an eine unmög=
liche Sache gar nicht zu denken, daß die Religion bloße Herzens=
sache sei, bei der man des Kopfes sich füglich entäußern könne,
ja müsse, oder einer bloßen Routine und Empirie.“

Man kann die Geister zur Religion nicht umreglemen=
tieren, kommandieren oder gar umschimpfen; dazu gehört, daß
man sich geistig ihnen überlegen zeigt, für die Stimmung und
die Bedürfnisse der Zeit ein geneigtes Ohr besitzt und das
Talent, alle schaffenden Kräfte in der Kirche zu freudigem
Wettkampf hervorzulocken und anregen, statt sie zu hemmen
und durch das beständig ausgestreckte Schwert der Censur zu
erschrecken. Möge dieser wohlgemeinte Mahnruf gehört werden,
ehe es zu spät wird! Es ist wahrlich zeitgemäß, daß er er=
gehe:

„Statt sich des Wissens der Welt zu bemächtigen, zieht sich die Kirche
Von den Gedanken des Tags weiter und weiter zurück.
Lebt in vergangener Zeit und spricht in verschollenen Zungen,
Ach und verwundert sich dann, daß sie der Tag nicht versteht."

Geibel, Herbstblätter.

„Nicht diejenigen haben in neuerer Zeit die Menschheit
weiter gebracht, welche die Härte und Gefahr des Gedankens
nicht zu ertragen vermochten und sich vor seinen Anforderungen in Herz, Gefühl und Glauben scheu zurückzogen; sondern
diejenigen, die alles daran setzend, auf Tod und Leben mit
ihm zu kämpfen wagten. Es ist der hohe, eigentümliche Mut
der neueren Periode, keinen Gegensatz zu scheuen .. in alle
Tiefen und Abgründe sich zu stürzen, damit der Weg zur
Wahrheit gefunden werde. . . Die Feiglinge am Geist können
Gott nichts wert sein; wollte er uns als Kinder an seinem
Busen hegen, er hätt' uns nicht hinausgestoßen in die rauhe
Welt." (Daumer, Gang und Fortschritt unserer geistigen Ent-
wicklung seit der Reformation, S. 31.)

Andrerseits kann eine religiöse Reform doch nur von da
ausgehen, wo die Quellen des christlichen Lebens und die unver-
minderte Fülle der göttlichen Wahrheit wie die Brunnen der Begeisterung und des sittlichen Ideals strömen, nicht aus einer ent-
leerten, verödeten, den tieferen Fragen und Interessen mehr
oder minder erstorbenen Gesellschaft — also nur von der katholischen Kirche. Dies gibt trotz der jetzigen Misere Mut zum
Ausharren und hoffnungsfreudigen Ausblick in die Zukunft.

1. **Jean Paul und seine Bedeutung für die Gegenwart. München. Verlag Dr. Lüneburg, 1894.**

Wer liest heute noch Jean Paul? Mit Ausnahme der Handvoll Literarhistoriker kein Mensch. Das kann kein noch so schönes Buch ändern. . Darüber hilft nicht fort, daß Müller seine Aufgabe in glänzender Weise gelöst hat. Nach einer einleitenden biographischen Skizze charakterisiert er J. Paul als Menschen, als Philosophen und Moralisten, spricht über seine Religion, betrachtet ihn als Pädagogen, als Dichter, Sprachschöpfer und schließlich als Politiker. So steht am Ende der ganze Mensch vor uns, dieser wunderbare originelle Mensch, der hundert Talente mitbekommen hatte und durch seinen Humor das Kunterbunt seines Wissens und Könnens zur Einsicht verband. . . Nach zwei Seiten ist das Müllersche Buch wertvoll, als Beitrag zur Literaturgeschichte und als Zeitdokument. Als Beitrag zur Literaturgeschichte, denn es giebt die gründlichste Charakteranalyse, die sich geben läßt. Deutscher Fleiß hat es geschaffen, und die Liebe zum Dichter hat Pathe gestanden. Man braucht nur die Disposition des Buches zu sehen und man weiß, daß man sicher geführt wird. Als Zeitdokument aber hat das Werk noch einen besonderen Reiz, weil es das Recht der Persönlichkeit predigt, weil es im Kern ein antisozialistisches Buch, weil es eine Streitschrift ist für Individualismus und Volkskraft.   Karl Busse.

An dem großen und gründlichen Werk erweckt nahezu Bewunderung schon der Mut des Unternehmens. Wohl keinem der großen deutschen Autoren fühlt die überwiegende Anzahl der Leser sich so gründlich entfremdet als Jean Paul. Für die Aufgabe, Jean Paul als den Eckstein einer religiösen Wiedergeburt im Sinn einer Regeneration des ganzen Lebens zu erweisen, bringt der Autor das erste Erfordernis, eine bis ins Einzelnste genaue Kenntnis der Schriften seines Helden mit sich. Nie ist Jean Paul so allseitig bearbeitet worden. In der Kenntnis des Gegenstandes dürfte kaum einer seiner Vorgänger mit diesem neuesten Interpreten verglichen werden können. Wo er sie kritisiert, erscheint er von dieser Seite entschieden überlegen.
                                        Eugen Kühnemann.

Jean Paul, den Ernst seiner Lebensauffassung, die Größe seines Phantasie- und Empfindungslebens, unserer Zeit wieder nahezubringen, ist immer ein Verdienst. Ein ganz besonderes aber wird es, wenn es in einer Weise geschieht, wie in diesem Buch. Müller führt uns den Wunsiedler Dichter und Denker als Mensch, Philosophen, Pädagogen, Dichter, Sprachschöpfer und Politiker und in seinem Verhältnis zur Religion vor, zeichnet ihn meist mit seinen eignen Worten, die, als Perlen tiefsinniger Gedankenoffenbarungen, das Buch zu einer Fundgrube von Lebensweisheit machen, und legt stets das Gewicht auf die Hauptsache, das Wertvolle und Vorbildliche im Leben des großen Manns, der in der sittlich schlaffen Zeit der sog. Kraftgenies sich als Prophet des Ideals empfand und bethätigte. Gegenüber der Fülle von edler Anregung, die ein solches Buch gewährt, wird man die eine oder andere anfechtbare Wendung gern übersehen. Je weniger die Werke J. Pauls als Ganzes uns heute genießbar wird, je weniger sie deshalb gelesen werden, je mehr sollte man zu solchen Büchern greifen, die gerade in einer Zeit, wo der Verfall der Sitten mit kaltem Wissensdünkel Hand in Hand geht, und das Band zwischen Religion und Kunst, den großen Schwesterreichen gelockert ist, von unschätzbarer Bedeutung sind.   **Karl Muth.**

Wir haben es hier mit einem **wertvollen, hochbedeut-samen Werk** zu thun. Zum ersten Mal erscheint hier der ganze J. Paul mit beständiger Rücksichtnahme auf die brennenden Fragen und Probleme der Gegenwart behandelt und zwar in **einer Darstellung, die, anziehend und vollendet,** durchweg **auf ernster und umsichtiger Quellenforschung** beruht. Als eine **ausgezeichnete Leistung** sind die Kapitel zu bezeichnen, welche den **vielverkannten Dichter als Menschen, Optimisten, Philosophen, Pädagogen** behandelt, sie bekunden **eine meisterhafte Beherrschung und künstlerische Gestaltung** des umfangreichen Stoffs und **bewegen durch sittlichen Ernst und eine ungewöhnliche Wärme des Tons das Herz des Lesers.** Die tiefen und herrlichen Gedanken eines der größten Geister unseres Volks und eines der edelsten Menschen aller Zeiten geben ein imposantes, harmonisches Gedankengebäude voll der originellsten Züge.   **Obb Fellow.**

Wir sind dem Verfasser dankbar, daß er uns in seinem mit sichtbarer Liebe zum Dichter geschriebenem Werk ein so ungewöhnliches, reiches und anregendes Geistesleben wieder näher gebracht und wir können nur wünschen, daß sein Werk, das **eine wahre Fundgrube fruchtbarer und anregender Gedanken ist, allseitig Beachtung fände...** Der Herr Verfasser hat sich mit Liebe seinem Thema hingegeben, es ist eine tüchtige Leistung und wir wünschen demselben guten Erfolg.
                            J. Herter. (Lit. Rundsch.)

Im ganzen hat Müller eine **gediegene Arbeit** geliefert. Sie zeugt überall von einer **sehr gründlichen Kenntnis des Lebens und der Schriften** J. Pauls und zugleich von den rühmlichen Bestreben, die Widersprüche und Sonderbarkeiten, die uns in diesem Leben und Wirken stören, durch eine **möglichst tiefeindringende philosophische Forschung** zu erklären... Man merkt dem Werk nicht nur den Fleiß und die Gewissenhaftigkeit an, mit denen sein Verfasser arbeitete, sondern man erkennt auch leicht, daß Müllers Absichten durchaus die besten, sittlich reinsten sind.   **Franz Muncker.**

Das Werk ist sowohl mit philosophischem Geist als mit sehr beträchtlichem Aufwand von Fleiß geschrieben.
                            Augsb. Abendzeitung.

Mit Freuden begrüßen wir vorliegende Schrift, deren Aufgabe es ist, eine der eigenartigsten Persönlichkeiten der deutschen Literatur nach ihren verschiedenen Seiten zu schildern. . .Was wir besonders begrüßen, ist die ausführliche Schilderung J. Pauls als Pädagogen. In der Geschichte der Pädagogik ist J. Paul meist zu kurz, wenn nicht oberflächlich behandelt worden. Was ist in den zerstreuten Werken über diesen Gegenstand Bedeutendes geleistet, was in der Levana, Titan, der unsichtbaren Loge, einem Wuz, Fixlein Wichtiges zu finden, führt Verfasser hier in geordneter Weise uns vor und befriedigt zugleich des Lesers Bedürfnis nach einem systematischen Zusammenhang. . . Überschäumend wie perlender Wein tritt der Genius J. Pauls vor unser Gemüt aufs Neue, herb und oft der klassischen Form entbehrend, aber doch tief befriedigend, weil wahrhaft erhebend.　　　　Josef Bach.

2. Die Seelenlehre Jean Pauls. München, bei Lüneburg 1894.

3. Das Wesen des Humors. München, bei Lüneburg 1896.

In gewandter, lebhafter Darstellung bespricht der Verfasser zunächst eine Reihe alter und neuer Ansichten über das Wesen des Humors. M. tadelt an den bisher gemachten Versuchen hauptsächlich die Überspannung der im Humor vorhandenen Gegensätze, die Hervorhebung pessimistischer Züge und die Neigung, statt einer wirklich wissenschaftlichen Behandlung der Frage selbst ein Feuerwerk humoristischer Vergleiche loszubrennen. Im zweiten thetischen Abschnitt entwickelt er seine eigne Auffassung im Zusammenhang; Der Humor drückt eine 1. lebensfreudige, optimistische, 2. sittlich edle Gemütsstimmung mit den Mitteln des Komischen aus, was ihm die Vorteile der Kontrastwirkung gestattet.
Karl Gros.

Personne ne se trouvait mieux placé que M. le docteur Müller, pour traiter ce sujet special de l'humour. N' a-t-il pas en effet pénétré le plus avant dans l'esprit le plus humoristique que nous connaissions en Allemagne par ses belles études sur Jean Paul? .. Laissant de côté le terrain metaphysique qui a égaré plus d'un critique et l'a amené à porter dans sa definition les idees qui decoulaient a priori de son systeme, M. Müller se place au point de vue psychologique et cherche à determiner les qualités qui constituent l'ecrivain humoristique .. et il les reduit a deux: l'optimisme d'une part, la noblesse morale d'autre part.
Polybiblion, Revue bibliogr. univers.

4. Eine Philosophie des Schönen in Natur und Kunst. Mainz, bei Kirchheim. 1897.

Ein überaus anregendes Buch, von umfassendem Studium und feinem Kunstverständnis zeugend, dabei gewandt geschrieben, blendender und effektvoller, als sonst katholischen Verlagswerken eigen zu sein pflegt. So leicht und angenehm das Buch sich auch liest, so ist's doch mit einmaligen Durchfliegen freilich nicht angethan; man wird's immer mit Genuß und Vorteil zur Hand nehmen; leicht und zwanglos reihen sich die einzelnen Abschnitte an einander und doch liegt ihnen eine feste Disposition zu grunde, deren Klarheit und Folgerichtigkeit einem erst beim Rückblick ganz zum Bewußtsein kommt... Die Darstellung bietet eine Fülle von Belehrungen in geistreicher Form; selbst für die Behandlung und Würdigung unserer Schulschriftsteller habe ich manches daraus entnommen, obwohl auf eine so hausbackene Nutznießung der Verfasser kaum zu reflektieren scheint.   Dr. Seidenberger.

Es ist staunenswert, wie unterhaltend der Verfasser eine ungeheure Menge gedanklichen Stoffs auf den 270 Seiten gruppiert und dargestellt hat. Wir Katholiken dürfen uns zu diesem Buch aufrichtig Glück wünschen; unsere eigne Literatur enthält nichts ebenbürtiges, die liberale nichts, womit es sich nicht sehen lassen könnte. Das Wort Hertlings, daß ein tüchtiger Gelehrter zehn Bände Apologetik aufwiege, möchten wir bewundernd mit Bezug auf H. Müller als den Verfasser der „Philosophie des Schönen" wiederholen. Es ist leicht zu weissagen, daß sich sein Buch auch bei den Gegnern das größte Ansehen verschaffen wird. In ihm wird zum ersten Mal von katholischem Standpunkt aus eine durchaus modern gedachte und dem modernen Geist zusagende Ästhetik geschaffen und damit dem katholischen Standpunkt in der modernen Kunstwelt zum ersten Mal eine gewichtige Stimme erobert. Der Schwung der Sprache, die Leichtigkeit der Gedankenwiedergabe und der hinreißende Fluß der Darstellung verbürgen uns überdies, daß die Stimme Müllers nicht in den engen Fachkreisen verhallen wird.   Dr. Martin Spahn.

Josef Müller, der durch seine Bücher über Jean Paul sich bereits als geistreichen Ästhetiker erwiesen, hat nun auch mit einer gediegenen Ästhetik die katholische Literatur bereichert. Es ist ein inhaltschweres Buch, in blendender Diktion geschrieben. Der Verfasser hat eine Menge prächtiger Gedanken in sein Werk gelegt. Dabei ist er Meister des Stils; die Klarheit des Denkens wird bei ihm von selbst zur Schönheit der Form... Zu den glänzenden Partien des Buchs gehört, was M. über das Verhältnis des Wahren und Schönen geschrieben. Vorzüglich ist der Abschnitt über Natur und Kunst... In geradezu erhabener Sprache preist der Verfasser die beseelte Stimme..   Dr. Vögele.

Müllers Buch enthält viele originelle Gedanken und die Fülle von aufgeführten Beispielen zeugt von der Belesenheit des Verfassers. Ein außerordentlich reicher Stoff ist hier in einer Schrift geringen Umfangs durchgearbeitet und dargestellt. Daß M. Katholik ist, macht sich nur selten bemerkbar, jedenfalls beweist seine Verehrung Göthes und seine Bewunderung Shakespeares und Jean Pauls, daß er kein ultramontaner Fanatiker ist. Diese Philosophie des Schönen verdient von allen Freunden des Idealismus in der Kunst gelesen zu werden.
                            Baltische Monatsschrift.

Auch in der Vornehmheit des Tons steht das Buch hoch über der Jungmannschen Ästhetik. Alles Salbungsvolle, alles spezifisch

Theologische ist sorgfältig vermieden. Die Polemik ist maßvoll, es fehlt fast ganz an den beliebten Seitenhieben auf den Protestantismus, dessen Hang zur Innerlichkeit offen anerkannt wird.

Alfred Overmann.

Das Buch hat große formelle Vorzüge, es ist flott geschrieben .. wen der wiederholt hervortretende kirchliche Standpunkt des Verfassers nicht stört, der wird das Buch mit Genuß und auch mit Gewinn lesen.

Lit. Centralbl.

5. Die Keuschheitsideen in ihrer geschichtlichen Entwicklung und praktischen Bedeutung. Mainz, Kirchheim 1897.

Ich möchte dieses Werk geradezu als eine rettende That bezeichnen; denn mit der Vogelstraußpolitik auf diesem Gebiete ist's auf die Dauer doch nicht gethan. Die Schrift bietet, was bisher noch nicht geboten wurde, eine Geschichte der Hochachtung der Keuschheit bei den Völkern des Altertums, des Mittelalters und der Neuzeit mit kritischer Würdigung der entgegengesetzten Tendenzen ... Wo Montegazza ausgelegt ist, müßte auch Müllers Geschichte der Keuschheitsideen zu finden sein, und gelesen würde sie, Stoff und Eleganz der Darstellung bürgen dafür; freilich müßte auch die buchhändlerische Reklame ein übriges thun, und darauf verstehen sich, scheint es, die Katholiken noch zu wenig.

Dr. Seidenberger.

Der Verfasser gibt in fesselnder Sprache eine eingehende Darstellung der Keuschheitsideen und Bewegungen bei allen Kulturvölkern vom Altertum und Mittelalter bis zur modernen und modernsten Richtung ... Am vortrefflichsten gelungen sind seine Ausführungen über die neuere Erotik. In diesem Glanzkapital des ganzen Werks zeigt er sich als scharfer Beobachter, vielbelesener Philosoph und gewandter Kritiker, der sich auch hier endlich von den vorgefaßten Meinungen seines Standes emanzipiert. .. Jedenfalls verdient dieser erste Versuch einer zusammenfassenden geschichtlichen Darstellung der Keuschheitsidee, auch vom gegnerischen Standpunkt aus, weitgehende Beachtung. Pfälzische Presse.

Brillanter Stil, ungemein fesselnde Ausführungen... es findet sich kein einziger Gemeinplatz darin und selbst dem mit der Kulturgeschichte Vertrauten ist alles mit wenigen Ausnahmen neu und in überraschende Beleuchtung gerückt.

Dr. Grupp.

Wir müssen vor allem die große Belesenheit und meisterhafte Exposition des Verfassers rühmend hervorheben. Er versteht es in seltenem Maße, seinen Stoff in klarer, durchsichtiger Weise zu behandeln, die passendsten Belege an rechter Stelle zu bringen und verfügt dabei über einen klassischen Stil, wobei bei einzelnen Stellen die Darstellung sich zu einem wahrhaft lyrischen Schwung erhebt! Man sieht es dem Verfasser an, daß er seinen Stoff mit Lust und Liebe behandelt, sich in den Stoff gründlich vertieft hat und daß er über eine jahrelange Erfahrung und ein in der Praxis gereiftes Urteil verfügt. Darum liest sich sein Buch mit Genuß und noch mehr mit Nutzen!

Dr. von Hackelberg.

6. **System der Philosophie (Erkenntnistheorie, Logik, Metaph., Psychologie, Moralphil.). Mainz, Kirchheim 1898.**

Der als geistreicher und scharfsinniger philosophischer Schriftsteller längst bekannte Verfasser bietet hier auf 372 Seiten ein relativ vollständiges System der Philosophie. Das Buch Müllers kann mit den vorhandenen Lehr- und Handbüchern der Philosophie nicht verglichen werden, es ist eine Leistung sui generis, die sozusagen aus sich selbst heraus beurteilt werden muß. .. Nach unserm Dafürhalten ist das Buch, die Frucht zwanzigjähriger Studien, in originellem und hochmodernen Gewande auftretend, von einem mit allem Rüstzeug der modernen Wissenschaft versehenem Verfasser zeugend, sehr geeignet, durch Selbststudium in die Philosophie einzuführen und die Nichtigkeit moderner Skepsis darzuthun. *Wiener Vaterland.*

In dem Buch wird der ernstliche Versuch gemacht, die christliche Philosophie nach Inhalt und Form zu modernisieren. Bis jetzt wurde den literarischen Erscheinungen christlich philosophischen Charakters immer wieder vorgeworfen, sie stünden nicht auf der Höhe der Zeit, die Form sei unerbaulich und dergl. Diesen Einwand hat der Verfasser Lügen gestraft, und zwar mit einer Eleganz und Gelehrsamkeit, um die ihn mancher atheistischer Philosoph beneiden wird. Dr. Müller beherrscht mit wohlthuender Sicherheit das große und weite Gebiet der Ästhetik und Philosophie; er faßt die schwierigsten Probleme mit einer Leichtigkeit an, die es mehr als wahrscheinlich erscheinen läßt, daß wir in seinen Werken „die Frucht zwanzigjähriger Studien" vor uns haben. ..

Die philosophischen Werke des Verfassers bedeuten einen Fortschritt in der Entwicklung des christlich-philosophischen Gedankens; denn in denselben wird der ernstliche und glückverheißende Versuch gemacht, die bleibenden Errungenschaften der modernen Philosophie in die Grundvesten der theistischen Weltanschauung einzugliedern; sie führen uns ein in das Verständnis moderner Probleme; die Sprache ist edel, schwungvoll, klar dahinfließend. *Dr. Albert Lang. Straßb. Diözesanbl.*

Als eines der besten Bücher zum Studium der Philosophie muß das vorliegende von Dr. Josef Müller bezeichnet werden. So schön, so klar, so anziehend wie Dr. Müller hat nicht bald ein anderer philosophischer Autor geschrieben. *Wiener Volksblatt.*

Originell ist die Einteilung des ganzen Stoffs, originell auch die Begründung der einzelnen Fragen. Auch wer auf dem Gebiet der Philosophie bereits Bescheid weiß, wird gewiß mit lebhaftem Interesse der frischen, oft geistreichen Darstellung folgen, die dadurch noch gewinnt, daß die modernen philosophischen Richtungen mehr als dies gewöhnlich geschieht, berücksichtigt werden. *Chr. Willems.*

7. **Pädagogik und Didaktik auf modern wissenschaftlicher Grundlage. Mainz, Kirchheim 1898.**

Jeder Erzieher, jeder Geistliche und Lehrer, der aufgeklärte Vater und die gebildete Mutter sollten diese treffliche Schrift lesen

128

und wieder lesen. Für den Kenner ist das Buch durch und durch wissenschaftlich geschrieben; der Stil ist aber so plastisch, so klar und einfach, so entfernt von Phrasen und gelehrten Redensarten, daß man mit Spannung weiter liest wie in einem Roman. . . Ein Überblick über die Geschichte der Pädagogik schließt als Anhang das wertvolle Buch, das die Vorzüge aller Schriften des geschätzten Verfassers, Tiefe der Gedanken und glänzende Diktion in hohem Maße in sich vereinigt und deshalb in weiten Kreisen als hochvollkommene Gabe begrüßt werden wird.

Dr. J. Moser, Berlin.

Die Lösung dieser Aufgabe ist dem Verfasser in einer Weise gelungen, die die Aufmerksamkeit der gesamten Lehrerwelt auf sich ziehen muß. Ob Freund oder Feind, jedermann, der der hehren Disziplin der Pädagogik nicht fern steht, muß die phänomenale Beherrschung des Stoffs bewundern, den der Verfasser streng wissenschaftlich und doch einfach und klar behandelt. Tiefe der Gedanken ist vereint mit glänzender Diktion, ist getragen und verklärt von edler Gemütsstimmung, die den Lehrer fesselt, erwärmt und begeistert. . . Elegant und schneidig, sicher und treffend, weist er die pädagogischen Verirrungen der Gegenwart zurück, seine Arbeit ist ein Kernschuß aus dem gewaltigstem Geschütz unserer Zeit gegen die antichristliche Pädagogik. Dabei ist die Form seiner Polemik nobel, human und gewinnend.

Prof. Otter Wr. Neustadt.

Das Buch zählt zu der kleinen Anzahl von Werken, die man mit ungetrübtem Genuß liest, und aus denen man in angenehmer Weise etwas Tüchtiges lernt. Angenehm und befriedigend wirkt einesteils die durchaus klare, einfache Darstellung, dann der Reichtum der Gedanken, die Behandlung und Gruppierung des Stoffs, die Heranziehung der Klassiker und Pädagogen aller Zeiten.

Büchermarkt, Krefeld.

Das vorliegende Lehrbuch ist eines der ausgezeichnetsten seiner Art, wert, nicht nur von Lehrern, sondern von jedem studiert zu werden, der Familie besitzt. Die strenge Wissenschaftlichkeit dieser seltenen Publikation verhindert nicht eine recht einfache, plastische Darstellung, sodaß es eine Lust ist, sich in die Probleme der Erziehung zu versenken. Jede einzeln Frage, die uns in diesen Tagen beschäftigt, jedes Ziel, das uns für die Folge zu erreichen bleibt, hat der Verfasser berührt, sodaß das Werk ein sicherer Wegweiser ist für jeden, der in unserer Zeit strebt. Es ist selbstverständlich, daß sich das Buch bald in den Händen eines jeden tüchtigen Lehrers befinden wird. Die Tiefe der Gedanken und die Vorzüglichkeit der Darstellung sichern dem trefflichen Werk für lange Zeit einen hervorragenden Platz unter den gleichgearteten. Wir empfehlen es aufs bringendste.

S. Thierack in der „Pädagogischen Warte."

8. Erlaubt die Kirche die eidliche Ableugnung einer wissentlichen Thatsache? München, bei Pössenbacher 1896.

Der
Reformkatholizismus.

·—·—·

II. Theil.
Die praktischen Reformen.

Für die Gebildeten aller Bekenntnisse

dargestellt von

Josef Müller

Doktor der Philosophie.

Zürich.
Verlag von Caesar Schmidt.
1899.

Inhalt.

Vorwort.

Als ich den ersten Teil der Brochüre begann, that ich es mit frischer Begeisterung und froher Hoffnung. Inzwischen sind bekannte Ereignisse eingetreten, die geeignet sind, den Enthusiasmus etwas niederzustimmen. Die Gegner frohlocken bereits, daß sie „am Grabe der liberalen Reformtheologie" stehen, wie jüngst ein Schweizer Blatt verkündete. Was mich betrifft, so gebe ich die Sache der Reform noch nicht verloren. Ich sagte im Vorwort des ersten Teils, die Frage der Reform des Katholizismus lasse sich nicht mehr totschlagen. Das glaube ich auch jetzt noch. Mit ein paar Federstrichen läßt sich eine Bewegung nicht auslöschen, zu der die Kultur des ganzen Jahrhunderts gravitiert und an die die besten Geister der Kirche ihre Kräfte verschwenden. Mit Machtsprüchen, die — darüber ist selbst bei den Gegnern nur eine Stimme — dog= matisch verbindlich doch nicht sind, läßt sich in Kulturfragen nicht operieren. Ein heiliges Offizium kann sich vieles erlauben; es kann der Erde gebieten, still zu stehen; aber die Erde geht manchmal doch ihren Weg weiter, und hintennach gesteht es das Offizium großmütig zu. Bei geistigen Bewegungen ist es nicht anders.

Was den Inhalt betrifft, so wird man Seminarklatsch, Details über Kost, Verpflegung bis zu den Klosetverhältnissen herab, wie es jetzt im Schwang ist, vergebens suchen. Solche Lappalien sind mir viel zu jämmerlich, als daß ich die Feder anrühren möchte. Man wird hier wichtigere Dinge finden. Was die Seminarverpflegung betrifft, so muß der Kandidat bedenken, daß er — wenigstens in der Regel — unentgeltlich aufgenommen wird und dafür dankbar zu sein hat; Ansprüche zu stellen, hat er kein Recht; ich wäre sogar, besonders in der Alkoholfrage, für viel strengere Maßregeln; es hat mich oft indigniert, daß dem Alumnus und Kaplan zwei Liter Bier täglich gut gerechnet werden. Ist dies das normale Quantum für einen vernünftigen Menschen? Ist es nicht schon ein starker Schritt zur Völlerei? Es fällt mir ja nicht ein, dem armen Hilfsgeistlichen sein kümmerliches Traktat noch verringern zu wollen — aber könnte man nicht Büchergeld statt „Bier= geld" setzen? Dies nebenbei.

In Behandlung der dem Werkchen vorgelegten Materien war es nötig, offen der Sache auf den Grund zu gehen und Mißstände schonungslos zu enthüllen. Wer darin Lieblosigkeit oder einen Verstoß gegen die Autorität sieht, dem möchte ich mit einem andern großen Theologen erwidern: „Die Zahl derer ist Legion, welche nicht begreifen können, wie man eine Institution lieben und ehren und doch zugleich ihre Schatten= seiten aufdecken, ihre Gebrechen rügen und die schädlichen Wir= kungen dieser Gebrechen geflissentlich hervorheben kann. Nach ihrer Meinung sollten Dinge der Art sorgfältig verschwiegen oder doch nur entschuldigend erwähnt werden. Für eine solche Sinnesweise hat man seit langer Zeit die Bezeichnung der „„Pietät"" erfunden. Aber S. Bernard sagt: „Melius est, ut scandalum oriatur, quam veritas relinquatur."

Auch ich beklage die Macht des Unglaubens, der Zweifel= sucht, der Frivolität in unsern Tagen ebenso schmerzlich als die lamentirenden Frommen; nur in den Mitteln zur Abhülfe gehe ich mit ihnen auseinander. Goethe sagte als Minister ähnlicher Weise zu einem Ultrakonservativen nach der Sandschen That: „Im Ziel, in der Bekämpfung der Revolution, gehen wir zu= sammen, aber in den Maßregeln dagegen sind wir verschiedener Ansicht; Sie wollen Unwissenheit und Finsternis, ich Wahrheit und Licht".

Würzburg, Pfingsten 1899.

Der Verfasser.

Einleitung.

Non loquimur magna, sed vivimus.
(Wir prahlen nicht, aber wir leben.)
Cyprian, de bono patientiae c.

Quiconque a vécu de telle sorte que sa conscience
ne lui peut reprocher qu'il ait jamais manqué a faire toutes
les choses qu'il a jugées être les meilleures, il en reçoit
une satisfaction qui est si puissante pour le rendre heureux
que les plus violents efforts des passions n' ont jamais
assez de pouvoir pour troubler la tranquilité de son âme.
Descartes.

„Der beste Beweis für die Göttlichkeit des Christentums
ist, daß es die Theologen noch nicht zu Grunde gerichtet haben."
An dieses Wort, das einst Reuß gesprochen, wird man jetzt
besonders lebhaft erinnert. „Wo sind die Ideale hingekommen,"
rief in seinen letzten Tagen Haneberg aus, „mit denen wir uns
vor dreißig Jahren getragen haben? Was ist aus jenen Er=
wartungen geworden, welche das katholische Deutschland in jenen
Jahren neu belebten, als Möhler unter uns wirkte, als Görres
noch lehrte? Ein bitterer, gehässiger Ton, eine pruritas des
Denunzierens und Censurierens greift um sich, die den ruhigen,
nur das Wohl der Kirche und Wissenschaft berücksichtigenden
Beobachter mit Trauer und Widerwillen erfüllen muß. Die
aufrichtig strebenden Geister werden notwendig in falsche Op=
position und Verbitterung getrieben oder sittlich gebrochen."
Und Himpel schrieb schon 1868: „Die Versuche, wie sie besonders
von Mainz ausgehen, vom heiligen Stuhl in kirchlichen Dingen
und Einrichtungen, die je nach Herkommen, Gewohnheit und
Überlieferung freierer Übung unterstehen, ein absolut entscheiden=
des Urteil für eine oder die andere Partei zu provozieren,
halte ich für unrechte Kampfesweise und für gefährlich: sie

müßten, wäre die Curie nicht klug und vorsichtig gegen ihre
sie kompromittierenden Freunde, zuletzt einen Kampf ent=
zünden, dessen Folgen nicht zu berechnen wären
und leicht den mühsamen Aufbau der letzten vierzig Jahre aufs
höchste gefährden könnten. Überhaupt spielt man in dieser
Sache und in ähnlichen unbedacht mit dem Feuer, vergißt gänz=
lich die Mittel, durch welche die Kirche in Deutschland empor
gekommen ist, verabschiedet dieselbe wohl gar mit Fußtritten
und hält sich dafür mit fanatischer Ausschließlichkeit an den
äußeren Mechanismus einer offiziellen Kirchlichkeit und die
vielfach kleinlichen Mittel und Triebfedern, die derselbe in Be=
wegung setzt, Mittel, die, wenn es gelingt, sie an die Stelle
ernster Studien und tüchtiger Arbeit zu setzen, in weniger als
einem Menschenalter die Kirche in Deutschland hinter den An=
fängen dieses Jahrhunderts zurückwerfen und die Katholiken
noch mehr als bisher zum Ausbeutungsmaterial für andere
Konfessionen und Nichtkonfessionen machen würden. Die stets
und für immer fertigen Menschen, wie sie die jetzigen Semina=
rien bilden, die in ihrer 'Kirchlichkeit' einen absoluten Maß=
stab für alle Dinge dieser Welt haben, die zu begreifen und
für die Kirche nutzbar zu machen, andere sich Schweiß kosten
lassen, verfallen, da die wenigsten derselben Energie und reli=
giöse Genialität besitzen, in der Masse, wenn es gut geht, nach
und nach dem Schlendrian und drängen, da zuletzt nur Träg=
heit, unverstandene Formeln, Materialisierung der Religion
und Haß gegen geistige Arbeit in ihnen restieren, die besseren
Elemente der Laienschaft zur Kirche hinaus. Italien, Spanien,
Portugal, Frankreich, von den katholischen Ländern der neuen
Welt nicht zu reden, mit ihren geistlichen Heeren, der santa
canaglia P. Rohs, sind für alle, die nicht absichtlich die Augen
schließen, nicht sprechende, sondern schreiende Belege dafür.
Diesem Hafen solcher klerikalen Zustände steuern auch wir in
Deutschland entgegen. (Italien, das Eldorado des unnützen
Pfaffentums, ist zugleich auch das der Maurerei, des Atheismus,
der Ruchlosigkeit.) Aber auch gegen sittliches Versinken halten
jene Mittelchen bei weitem nicht länger vor als eine in freierer
Form sich bewegende Erziehung und Anschauung. Wie sollte
sie auch! Die Leidenschaft wacht nicht selten früher wieder auf

als der gewaltsam eingeschläferte Geist, der dann nicht mehr
die Kraft besitzt, jene in ihr Bett zurückzuleiten. Wir können
nun einmal das französische geistige Uniformieren, das Ideal
der französischen Bischöfe, die auch richtig eine rothosige Wache
vor ihrem Palais stehen haben: daß der Klerus auf ihr Wort
in Reih' und Glied marschiere, nicht brauchen; deutscher Geist
und deutsche Art wird das immer von sich stoßen."*)

Diese Reminiszenzen sind vielleicht für die heutige Lage von
Interesse. Man will heutzutage alles fertig kaufen, selbst das Urteil.
Aber wie die Schlange, die sich nicht häutet, zu Grunde gehen
muß, so hört der Geist, den man verhindert, geistig weiter zu
schreiten, auf, Geist zu sein. Davon macht die Theologie keine
Ausnahme. Die Offenbarung ist kein totes Wort; sie ist Leben
und soll Leben schaffen. Nicht wie ein kostbares Juwel soll
sie sorglich eingeschlossen und vererbt werden, als ein magisches
Amulett, das schon durch den bloßen Besitz, durch die demütige
Annahme heilig und selig macht, sondern, auf den denkenden
Geist berechnet und nur durch ihn wirksam, kann sie einzig durch
stete Neugebärung in Vernunft und Leben ihre wahre Stärke
entfalten; darin gerade liegt ihre Wundermacht, daß sie durch
die Jahrhunderte immer von neuen Seiten aus erscheint, daß
sie in wunderbarer Anpassungskraft den wechselnden Kultur=
perioden auch als neugestaltete und doch immer als die gleich
unersetzliche Grundlage der echten Geistesbildung sich darstellt
und so in unerschöpflicher Fruchtbarkeit nie veraltet erscheint,
nie zum alten Eisen geworfen werden kann — soll doch die gött=
liche Wahrheit dem Geist Lebensquelle bleiben sogar für die
ewigen Zeiten des Jenseits. Damit ist aber vorausgesetzt, daß die
neue Form für die fortschreitende Epoche auch rechtzeitig sich
einstelle. Die alten Formen mögen zerbrechen, wenn nur der
Geist und die Kraft des alten Gottesreichs bewahrt bleibt.
Wir haben keinen Beruf, Schutzwächter einer zerbröckelnden
Vergangenheit zu sein. Wie das Christentum in seinem Ent=
stehen eine Kraft der Erneuerung war, so allein können wir

---

*) Kardinal Bonnechose sagte bekanntlich im Senat: „Mein Klerus
marschiert, wie ich ihn kommandiere."

heute uns lebendiges Christentum vorstellen. „Es gibt in der
Welt nichts Fortschrittlicheres, Zukunftsvolleres, Umgestaltenderes
und Hinreißenderes als wirkliches Christentum. Ein Glaube, der
nur Epheu für alte Mauern und Türme ist, ist uns innerlich
ganz unverständlich. Das Evangelium ist uns wie schmelzende
Glut, Kraft einer neuen Epoche." (Fr. Naumann.) Glaubt
ja nicht, ihr habt jetzt die philosophia und theologia perennis
für ewige Zeiten! Ihr meint, ihr habt jetzt das gesamte höhere
Wissen nach Quästionen und Artikeln gesondert in einem alten
Buch beisammen; ihr glaubt, die geheimnisvollen Wurzeln des
Scienden, Lebendigen, Natürlichen und Übernatürlichen im Be-
griffsnetz eurer alten Formeln eingespannt und gefangen zu
haben — Thoren! Die Welt geht außerhalb eurer Hörsäle
ihren Weg und begleitet nicht einmal mit Widerspruch euren
Monolog, und wie sorgfältig müßt ihr eure Adepten überwachen, und mit Verdächtigung und Indexverboten vor jeder
Lektüre schützen, die Gefahr des Seelenheils und die Strafen
der Hölle vor ihnen wach rufen, daß sie nicht etwa von den
verbotenen Früchten der Erkenntnis naschen und dann nicht
widerstandsfähig genug sich erwiesen! Vae vobis! „Wehe
euch! Ihr habt die Schlüssel der Erkenntnis genommen und
kommt nicht hinein und wehrt denen, die hinein wollen!"

„Man kann sich aber des Geistes gerade nicht auf die
Weise versichern, welche man für die sicherste hält... Man
täuscht sich, wenn man meint, die Führung der Welt durch die
alten Mittel und ohne wesentliche Steigerung des geistigen
Kraftaufgebots wiederzugewinnen... Dem gesteigerten Anspruch
einer wirklich neuen, in Fragen und Forschen rücksichtslosen
Zeit kann man durch die aufgewärmte Kost einer menschlichen Vergangenheit nicht genügen! Nur das göttliche
Wort selber, das ewig alt ist als Wahrheit, aber auch ewig jung
als Quellkraft des Geistes, der alles erforscht, wird und kann
sich bewähren als der einzige Lehrer, Arzt und Heiland aller
Zeiten." (Schell, Die neue Zeit und der alte Glaube, S. 73.)
Dazu gehört freilich, daß das unvergängliche göttliche Heilswort
in neuer angemessener Form zugänglich gemacht wird, wie
Schell weiter ausführt. Hören wir einen anderen Denker:

„Es muß möglich werden, wieder möglich werden, was

in anderen Zeiten auf früheren Entwicklungsstufen wirklich gewesen ist: daß Vornehme und Geringe, daß die edelste, freieste
Geistesbildung und die Anschauungsweise des gemeinen Manns
sich gegenseitig verstehen, daß sie von demselben Fundament
und in denselben Anschauungsformen ihr geistiges Leben führen.
Die schreckliche Kluft, welche jetzt diese beiden Schichten der
Gesellschaft trennt, indem die Geistesnahrung der einen für die
anderen eine fremde unverständliche Sprache ist — die andere
soziale Kluft lassen wir hier beiseite — diese Kluft muß ausgefüllt werden. Sie kann es aber nur werden durch eine Volkskirche, die alle geistig umschließt und durchbringt, die dem
höchsten religiösen Bedürfnis der Gebildeten wie der Geringen
in gleicher Weise zu entsprechen vermag. Die Armen im Geiste
sind nicht immer die Armen am Geiste. . . Nur in der Religion,
nur in der Tiefe des Seelenlebens kann diese Einigung liegen.
Sie gibt beiden, was sie bedürfen. Auch unter den Gebildeten
sind nur wenige, die selbstthätig sich ein Weltverständnis schaffen,
auch hier ist die Autorität das vornehmste, edelste Geistes-
bedürfnis. Auch sie wollen leben von der Autorität; aber diese
Autorität kann nur eine göttliche sein. Nur eine Volkskirche, nur die christliche Volkskirche kann hier helfen; nur sie
kann die entgegenstehenden Geister wieder zusammenführen,
zu Brüdern und Schwestern machen. Nur die Kirche hat diese
zeugende Kraft; nur in ihr können sich jene Überzeugungen
bilden, die stärker und lebendiger sind als alle ‚Beweise‘, jene
Gefühle und Strebungen, die im Schoß der Mutter und wie
mit der Muttermilch geweckt und eingesogen werden müssen,
die nur so mit unserm Wesen beglückend und warnend ver-
wachsen; nur in lebendiger kirchlicher Volksgemeinde, in Gottesdienst und Familienfeier kann sich das erzeugen, was die Kirche
allein Glauben nennen sollte und was dem antiken Leben als
Volksbesitz eigen war.“

Diese Worte sprach ein großer Kulturforscher gleichsam
als den Inbegriff seiner Studien, als sein religiöses Testament
(Riehl, in den „Religiösen Studien eines Weltkindes“); mir
scheint, der liebenswürdige Autor hat bei dieser Prophezeihung,
wie oft in seinen Werken, über die Schranken seines ererbten
Glaubens einen sehnsüchtigen Blick in die Mutterkirche ge-

worfen, freilich so, wie sie sich gestalten soll, wenn sie den
Forderungen der Zeit zu genügen die Kraft gewonnen hat,
nicht so, wie jetzt die Lage sich zeigt. Ja, eine Autorität, eine
göttliche Autorität, das ists, was auch der kühnste Denker als
Lichtstern ersehnt, da wo kein menschliches Forschen weiter
trägt; aber nicht auf Kosten der Wahrheit, des Forschens, nicht
als Beschneiderin der Flügel des Geistes, nicht als Einkerkerin in
überwundene Perioden darf diese Autorität walten; Autorität
und Freiheit, das sind die beiden Pole der Religion, unter
denen man leichter den einen verleugnen und wegstreichen,
als das richtige Verhältnis finden kann. Der eine Faktor,
die Autorität, kommt im Protestantismus zu kurz, der
andere läuft Gefahr, wie jetzt die Sachen stehen, von den kirchlichen Autoritäten mißkannt zu werden. Ohne göttlichen und
gottverbürgten Leitstern gebiert sich in religiösen Dingen
nur der Flugsand der subjektiven Meinung, ohne Geistesfreiheit
nur Knechtsinn und Mechanismus. Dieser Klippe sind wir bedenklich nahe. Gerade heute, wo die Worte Freiheit, Fortschritt mit einer Art magischen Zaubers auf die Massen wirken, heute, wo nichts so verhaßt und derart diskreditiert ist
als Unterdrückung der Vernunft, des eignen inneren Lebens,
sollte die Autorität vor nichts sich so hüten als diesen allenthalben gegen sie regen Argwohn durch ihre Maßregeln noch
zu bekräftigen und das von den Gegnern stets geltend gemachte
Argument, daß im Katholizismus kein Raum für irgend welchen
Fortschritt und für Individualitäten sei, zu deren Triumpf
geradezu zu legitimieren. Es ist allgemeine Klage, daß es in
katholischen Kreisen an Kräften fehle, daß in der Konkurrenz
mit den Protestanten die Katholiken meist zu kurz kommen,
da wäre es erste Sorge einer einsichtsvollen Hierarchie, die
Schleußen zum Einströmen des Wissens möglichst weit zu
öffnen, die Geister zu ermutigen, sich den Gegnern gewachsen
zu zeigen, selbst manchen Auswüchsen, die bei kühnem Fort-
schreiten unvermeidbar sind, im Interesse des wichtigeren
Zieles einstweilen wohlwollend nachzusehen und ihre Berichtigung
dem Lauf der Forschung und dem Kampf der Meinungen selbst
zu überlassen — denn man kann nicht nach außen kämpfen,
wenn man stets die drohende Zuchtrute der Censur, die Schmach

der Verdächtigung im Rücken fühlt. Was geschieht statt dessen? Auf Erweiterung des Wissenfeldes, auf Erschließung neuer Erkenntnisquellen, auf Heranziehung und Ermutigung junger Talente ist kein Auge gerichtet — im Gegenteil: jede Bemühung in dieser Richtung wird gebrandmarkt, die Vertreter des Fortschritts, die genialen Führer, die in bester Absicht die Kluft ausfüllen, den alten Glauben mit dem guten Geist der neuen Zeit versöhnen, die Schmach der geistigen Inferiorität vom Katholizismus wegnehmen wollen, werden geächtet, ihre Schriften verboten, sie selbst als Häretiker oder nicht viel weniger verschrieen und noch dazu mit Gewalt unter das Joch der Selbsterniedrigung gebeugt. Je größer die Gefahr war, um so größer hätte die Begeisterung werden müssen; aber die un= selige Furcht vor dem Geist hat die begeisterte Freude am Schaffen genommen, die Arbeitskraft gelähmt, die Führer ge= stürzt und die Nachfolger entmutigt. Es ist eine große Ver= antwortung für die, welche sie zu tragen haben. „Man ruft alle Welt heran und macht die Thüre immer enger zu!" sagt Riehl. Man will ernten, wo man nicht gesät. Man will so im Hand= umdrehen von der Studierstube aus durch ein Cirkularschreiben die Welt katholisch machen und wundert sich, wenn das keinen Erfolg hat, ja wenn die gegen Protestantismus, Neuzeit, Kritik geschleuderten Blitze Unmut und Gegenschüsse hervorrufen. Auf den Ruinen des modernen Geistes will man das kirchliche Bewußtsein gründen. Nur recht weit, bis ins Mittelalter, zurück! geht die Losung. Aber man vergißt, daß der mittel= alterliche Katholizismus für seine Zeit auch ein Fortschritt war, daß ein und dasselbe Prinzip je nach geänderten Voraussetzungen himmelweit verschieden wirkt. Die Kirche des Mittelalters hat Heilige und Martyrer geschaffen; in ihr war der Geist glühenden Strebens; die heutige Kirche dagegen, verknöchert und ohne schöpferischen Geist, verlangt nur noch willenlose und schwache Gemüter. Am liebsten ist ihr, wer gar nicht forscht und sich mit dem Hausrat vererbten Wissens begnügt; hat ja P. Roh auf den Vorwurf, es gäbe im heutigen Katholizismus so wenig originelle Geister, erwidert, die Theologie sei durch die Schöpfungen der Vergangenheit fertig gestellt und es gebe im Wesentlichen nichts mehr zu thun; Gloßner, der

große Widerleger Schells, sagt auf einen ähnlichen Vorwurf
Falkenbergs noch schöner: die schöpferischen Geister hätten die
Philosophie heruntergebracht und alle Irrtümer derselben ver=
schuldet. „Sie sind zu roh," sagt einmal Dostojewsky, „um
die Wahrheit in einer unregelmäßigen, unvollendeten oder
Übergangsform zu erkennen und stoßen alles zurück, was noch
nicht reif ist und gährt." Es käme heutzutage darauf an,
Kräfte für die Kirche flüssig zu machen; klagt doch selbst Gut=
berlet: „Warum, o Gott, bist du so ungnädig mit uns und
teilst alle genialen Naturen der Gegenpartei zu?" Wenn er
aber acht hätte, würde er diesen Vorwurf fallen lassen und
bei der Art, wie bei uns Kräfte behandelt und herangezogen
werden, die Ursachen des empfundenen Mangels bald einsehen.
Das fehlte noch, daß man unsern Herrgott für die eignen
Dummheiten verantwortlich machte und zum Partisan des Un=
glaubens erhöbe! Aber soweit kommt man, wenn Verblendung
und Hochmut die gesunde Einsicht abweist. Bis zur Blasphemie!
Statt auf die Weckung neuen Lebens ist alle Wachsamkeit auf
die ängstliche Bewahrung des Glaubenspfundes in mathema=
tischer Gleichheit gerichtet; jeder neue Keim, jede veränderte
Methode, jede Applikation neuerer Forschungen wird erbar=
mungslos erstickt; mit Gewitter und Hagelsturm soll die Saat
der Wissenschaft gedeihen, statt mit Sonnenschein und Regen!
„Laßt beides wachsen bis zur Ernte!" hat einst ein Höherer
dem voreiligen Glaubenseifer gegenüber gesagt — „ihr möchtet
sonst mit dem Unkraut auch den guten Weizen ausraufen!"
Jetzt wird die hoffnungsvolle Saat einiger darin sprossenden
Unkrautkeime wegen mit plumper Hand in Bausch und Bogen
zu Boden getreten; wie Herodes, als er das Kind nicht fand,
gleich alle Knaben der Gegend auf mehrere Meilen und Jahre
hinaus umbrachte, um ja den richtigen zu erwischen, so ver=
dammt man jetzt mit einem Federzug gleich alle Werke und
Bände eines Genius — alle Schönheit, Tüchtigkeit und Ver=
dienstlichkeit fällt nicht ein Lot in die Wagschale; um der zwei
oder drei Prozent des vielleicht Bedenklichen müssen die 98
Prozent des Edlen fallen. Aber ich fürchte, es geht bei diesem
Geistesmord wie damals bei dem Bethlehemitischen Kinder=
mord — den Messias haben die Häscher doch nicht erwischt.

Aufregung, sagt Schell, ist nicht ein Prinzip der Verwesung, sondern der Auferstehung; die Geburt einer neuen Wahrheit vollzieht sich stets unter Krisen; ohne Most keinen Wein — ohne Kampf keinen Sieg — wer davor sich fürchtet, muß eben der Schlacht ferne bleiben, gehört eben nicht unter die Schar der gerüsteten Geisteskämpfer. „Die frömmsten Geister waren stets auch die kühnsten Denker." Pascal. Wer wird denn so klein denken von dem Allmächtigen, daß er wähnt, jeden Augenblick ihm zu Hilfe kommen zu müssen und, wie ein voreiliger Petrus für seine Pflicht hält, jeden Malchus nieder- zusäbeln, als ob dem Allmächtigen nicht Legionen Engel zu Gebote stünden, wollte er wirklich geschöpfliche Hilfe brauchen! Warum immer gleich mit dem Feuerzeug laufen, als ob die Kirche Gottes so morsch gebaut wäre, um vor dem kleinsten Ansturm zusammenzubrechen? Sonst ließ die kirchliche Autorität Bewegungen Jahrzehnte, Jahrhunderte ausreifen, bis sie endlich ihr Fazit zog und in den Streit der Parteien eingriff. In manchen seit einem Jahrtausend ventilierten Fragen hat sie noch heute nicht ihr Urteil gesprochen — altersgraue Probleme von höchst bedenklicher Art, wie der Traduzianismus und Molinismus sind eben durch ihr Alter geheiligt und legitimiert — warum gegen neuzeitliche Probleme so nervös? Die Heroen des Geistes graben neue Brunnen der Erkenntnis und die dem frischen Quell entgegenlechzende Seele ruft in dankbarer Begeisterung: Stimmt an das Brunnen- lied! „Ein Brunnen, den ein Fürst des Geistes gegraben, den die Edelsten des Volkes ausgemauert haben!" 4. Mos. 21, 16. Und heute? Welchen Dank verdient ein solcher Brunnengraber in unserer Zeit? Den des Martyriums. Wenn man aber der Zeit nur die Alternative läßt: entweder zum Aristotelismus, oder du wirst hinausgestoßen, so ist kein Wunder, wenn die Zeit die letzte Alternative wählt und mit dem Fortschritt gegen den Glauben sich entscheidet. Das sehen wir jetzt allenthalben. „Es gibt keinen theologischen Balsam gegen die Verwesung." Lecky.

§ 1. Der Klerus.

„Für meine Person, so unvollkommen ich bin, danke ich dir, o Gott, daß du mir für einige Zeit das Dasein geschenkt

und mich insbesondere nicht zum Theologen gemacht hast."
So sagt in einem seiner Werke (im „Jubelsenior") Jean Paul,
der als Kandidat der Theologie in Leipzig inscribiert war,
gleich unzähligen anderen aber von diesem Studium um=
sattelte. Wenn man die zusammenzählte, welche Theologie
studieren wollten oder zu studieren anfingen, davon aber
wieder abkamen, dann käme wohl die Hälfte, wenn nicht die
Mehrzahl der Studenten heraus; wenn man nun die winzige
Zahl derer, die wirklich das Studium vollenden, betrachtet,
wenn man von dieser verhältnismäßig kleinen Zahl dann noch
abrechnet diejenigen, welche unlustig, ohne Beruf, auf Drängen
der Eltern, aus Not, weil sie die Mittel des Universitäts=
studiums nicht erschwingen konnten, oder — was noch schlimmer
— aus intellektueller Not, weil in der Theologie keiner durch=
fällt und jeder Pfarrer wird, den geistlichen Habit wählen —
die Durchgefallenen aus andern Fakultäten, die als ultimum
refugium das Seminar aufsuchen, nicht einmal gerechnet —
wenn trotz aller Preßmittel: Knabenseminarien, Kloster=
absperrung, Kosttage, (sogar Vereine zur Heranbildung von
Priestern und Anstalten mit erleichterten Censuren
hat man schon gegründet) die erforderliche Zahl nicht oder
nur knapp zusammenzubringen ist, so muß man doch schließen,
daß etwas faul ist im Staate Dänemark. Ein Beruf sollte doch
ohne solche krampfhafte und bedenkliche Hebeversuche seine
Rekruten stellen; sonst überall, namentlich in den akademischen
Bildungsfächern, ist Überfluß von Kandidaten, ja man sieht
sich veranlaßt, vor Andrang zu warnen, warum herrscht
solcher Widerwille gegen die Theologie — eigentlich doch das
edelste und höchste Studium, gegen den geistlichen Stand, den
der Idee und Vergangenheit nach obersten und idealsten?
Freilich unsere frommen Blätter wenn man hört, sobald sie
auf dies Thema kommen, oder einer Katholikenversammlung
wenn man beiwohnt, wo etwa ein dicker Reichstagsadvokat
oder behäbiger Domherr die Frage abrollt, da ist eben nichts
schuld als die böse Welt, die schlechten Professoren, welche die
Jugend verderben, die lockeren Bücher der ungläubigen Philo=
sophen und Dichter, wenn nicht gar der Teufel Bitru, der
das junge Blut in Wallung bringt und von dem ascetischen

Leben abschreckt; der geistliche Stand selbst ist so hoch, so schön und paradiesisch, daß ein Geistlicher, namentlich in einer frommen Centrumsgemeinde, eigentlich auf Erden schon im Himmel ist und daher jedenfalls — an Gehalt nur das Aller- mindeste braucht. Auf diesen Punkt nämlich kommt der Cen- trumsredner und -redakteur niemals, so wenig als die Bischöfe und Ordinariate. Es ist eine seltsame Doppelstellung, die der katholische Geistliche heute einnimmt: ein tiefgehender Zwie- spalt besteht zwischen eingeredeter hoher Würde und tiefer Mißachtung und Mißhandlung, und zwar Mißachtung erstens von Seite der Feinde der Religion und zweitens von Seite der eignen Oberen. In den Priesterexercitien wird dem jungen Weihekandidaten gewöhnlich die unermeßliche Hoheit und Ge- walt, die der Priester als Organ der göttlichen Heilsinstru- mente, als Sündenrichter, als Hirte und Erzieher der Mensch- heit hat, mit leuchtenden Farben vor Augen gestellt, es wird ihm gesagt, daß wenn der Mensch nur wenig unter dem Engel stehe, sein Amt noch über dem der Engel stünde, die nicht von übernatürlichen Strafen lösen und nicht heiligen und selig machen könnten, daß ein unverlöschliches Siegel ihn von der Laienwelt ausscheide und zum besondern Anteil und Eigentum Gottes mache, — tritt er aber in Praxis, dann findet er bald Anlaß zu zweifeln, ob die Achtung vor dieser Würde auch nur in denen, welche sie selbst ausgemalt, vorhanden sei, ob nicht diese so lebhaft eingeprägte Würde nur zur Auflegung von Lasten und Pflichten, nicht zur Gewinnung entsprechender Rechte so eindringlich geltend gemacht wurde. Es ist wahr, es ist etwas Hohes um den priesterlichen Beruf, es gibt nichts Edleres und Vertrauenerweckenderes als einen würdigen Seelsorger, niemand tritt dem Volk in seinen wichtigsten, heiligsten Angelegenheiten, so nahe, hat die Mög- lichkeit, so auf das gesamte innere Leben, auf die Wurzeln des Denkens und Fühlens zu wirken wie der Priester, der Beichtvater, der Religionslehrer; der seelsorgliche Stand ist auch poetischer, beglückender als ein anderer — die Poesie des Seelsorgers, besonders des ländlichen bildet den Mittelpunkt unserer schönsten Dichtungen, von den Vertretern des geist- lichen Stands, läßt sich auch am ersten ein dieser Standes-

würde entsprechendes Leben und Verhalten erwarten — „was
läßt sich von der Vortrefflichkeit eines Standes sagen, dessen
Verdorbenheit gewissermaßen darin besteht, anderen zu gleichen?"
lautet ein schönes Wort Jouberts — und doch, ich frage, wo=
her diese Mißachtung, diese übereinstimmende Geringschätzung
des Theologen vom Studenten der andern Fakultäten an bis
zum Honoratioren hinauf und zum Arbeiter hinab? „Die
Pfaffen sind die Scheibe, nach der geschossen wird," sagte schon
Hugo von Trimberg und heutzutage hat dieses Wort noch
mehr Richtigkeit. Das Schwarzwildpret war stets der Haupt=
zielpunkt der Satire von jenem Spottlied des Rigveda an,
worin der Gesang der „somatrunknen" Priester dem Gequack
der Frösche und dem Gebrüll der Kuh nach ihren Kälbern
verglichen wird, bis zur neuesten Nummer des Kladderadatsch
und der Agitationsrede eines freisinnigen Kandidaten zum
letzten Landtag. Wer nichts mehr von der Bibel weiß, kennt
noch jene Parabel von dem Verwundeten, an dem der Priester
und Levite vorbeiging und das, was der Heiland über die
Pharisäer und Schriftgelehrten gesagt, um sich berechtigt zu
halten, von jedem ihrer heutigen Standesgenossen das Schlimmste
zu denken und zu reden. Die Mißachtung der Religion ist
nicht in erster Linie an dieser Erscheinung schuld; sicher ist,
daß die Worte Religion, Gott ganz andere Ehrfurcht genießen,
und daß man sich sogar gewöhnt, Klerus und Kirche im Gegen=
satz zur Religion zu gebrauchen. Man braucht nur das Wort
Kirche in profanen Kreisen auszusprechen, um eine Art Miß=
behagen wachzurufen. Man denkt gleich an päpstliche Politik,
an Pfaffenregiment und dergl. Man hört mit Sympathie
von Jesus Christus reden, aber nicht von Kirche und Papst=
tum; man wertet die heilige Schrift als erhabnes Buch hoch,
während man der Hierarchie kein Vertrauen schenkt. Manning
hat mit Bezug auf diese gegebne Thatsache gemahnt, Christus
und der hl. Schrift größeren Raum in den Predigten zu
gönnen auf Kosten der Unterscheidungslehren und der Heiligen=
besonders Marienverehrung, in den Gebeten das Pater vor
dem Ave, die Namen=Jesu=Litanei vor der Lauretanischen zu
bevorzugen. Immer aber müssen wir die Frage beantworten:
Welches sind die Ursachen von dem Darniederliegen des einst

so erhabnen kirchlichen und priesterlichen Ansehens? Ein ge=
wissenhafter Prüfer wird die Hauptursachen im eignen Ver=
schulden, nicht in fremder Ruchlosigkeit suchen und finden; denn
niemals fiel ein Stand und ein Volk ausschließlich durch fremde,
unwürdige Anfeindung; die Ursachen im eignen Handeln sind
auch die einzigen, die wir heben und lindern können; an der
Konstellation und den Bewegungen des Weltgangs können
wir wenig oder nichts anders machen und bessern.

Die zwei Mittel, die zu allen Zeiten Eindruck und Acht=
ung für eine Persönlichkeit erzwangen, sind Bildung und
Wandel. Sie sind heutzutage wichtiger als sonst. In gläu=
bigen Zeiten war der Respekt vor dem geweihten Haupt so
stark, daß diesem auch beim Mangel großer persönlicher Eigen=
schaften Ehrfurcht und Sympathie sicher war; jetzt steht umge=
kehrt Voreingenommenheit der Wirksamkeit des Priesters
im Wege und nur durch hervorragende Talente und
Tugenden kann dieses Hemmnis wettgemacht, das Mißtrauen
verscheucht werden. Ein erbitterter, ja fanatischer Haß herrscht
in vielen gebildeten wie Arbeiterkreisen, eine Massenliteratur
macht sich die Herabwürdigung des Klerus mit Aufgebot aller
Rhetorik zur Aufgabe, eine zahlreiche Presse führt erbarm=
ungslos Buch über jeden Fehltritt, namentlich des katholischen
Klerus, spürt Berichte dieser Art bis von Hinterindien und
Kanada auf, bauscht das Thatsächliche auf, bringt Vermut=
ungen, Anschuldigungen ohne die nachherigen Dementis, und
wirkt so an einer Verhetzung des blinden, urteilsunfähigen
Pöbels in der Art, daß es ein Wunder ist, daß diese nur manch=
mal und nicht öfter in grauenhaften unmotivierten Angriffen,
ja Mordthaten sich Luft macht. Dieser Sachlage gegenüber
müssen wir Priester mit der Wucht reinster, untadeligster
Charakterhaftigkeit und hoher intellektueller Eigenschaften —
denn diese gelten heute alles — uns waffnen. Wir kommen
dadurch zur Frage der

Auswahl und Heranbildung des Klerus.

„Sobald die Kulturüberlegenheit des Priesters aufhört,
ist sein Ansehen gefährdet", sagt Roscher. Das Allerbedenklichste

scheint mir daher, die intellektuellen Qualitäten irgend einer
andern, und sei es die höchste Frömmigkeit und Heiligkeit,
nachzusetzen.   Inutilis pietas quae scientiae discretione caret.
Dies Wort des Thomas (S. th. 2. 2, q. 188 art. 5) wird
von manchem Thomisten weniger beachtet, als andere minder=
stichhaltige Thesen des Aquinaten.   Wenn die hl. Theresia
selbst in der Wahl des Beichtvaters, wo doch sicher wenn
irgendwo moralische Qualitäten von Gewicht sind, dem intelli=
genten vor dem frommen den Vorzug gibt, dann wird,
zumal in unserer aufgeklärten Zeit, der Faktor des Geistes
nicht scharf genug bei Heranbildung des Klerus betont werden
können.   Die sich etwa auf Thomas v. Kempis und seine
Warnung vor übermäßiger Wißbegierde berufen, mögen
bedenken, daß Thomas für Mönche schrieb, daß die Wissen=
schaft, wie sie damals betrieben wurde, in spitzfindige und
unnütze Untersuchungen sich ganz verlor, wogegen den erbau=
lichen und mystischen Faktor geltend zu machen sehr am Platze
war, daß die Christen wenig gelehrt waren, an Theologen
Überfluß herrschte, die Sittlichkeit aber stark ins Wanken
geraten war.   Heutzutage ist die Bildung gewaltig fort=
geschritten und, hinter der Zeit zurückgeblieben zu sein, ist
der stete Vorwurf, der dem Priester auf Schritt und Tritt
entgegengehalten wird, selbst von solchen, die in keiner Weise
hier mitzureden berechtigt sind; er muß also diesem Angriff
vor allem keine Blöße geben.   Was wäre überhaupt ein
Geistlicher, der seinem Namen so schlechte Ehre machte, daß er
nicht unter den Geistesmännern mit Ruhm figurierte!

> Geistlich wird umsonst genannt,
> Wer nicht Geistes Licht erkannt;
> Wissen ist des Glaubens Stern,
> Andacht alles Wissens Kern.
> Schönres doch wird nicht gescheh'n,
> Als wenn die zusammengehn:
> Höherer Weisheit Sonnenlicht
> Und der Kirche stille Pflicht.

(Fr. Schlegel).

Daß ich demnach die Universitäten, die Hochstätten
der Bildung, für den Unterricht des Klerus in erster Linie
in Betracht ziehe, wird wohl nicht Befremden erregen.   Ab=

richten für die nötigsten Verrichtungen des Berufs in not=
dürftig genügender Weise lassen sich junge Leute ja leicht —
dazu bedarf es keiner großen Arrangements — aber ausrüsten
mit allen Waffen des Geistes gegen die raffinierte Kritik der
Neuzeit, vertraut machen mit dem unvergänglichen Gehalt des
bewährten theologischen Forschens alter und neuer Zeit, waff=
nen gegen die blendenden Einwürfe aus allen Wissenszweigen
und doch zugleich auch das Gute, Haltbare und ganz oder
teilweise Berechtigte der Gegner ins Licht stellen — das kann
nur eine vollendete Wissenschaft, dazu bedarf es des Aufge=
bots aller Geisteskraft und diese bieten am ersten die deutschen
Universitäten. Die deutschen Universitäten sind nicht Fach=
schulen, wie in Frankreich, die eine spezielle Wissenschaft mit
vorherrschender Richtung auf das Praktische betreiben, sie sind
nicht bloße Lehranstalten, sondern Werkstätten der Wissen=
schaft; die wissenschaftliche Produktion ist die Seele alles
Unterrichts; der Schüler wird unmittelbar eingeführt in die
Laboratorien, von denen die schöpferischen Ideen und die welt=
gestaltenden Erfindungen ausgehen, er wird zu strenger Me=
thode, zu ernster wissenschaftlicher Arbeit angeleitet und
empfängt so die unverlierbaren Rudimente einer allerdings
erst in Leben und rastloser Praxis auszubauenden Geisteskultur.
Es ist klar, daß die ersten Kräfte in jedem Fach schon der
höheren Bezahlung wegen an den Universitäten sich concen=
trieren oder, falls solche an anderen Bildungskörpern sich
befinden, dahin gravitieren; die Fülle von Celebritäten,
namentlich an den größeren Hochschulen, die enge Berührung
zwischen benachbarten Wissensgebieten und die dadurch
ermöglichte gegenseitige Befruchtung, die besonders für
die ·Theologie so heilsam ist, der Aufwand der Institute
an Bildungsmitteln, die reiche Dotierung der Bibliotheken,
der ungezwungene Verkehr unter den Studenten verschiedener
Studien, das alles gibt den Universitäten einen Vorsprung,
den andere Schulen nie einholen können. Nicht als ob lauter
Genies an ihnen angestellt wären! Das ist in keiner Fakul=
tät der Fall, am wenigsten in der theologischen. Es gibt
leider noch Sonderwege, auf denen man zum Katheder ge=
langt, und zu allen Zeiten war die Klage, daß man auf keiner

Treppe langsamer steige als auf der Schneckentreppe des Ver=
dienstes. Einige Größen aber hat doch jede Fakultät, während
es auf Lyceen und noch mehr in Seminarschulen vorkommen
kann, daß aus dem gesamten Unterricht nur kümmerliche auf=
gewärmte Brocken zu holen sind, der eigentliche Nerv der
Forschung aber gar nicht berührt wird.

Während nun im Mittelalter das Ansehen der Uni=
versitäten auf unbestrittenem Gipfel war, obwohl doch damals
die verschiedenen Ordensschulen noch in wissenschaftlicher Blüte
standen, begann seit der Reformation die selbständige Stellung
der Hochschulen Mißtrauen zu erwecken, man suchte ihren
Einfluß durch enger mit der Hierarchie verbundene Bildungs=
anstalten zu paralysieren, Neuerrichtungen zu hemmen und
die bestehenden allmählich zu untergraben. Ein wirksames
Mittel, sie von innen heraus zu lähmen, war auch ihre
Überlassung an die Jesuiten, womit regelmäßig ein Dahinsiechen,
ein Aufhören eigentlichen Forschens und Fortschritts verbunden
war. Ein ebenso kräftiges Mittel in dieser Richtung ist
neuerdings die Besetzung der Lehrstühle durch Germaniker,
wie sie durch die Kurzsichtigkeit der Staatsautoritäten so
massenhaft um sich gegriffen hat. Während in früheren Zeiten
die theologischen Fakultäten oft selbstthätig und eher als die
kirchliche Autorität über Rechtgläubigkeit einer aufgetauchten
Meinung ihr Votum abgaben, welches Votum von großem
Gewicht war, möchte ich heute keinem Professorenkollegium
raten, der kirchlichen Behörde vorzugreifen und über Orthodoxie
oder Nichtorthodoxie zu entscheiden. Im Mittelalter fiel es
niemand ein, eine Ansicht nach Rom zur Begutachtung zu
schicken, man schickte sie an die Centren der theologischen
Wissenschaft, an die Sorbonne, nach Löwen, Prag 2c., und
diese urteilten — allerdings unter Vorbehalt der Kirche —
über Hussitismus, Luthertum, Jansenismus 2c. Die Uni=
versitäten waren der bischöflichen Jurisdiktion überhoben und
wehrten sich gegen Eingriffe in ihre Funktionen energisch und
mit Erfolg (noch 1870 erhob Silbernagl gegen die Aufforderung
des Münchener Erzbischofs über die Stellung der theologischen
Fakultät zum Vatikanum Einspruch, da die Universität nicht
dem Bischof unterstehe); jetzt ist der Universitätsprofessor so

gut wie der Kaplan dem bischöflichen Censorenamt unter=
worfen und muß seine Schriften demütig dem Ordinariat zur
Druckgenehmigung vorlegen. Früher hätte man es lächerlich
gefunden, wenn eine Autorität ersten Rangs wie ein Schul=
bube der Kritik des zufälligen Diözesancensors sich hätte beugen
sollen, der ja in die Quellengänge der Forschung gar
nicht eingeweiht war; heute sind wir an dieser Stufe angelangt,
daß nicht etwa nachträglich jedes Werk dem Urteil der höchsten
kirchlichen Autorität unterbreitet wird — das ist vom
katholischen Standpunkt selbstverständlich — sondern daß jede
Arbeit schon vor ihrem Erscheinen der oft ganz incompetenten
Prüfung eines beliebigen Vertreters der Amtsbehörde und
dem Verdikt der keineswegs in erster Linie nach wissenschaft=
lichen Gesichtspunkten ernannten Körperschaft des Ordinariats
unterzogen und, wenn nicht genehm, im Keim erstickt wird.

Wir werden darauf noch weiter zu sprechen kommen;
hier handelt es sich nur um die Stellung, zu der die Wissen=
schaft gegenüber der Kirchenregierung herabgesunken ist. Von
diesem Standpunkt aus kam man zur successiven Beschränkung
und zur völligen Aufhebung der Universitäten. Die Sorbonne,
einst das stärkste Bollwerk der theologischen Wissenschaft, wurde
von den französischen Bischöfen unterdrückt und damit schied
Frankreich aus der Reihe der theologischen Vorkämpfer, bis
in neuester Zeit Duchesne, Hulst und ihre Schule dem franzö=
sischen Namen, aber unter steter Beargwöhnung seitens der
Curie, wieder Achtung verschafften. In Spanien, Italien
Polen und Deutschland ruinierten die Jesuiten die Universitäten,
und als nach ihrer Aufhebung eine bessere Periode zu beginnen
drohte, vereinigte sich hierarchische Herrschsucht mit antikatholischem
Unglauben, um der Theologie den Nährboden der Zeitkultur
und damit den Zusammenhang mit den Gebildeten und den
Einfluß auf dieselben zu entziehen. Es folgte die Abschaffung
der theologischen Fakultäten, in Italien vollständig, in Teutsch=
land bis auf wenige Hochschulen. Man vergleiche das mit
dem Emporschießen immer neuer Universitäten auf protestan=
tischem Boden und man wird manches verstehen! Gießen,
wo ein Kuhn, ein Staudenmaier wirkten, wurde durch Ketteler
beseitigt, der seinen Alumnen einfach den Besuch verbot,

Tübingen war von dem gleichen Schicksal bedroht: „Wehr gegen
staatliche Bevormundung" war hier das Schlagwort; nur das
energische Einschreiten des Bischofs, der von seinem Regens
(Mast) als „senilis vir" in Rom denunziert war und einen
Coadjutor erhalten sollte, der wirklich von Rom ge=
fordert wurde, hinderte die infernale Intrigue, (Mast
leugnete hernach mit jesuitischer Mentalrestriktion die Denuntiation
ab); jeder Neuversuch der Gründung von Fakultäten, wie an
der Universität Straßburg, wird von kurzsichtigen Bischöfen
vereitelt; die bestehenden, die man nicht umbringen kann,
werden wenigstens, wo es geht, durch sog. Repetitorien im
Seminar, nach denen examiniert wird, in Schach gehalten (so
in Bonn, wo ein Lehrbuch von Schiffini zu Grunde gelegt
wird, das ein paar hundert Jahre alt sein soll) —, daß durch
solchen Doppelunterricht der Geist der Studenten heillos ver=
wirrt werden muß, scheint den Veranstaltern solchen Unfugs
nicht einzuleuchten —; selbst wo solche Machinationen nicht
beliebt werden, fehlt es doch mangels jeder Heranbildung von
Gelehrten an genügendem Nachwuchs, woran freilich die
Fakultäten selbst durch engherzige Fernhaltung von Dozenten
die größte Schuld haben (in München z. B. sollen nach der
unwidersprochen gebliebenen Notiz des „Bayr. Kuriers" in
zwanzig Jahren drei Privatdozenten in der theologischen
Fakultät zugelassen worden sein); die vakanten Posten werden
daher vielfach mit schwachen Kräften besetzt, die literarisch
nichts geleistet haben (unter ihnen sind die Germaniker
besonders vertreten, die schon nach ihrer ganzen Schulung in
der philosophia et theologia perennis der Weiterforschung
verloren sind — (vgl. z. B. über die Wiener Fakultät „Hist.=
pol. Blätter" 1898 Heft 2, S. 133 ff) — da ist es kein
Wunder, daß die paar wirklich tüchtigen Kräfte sich hart thun,
und daß schon von katholikenfeindlicher Seite der Ruf nach
Aufhebung der katholischen Fakultäten, als den übrigen nicht
ebenbürtig, erschallt und immer stärker wird. Delbrück erklärt
seine Zustimmung zu einem dahin gehenden Vorschlag des
Exjesuiten Hoensbroech und sagt: „Warum sollen wir den
Gegnern Mittel zu ihrer Vervollkommnung bieten? Nur
durch wenige Namen wird die Brücke mit der modernen

Wissenschaft notdürftig noch erhalten. Brechen wir sie ganz ab! Sie sollen in ihrer Inferiorität ersticken". Die Kölner Volkszeitung, die sonst dieser Forderung der Jesuiten und Exjesuiten stets geneigt war und zur Verdächtigung der Universitäten ihr Möglichstes gethan hat, erschrickt nun doch vor dieser Eventualität und vergleicht das infernale Projekt mit dem Erlaß Julians des Abtrünnigen, durch den die Christen von den philosophischen Schulen ausgeschlossen wurden. Diese wissenschaftliche Aushungerung wurde seinerzeit als härteste, raffinierteste Maßregel von den Christen empfunden, selbst gegenüber den Martyrerstrafen (in der That, was wäre ein Augustin, Gregor, Hieronymus ohne Plato, Cicero, Seneca!); heutzutage begünstigt man Julianische Maßregeln und wirbt noch kräftig in ihrem Sinn!

Zur Frage des theologischen Studiums ist in der Allgem. Ztg. 20. März 1899 eine so vorzügliche Beleuchtung von einem Landpfarrer erschienen, daß ich nicht umhin kann, einiges hier wiederzugeben. Nachdem der Verfasser einen mit jener sancta rusticitas clericalis, die schon der hl. Hieronymus so bedenklich fand, geschriebenen Angriff eines Amtsbruders in der Augsb. Postztg. vornehm zurückgewiesen, und namentlich den sog. naturwissenschaftlichen Unterricht der Lyceen, der etwa auf der Stufe einer Realschule oder eines Schulseminars stehe, wahrheitsgemäß geschildert, führt er weiterhin aus:

„Für die Theologie ist das gründliche Studium der Philosophie im weitesten Sinn nicht nur eine Forderung der allgemeinen wissenschaftlichen Bildung, für ihn ist es ein unentbehrlicher Bestandteil seines Fachstudiums. Die Aufgabe des Seelsorgers als Lehrers mag man darauf beschränken, das gläubige Volk in den geoffenbarten Glaubenswahrheiten zu unterrichten — die Aufgabe der Theologie als Wissenschaft hat schon das gläubige Mittelalter darin erblickt, Glaube und Wissen zu versöhnen... Wenn ich behaupte, nur die Universität könne die Theologie auf jener Höhe erhalten, auf der allein sie als Wissenschaft gelten kann, so steht mir die Geschichte der katholisch-theologischen Literatur dieses Jahrhunderts bestätigend zur Seite. Es ist bekannt, wie tief zu Anfang dieses Jahrhunderts die katholische Wissenschaft barniederlag.

2*

Eine neue glanzvolle Periode nicht nur für die theologische
Wissenschaft, sondern auch für das kirchliche Leben inaugurierte
der große Möhler und seine historische Schule mit ihren
beiden hervorragendsten Vertretern Hefele und Döllinger,
von deren Erbe die katholische Wissenschaft heute noch zehrt
und voraussichtlich noch lange zehren wird. Diese Männer,
Hirscher noch zugerechnet, waren es vor allem, die auf dem
ganzen Gebiet der Theologie neues Leben hervorriefen, auf
alle Zweige derselben anregend und befruchtend einwirkten.
Die Grundlage ihrer Wissenschaftlichkeit aber haben sie gelegt
an unseren deutschen Universitäten. Möhler, der Wiedererwecker
der katholischen Wissenschaft in Deutschland, besuchte der Reihe
nach die bedeutendsten deutschen Universitäten: Göttingen,
Berlin, Prag, Wien, Landshut. Jahrelang vertiefte er sich in
das Studium des klassischen Altertums und schöpfte daraus
seine formvollendete Schönheit der Sprache, jene Ruhe und
Erhabenheit der Darstellung, welche gleich beim Erscheinen
seines Erstlingswerks die Geister fesselte. Döllinger widmete,
bevor er zum eigentlichen theologischen Fachstudium überging,
mehrere Jahre an der Universität Würzburg dem Studium
der Naturwissenschaften, der Theologie, Geschichte und Literatur. Es ließe sich leicht der Nachweis führen, daß alle bedeutenden Theologen der Neuzeit, die in irgend einem Zweig
der Fachwissenschaft bahnbrechend geworden sind, zugleich her-
vorragend oder wenigstens gründlich gebildet in den Profanwissenschaften waren. Keine Wissenschaft ist so sehr auf ihre
Schwesterwissenschaften angewiesen als die Theologie; bei keiner
Wissenschaft rächt sich aber darum auch die unnatürliche Los-
reißung aus dem Verband der übrigen so sehr wie bei ihr.
Diese natürliche Unzertrennlichkeit, diese, wenn man will, Abhängigkeit von den übrigen Wissenschaften ist für die Theologie
nicht etwa ein Makel, ein Defekt, nein, das ist ihr Ehren-
zeichen, das Merkmal ihrer Universalität. Die Dogmatik z. B.
kann die systematische Philosophie unmöglich entbehren. Die
Exegese braucht eine Menge von Hülfswissenschaften: ver-
gleichende Sprachwissenschaft, Archäologie, Geographie, Ethno-
graphie ꝛc. Soll die Moraltheologie auf der Höhe der Zeit
stehen, so muß sie sich z. B. auch mit der modernen Gesell-

schafts-, Wirtschafts-, und Staatslehre, mit den ethischen
Kulturbestrebungen wissenschaftlich abfinden.

Welches sind aber die Stätten, an denen eine Wissenschaft
der andern die Hand reicht, an denen alle nicht nur räumlich
bei einander wohnen, sondern sich gegenseitig unterstützen und
ergänzen, vielleicht in geistigem Wettkampf sich auch befehden
und gerade dadurch neue Goldkörner der Wahrheit ans Tageslicht fördern? Welches sind die Brennpunkte des nationalen
geistigen Lebens, zu denen sich alles drängt, was nach Wissenschaft und Wahrheit strebt? Es sind unsere Universitäten.
Nur eine Fakultät ist, der inmitten dieser allgemeinen geistigen
Regsamkeit unheimlich zu mute zu werden scheint, eine, die sich
vom Kampfplatz der im geistigen Wettstreit um die Palme
ringenden Wissensmächte ängstlich scheu zurückziehen will in
die Einsamkeit, wo man sie allerdings nicht mehr bekämpfen,
aber auch nicht mehr beachten wird. Und diese Fakultät
ist die Theologie, welche im Mittelalter als die „Königin der
Wissenschaften“ bezeichnet wurde. Läßt sich die Wahrheit
des Satzes bezweifeln, den Professor Schell gesprochen hat:
„Wer Isolierung sucht und braucht, ist der Inferiorität verfallen“? Läßt sich ferner, worauf ich das allergrößte Gewicht
lege, die Thatsache wegleugnen, daß die katholische Theologie,
welche sich vom Boden der Universität auf den der theologischen
Fachschule zurückzieht, bei diesem Rückzug auch die Kriegs-
waffen und Rüstungen zurücklassen muß, die allein sie befähigt
hatten, den Angriffen einer verleugnenden Wissenschaft siegreich standzuhalten? Können unsere Lyceen samt und sonders
auch nur annähernd das bieten, was der Theologie Studierende
an der Universität zu seiner wissenschaftlichen Gesamtausrüst-
ung vorfindet? . . .

Wer darf so gering von der großen Mehrzahl der katholischen Theologen denken, daß er nicht auch unter ihnen eine
ganze Reihe von strebsamen und begabten jungen Leuten sucht,
welche Lust und Anlage haben irgend ein Gebiet der Philosophie, Geschichte, Philologie, Naturwissenschaft besonders zu
pflegen, ob sich dies nun direkt oder indirekt der Theologie dienst-
bar machen läßt oder nur dazu dient, die allgemeine Bildung
zu vertiefen? Führt ja doch alles wahre Wissen schließlich zu

Gott. Zur Befriedigung solchen Wissenstrebens fehlt aber an unseren Lyceen die Gelegenheit. Allen ohne Ausnahme wird dieselbe geistige Kost verabreicht, und zwar nur diese. Das ist es, was ich Einseitigkeit und Exclusivität des theologischen Lyceumsstudiums nenne. Dem gegenüber wäre es, von allem andern abgesehen, schon von rein methodischem Standpunkt aus gerechtfertigte Forderung, sich inmitten des dreijährigen ernsten und größtenteils abstrakten theologischen Studiums zuweilen auf die erquickende Oase eines der Individualität des Einzelnen zusagenden Profanstudiums zurückziehen zu können. Wieviele schlummernde Talente werden durch die schablonmäßige Lycealwirtschaft für immer vergraben? Wie mancher strebsame und begabte junge Mann, der Hervorragendes hätte leisten können, ist unter dieser wissenschaftlichen Armseligkeit verkümmert!

Und woher soll die Theologie ihre wissenschaftlichen Repräsentanten, ihre akademischen Lehrer nehmen? Woher wird sie namentlich die Apologeten nehmen, die mit den stetig fortschreitenden Profanwissenschaften gleichen Schritt halten, die vor dem neuen Geist nicht Auge und Ohr verschließen, sondern sich mit ihm abzufinden wissen? Zeit und Wissenschaft schreiten vorwärts. Manche theologische Werke, die jetzt noch auf der Höhe der Zeit stehen, werden vielleicht in wenig Jahren den wissenschaftlichen Anforderungen nicht mehr genügen. Hettingers vielgelesene Apologie des Christentums bedarf jetzt schon in vielen Punkten einer Ergänzung, in manchen eine direkte Berichtigung. Werden unsere Lyceen je einen Hettinger hervorbringen? . .

Eine Frage muß ich dem Herrn Dekan noch beantworten. Bei Besprechung meiner Schilderung der Pastoralkonferenzen ruft er aus: „„Haben denn die anderen gebildeten Berufskreise die Juristen, . . wissenschaftliche Konferenzen?"" Ja gewiß haben nicht nur die Juristen, sondern alle gebildeten Berufskreise, wenn auch ohne Vorwissen des Herrn Dekans, ihre wissenschaftlichen Konferenzen, wenn sie auch einen anderen Namen führen. Hat der Herr Dekan noch nichts gehört von den alljährlich wiederkehrenden allgemeinen Historiker=, Philologen=, Juristen=, Naturforscher=, Journalisten= und Schriftsteller=

tagen mit ihren hochinteressanten Referaten, Debatten, Anträgen
und Resolutionen? Findet sich doch selbst in Centrumsblättern
darüber öfters ein, wenn auch notdürftiger Bericht. Hat er
ferner nicht gehört von bezirksärztlichen Ärztevereinen, Ärzte-
und Anwaltkammern und ihren regelmäßigen Tagungen? Ist
uns hierin nicht auch die protestantische Geistlichkeit mit ihren
Missionsversammlungen und Synoden größeren Stils weit
voran? Wenn wir uns dem ebenbürtig an die Seite stellen
wollten, dann müßte ein Institut wiederaufleben, welches in
früheren Zeiten für die Kirche und besonders für den Klerus
eine Quelle reichen Segens war: die Diözesansynode.
Ich empfehle dem Herrn Dekan das Werkchen des berühmten
Pastoraltheologen Amberger: „Der Klerus auf der Diözesansynode" angelegentlich zur Lektüre."
    Soweit der „Landpfarrer" der Allgemeinen Zeitung, der
nach Geist und Stil das Zeug zu einem Professor hätte, eher
als mancher — Universitätsparasite. Wenn ich von meinen
Erfahrungen auf dem Lyceum reden wollte, ich könnte Schauer-
liches erzählen. Seliger Martinet! Dich hatte einst Gott in
seinem Zorn über alle Seminarschulschwärmer zum Professor
gemacht. Wo wäre sonst ein Dozent möglich gewesen, der
altersschwach und unfähig, einen zusammenhängenden und sinn-
verständigen Vortrag zu halten, dennoch bis zum marasmus
senilis den Katheder festhalten durfte, der selbst seine ver-
gilbten Skripta nicht mehr entziffern könnend, nur durch die
unfreiwillige Komik seines Kollegs noch Verdienste hatte? Und
der andere Exeget, der zwar gelehrt, aber unausstehlich lang-
weilig dem Zuhörer das Leben sauer machte! Der Dogmatiker, der in drei Jahren nicht soviel zusammenbrachte, als ein
tüchtiger Lehrer in einem Semester, sodaß wir in der Haupt-
wissenschaft fast unbelehrt in die Praxis traten? Die Moral,
die dreimal in zwei Jahren wechselnd, aus drei Systemen zu-
sammengekuppelt die armen Kandidaten in heillose Verwirrung
bringen mußte! Wäre nicht wenigstens Kirchengeschichte und
Apologetik in tüchtigen Händen gewesen, die drei kostbaren
Jahre waren so gut wie verloren. Und wie flogen
die Federn im Kolleg! Welch grimmige Blicke vom Katheder,
wenn einer den stenographischen Laufschritt auf das „Schreiben

Sie!" nicht eilfertig antrat! Welche Päcke von Makulatur
sammelte sich alle Semester in den Heften an, um peinlich
eingeochst zu werden! Wer aber machte die Skripta in der
Kura noch einmal auf? Das eben ist das Infame, daß man als
Alumnus auch die schlechten Kollegien hören muß, statt
in dieser Zeit wenigstens etwas Besseres zu thun, etwa ein
Buch zu nehmen, wo der ganze Kram viel ausführlicher und
schöner steht.

Es handelt sich nicht um Aufhebung der Lyceen, aber
man sorge für tüchtige Dozenten und gebe dem Talent=
vollen die Gelegenheit zu einem Universitätsjahre
behufs Vertiefung seiner Studien.

Aber verdient denn die Sorge für den Glauben, für
ascetische Erziehung, für praktische Schulung gar
keine Berücksichtigung? Ist die wissenschaftliche Kultur
alles? Nein; man muß das eine thun und das andere nicht
lassen. Wie verhält es sich mit den Vorwürfen, die nach
obigen Gesichtspunkten gegen die Universitäten erhoben werden?
Erstens mit dem Glauben oder Unglauben der Professoren?

Einem Examen auf Bibel und Katechismus oder dem Eid
auf das Tridentinum werden die heutigen Universitätsprofessoren
allerdings nicht mehr unterworfen, aber es ist dies auch nicht
erforderlich. Was liegt daran, ob der Mathematiker, Chemiker,
Naturwissenschaftler, Jurist, Mediziner katholisch oder protes=
tantisch, gläubig oder ungläubig ist? Für den Historiker mag
die religiöse Gesinnung bei Beurteilung der geschichtlichen
Fakta ins Gewicht fallen, aber so gut man einen Ranke,
Giesebrecht, Treitschke, Sybel, Harnack kennen und einem
Janssen, Klopp, Pastor gegenüber halten muß, um volles
Licht über manche Perioden zu bekommen, wird man auch die
lebendigen Meister hören können, wenn nur für das Gegen=
gewicht der katholischen und christlichen Fachmänner gleichfalls
gesorgt wird, wie dies doch auf katholischen Universitäten der
Fall ist. In der Philosophie ist freilich vielfach der Mangel
der Metaphysik, Moral und Religionsphilosophie zu beklagen;
doch ist wenigstens die Psychologie meist gut vertreten und an
Hochschulen mit katholischen Theologen auch für gläubige
Philosophen gesorgt; eher wäre hier zu große Engherzigkeit

zu rügen, indem für die Theologen fast nur Scholastiker und Aristoteliker angestellt, und dem philosophischen Fort=schritt gar keine Concessionen eingeräumt werden; dasselbe findet statt bei Lyceen. Überhaupt darf man in Befürchtungen für den Glauben nicht zu weit gehen und Senglers Worte sollten ernste Beherzigung finden: „Der tiefere Geist zeigt uns auch da, wo er irrt, die Wahrheit, weil er in die T i e f e der Sache geht, er zeigt uns aber auch direkt die Wahrheit, weil er n i c h t i n a l l e m irrt In die Irrtümer großer Männer fallen kleine Geister des=wegen nicht, weil sie gar nicht die Kraft zu solchen Irr=tümern haben." Es läßt sich nun einmal der Geist nicht anders bekämpfen als durch den Geist, durch größere An=spannung der Vernunft; die bequeme Vogelstraußpolitik des Verschließens und Absperrens hat nur gegenteiligen Erfolg und ist geeignet, die Katholiken zu Heloten des Staats und zum Gegenstand des Gespöttes zu machen. Vor der gegnerischen Literatur kann auch die sorgsamste Hierarchie den Kandidaten im Zeitalter der Buchdruckerkunst doch nicht mehr schützen. Der Ruf nach Absonderung von den bösen Universitäten, denen jetzt von Jesuiten und schlechten Romanschreibern alles Un=rechte nachgeredet wird, ist so erbärmlich, als der klägliche Hilfschrei vor den aufgeklärten Fremden, welche in Tirol die braven Christen um ihren Glauben bringen sollen.

Was die ascetische Erziehung der Candidaten betrifft, so ist sie da, wo Seminarien an Universitätssitzen bestehen, zur Genüge gelöst. Es dürfte sogar die englische Einrichtung der Kollegienhäuser selbst für die Angehörigen der profanen Studien nach der Empfehlung Döllingers (in dem akademischen Vor=trag „Die Universitäten sonst und jetzt") in Erwägung gezogen werden, gleichwie die alten „Bursen" ethisch erzie=henden Einfluß hatten, der in der modernen Ungebundenheit verloren gegangen ist. Bezüglich der Auswahl der Seminar=vorstände und Lycealdozenten wäre noch ein ernstes Wort zu sprechen. Es ist ein grober Mißstand, wenn zu solchen ver=antwortlichen Posten nicht die Tüchtigsten genommen werden, wenn hiezu junge Leute, die nicht einmal das Doktorexamen bestanden, vielfach auch noch ohne seelsorgliche Praxis gelangen, wenn Fügsamkeit und Lenkbarkeit fast den einzigen

Ausschlag giebt. Ein Gelehrter freilich läßt sich das Kollegien=
heft nicht jederzeit korrigieren und ist nicht so leicht bereit, die
jeweiligen wissenschaftlichen Moden mitzumachen. Auch ver=
langt ein solcher eine anständigere Bezahlung als etwa
in den Priesterseminarien in Preußen geleistet wird, wo das
Professorengehalt zwischen 1500 und 3000 Mark schwankt,
letzteres aber erst nach 30—40 Dienstjahren erreicht wird.
„Die Bischöfe haben sich nie um die Gehaltserhöhung bekümmert,
obwohl sie alljährlich Klagen an die Regierung, besonders über
die Universitätsprofessoren haben." So schreibt die preußische
Lehrerzeitung 29. Febr. 1896. Man vergleiche damit das
Gehalt eines Stadtelementarlehrers, das in derselben Zeit
mindestens das Doppelte ohne Nebeneinnahmen beträgt.

Wenn nun Priesterseminarien zur ascetischen Vorbereitung
und allmählichen Einschulung in das Amt sicher nichts zu
Beanstandendes haben, kann ich die Einsperrung in Knaben=
seminarien schon vom zarten Kindesalter an nicht befür=
worten. Alban Stolz, gewiß kein Freigeist, hat sich gegen
solche „Erziehungsfabriken" scharf ausgesprochen. Er sagt:
„Weltpriester sollen anders erzogen werden als Ordensleute,
von denen der einzelne hinter den schützenden Mauern des
Klosters und unter der steten Leitung seiner Vorgesetzten
weniger selbstständig hervorzutreten hat. Hier können auch
schwache Naturen vortrefflich sich entwickeln, während sie ver=
einsamt in der Welt vielleicht untergehen würden. Nicht das
Abgeschlossensein ist darum das Wesentliche bei der Erziehung
von Priesterkandidaten, sondern alles kommt auf den Geist an,
der in einem Hause herrscht. Große Ideen und idealer
Schwung müssen dem Geist, das Gefühl der Pflicht dem Ge=
wissen tief eingeprägt werden, um die Seele mitten im An=
drang der Welt zu bewahren." Die Klage der Entfremdung
der Priester von den Laien ist es, die uns auf Schritt und
Tritt entgegengehalten wird. Am ärgsten ist sie in den ro=
manischen Ländern, wo eben die Seminarien in vollem Flor
sind; aber auch bei uns trägt das System seine unheilvollen
Früchte. Schon Clemens Brentano sagte: „Der Priester ist in
unserer Kirche zu magisch abgesondert; er ist kein rechter Mensch und
auch kein Gott, und selten ist er so voll des heiligen Geistes,

daß man nicht überall die Manier und den Kirchenmann vor=
herrschen sieht." Und so ein sogar vor der äußeren Luft sorg=
fältig behüteter, stets mit Stundenordnung und Paragraphen
eingeengter, mit der Welt und ihrem Treiben völlig unvertrauter
Jüngling soll plötzlich auf den Leuchter einer Gemeinde gestellt
dieselbe Welt in ihren wichtigsten, heiligsten Angelegenheiten
führen und belehren, ihr in den schwierigsten Situationen Licht
und Rat geben?

> „Wenn man so in sein Museum gebannt ist
> Und sieht die Welt kaum einen Feiertag,
> Nur durch ein Fernglas wie von weitem,
> Wie soll man sie durch Überredung leiten?"

Gerade die sittlichen Gefahren sind durch Beisammensein
so vieler Knaben von den verschiedensten Standesklassen
bedeutend größer als in einer tüchtigen Familie; die Umgebung
des weiblichen Elements wirkt für Knaben mildernd und
sittigend, während Knaben nur unter sich leicht der Rohheit,
wenn nicht Schlimmerem verfallen. Es ist auch moralisch
verwerflich, Kinder bereits für den künftigen Stand, und noch
dazu einen so verhängnisvollen wie den geistlichen zu bestimmen.
Die Thatsachen lehren, daß kaum ein Viertel der Aufgenommenen
wirklich zur Weihe gelangt und so das mühsam aufgewendete
Geld zum größten Teil den Zweck nicht erreicht; die besten
Priester pflegen die Institutspflanzen erst recht nicht zu sein;
gerade die verhaltene Jugendkraft macht sich nachher meist in
um so größerer Zügellosigkeit Luft. Für klerikalen Nachwuchs
soll man überhaupt nicht durch solche kleinliche mausefallenartige
Veranstaltungen wie Einfangen der jungen Leute von Kindheit
an, Minderforderung von Leistungen sorgen, sondern durch
anständige Besoldung, durch würdige Behandlung und Lebens=
stellung, durch Steigerung, nicht Herabdrückung der Bildungs=
sphäre und dadurch bewirkter Steigerung des Ansehens und
des Selbstgefühls. Wenn dann trotzdem die genügende Zahl
von Priesterkandidaten nicht zu gewinnen ist, nun was schadet
es denn, wenn einmal eine Bauerngemeinde, die nichts leistet,
ein Jahr nach auswärts zum Gottesdienst ziehen muß? Vielleicht
lernt sie dann das Wort Gottes und die Segnungen der Kirche
desto höher schätzen. Wenn ich die Wahl hätte zwischen der
Quantität und Qualität, würde ich stets die mindere Zahl und

größere Gediegenheit vorziehen. Ein schlechter Priester verdirbt
mehr, als drei tüchtige wieder gut machen können. Aber die
herrschende Tendenz der Vereinspolitik und leider auch vielfach
die Praxis der Ordinariate sieht nur auf möglichst viele
Priester, gleichviel welche, und auf krampfhafte Preßmittel mit
Beibehaltung der schlechten Bezahlung und mit immer größerer
Verkümmerung der priesterlichen Rechte. Dieser Weg kann nie
zum Heil führen.

Wirksamkeit des Klerus.

„Wenn du glaubst, daß der Geistliche ganz seinen Idealen
leben kann, so irrst du. Kein Mensch kann so schlimm ent=
täuscht werden als ein Weltpriester, der die Menschen nach
seinen Idealen zu messen gewohnt ist. Ich bin nach St. Maria
gekommen mit der größten Zuversicht, mein Leben und Streben
dem Wohl meiner Pfarrkinder zu weihen. Und in meinen
alten Tagen stehe ich da wie der Hirt, dem Wölfe in die
Herde gebrochen sind und die Schafe teils zerrissen teils ver=
sprengt haben, und wie mir gehts hunderten meiner Amts=
brüder. Viele sehen es zum Glück nicht, verrichten ihre
Berufsgeschäfte und leben im übrigen gemütlich neben dem
Atheismus hin, spielen Karten und schieben Kegel im Angesicht
ihres untergehenden Glaubens und ihres untergehenden Volks.
Und so einer willst du werden? Wer es aber ernst
nimmt, der geht einen Kreuzweg, wie es kaum
einen zweiten gibt in dieser leidenreichen Welt.
Ich sage es dir, Lucian: Wenn alle Sünder Gnade
finden am jüngsten Tag, wir Priester finden keine.
Uns ist das Licht gegeben gewesen, uns sind die Seelen zur
Hut gegeben gewesen und wir haben sie verloren." So steht
in einem Volksroman, dessen Verfasser vom Jesuiten Kreiten
als ein Schneidergeselle gescholten wird, der nichts von Theologie
verstehe; aber ich glaube, wir Priester können aus den obigen
und aus sonstigen Worten des Dichters manches zu unserer
Belehrung und Nutzanwendung entnehmen und selbst der
hochmütige Jesuit hätte manches daraus lernen können, wenn
eben ein hochmütiger, aufgeblasener Ketzerrichter die Fähigkeit
zur ruhigen Beurteilung und zur Aufnahme fremden Wissens
besäße. Schon Savanorola hat seinerzeit gesagt: „Wenn du

deinen Sohn verderben willſt, ſo mache ihn zum Prieſter!"
Ein furchtbares Wort! Aber was iſt auch der geiſtliche Stand
für ein furchtbarer Beruf! Und beſonders heutzutage; furchtbar
in ſeinen Verpflichtungen an ſich, furchtbar im Hinblick auf die
Sphäre und das Material ſeiner Wirkſamkeit, furchtbar im
Hinblick auf die Oberen. Und wie geht es dem, der gewiſſenhaft,
nicht feig an die erſchreckende Aufgabe geht, der ſeinen Beruf
ernſt faßt, nicht etwa mit dem handwerksmäßigen Geſchäfts=
ablauf ſich begnügt, ſondern ſich thatſächlich an die Chriſti=
aniſirung und Katholiſirung der Gegenwart macht und ſoweit
er kann, die ihm zweckmäßig dünkenden Mittel angibt und
anrät? Und ſeltſam! zu dieſem ſchwerſten aller Berufe kommt
man leichter als zu jedem andern. Die Thüren ſind ſoweit
geöffnet, daß kaum ein Suchender, und wäre an Wiſſen und
Wandel ihm auch das Mindeſtmaß eigen, ein Zurück zu fürchten
hat. Si non es vocatus, fac te vocatum! heißt es dann. Die
Ausbildung iſt faſt koſtenlos, die Anſtellung ſicher, die Examina
.bloße Formalität — es iſt nie erhört worden, daß ein Kandidat
ſo dumm war, daß er in einem Konkurs durchgefallen wäre;
ja es dürfte ſchwer ſein, nachzuweiſen, wo einmal einer nur
zurückgeſtellt und zur Wiederholung gezwungen worden wäre.
Das iſt für die Dummen freilich bequem und mag auch für
die ſchwierige Rekrutirung des Klerus ein gutes Aushilfsmittel
ſein, wenn man nur auf die Zahl ſieht, aber ehrenvoll iſt es
nicht für den Stand, und den Beſſeren mag es keine erfreuliche
Zuverſicht ſein, wenn der im Punkt des Geiſtes und Charakters
kümmerlichſt Ausgeſtattete ebenſo bald Pfarrer wird, ja vielleicht
ſie durch andere, jetzt an Wert bedeutend geſtiegene Qualitäten
in der Carrière noch überflügelt. Es gibt gelehrte und ſittlich
untadelhafte Prieſter, die nach zwanzig und mehr Jahren
unermüdlicher, uneigennütziger Thätigkeit es zu nichts gebracht
haben und Dummköpfe ſich vorgezogen ſehen müſſen ſelbſt
für Poſten, für die etwas Verſtand recht notwendig wäre.
Doch ich wollte zunächſt von dem Einfluß des Prieſters auf
die Zeit und Welt reden. Und dieſer iſt, wenn man das
platte Land ausnimmt, ein recht geringer. Es liegt dies zum
Teil an der Auswahl und Erziehung der Prieſter,
es liegt aber auch an falſcher Methode in der Übung der Kura,

es liegt ferner an der Art, wie der niedere Klerus von der
Hierarchie praktisch geschult und behandelt wird.
Von dem ersteren Punkt haben wir schon gesprochen, die beiden
anderen müssen wir jetzt ins Auge fassen.

Es fehlt dem katholischen Klerus an Einfluß bei den
Gebildeten, ja es wird im Großen und Ganzen eigentlich
auf dieselben bereits verzichtet. Selten sind Prediger zu finden,
die interessant, anregend und mit Bezug auf moderne Geistes-
fragen reden, sodaß ein höher Gebildeter Aufklärung und
Belehrung darin finden kann. Noch seltener kommen eigentliche
Konferenzen vor, die eine Art kurzer Apologetik in geistvoller,
schlagender Dialektik bieten. Wenn Missionen irgendwo stattfinden, werden sie in der Regel den Kapuzinern oder einem
andern Volksorden übertragen, die nur vom praktischen Leben,
Katechismusmoral und Ascetik handeln, höchstens noch in recht
derber Manier das Thema: christliche Vereine, sog. gute Presse
und katholische Politik nach bekannten Mustern verarbeiten.
Die so segensreiche Vertretung der katholischen Kirche auf dem
Religionskongreß zu Chicago, wie sie die einsichtsvollen
amerikanischen Bischöfe inscenirt hatten, erregte bei unseren
Pharisäern, deren einziger Gedanke den Nichtkatholiken gegenüber ist: „Hebe dich weg von mir! ich bin rein" Entsetzen, und
schon damals wurden ernste Bedenken über die Rechtgläubigkeit
Irelands ausgesprochen. Das gleiche Bestreben Charbonnels
für die bevorstehende Weltausstellung in Paris erregte wütende
Angriffe und Censuren, die schließlich den Geplagten thatsächlich
zur Apostasie brachten. Dieser intolerante Katholizismus, sagte
Charbonnel, weiß nur mit Beschimpfungen, Verleumdungen, Lügen
und Denunziationen vorzugehen. Bei ihm muß jeder, der nicht so
denkt wie er, ein Ketzer sein. Wenn solche lieblose Leute, die
nur die alten klerikalen Fetzen an sich tragen, ihn Ketzer nennen,
so könne er stolz darauf sein, Ketzer zu sein. Man habe ihn
mit groben Worten bedient, die sonst nirgends als in der Welt
der Sakristeien Kurs hätten. Der geheime und in seiner Art
auch berechtigte Hintergedanke bei diesem Verhalten ist die
gewonnene Überzeugung von der eigenen Unfähigkeit zu einer
wirksamen Einwirkung auf die gebildete Welt. Statt aber nun
wenigstens den besser Ausgerüsteten die Mission für diese zu

gestatten, vereiteln die Rückständigen soviel sie können, jeden noch so edlen Versuch, eine Brücke zum modernen Denken zu schlagen und dem jetzigen Geist das Evangelium in einer diesem zusagenden Weise zu predigen. Statt in der furchtbar ernsten Zeit alle Kräfte mobil zu machen, verdächtigt und verbittert man die besten, selbst aber leistet man nichts. Die einzige Art, wie von dieser Seite aus die moderne Zeit berücksichtigt wird, ist die ätzender, gehässiger, ja vielfach unehrlicher Polemik. Statt Anknüpfungspunkte zu suchen, wie es doch schon Paulus am Areopag gethan, existiert für sie nur die extreme und ebenfalls tendenziöse Literatur der Neuzeit; aus ihr werden in hämischer Freude willkommen Schlager hervorgesucht, um dann die eigne Lieblosigkeit an ihnen zu entzünden, die „moderne Philo= sophie" 2c. in Bausch und Bogen zu verdammen und als einziges Gegenmittel eine möglichst altersschwache und alters= graue Scholastik zu empfehlen. Man lese nur, wenn innere Empörung es ermöglicht, die Germania=Briefe Gottliebs (T. Pesch), die „Stimmen aus Maria Laach" und ein paar tausend Leitartikel der Centrumsblätter. „Sie haben eine Wissenschaft, von der die wirkliche Wissenschaft nichts weiß und in der sie niemand stört." Die Folge ist, daß die gebildeten katholischen Kreise der Religion und dem kirchlichen Leben immer ferner treten und das zu derselben Zeit, wo sich auf protestantischer Seite Liberale und Orthodoxe zu gemeinsamer innerer und äußerer Mission vereinigen. Dort sucht man eben zu einen, bei uns zu trennen; dort bietet der größte innere Gegen= satz kein Hindernis, in Liebes= und Agitationswerken zusammen= zuwirken, bei uns wird von der in der Kirche jetzt herrschenden Partei der geringste Widerspruch zur Ketzerei erweitert und mit Bann und Index gebrandmarkt. Welche Methode ist die bessere, die christlichere? Welches die wirksamere ist, dafür bieten die Vergleichungstabellen des Zuwachses und Abganges der beiden Konfessionen beredten Aufschluß, namentlich wenn man die Qualität in Betracht zieht.

Aber nicht einmal für die n i e d e r e n K l a s s e n hat unser Glaube mehr Anziehungskraft. Es geschieht auch hier zu wenig, um die Leute zu fesseln, ihnen die Heilslehre mund= gerecht und lieblich zu machen, man sucht auch hier vielfach mehr abzustoßen als anzuziehen. Der ärmste Arbeiter hat heutzutage Anliegen und Zweifel, auf die er in den landläufigen kirchlichen Geistesküchen keine genügende Auskunft findet; weder in den Predigtbüchern noch in den populären Unterweisungen ist man auf die vielen spitzfindigen Einwände, mit denen der sozialdemokratische Arbeiter durch seine Volksliteratur ausgerüstet ist, hinreichend gewaffnet; auch fehlt es an Fühlfäden und Ausläufern des seelsorglichen Wirkens, um über die streng= berufliche Thätigkeit hinaus mit dem Volksleben in fruchtbare Verbindung zu treten. Die konfessionellen Vereine sind zu exclusiv, sind nur für den gläubigen Bürger und Arbeiter bestimmt und nicht geeignet, der Zeit an den Puls zu fühlen, eine Wirksamkeit über den Kreis des intimsten Kerns des kirchlichen Sprengels zu entfalten. Die Außenstehenden über= läßt man ihrem Schicksal; man begnügt sich, für die kleine Heerde der Auserwählten zu arbeiten. Das exite in plateas! Geht hinaus auf die Straßen! hat man vergessen; sagte doch Kardinal Manning sogar von Pius, er denke die Kirche in eine Arche zu verschließen, und lasse Gottes Wasser über Gottes Land kommen. Auf protestantischer Seite ist man nicht so exclusiv; dort sucht man Anschluß an das große Publikum; man teilt Zettel in Gasthäusern, an Bahnhöfen aus: „Bitte, in den Verein christlicher Männer ꝛc. zu kommen!" man gründet Soldatenheime, wie in Preußen, wo der Soldat Bücher, Zeitungen, Gelegenheit zur Unterhaltung findet, es finden eine Menge öffentlicher Vorträge statt, wozu Redner ersten Ranges aus den fernsten Städten berufen werden (unsere Universitätstheologen sind dazu zu faul); man hält Bibel= stunden am Abend, wo der Arbeiter und Geschäftsmann Zeit hat und führt sie ein in die Teile der hl. Schrift, die am Sonntag nicht zur Verlesung und Besprechung kommen; kurz, es ist reges Leben und dementsprechend auch der Erfolg. Heine gebrauchte einmal den treffenden Vergleich: der katholische Geistliche versieht sein Amt wie der Commis eines großen Handlungshauses lässig und ohne direktes Interesse an der Prosperität desselben, der protestantische handelt als kleiner Geschäftsmann, aber auf eigene Rechnung und mit größerem Eifer. Man könnte noch hinzufügen: der katholische Priester vertraut, daß der heilige Geist ohnehin das meiste thut und auch ohne sein Zuthun über alle Fährnisse hinwegführt, und strengt sich daher nicht so sehr an. Man schaue nur, wie wenig Männer die Kirche frequentiren! Daher die Erscheinung, daß die katholischen Provinzen und Länder, statt aufzublühen vielfach noch zurückgehen und die Konkurrenz mit den protestantischen nicht bestehen. Am allerschlimmsten ist die Erfahrung, daß selbst in den Urbollwerken des Katholizismus z. B. in der Bretagne, in Belgien und Tyrol Sittenlosigkeit, besonders die alkoholische Seuche, in furchtbarem Maße fortschreitet, selbst den weiblichen Teil ergreift und das Volkskapital am empfindlichsten schädigt. Wie muß es um eine Seelsorge stehen, die den blindgläubigen Parochianen nicht einmal von groben moralischen Defekten schützen kann? In Norwegen ist die Trunksucht, die früher stark herrschte, durch die vereinten Bemühungen der Geistlichkeit und der Mäßigkeitsbewegungen fast ausgerottet und in katholischen Gegenden und zwar in solchen, wo der Pfarrer unbedingte Autorität hat, nimmt sie zu! Aber der katholische Priester hat ja zuviel mit Politik, mit Wahlen, mit mystischen Frömmeleien zu thun, wie könnte er Zeit finden, einer so geringfügigen Sache wie dem moralischen Leben seine Aufmerksamkeit zu schenken! Nicht selten gehört er sogar selber zu denen, die nescierunt prae ebrietate, absorpti sunt a vino (Is. 28.). Der Rektor Keane zu Washington wurde als Temperenzler und Anhänger strikter Sonntagsfeier von den deutschen Säufern, wie Schröder und Pohle, verketzert, und der Bischof von Sitten verbot im Fastenhirtenbrief 1898 Temperenzlervereinen beizutreten, gleichwie Kinder in nichtkatholische Anstalten zu schicken, bei einer protestantischen Bibliothek zu abonniren und protestantische Zeitungen und Bücher zu lesen ohne ernstliche Ursache, „die ihr selber zu beurteilen meist nicht in der Lage seid"!

Die Methode des Verbietens und Bevormundens, der ewigen nervösen Reglements ist heutzutage weise Kirchenpolitik, und wo irgend eine Gefahr sichtbar wird, erscheint sofort eine oberhirtliche Verordnung, und nun glaubt man, ist das Übel gehoben. Und wenn diese Verordnungen nur wenigstens vernünftig wären, wenn sie nur nicht meist das Übel ver-

schlimmerten! Das elendeste, was eine Behörde bei einer
Kalamität thun kann, ist doch, zu verbieten, sich mit dem Ding
zu beschäftigen. Und immer das Einsetzen der Autorität, die
Taktik des Drohens, des Verdammens, des Hervorrufens
moralischer Konflikte! Die Fabel vom Wanderer und Sturm-
wind ist für manche Prälaten umsonst geschrieben.

Zu diesen Mängeln der Abschließung und engherzigen Auf-
fassung des Berufs gesellt sich oft noch unkluges Pochen auf
Kleinigkeiten wie das Verbot der „fremden, unchristlichen und
frivolen Damenhüte" an Stelle der Spitzenmantillen in der
Kirche durch den Bischof von Salamanka (das erinnert an das
Wettern eines mir bekannten Landpfarrers gegen die städtische
Tracht — er verweigerte selbst die Kommunion aus diesem
Grunde —; es wird dabei die finanzielle Seite ganz außer
Auge gelassen; denn Volkstrachten sind sehr teuer, abgesehen
davon, daß diese Frage den Geistlichen gar nichts angeht),
Härte und Schroffheit namentlich bei Beerdigungen
(skandalös und unbegründet war z. B. die Verweigerung eines
kirchlichen Begräbnisses für den Berliner Bürgermeister Forken-
beck, weil er vor 15 Jahren den Maigesetzen zugestimmt hatte!
Eine Reihe vornehmer Katholiken wie Dr. Stryk trat infolge
dessen aus der Kirche aus) — wie wenig wird an St. Bernards
Mahnung gedacht: Zelum tuum inflammet caritas, informet
scientia, firmet constantia! — ferner anstoßgebende Ideen
über öffentliche Ereignisse, wie des P. Olivier's tolle Auffassung des Bazarunglücks in Paris, als wären die Verunglückten
gotterwählte Opfer, um für die Rettung Frankreichs Sühne zu
bieten. Diese übrigens von de Maistre in den „Abendstunden"
entwickelte Idee gab den Feinden des Katholizismus willkommenen Anlaß, über den grausamen Gott, der durch das Blut
unschuldiger Opfer besänftigt werden muß, loszuziehen. (Ähnlich sagte übrigens der Priester Ugaste bei einem gleichen Un-
glücksfall zu San Jago in Chile, wo 1866 über 2000 Frauen
am Feste der unbefleckten Empfängnis in der brennenden Kirche
umkamen: die hl. Jungfrau habe ihre andächtigen Kinder zu
sich genommen, weil Chile eine große Anzahl hl. Martyrer
nötig habe.) Sehr unklug war auch die von den Centrums-
größen veranlaßte Gründung eines Vereins zur Unter-

ſtützung übertretender proteſtantiſcher Theologen;
denn die Idee wurde ſofort gegen die Katholiken gewandt und
durch einen entſprechenden für die katholiſchen Apoſtaten beantwortet, der aber ganz anders zu thun hat; während jener
noch immer auf den erſten Kandidaten wartet, hat der geg-
neriſche, beſonders in Frankreich und Öſterreich, alle Hände
voll zu thun. Auch die ſelbſtzerfleiſchende Streitſucht und
Gehäſſigkeit unter den katholiſchen Prieſtern — „Einige
verkünden Chriſtum aus Streitſucht, nicht aus reiner Abſicht,
indem ſie meine Bande zu erſchweren denken‟ Phil. 1,17, —
der Zelotismus der Echtklerikalen, der ſelbſt das prieſterliche
Anſehen mit Füßen tritt, — ſ. die Affaire Wacker-Honolb —
die Belaſtung der treuen Gemeindeglieder mit ewigen Betteleien
und hohen Stolgebühren (ſ. beſonders die koloſſalen Stolgebühren in Frankreich, wo z. B. eine Trauung 1. Klaſſe 575 Fr.
koſtet, die Mitwirkung des Pfarrers ſelbſt koſtet noch eigens
140 Fr., wirkt ein berühmter Sänger mit, ſo erhält derſelbe
180 Fr., der Pfarrer aber wieder 120 Fr.! Vergl. Eclair,
23. Okt. 1898; ſolche Tarife machen die vielen Civiltrauungen
und Civilbegräbniſſe ohne weiteres erklärlich), das Aufgehen
vieler Geiſtlichen in Politik und Journaliſtik — ſolche
Vernachläſſigung der Amtspflichten iſt jetzt ſogar ein Grund
zum Avancement — machen den Rückgang des prieſterlichen
Anſehens von ſelbſt klar.

Außer der unrichtigen Auswahl der Kleriker und der fal-
ſchen Methode ihrer Praxis haben wir für die Minderung
ihres Anſehens verantwortlich gemacht die ſchnöde Behandlung durch die Hierarchie. Dieſen Punkt müſſen wir nun
ausführlicher beſprechen.

Stellung des niederen Klerus zu den Oberen.

Bekanntlich gibt es in der katholiſchen Kirche einen niederen und einen höheren Klerus. In den früheren Jahrhunderten war dieſer Gegenſatz nicht ſo ſchroff — die Stellung,
die einfache Presbyter wie Hieronymus, Bernardus, einnahmen
und zwar ſelbſt in doktrinellen und einſchneidend praktiſchen
Fragen, war eine gewichtige und einflußreiche, und die Mah-
nungen, Anträge und Anklagen, welche dieſe, ja ſogar Frauen

3*

wie Katharina von Siena an Bischöfe und Päpste richteten,
möchte ich heute keinem Prälaten raten. „Der Bischof leitete
in den ersten drei Jahrhunderten das Meiste mit der Gemeinde
gemeinschaftlich. Seinen nächsten Rat bildete das Presbyterium
oder die Gesamtheit der Presbyter einer Kirche. Ohne diesen
seinen Senat that der Bischof nichts, ja er durfte nicht einmal
etwas Erhebliches thun." Möhler, Einheit der Kirche § 55.
Die richterliche Sentenz des Bischofs war nichtig „nisi Cleri-
corum sententia confirmetur". Nach dem 4. Konzil zu Kar-
thago canon 21. soll der Bischof selbst bei Auswahl und An-
stellung der Geistlichen Zustimmung und Zeugnis der Bürger
einholen und darf gegen den Willen einer Gemeinde ihr keinen
mißliebigen Seelsorger aufbringen. Cyprian (in Ep. 67,3)
erklärt die Teilnahme der Gemeinde bei der Weihe als potestas
vel eligendi dignos sacerdotes vel indignos recusandi.

Die Bischöfe der alten Zeit fühlten sich als Hirten, nicht
als Herrscher. Wie sie vom Volk oder wenigstens vom Presbyterium gewählt waren, das immer den Tüchtigsten aus seiner
Mitte aussuchte, und nicht durch Hofintriquen und von der
weltlichen Gewalt nach oft sehr zweifelhaften Qualitäten er-
nannt und oktrohirt wurden, so regierten sie auch im Geist
der Gemeinschaft und ihre Stärke lag im freien Zusammen-
halt aller Kräfte. Überschauen wir die glänzende Reihe der
Oberhirten der Patristik, wir finden, daß fast ausnahmslos
der Geistesgewaltigste, der Frömmste, der Angesehenste an der
Spitze des geistlichen Gemeinwesens steht; bis auf wenige Ausnahmen sind alle großen Kirchenschriftsteller und Apologeten zugleich Prediger und Bischöfe, und der erste Theologe der Diözese
nimmt auch in der Regel den ersten Rang in der Hierarchie ein;
heutzutage ist es eine Ausnahme, wenn ein Bischof zugleich als
Gelehrter hervorragt, ja selbst die kanonischen Vorschriften über
die wissenschaftlichen Qualitäten desselben werden oft genug, wie
andere auch, mißachtet. Einst gab es, wie schon Bonifazius nach
Rom schrieb, „goldene Bischöfe mit hölzernen Bischofstäben", jetzt
„goldene Bischofstäbe und hölzerne Bischöfe". Und seltsam, gerade
heute, wo ein wissenschaftlicher Beirat dem oft wenig bewanderten
Leiter der Diözese recht notwendig wäre (im Domkapitel finden
sich auch selten genug tüchtige Kräfte) schließt man jede Be-

teiligung der in Lehramt und Praxis stehenden Kleriker ängstlich aus und selbst die kanonischen Vorschriften der Diözesan-
und Provinzialsynoden (f. Benedikt XIV. „de synodo dioeze-
sana" und Amberger „Der Klerus auf der Diözefansynode")
sind längst vergessen. Sebastian Brunner sagt einmal: „Wenn
das Niveau priesterlichen Wirkens einmal so tief sinken sollte,
daß in jeder Diözese ein einziger vernünftiger Mensch wäre,
wenn es allen anderen verboten wäre, die von Gott verliehenen Kräfte zum Schutz von Glauben und Kirche zu verwenden,
dann wäre das eine Ruine und nicht mehr die alte Kirche."
Karl Borromäus, gewiß ein Geistesfürst, mit dem sich unsere
Bischöfe nicht zu vergleichen wagen werden, sagt in seiner
9. Diözefansynode zu seinem Klerus: „Hier erkennt sich gegenseitig Bischof und Klerus, dieser Anblick weckt größte Liebe,
versöhnt die Gemüter zur einmütigen Beförderung und Unterstützung der Ehre Gottes. Hier wird beraten, was zum besondern Kirchenregiment gehört in Verein mit denen, welchen
die Verwaltung zusteht." (Hirscher, Kirchliche Zustände der
Gegenwart, Antwort an die Gegner 39.) Hirscher weist auf
die liebevolle Art hin, wie die Apostel stets in Einvernehmen
mit den Gemeinden regierten (wie sie z. B. Apostelgesch. 21,17
vor allem die Gemeinde zufriedenstellen wollten), er schildert
die Freude und Berufslust, welche die Teilnahme an den Stan-
desangelegenheiten in den Priestern entzünden würde; denn
„man interessiert sich nur für das, worüber man mitzusprechen
hat und greift mit Lust und Ernst nur da ein, wo man sein
Gewicht und seine Verantwortlichkeit vor Augen hat"; nicht
Verwirrung, sondern Aufschwung werde die Beteiligung so
vieler intelligenter und sittlich tüchtiger Kräfte herbeiführen,
und dem Oberhirten könne eine Unterstützung und eine Teilung
der Verantwortlichkeit nur willkommen sein und würde seinen
Entschließungen und Anträgen, namentlich der weltlichen Behörde gegenüber, ganz anderes Gewicht und Relief geben.
„Wenn die Oberbehörde", sagt auch Brunner, „die geistlichen
Führer des Volks als unmündige, jedes Vertrauens unwürdige
Menschen behandelt, glaubt man an die Möglichkeit, daß letztere
an Ansehen gewinnen können? Oder ist meine Behauptung,
daß man das sacerdotium zur Minoristenwürde herabgedrückt

hat, unbillig?" (Es ist auffallend, daß man heute vom
„niederen Klerus" spricht, wenn man den Priester meint und
selbst den Universitätsprofessor darin einbegreift — der höhere
geht erst vom Domherrn an — kanonisch hat schon der Sub=
diakon die „höheren Weihen"!) „Eine freiere, würdigere Stel=
lung des Pfarrgeistlichen nach Art der alten Presbyter wäre
auch vom streng katholischen Standpunkt aus zu wünschen,"
sagt selbst Hase.

Hirscher tritt selbst für Beteiligung der Laien an den
Synoden ein und beruft sich mit Fug auf die alte Kirchendis=
ciplin und auf die guten Früchte, die bei den Protestanten
aus der Beibehaltung dieser Einrichtung hervorgegangen wären.
„Es geht nicht an, von den Laien immer nur kindlichen Ge=
horsam zu fordern." Wenn Laien nicht mitsprechen sollen,
warum habe man katholische Vereine gegründet, die sich mit
kirchlichen und kirchenpolitischen Dingen sehr stark beschäftigten.
Diese Vereine wären viel gefährlicher, weil hier die Laien die
Übermacht hätten und nicht durch das klerikale Übergewicht
in Schranken gehalten würden. Hirscher weissagt aus diesem
Vorwiegen des politischen Moments im öffentlich=kirchlichen
Leben schwere Verwicklungen für die Religion (die thatsächlich
eingetreten sind). Wenn man das Laienelement gerade in der
kirchenverwaltlichen Beteiligung so fürchte, warum räume man
den Lehrern, die gewiß zu den Gläubigsten nicht gehörten,
so unerhörten Einfluß auf die Erziehung, selbst auf den Reli=
gionsunterricht ein, wo sie das kirchliche Lehramt vertreten?
(Dies ist ein besonders wunder Punkt heutzutage, wo die Lehrer
sich über die missio canonica vielfach lustig machen. Es ist
eines der seltsamsten Dinge, daß die kirchliche missio selbst
solchen aufgedrungen wird, die nichts davon wissen wollen und
für richtige Ausübung nur negative Kriterien geben. Aber
kein Bischof hat den Mut, diesen faulen Punkt anzupacken.)
Als in Ungarn die Autonomie beraten wurde, schrieb der
Maggar Allam klagend über die Ratlosigkeit der Katholiken.
Die Bischöfe feindeten die Laienvertretung an als Beeinträch=
tigung ihrer Rechte und wollten lieber Freimaurerherrschaft
als Mitstimmen des katholischen Volkes!

Jeder Stand ist heutzutage organisiert, agitiert energisch

für Geltendmachung seiner Rechte und legt bei Wahlen und
in der Presse nach Möglichkeit sein Gewicht in die Wagschale.
Nur einem Stand ist es verwehrt, sich zu organisieren. In
Frankreich wurde ein Anfang dazu gemacht. Ein Priester-
fachverein wurde von Abbé Lemyre unter Billigung des Erzbischofs Longénieux von Rheims daselbst gegründet; gleich aber
wetterte dagegen der Bischof von Annécy; er sei eine Auflehnung
gegen die Autorität der Bischöfe. Für den Klerus hatte man
bisher nur Pflichten und Lasten in stets zunehmender Scala,
das Wort Rechte darf gar nicht mehr gebraucht werden. „Ein
Kaplan hat kein Recht,“ war das beständige Losungswort des ehe-
maligen Generalvikars Groh, eines wüsten und rohen Gehorsams-
fanatikers ohne jede wissenschaftliche und gesellschaftliche Bildung.
Jedes Selbständigkeitsgefühl wird im angehenden Kleriker erstickt, und so ein unterwürfiges, maschinenmäßig folgsames In-
strument soll die großen Schlachten gegen den Unglauben und
die Gleichgültigkeit der Zeit im öffentlichen Leben schlagen!
„Es ist vergebens, in einer Welt, deren soziale Grundlagen auf
Freiheit beruhen, blos Autorität zu predigen; man prostituiert
dadurch das Christentum, wenn man nicht gleichzeitig den
Wiederaufbau der natürlichen Grundlagen der Autorität
fördert,“ sagt Vogelsang. Und, möchte ich hinzufügen, es geht
nicht an, in einer Zeit, wo das Freiheitsbewußtsein so mächtig
rege ist, wo alle Stände, selbst die, welche dem geistlichen weit
nachstehen, im Emanzipationskampf, in der Verbesserung ihrer
Lage und Erhöhung ihres Einflusses solche Siege errungen
haben, den Klerus allein in der Unmündigkeit und Armut zu
erhalten; noch weniger kann ein solches Helotentum sich und
der Kirche Achtung verschaffen und mit Sklavenketten an Händen und Füßen gedeihliche Wirksamkeit entfalten. Es ist eben
der Fluch des Despotismus, daß er keine positiven Kräfte
schaffen kann, sondern nur die bestehenden unterdrücken. Alle
großen Anregungen und Fortschritte sind von unten gekommen;
die Autorität ist naturgemäß mehr Wächterin des Bestehenden
als Trägerin der neuen Ideen und in diesem Konservativismus
ja auch gegen zu großes Ungestüm des Wechsels ein heilsames
Gegengewicht; aber manchmal sollte doch auch einem Mitra-
und Tiaraträger das Traumbild Innocenz des Dritten vor

Augen schweben, der den Bettelmönch Franziscus die Säulen
des den Einsturz drohenden Laterans aufrecht erhalten sah.

Der Prälat, mahnt St. Bernard, soll das prodesse, nicht
das praeesse im Herzen tragen; der Bischofstuhl sei eine cathedra oneris, non honoris, operis, non nominis, virtutum
quoque, non divitiarum; wer an erhabnem Orte stehe, sei
auch erhabenen Geistes! es gäbe wenig Bischöfe, die mit Nutzen,
noch weniger, die mit Demut ihrem Amte vorstünden. Was
an Verordnungen und Reglements heute erscheint, ist fast lauter
Papparbeit, es soll in der furchtbaren, religiösen Krisis nur
ausschauen, als ob etwas geschähe. Eine Menge nervös sich
kreuzender Maßnahmen, Einführung von Festen und Andachten,
Missionen nach oben geschildertem Schema, liturgische Neuer-
ungen, und vor allem ewige Kommandos und Verbote an die
Priester als die einzigen, denen ein Bischof noch mit Erfolg
gebieten kann: Verbote des Radfahrens, des Theaters, der
Ausübung der Heilkunde (als ob alle Priester Kurpfuscher
wären), sind die Hauptthätigkeit unserer Ordinariate. Es ist
schon so weit, daß, wenn kaum eine Anklage gegen Priester
in irgend einer Zeitung stand, sofort von dem betreffenden
Ordinariat ein Cirkular an den Kuratklerus ergeht, gewiß ein
vortreffliches Mittel, dem letzteren Achtung zu verschaffen. Als
kürzlich die bayerische Lehrerzeitung von der Nachlässigkeit der
Geistlichen im Religionsunterricht sprach, erging gleich vom
Bamberger Ordinariat eine Anweisung an die Distriktsinspek-
toren, ihre Pfarrgeistlichen in diesem Punkt zu visitieren und
Bericht zu erstatten. Die Lehrerzeitung konnte nun mit Genugthuung melden, daß ihre Anklage von der oberhirtlichen
Stelle als berechtigt anerkannt worden sei. Warum denn so
nervös? Warum sich von Zeitungsschreibern kommandieren
lassen und die Curatgeistlichen ins Unrecht stellen? Ist das
dem geistlichen Ansehen förderlich? Eine ähnliche Ausstellung
bezüglich des Verhältnisses zwischen Geistlichem und Lehrer
hatte eine ähnliche Anweisung zur Folge, die wieder von der
Lehrerzeitung in ihrer Weise ausgenützt wurde. Zu einer
Anweisung an die Lehrer, auch ihrerseits friedlich mit dem
Pfarrklerus zusammenzuwirken, hatte die geistliche Behörde den
Mut nicht. Dadurch aber wurde der Kuratklerus ins Unrecht

gesetzt, als ob er hauptsächlich an dem bestehenden Mißtrauen zwischen den erziehlichen Faktoren schuld wäre und einer speziellen Ermahnung bedürfte.

Und wie sieht es mit der Anstellungsfrage aus? „Zwei Dinge," sagte seinerzeit Brunner, „sind es, die man nicht verzeihen konnte: Geist und Charakter. Und solange die weltliche Gesinnung im Pfründewesen die große Hand hat, so lange wird Geistlosigkeit und Charakterlosigkeit immer mehr gesucht bleiben. Deine Gesinnung mag noch so lauter, dein Wandel noch so tabellos sein, dein Wesen noch so kirchlich, es wird dir nichts helfen. Aber wenn du nicht kalt und nicht warm bist, wenn du nach der Apokalypse so recht zum Ausspeien bist, wenn an dir nichts ist um und um, wenn du aber wie ein Taschenmesser in der Mitte zusammenzuklappen verstehst am rechten Ort, wenn du ein dummes Gesicht machen und den Kopf auf die Seite halten kannst, dann bist du der rechte Mann, dem geholfen werden wird. Stupiditas victrix ist ein Götzenbild, dem leider sehr viel und sehr kostbarer Weihrauch gestreut wird.

„Nur vor allem sich hüten, die volle Wahrheit zu sagen!
..... denn führt sie einer beständig
Unklug im Munde, der leidet Verfolgung, wohin er sich wendet,
Ueberall steht er zurück, die anderen werden geladen.

Der vielfach verleumdete edle Fürstbischof Ludwig von Erthal, dessen Regierung für die Bistümer Würzburg und Bamberg ein wahrer Geistesfrühling in jeder Hinsicht war, versprach in § 15 der akademischen Statuten der Universität Würzburg den Studenten, daß er keinen guten Kopf unbenützt lassen werde und daß es keinen gereuen solle, seine von Gott verliehenen Talente gebildet und dem Vaterland zu Dienst gestellt zu haben. Aus diesem Gesichtspunkt ernannte er auch Professoren, die nach manchen Rücksichten Bedenken erregten z. B. die Aufklärungstheologen Berg und Oberthür zu Professoren, da er voraussah, sie würden doch anregend auf die jungen Leute wirken, und das Aufblühen der unter den Jesuiten gänzlich zurückgekommenen Universität bewies die Richtigkeit dieser Kalkulation. Heutzutage verstimmt und verbittert man die Talente und setzt ihnen unwissende und auf

die studierende Jugend abstoßend wirkende, aber frömmelnde
Streber vor. Gelehrsamkeit ist ja das Letzte, was heutzutage
ein Theolog nötig hat. Wenn dann ein gelehrter und literarisch in der ganzen wissenschaftlichen Welt bekannter Diözesan
anfrägt, was er etwa für einen Posten für seine rastlose Thätigkeit zu gewärtigen habe, so bietet man ihm ein Bauernbene-
fizium mit 900 Mk. Gehalt an. Exempla docent.

Und wie steht es mit der geistlichen Gerichtsbarkeit?

„Brüder!" sagt der hl. Paulus (Gal. 6, 1) wenn auch ein
Mensch von irgend einer Sünde übereilt worden wäre, so unter-
weist einen solchen, ihr, die ihr geistlich seid, im Geist der
Sanftmut, und hab' acht auf dich selbst, daß nicht auch du versucht werdest!"

Wo wird diese Milde einem fehlenden Amtsbruder gegenüber geübt? Ja wenn nur die ersten Forderungen der Gerechtigkeit beobachtet würden! Ist es nicht ein furchtbares
Vorrecht, das die geistliche Gerichtsbarkeit bis zur höchsten
Stelle in Anspruch nimmt, ohne Verhör und Verantwortung
einen Beschuldigten abzuurteilen? Was wird unter dem Titel
informata conscientia für himmelschreiendes Unrecht verdeckt!
Welche unlauteren Quellen der Spionage, Ueberwachung durch
Betschwestern, anonyme Denuntiation gelten für manche Ge-
neralvikare als vollgültige Beweise, einen Priester zu ruinieren!
Gibt es ein rechtloseres und machtloseres Geschöpf auf der
Welt, als einen katholischen Geistlichen, besonders wenn er in
fremder Diözese kommoriert, etwa der Studien halber, was
natürlich ein rüder geistlicher Polizeidirektor nicht glaubt und
versteht, da er selbst der Studien wegen noch keinen Schritt
auf die nahe Bibliothek riskiert hat. Wie leicht ist ein solcher
mit Entziehung des Celebrets zur Hand, wenn z. B. eine der
überwachenden Betschwestern die Messe des Gelehrten zu kurz
für ihre frommen Betrachtungen gefunden hat! Und welche
Entwürdigung des Heiligsten, dasselbe als Gelderwerbsmittel
anzusehen und als Strafwerkzeug zu gebrauchen, dem armen
Gelehrten das einzige Mittel seines Unterhalts zu rauben, ja
sogar den Trost des Sakraments zu entziehen, ihn als Menschen, der nicht wert ist am Altar zu stehen, ohne Untersuchung
öffentlich zu brandmarken, was man doch nur dem unbuß-

fertigen überführten Sünder gegenüber dürfte. Die Affairen
Daens und Stojajewsky sind noch in guter Erinnerung. Beide
wurden ohne Verhör suspendiert, der Pole sogar über den Kopf
seines Bischofs hinweg. Ich bin kein Freund von politischer
Demagogik, aber wenn man einmal den politischen Trubel
beim Priester nicht unpassend findet, so muß man doch seine
Sympathie zehnmal eher einem Idealisten zuwenden, der uneigennützig, von Schmerz über die Ausbeutung des Volkes ergriffen gegen die Korruptionsparteien zu selbe zieht und den
Armen, Unterdrückten, von denen er keine zeitlichen Vorteile
und Pfründen zu hoffen hat, seine Hilfe leiht als jenen ver-
schlagenen und berechnenden geistlichen Politikern, die den Weg
von der Parlamentstribüne zum violetten Talar und zum
Katheder, wie er jetzt der bequemste ist — Wissen ist dazu nicht
nötig — wohl kennen und ihre Diplomatie darnach einrichten.
Vergleicht man mit dieser Uebersterenge, was andererseits alles geduldet und übersehen wird, wenn der Betreffende am rechten Ort
gut gelitten, (der Ratili- und Bodewichschwindel gibt dafür ein
Beispiel, ersterer ist von Kronast, dem Gelehrtenverfolger, ausdrücklich unterstützt worden), sieht man auf die Art, wie gegen
Männer wie Schell, Klein, Rohling vorgegangen wird (selbst
Döllinger hätte man die verlangte Disputation nicht verweigern
sollen, sie wäre vielleicht nur die Maskierung des Rückzugs
gewesen; die Weigerung sieht eben wie ein Zugeständnis der
Unfähigkeit aus), so kommt man zu einem betrübenden Schluß
über unsere innerkirchlichen Zustände. Und die niederdrückende
Wahrnehmung, daß selbst die altkirchlichen Vorschriften und
Uebungen der Moral zu Gunsten der einzigen Tugend des
Gehorsams successiv eskamotiert werden! So ist das Fasten-
gebot fast aufgehoben; bei jeder Anfrage, und fast minimalen
Gründen wird dispensiert; der Akt des Gehorsams, der in der
Bitte liegt, gilt als vollgültiger Ersatz des uralten Gebots.
Bei Juden, Muhammedanern gibt es keine Dispens für ihre
außerordentlich strengen Abstinenzgebote, auch die Orientalen
nehmen es genau damit; Prinz Georg von Griechenland wehrte
sich heftig gegen die „Verleumbung“, in der Charwoche zur
Kriegszeit Fleisch gegessen zu haben, — unsere katholischen Volks-
tribunen essen am Freitag Würste vor aller Augen von wegen

ihres schwachen Magens — sie sind ja dispensiert! Und wenn
ein Fastendiner stattfindet, können sie es nicht übers Herz bringen,
das Fischgericht zu übergehen und den Liberalen allein zu
überlassen, sie müssen als gute Christen auch ihr Teil haben
und die Kirchenbehörde ist ganz damit einverstanden! Ueber-
haupt ist die leichte Handhabung des Fastengebots in heutiger
Zeit bei der sonstigen Fülle von Vorschriften eine eigentümliche
Erscheinung. Obschon die Praxis so leicht geworden, daß wirklich schon viel dazu gehört, auch das noch zu schwer zu finden,
gibt der unbedeutenste Anlaß Gelegenheit, selbst davon zu
dispensieren. Wer im Gasthaus ißt, braucht auch dann nicht die
Abstinenz zu halten, wenn ihm Fastenspeisen nach reicher Auswahl zu Gebote stehen; jener Umstand allein gibt ihm das
Recht, den Fasttag zu brechen. Wo ist hier die ratio der
Dispens? Und kaum taucht irgend eine Krankheit auf, Cho-
lera, Typhus, Influenza, so kommt auch schon die geistliche
Behörde mit dem großmütigen Anerbieten der Fleischdispens,
die in gesundheitlicher Hinsicht eher schädlich als vorteilhaft
wirkt. „Zum Teufel! ich will mein Fleisch am Freitag ohne
Dispens essen" soll einer nach einem solchen Gnadenerlaß un-
willig ausgerufen haben; aber man läßt ihm eben keine Gelegenheit dazu! Wenn man doch lieber im Punkt des stram-
men Gehorsams die Zügel etwas lockern wollte! Am Fasten
ist noch keiner gestorben und wer es nicht halten will, der
dankt den Dispensen auch nicht. Auch sollen schon zwei
Unterrichtsstunden vom Fasten entbinden — so lautet wenigstens
die probable Ansicht. Die katholischen Moralisten huldigen
also nicht dem allbewährten Grundsatz: plenus venter non
studet libenter!

    „Die Kirche" sagt Riehl, „ist am mächtigsten, wenn sie
nicht herrschen will und je mehr die Kirche zur politischen
Weltmacht wird, um so übler ist es mit ihrer religiösen Aufgabe bestellt". Dies bestätigt überall die Geschichte. Am Anfang des Jahrhunderts begann eine ganz spontane Rückkehr
der Protestanten zur Kirche, die dabei ganz passiv sich verhielt
sogar selbst davon überrascht war. Als die Kirche ihr Machtgefühl zum Ausdruck brachte, hörte der Zuzug mit einmal
auf und die heutige absolutistische Taktik hat zum Erfolg

nichts als — die Flucht aus der Kirche. Es läßt sich eben
die Welt nicht zum Glauben umschimpfen und umbefehlen;
man muß sie innerlich belehren und das erfordert mehr Kraft=
aufwand. Die Kirche, sagt Riehl, sollte so politisch sein, keine
Politik zu treiben. Wenn der Geistliche nicht als Friedensbote,
sondern als politischer Parteimann erscheint, wird sein Wirken
gelähmt; die Kirche möge immerhin eine Macht sein, aber nicht
eine solche, die man fürchtet, sondern, die die Herzen ge=
winnt. Gerade die Bischöfe und Theologen der Aufklärungs=
periode wie namentlich der vielverleumdete Bischof Wessenberg,
gewannen der Kirche Freunde, sie hielten die Brücke und Fühl=
ung mit den Ideen der Zeit, mit den Dichtern und Philosophen
aufrecht, sie führten der katholischen Theologie reiche Quellen
der Belebung zu, und mögen sie mitunter zu weite Zugeständ=
nisse gemacht haben, im ganzen ist der Segen dieser frucht=
baren Verbindung nicht genug zu preisen. Die Jesuiten aber
haben in ihrer nachfolgenden Zeit der Herrschaft diese schönen
Errungenschaften wieder gänzlich zerstört. „In all seiner kirch=
lichen Machtvollkommenheit hat das moderne Papsttum für
kirchliche Wissenschaft, wahre Frömmigkeit und Abstellung der
Mißbräuche soviel wie nichts geleistet, vielmehr in einer Zeit,
wo wirklich durch die Kirche ein frischer Hauch christlichen Lebens
ging, alle Erscheinungen desselben nur behandelt je nach dem Maß
ihrer Unterwürfigkeit," sagt Hase. Ein furchtbares und zu weit=
gehendes Urteil! Doch mögen die, welche es angeht, zu ihrer
Gewissenserforschung darüber nachdenken! Auch die Worte
Charbonnels mögen hier stehen, mit denen er seinen Austritt
aus der Kirche erklärte: „Ich trete aus einer Kirchenordnung,
welche aus der Religion eine geschickte Verwaltung und ein
Mittel der geistlichen und gesellschaftlichen Unterdrückung macht.
Die Religion ist für diese nicht mehr eine Erhebung des Her=
zens, ein Streben nach dem göttlichen Ideal, ein Prinzip der
Liebe und Brüderlichkeit, sondern eine elende menschliche Po=
litik." Der Papst soll auf die Kunde von dem Abfall Char=
bonnels und der erschreckenden Zunahme der évadés (deren
feiges Davonlaufen ich übrigens nur verurteilen kann) einem
französischen Bischof gegenüber ausgerufen haben: „Verschärfen
Sie die Disziplin!" Wäre das wahr, so würde es von einer

großen Verblendung zeugen. Also gerade das, was das Un-
heil angerichtet hat, soll noch verstärkt werden; zu den Ruten
sollen noch Skorpionen gefügt werden! Als ob man zudem
gegen Apostaten einschreiten könnte! Man schafft nur neue.
Man fahre nur in der jetzigen Gewaltpolitik fort und wir werden noch ganz andere Dinge erleben. Es gibt eben einen Punkt,
wo das Rückgrat bricht, und auch der geduldigste Priester
kann nicht alles ertragen. Man verlangt vom Priester den
größten Heroismus der leidenden Geduld und Selbstüberwindung,
selbst aber setzt man sich in souveränem Machtgefühl über die
elementarsten Forderungen der Gerechtigkeit und Billigkeit hinweg. Von wie vielen Prälaten gilt das Wort des Propheten:
„Was schwach war, habt ihr nicht gestärkt, was krank war,
nicht geheilt, was gebrochen, nicht verbunden, was vertrieben,
nicht zurückgeführt und was verloren, nicht gesucht; sondern
mit Strenge, mit Gewalt habt ihr geherrscht; da zerstreuten
sich meine Schafe, weil sie keinen Hirten hatten". Ezechiel 34, 3. 4.

Die Bezahlung des Geistlichen.

„Nichts ist" sagt Bulwer, „der Zivilisation förderlicher, als
ein Pfarrer, der sein gutes Auskommen hat." Die französischen
Bischöfe sind anderer Meinung: denn sie wiesen eine bessere Ent-
lohnung ihres Klerus mit dem Bemerken zurück, daß ein armer
Klerus gefügiger sei und sich leichter regieren lasse. Auch wir haben
solche Prälaten. Das Mißverhältnis der Bezahlung des höheren
und niederen Klerus ist ein unerhörtes. 2215 Pfarreien in Italien
haben weniger als 800 Lire, die Bischöfe bis zu 150000; In
Ungarn ist der Gegensatz noch greller. Dennoch wurde eine
staatliche Erhöhung der Kongrua (sie beträgt seit Josef II.
300 fl.) von den Bischöfen abgelehnt, weil die Aufbesserungsfrage „in die Sphäre der Kirche" gehöre." Es hätten eben
nach dem Vorschlag der Regierung die Kirchenfonds herbeigezogen werden sollen, und da wären die Millionen der Prälaten etwas verkürzt worden. Welches Herz die ungarische
Hierarchie für ihre Priester hat, zeigte sich in der Wegtaufen-
geschichte. Die Bischöfe befahlen die Taufen und den armen
ausgehungerten Klerus ließen sie strafen, ohne Ersatz zu geben.
Bei den Domherren und Vikaren sahen die Bischöfe den Zu-

sammenhang zwischen Leistung und Bezahlung ein und inter-
essierten sich, ein besseres Personal in ihrer Umgebung zu
haben, beim Seelsorgklerus, der die Last und Hitze der eigentlichen kirchlichen Wirksamkeit zu tragen hat, wird dies nicht
erkannt. Wo wirklich Erhöhungen des Seelsorgeinkommens
stattfanden, haben die Bischöfe das wenigste daran gethan.
In Baden haben sie z. B. durch spitzfindige Machtfragen Jahrzehnte hindurch eine Aufbesserung verhindert und den katholischen
Klerus immer weiter hinter den protestantischen zurückge-
bracht. Schon bezieht ein Stadtlehrer das Doppelte, ja Dreifache des gleichalterigen katholischen Geistlichen und hat noch
Nebenverdienste in Fülle. Der Pfarrer bezieht in Bayern
ein Gehalt von 1800 bis 2200 Mark, *) letzteres nach 25
Dienstjahren, also mit dem 50. Jahr! Die Bezahlung der
Kapläne (von den Benefiziaten nicht zu reden) ist geradezu
schändlich. Sie beträgt neben freier Kost mit wenig Ausnahmen 100 fl., die nicht einmal auf 180 Mk abgerundet
werden. Eine Aufbesserung wurde vom bayrischen Centrum,
besonders von den Führern Daller und Orterer durch die
nichtswürdigsten Vorwände (z. B. den famosen defectus liber-
tatis d. h. die Befürchtung, der Klerus möchte zu staats-
freundlich werden!) hintertrieben und selbst die Vorschläge der
Regierung abgeschwächt oder wie im vorigen Jahr rundweg
abgelehnt unter dem hinterlistigen Vorwand, es müsse der
katholische Klerus mit dem protestantischen gleichgestellt werden.
Da nun zu letzterem nie Aussicht wird und gerade vom Centrum die sogar von protestantischen Geistlichen z. B. Wirth
befürwortete Gleichstellung mit den Protestanten 1894 hintertrieben wurde, da Daller meinte, die Besserstellung der letzteren
sei historisches Recht, so können die katholischen Theologen bis
ans Ende der Welt warten. Der eigentliche Grund war die
Befürchtung, es könnten einige Wahlsitze verloren gehen! Diese
schnöde Behandlung der Geistlichen zum Dank dafür, daß sie
solche Vertreter gewählt, geschah gleichzeitig, als das Geld für
Beamte, Lehrer und Bauern geradezu verschwendet wurde.
Den Bauern gab man zur Zinsablösung statt der beantragten

*) Die Abstufung des Gehalts nach der Seelenzahl war eine echte
— Dallerei.

5 gleich 8 Millionen, Orterer beantragte für die landwirtschaft-
liche Schule 200 000 Mk., für die pensionirten Lehrer statt 40
gleich 150 Millionen,*) obwohl die Regierung aufmerksam
machte, daß Pensionsbestimmungen bei allen Kategorien nicht
rückwärts wirken können und dies ein gefährliches Präjudiz
wäre. Selbst Schubert hatte nur 50 Millionen beantragt.
Woher diese Begeisterung für die doch liberalen Lehrer? Weil
der katholische Lehrerverein die Forderung gestellt und die
Liberalen doch übertrumpft werden mußten! Ob nun die
Lehrer in hellen Haufen ins lehrerfreundliche Centrum pilgern
werden? Eine eigentümliche Beobachtung drängt sich auf.
Die protestantischen Geistlichen haben keine Vertreter im Landtag
und auch keine spezifische Partei, die auf ihre Interessen gewählt
ist. Und doch, wo immer ihr Interesse in Frage kommt,
werden sie mit Wärme vertreten; der katholische Klerus hat
zahlreiche Repräsentanten in den Parlamenten, ja er hat eine
starke sog. klerikale Partei hinter sich und von allen diesen
Vertretern und dieser Partei wird er regelmäßig aufs
schmählichste verraten. Die Herrn Geistlichen im Landtag vertreten nicht das Interesse ihres Standes, sondern nur ihr
ganz gemeines schmutziges persönliches Interesse. Für sie langts
ja noch, so viele gute Pfründen gibts noch, um den Parlaments-
klerus sicher zu stellen; um ihre Konfratres kümmern sie sich
nicht. Für Eisenbahnbedienstete, für Süpplein der Soldaten,
für alle möglichen Kategorien nimmt sich der Landtagsklerus
an, für seine barbenden Mitbrüder hat er kein Herz. Kohl,
der seinem Namen durch seine rhetorischen Leistungen und
parlamentarischen Berichte Ehre macht, schämte sich nicht,
entrüstet die ihm gemachte Zumutung zurückzuweisen, er habe
für Aufbesserung der Geistlichen gestimmt. So sehr ist diesem
Mann der Sinn verloren gegangen, wofür er sich zu schämen
habe. Um einige Bauern einfangen zu können, wird der
Klerus geopfert! Der ist ja dumm genug, daß er doch wieder
fürs Centrum agitirt, auf ihn braucht man also keine Rücksicht
zu nehmen. Als ich Orterer, den ich an drittem Ort zufällig

---

*) „Leicht raffe ich das Brod von anderer Munde und setze dir es
vor" — diesen Kniff des paphlagonischen Wursthändlers in Aristophanes'
„Rittern" haben unsere modernen Kleonten klug erfaßt und üben ihn fleißig.

traf, Vorwürfe über sein Verhalten machte und ihm Abfall der Geistlichen von seiner geistvollen und wohlwollenden Politik in Aussicht stellte, sagte er mit einem Cynismus, der mich selbst bei dem Mann mit der bekannten eisernen Stirn ver= blüffte: „Der Klerus kann, wenn er will, zum Bauernbund oder zu den Sozialdemokraten übergehen. Wir haben 1894 genug für ihn gethan; mehr bekommt er nicht". Als ich diese brutale Sprache im Vaterland bekannt gab, war Schweigen in allen Wipfeln; die Centrumspresse, die sonst über jeden Brocken herfällt, ignorirte diese Blamage ihres Führers; sie ließ sich nicht gut ableugnen, wie die geplante Enthebung des Direktor Neubecker vom Hollandeum,*) denn es waren Zeugen dabei; mir ist aber keinen Augenblick zweifelhaft, daß Centrum bei unserem guten Klerus das nächstemal doch wieder Trumpf ist; eine solche Gesellschaft gibt es auf der Welt nimmer; darum wird sie auch darnach behandelt. Auffallend ist über= haupt, wie das Centrum katholische Positionen gegen protestantische zurücksetzt, bei ersteren wird an jedem Pfennig genörgelt, bei diesen haufenweise Geld verschwendet. Selbst für Bezahlung des protestantischen Dekanate trat Daller ein. Gerade diese Zurücksetzung und ungleiche Behandlung erbittert. „Artige Kinder verlangen nichts, artige Kinder bekommen auch nichts." Auf welche brüske, ja brutale Art man Aufbesserung erzwingen kann, das hat die Agitation der Lehrer, der Bauern gezeigt. Soll der Klerus auch denselben Weg einschlagen? Sind Behörde und Parlament sachgemäßen Gründen und Anregungen ganz unzugänglich? Welchen Lohn einer für uneigennütziges Eintreten für den Stand erhält, das habe ich erfahren. Zum Dank, daß ich für die Interressen des Klerus eingetreten, bin ich von der bekannten Lügenpresse als „Feind und Beschimpfer meiner Amtsgenossen" ausgegeben worden und viele derselben, die ja nur ihr Lügenblatt lesen und was darin von andern berichtet wird, haben es thatsächlich geglaubt.

Am schmählichsten ist die Stellung der Emeriten. In

---

*) Diese Stelle sollte mit dem Rektorat am Ludwigsgymnasium kumulirt und Orterer übertragen werden, damit dieser Ersatz für die entgehenden Landtagsdiäten hätte; der Plan wurde vorzeitig verraten und daher dementirt.

Österreich beträgt der Defizientengehalt 350 fl., bei uns 900—
1200 Mk. Die protestantischen Geistlichen beziehen dagegen in
Baiern 1800 Mk., in andern Ländern viel mehr, die Land-
schullehrer 1200—1750 Mk., die Stadtschullehrer 3500 Mk.,
wobei noch glänzende Nebenverdienste. Mit 900 Mk. kann
ein Geistlicher, der oft noch Doktor und Apotheker zu zahlen
hat, nicht existiren. Ich habe Inserate gelesen, wo sich emeritirte
Geistliche zu Abschreiber „um jeden beliebigen Lohn“ anboten;
ich habe Pensionisten gekannt, die mit Kleidern umhergingen,
daß ihnen Almosen angeboten wurden; dennoch hat nur der
Bamberger und ein weiterer Bischof 1898 die Forderung einer
Erhöhung der Emeritenpension ausgesprochen. Der Staat
macht übrigens seit Einrichtung der Emeritenanstalten ein gutes
Geschäft; denn den Hauptteil der Fonds stellt der Klerus selbst.
Für Augsburg hatte der Staat früher 9427 Mk. bezahlt, jetzt
zahlt er 2228, für Passau statt 15750 Mk. 4530 und ähnlich
anderswo. Mit dieser Knauserei steht in grellem Gegensatz die
unkanonische Kumulirung von Pfründen, die Verbindung von
Domherrnstellen mit Professuren, die auch den Nachteil hat,
das Avancement und die Vermehrung der höheren Aemter zu
hindern und den gelehrten Theologen, die etwas besseres als
Bauernpfarrer „mit zwölf Kühen“ werden wollen, den Zugang
zu den wissenschaftlichen Berufen recht zu erschweren. Ich kenne
eine Diözese, in der der Regens des Klerikalseminars viele Jahre
hindurch zugleich Subregens, Professor am Lyceum und
Referent am Domkapitel war, also vier Stellen von höchster
Importanz in seiner sehr (körperlich und geistig) schwachen
Persönlichkeit vereinigte. Es ist überhaupt auffallend, wie die
Hierarchie die Selbständigwerdung des Theologen fürchtet und
den Zugang der Theologen zum Staatsdienst, bez. zu den
Erziehungsfächern, der doch im kirchlichen Interesse läge, zu
hindern statt zu fördern sucht, nur um die Abhängigkeit des
Klerikers zu sichern. Aus demselben Grund begünstigt man
Errichtung von Kaplaneien statt Pfarreien,*) was dem Staat

*) Als die „Pfälzer Presse“ das Eingesandt eines Katholiken brachte
der sich beschwerte, daß das bayrische Centrum für die Katholiken (ungleich
der Praxis bei Protestanten) bei Neuerrichtung von Stellen immer nur
Kaplaneien genehmige, schnauzte die Pfälzer Zeitung entgegen, ein liberales
Blatt habe gar kein Recht, in katholische Angelegenheiten sich zu mischen

natürlich auch lieb ist, da er so weniger zu zahlen hat. In Passau, wo diese Praktik besonders ausgebildet ist, kommt ein Kaplan erst mit 20—25 Jahren zu einer Pfarrei! Es übt natürlich auch einen Einfluß auf den Charakter, wenn ein Mensch fast bis ins Greisenalter in Unmündigkeit erhalten wird. Wenn man schwäbische Kleriker, die schon nach fünf Jahren Pfarrer werden, mit den Passauer Theologen vergleicht, so kommt man leicht auf den Unterschied; zu Gunsten der letzteren aber fällt er nicht aus, obwohl die geistliche Centraltugend, der „Gehorsam" hier offenbar stärker entwickelt wird. Wie kann denn der Geistliche dem Lehrer imponirend gegenübertreten, wenn dieser in Bezahlung, Rang und rechtlicher Stellung weit höher steht? Wenn er bei jedem Konflikt als „ad nutum amovibilis" gewärtig sein muß, den Kürzeren zu ziehen selbst dem Untergebnen gegenüber? Trägt das zur Erhöhung des geistlichen Ansehens bei? Wir sind damit der Stellung des Geistlichen in der Schule nahe gekommen, die wir in einem gesonderten Kapitel beleuchten wollen.

§ 2. Kirche und Schule.

Die Schulfrage ist für die Kirche die wichtigste und bedenklichste in heutiger Zeit. Der kirchliche Einfluß ist successiv — nicht ohne Schuld der Theologen — aus der Schule, besonders Volksschule geschwunden und geht immer weiter zurück. Gleichwohl läßt man auf kirchlicher Seite alles gehen, wie es geht, spielt ein schwächliches Versteckensspiel oder unternimmt Maßnahmen, die das Uebel vergrößern, statt es zu heben. Der Geistliche hat in der Schule wenig mehr zu sagen. Auf dem platten Land ist er dem Namen nach Inspektor, sein Ansehen bei den Lehrern aber steht im Verhältnis zu seinen Bezügen aus dem Schuldienst; in den Städten hat er soviel wie nichts zu sagen, da die Schulleitung in den Händen der Fachmänner ist; der Statistenbeirat der Pfarrer ist, wie es bei solcher doppelten Buchführung zu gehen pflegt, das fünfte Rad am Wagen. Die Centralleitung, (Kreisinspektion, Schulräte, Kultusministerium) ist den Theologen ohnehin jetzt unzugänglich, und so erleben wir das Angenehme, daß, wie die Kapläne den Lehrern,

4*

die Pfarrer den Oberlehrern, so auch die Lokal- und Distrikts-
inspektoren den Kreisschulräten, die meist einfache Lehrer waren,
untergeordnet sind. Auch auf die Lehrerbildung hat die Kirche
keinen Einfluß. Das Zugeständnis eines zweiten Vorstands
ist nur eine Täuschung, da der einzige Theologe eben nichts anderes als Religionsunterricht gibt, wofür eine Lehrstelle ohnehin existiren muß. Das Personal der geistlichen Seminar-
lehrer ist also nicht verstärkt, sondern nur in der Bedeutung
und im Gehalt etwas erhöht worden; die Bildung und die
Stundenzahl in den Seminarien ist nach wie vor dieselbe.
Wie die Lehrer über geistliche Schulaufsicht denken, zeigt ein
Blick in ihre Fachblätter zur Genüge. Zur Besserung weiß
unsere Centrumsweisheit aber nichts Gediegneres vorzuschlagen,
als die Unterstützung der katholischen Lehrervereine, die im
Punkt der Aufsicht genau wie die liberalen Lehrer denken. Das
zeigt der Beschluß der katholischen Lehrerversammlung in Posen,
es möchten zu Aufsichtsbeamten nur seminaristisch (also nicht
akademisch) Gebildete genommen werden. Dieser Wahn vom Vorzug
der Seminarbildung geht so weit, die akademische Bildung, die
doch auch für die Pädagogik allein gediegene, namentlich philosophische Durchbildung verbürgt, bei den höheren Schulämtern
durchweg zurückzuweisen, damit nur ja kein Geistlicher Schulbe-
amter wird, und hat so Leute, die kein Wort Latein verstehen,
in Posten gebracht, welche Universitätsprofessuren an Einkom-
men und Bedeutung noch vorangehen. Das Schönste aber ist,
daß unsere Patrioten das ganz in Ordnung finden. Es fiel
keinem dieser traurigen Gesellschaft ein, in München, wo sie
doch eine Rolle im Stadtrat spielen, einen Theologen zu fordern — man sollte doch denken, ein pädagogisch tüchtiger Theologe sollte in Bayern zu finden sein, und wo in einer andern
Kategorie gibt man denn humanistisch Gebildeten bloße Rou-
tiniers zu Vorgesetzten? — aber nicht einmal der Vorschlag
tauchte irgendwo auf! Wären nicht die Liberalen wenigstens
für einen Akademiker eingetreten (aber nicht aus Rücksicht auf
die hundert Religionslehrer, sondern auf die Philologen der
höheren Töchterschule), so wäre vielleicht ein Oberlehrer gewählt
worden.

Unser einziger Trost ist noch, daß es in andern katholischen

Ländern noch schlimmer steht. In Italien betritt kein Geistlicher
die Schule, nur der Lehrer gibt Religionsunterricht, wenn einer
überhaupt stattfindet, wie? nun das kann man sich nach den Zu=
ständen dort denken. Als über Einführung des Religionsunter=
richts im Parlament debattirt wurde, schrieb der Osservatore
Romano: der Religionsunterricht in Staatsschulen sei frucht=
los, ja schädlich, weil dann bei den Familienvätern die Täuschung
über den sonstigen schlimmen Charakter der Schule möglich sei.
Ähnliche Politik treffen wir auch anderswo, wo kirchliche Macht=
fragen mit praktisch noch so schreienden Zuständen zusammen=
stoßen. Immer wird dem Prinzip das Volk geopfert — fiat
justitia, pereat mundus! Es spielen übrigens ganz gemeine
Geldfragen mit; man will den Ordensinstituten die Konkurrenz
nicht erschweren.

In Österreich, diesem fast durchaus katholischen Staat, ist
es noch schlimmer. Die deutsch=österreichische Lehrerzeitung
begnügt sich nicht mit der Herrschaft des Unglaubens in der
Schule, sie will auch den Religionsunterricht gänzlich daraus
entfernen, weil die Kirche sich das Recht der missio canonica
anmaße! (Nr. 23, 1. Dez. 1898.) Dittes, der Begründer der
Neuschule, stellte bei seiner Berufung ans Wiener Pädagogium
die Forderung: „Nie soll der Fuß eines Geistlichen diese An=
stalt betreten" und der Erfolg war gründlich. Er konnte bei
seinem endlich erzwungenen Abgang sagen: „Zu spät! Ihr
könnt nicht vernichten, was ich geschaffen habe. Möge die
Zukunft entscheiden, welche Aussaat kräftigere Halme treiben
wird, eure oder die meine!" Die Aussaat ist längst reif und
wir sehen sie mit Schrecken. Das Raffinement ging so weit,
daß man in den konfessionslosen Neuschulen sogar die Texte
fälschte, wenn etwas Religiöses darin stand, und z. B. im
„Grafen von Habsburg" die Worte strich: „Verhüte das Gott,"
rief mit Demutsinn der Graf, „daß zum Streiten und Jagen
das Roß ich beschreite fürderhin, das meinen Heiland getragen."
Dieser Demutsinn steht dem hochmütigen Schulmeister, der dem
Heiland nicht am Altar dienen will wie der Ahnherr des
Habsburgischen Kaiserhauses, natürlich nicht an. Ähnlich wurden
die Schriften Christof Schmids von der „Jugendschriftwarte",
dem Organ der vereinigten deutsch=preußischen Prüfungs=

ausschüsse in Hamburg, von der Liste empfehlenswerter Bücher
gestrichen.

In protestantischen Ländern ist es viel besser. In Dänemark und Siebenbürgen versieht der Klerus den gesamten
Volksschulunterricht, der infolgedessen auch blühend ist und verhindert dadurch den unseligen Konflikt, der zwischen Schule
und Kirche sonst herrscht. Aber auch in den andern Ländern
weiß der protestantische Klerus, ungleich dem katholischen, sich
die Führung und Leitung der Schulen und Lehrerseminare zu
sichern und zu erhalten, und wird darin von den Regierungen
unterstützt, da der protestantische Geistliche nicht wie der katholische über die „Staatsschule" wettert, sondern eben die Staatsschule christianisirt und sich zugleich eine Reihe höherer Ämter
wahrt. Unsere Politiker wissen nichts als, wie kürzlich Heere-
man gegen Bosse, den Staat zu erbittern, und sein Recht auf
Leitung der Schulen anzugreifen, das doch nicht mehr rückgängig
gemacht werden kann, wobei nichts anderes erzielt wird, als
daß der Minister erklärt, jede Verständigung mit der Centrumspartei sei unmöglich, und damit jede Hoffnung der katho-
.lischen Theologen vereitelt wird. Der einzige Weg zur Besserung in religiöser Hinsicht ist, daß der Geistliche, wie ich es
in meiner „Pädagogik" (Kirchheim in Mainz 1898) erörtert
habe, der Schule als Staatsbeamter eingegliedert, nicht
wie jetzt, blos angegliedert wird, ein Anhängsel, das bei
der durchgreifenden Fachverwaltung ohne Wert ist. Auch bischöfliche Kommissionen sind ganz wertlos und haben keinen
Einfluß. Schimpft man immer über die „Staatsschule", dann
gibt man den Lehrern willkommenen Vorwand, die Rechte des
Staats gegen die Anmaßung und Herrschsucht der Kirche zu
vertreten und beraubt sich selbst jeden Erfolgs. Statt dessen
werden lauter Lufthiebe gemacht und die Auflehnung der Lehrer
schreitet immer weiter. Die Fälle Adam und Bauer, die offne
Auflehnung gegen Vorgesetzte wie im Fall Wernhard, die
Petitionen um die freireligiöse Schulstelle in Mannheim seitens
Konfessionslehrern, welche den dortigen freireligiösen Geistlichen
zu der Mahnung veranlaßte, die Lehrer sollten doch offen mit
der Kirche brechen, sollten den Ordinariaten die Augen öffnen,
welchen Leuten sie eigentlich die missio canonica an den Kopf

werfen; anders kann man nicht sagen bei der offenen Verhöhnung derselben in Zeitungen und Versammlungen; aber die
Vogelstraußpolitik wird immer fortgetrieben. Hier gibt es keinen
Index! An dem Schullehrer von Sadowa bricht sich die Macht
des stolzesten Prälaten.

Andererseits muß man zugeben, daß auch seitens des
Klerus viel gegen die Schule gesündigt wurde, und daß, wenn
eine Emanzipation der Geistlichkeit erfolgen soll, eine wissenschaftliche Vertiefung und philosophisch-pädagogische Höher-
bildung dazu als Vorbedingung unerläßlich ist. Es geht nicht
an, daß der Kleriker bloß als solcher der Vorgesetzte
des Lehrers sein will, etwa vom Standpunkt der religiösen
Aufsicht aus. Diese Zweiteilung des Unterrichts gibt nur eine
Zwitterstellung, die praktisch gar nichts erreicht. Ob freilich die
Hierarchie dem „niederen Klerus" eine Frei- und Höherstellung
gönnen würde, ist eine Frage, die schon zu stellen, eigentlich
niederdrückend ist, aber nach dem früher Erörterten ihrer
Berechtigung nicht entbehrt.

§ 3. Der politische Katholizismus.

> „Die Schlechten auszuschelten, ist nicht tadelnswert,
> denn man ehrt, wohl erwogen, auch die Besseren
> dadurch." Aristoph., Ritter.

Nichts hat der katholischen Kirche mehr Haß eingetragen,
nichts wird in der modernen Welt mit mehr Widerwillen empfunden, als das Vorwiegen des weltlich-politischen Elements in
ihr, und nichts wird im Katholizismus krampfhafter festgehalten
und prahlender glorifizirt als eben diese Verquickung der
Religion mit den politischen Tendenzen. Man mißverstehe mich
nicht! Die katholische Kirche ist eine sichtbare Institution und
hat, wenn auch nur auf die übernatürliche Ordnung gerichtet,
doch mannigfache Berührung mit dem bürgerlichen Leben und
den staatlichen Mächten. Sie muß also auch Politik treiben.
Sie muß ihre Beziehungen zu den irdischen Gewalten durch
Konkordate regeln und kann sich ihre Glaubenssätze, Verwal-
tungsregeln und ihre Verfassung nicht von weltlichen Machthabern vorschreiben lassen. Doch hat sie sich vor zwei Klippen
zu hüten: 1. vor Übergriffen in das staatliche Gebiet, 2. vor

dem Verlieren in politische Machtfragen mit Hintansetzung ihrer eigentlichen überweltlichen Aufgabe. Was das erste betrifft, so steht der Staat der Kirche als koordinierte Gewalt gegenüber, die in ihrem Gebiete souverain ist. Die Kirche hat wohl eine ethisch=religiöse, aber nicht eine jurisdiktionelle Überordnung über den Staat, und Grenzfragen müssen durch loyale Übereinkünfte entschieden werden. Gerade diese Doppelheit der Gewalten, dieses im Protestantismus zu Gunsten des weltlichen Faktors aufgehobene regulierende Gleichgewicht, das dem Gegensatz von Natur und Gnade, Laie und Priester, Nation und Konfession entspricht, ist die einzige Gewähr eines friedlichen Ausgleichs, in dem jeder der beiden Sphären ihr Recht wird. Energisch ist gegen die potestas indirecta Papae in temporalibus Bellarmins und der Jesuiten überhaupt zu protestieren, welche den Staat ohnmächtig und jede konkordat=mäßige Verhandlung zur Farce machen würde. Ist ja doch schon die Behauptung aufgestellt worden, die Zugeständnisse der Konkordate an den Staat seien nur zeitweilige Verein=barungen, die der kirchlichen Vollgewalt nicht präjudizierten.

„Die eine Sonne löscht die andre aus
　　Nun ist der Hirtenstab dem Schwert vereint."

Das war für Dante und die einsichtsvollen Katholiken aller Zeiten Quelle namenlosen Unglücks. Überhaupt ist die geringschätzige Beurteilung der staatlichen Berufsaufgaben, als ob alle erzieherischen, ethischen, humanistischen Interessen einzig der Obsorge der Kirche ressortierten und dem Staat eigentlich nur der höhere Nachtwächterdienst obliege, unedel und selbst vom tieferen katholischen Standpunkt aus ungerecht; man denke nur, welch mächtigen Einfluß, und oft zum Segen der Kirche, Kaiser und Fürsten in ihr geübt! Die Scheidung zwischen Natur und Übernatur ist nicht so einfach zu vollziehen; wenn der Staat auch nur das bürgerliche Wohl im Auge hat, kann er die religiösen und ethischen Bewegungen und Fragen nicht ignorieren; eine Scheidung von Religion und Staat ist für beide Teile ein Unglück, und auch im Grund unmöglich; in Nord=Amerika wird dies bloß verschleiert, weil der Staat im Grund doch starke religiöse und christliche Fermente in sich hat.

Das andere Moment, das Vordrängen des politischen

Elements zum Nachteil des i n n e r e n missionären Wirkens, ist
leider bei uns im unheilvollsten Schwung. Es ist so leicht,
durch Haranguiren blinder Volksmassen, durch Wahlversprech=
ungen, an die hernach kein Mensch mehr denkt, und durch alle
die bedenklichen Mittel, welche im politischen Agitationskampf
gang und gäbe sind, eine Anzahl Sitze in den Parlamenten
zu erobern und eine öffentliche Rolle zu spielen; die Selbst=
täuschung über die Glorie, die solches Gebahren der Kirche
bringen soll, ist gegenüber der schweren, stillen, nur langsam
Früchte zeitigenden seelsorglichen Kleinarbeit eine so große, daß
es nicht Wunder nimmt, eine Reihe geistlicher Parlamentarier zu
sehen, die ihre Kura auf die Tribüne und in das Redaktions=
bureau verlegt haben und sich noch großen Lohn im Himmel
davon verhoffen. Daß die Kirche dadurch zu einer politischen
Partei herabsinkt, daß sie sich alle Angehörigen der andern,
an sich doch religiös=indifferenten Faktionen zu Feinden macht,
und ihrerseits alle mit Ausnahme der einzig legitimierten mit
dem Brandmal der Unkirchlichkeit, oder mindestens der religi=
ösen Verdächtigkeit stempelt, daß sie eben durch diese Fixierung
aller politischen Fragen und durch die Sammlung und Konzen=
tration aller kirchlich unterwürfigen Elemente im öffentlichen
Leben die Gegenparteien der katholischen Elemente beraubt,
die katholikenfeindlichen in ihnen zur Herrschaft bringt und
ihrerseits zur einmütigen Allianz gegen die offiziell kirchliche
veranlaßt, liegt auf der Hand, wird aber nicht eingesehen.
Man betrachte nur die liberalen Parteien vor und nach der
Etablierung des Centrums! Während früher die besten Ka=
tholiken, ja die späteren Führer des Centrums, wie Windthorst
und Reichensperger, darin Platz hatten oder mit ihnen sympa=
thisierten, wurde die liberale Partei nach Ausscheiden der
katholischen Elemente die Kulturkämpferpartei — wenigstens nach
ihren maßgebenden Elementen — und heute noch tritt die
Gegnerschaft gegen den Katholizismus scharf hervor, während
ihre Haltung gegen die protestantische Kirche eine sehr entgegen=
kommende ist. Ich glaube, es wäre auch der katholischen Kirche
förderlicher, wenn sie statt einer, wenn auch starken, ausge=
prägten kirchlichen Minorität — dabei lasse ich die Erwägung
noch bei Seite, ob diese Vertretung eine ehrenvolle und korrekte ist

— Vertreter in allen Parteien (mit Ausnahme der Sozial=
demokraten) hätte, die vorkommenden Falls das Interesse
ihres Glaubens ebenso gut wahrnehmen würden, wie das
Interesse der protestantischen Kirche, die keine offizielle Partei
für sich hat, durch sie wahrgenommen wird. Man betont heutzu=
tage allzu sehr das Glück und die Stärke der Einheit. Wo
unsere Stärke liegt, da liegt auch unsere Schwäche.

„Mehrt sich von Tag zu Tag
In Kraft und Glauben nicht der Treuen Schar?"
In gleichem Maß wächst auch der Haß der Feinde!
Macht Einigkeit uns stark, kann sie uns auch verderben.

Toqueville sagt: „Wenn der Katholizismus endlich dahin
käme, sich von den gehässigen politischen Gesinnungen loszu=
machen, welche er hat ins Kraut schießen lassen, ich zweifle
nicht im Geringsten, daß derselbe Geist der Zeit, der ihm so
feindlich zu sein scheint, ihm sehr wohlwollend gegenübertreten
und zu großen Erfolgen verhelfen würde."

Es handelt sich ja keineswegs darum, vor den Feinden
der Kirche zu kapitulieren und die mühsam errungene politische
Stellung völlig aufzugeben; aber ich glaube, daß der politische
Katholizismus in unserm Land wie in fremden Ländern sich
in eine Sackgasse verrannt und der Kirche durch sein Auftreten
erbitterte Feinde gemacht hat; man blicke nur auf die heute
herrschende Stimmung hin und denke einmal nach, was den
evangelischen Bund hervorgerufen und groß gemacht hat!
Keine Wirkung ohne Ursache, kein Rauch ohne Feuer! Wie
viele Austritte aus der Kirche hat die politische Richtung ver=
schuldet! Wer erträgt es, zu einem schlechten Katholiken ge=
stempelt zu werden, weil er die Parteigötzen des Pfarrers
nicht respektiert oder die sogenannte „gute Presse" nicht füttern
will und an ihrer Schreibweise und Moral keinen Geschmack
findet? Und wen empört es nicht, wenn der Professor für
kirchliche Moral an der Universität Würzburg das Versäumnis
der Wahl für den Zentrumskandidaten als Todsünde prokla=
miert oder wenn der Prediger Woernhör in München die
klägliche politische Klopffechterei dem Seelsorger geradezu zur
Pflicht macht? Wenn er dadurch bei manchen anstoße, so sei
darauf kein Gewicht zu legen; das seien Leute, auf die er

ohnehin keinen Einfluß habe! Der Geistliche soll als Friedens=
bote, als Mann über den politischen Parteien dastehen; er
soll die Auseinanderstehenden auf dem Boden der Religion
einigen, nicht selbst noch den Zwiespalt in seine Gemeinde
bringen und alle mit Ausnahme einer Clique als Katholiken
zweiter Klasse, wenn nicht als schlechte Katholiken stempeln.
Wohl berühren sich politische Fragen mit religiösen; aber das
steht nicht im Evangelium, daß es nur eine politische Gesell=
schaft geben darf. Jeder Stand hat seine besonderen Inter=
essen, der Adel wird feudal, der Bürger sozialkonservativ oder
liberal, der Bauer agrarisch, der Kaufmann freihändlerisch sein,
und jeder hat das natürliche Recht, seine Standesinteressen zu
wahren, und braucht sich nicht in einen unehrlichen, allge=
meinen katholischen Brei zusammenwürfeln zu lassen. Ich
würde als Seelsorger, wenn ich über Politik gefragt würde,
erklären, daß mir jede Partei recht wäre, die nicht prinzipiell
die Religion verleugnet; ich würde jeden mahnen, nach seiner
Ueberzeugung zu wählen, in seiner Faktion aber den
Konflikt mit den religiösen Interessen zu ver=
hüten. Selbst eine politische Rolle zu spielen, würde ich
ablehnen. Damit glaube ich, wäre der Kirche am besten
gedient.

„Manche Leute“ sagt Riehl, „meinen, es schicke sich nicht
für einen Pfarrer, das Theater zu besuchen und dort ein gutes
Schauspiel anzusehen; aber es schickt sich doch noch weit weniger
für einen Geistlichen, tumultuarische Wahlversammlungen zu
besuchen und dort Kriegsreden zu halten“. Die Politik an sich
hat nicht blos etwas Verengendes, Exclusives, was meiner
Ansicht nach dem seelsorglichen Beruf, der doch für alle Ge=
meindeglieder berechnet ist, durchaus widerstrebt, sondern auch
fast unumgänglich bedenkliche Praktiken, wüste Agitationen,
Unehrlichkeiten und Gehässigkeiten im Gefolge, die einen noblen
Charakter zurückscheuchen und den „Geistlichen“ am meisten
fern halten sollten. „In der Politik“ sagt Björnson im Paul
Lange, „muß die Wahrheit warten, bis man Verwendung
dafür hat. Wenn sie von Redlichkeit und Ehrlichkeit, Frei=
heit und Vaterland, Treulosigkeit und Verrat redet, so be=
deuten diese großen Worte für sie nicht dasselbe wie für uns;

sie sind meist nur Schachfiguren in einem Spiel". Es ist nun eine
der sonderbarsten Erscheinungen, daß das politische Partei=
getriebe, das sonst nicht den besten Kurs hat, im modernen
Katholizismus zu einer wahren Apotheose gelangt ist. Schämt
man sich ja nicht, vom „Apostolat der Presse" zu reden und
zu sagen, der Apostel Paulus würde, wenn er heute lebte,
Journalist sein — natürlich Zentrumsjournalist! Er würde
also um eine Redaktionsstelle in der Germania oder in der
Kölner Volkszeitung sich bewerben! Ob er aber die nötige
Qualifikation der Unterwürfigkeit unter Lieber und Konsorten
mit sich brächte, wage ich zu bezweifeln. Um Gottes willen —
ein Apostel Journalist! Die Zeitungsblätter und das Evan=
gelium auf einer Stufe! Sieht man nicht, welche Entwürdig=
ung der Religion in jener blasphemischen Idee liegt? Heutzu=
tage wird vom politischen Gesichtspunkt aus die Qualifikation
des Katholiken vollzogen und man kann auf die bequemste
Art für einen Musterkatholiken gelten: man braucht nur einen
Wahlzettel in die Urne zu werfen und dem Herrn Pfarrer
oder seinem Freund zu einem Mandat zu verhelfen; wie es
mit dem moralischen und religiösen Leben aussieht, das ist
Nebensache. Wird ja in Zentrumsblättern der Wahlzettel
bereits mit dem Beichtzettel in Parallele gestellt: „So gut ihr
an Ostern beichten müßt und der ein schlechter Katholik ist,
der seine Osterpflicht hintansetzt, eben so müßt ihr wählen, und
ein ebenso schlechter Katholik ist der, welcher seine Wahlpflicht
versäumt." Ich weiß nicht mehr, in welcher Zeitung ich das
gelesen; dem geistigen und moralischen Niveau nach gebührt
der Satz am ersten der Augsburger Postzeitung.*) Manchmal
bringt aber doch ein Schein von Erleuchtung in die allgemeine
Verwirrung der Gewissen. So hat Hitze kürzlich die bemerkens=
werten Worte über das „Parteiwesen" gesprochen: „Es
bildet sich eine Klasse von Berufspolitikern, denen die Politik
Selbstzweck wird, für die das Politisieren mehr Reize hat als
ihre Berufsarbeit, für die es mit der Zeit Bedürfnis wird,
die Wogen der politischen Leidenschaften hoch zu erhalten.

---

*) Thatsächlich: 5. Juni 1898, wie ich nachher gefunden. „Der bohnen=
tolle plumpe Demos von Pnyx", der seit Aristophanes nicht in besonderem
Ansehen stand, ist so in der kath. Politik richtig zur Canonisation gekommen!

Gerade diese Berufspolitiker sind eine große Ge=
fahr. Unser heutiges Parteiwesen erfordert sie und wenn
sie ihren Beruf treu und würdig ausfüllen, verdienen sie
Dank von der Nation; aber das Parteiwesen selbst ist
eine ungesunde Erscheinung — Nicht Partei, son=
dern Stand ist unsere Forderung! Alles Parteitreiben
führt zur Herrschaft der Phrase und zur Unterdrückung der
Freiheit. Die Herrschaft der Partei ist die tyrannischeste,
die es gibt, umsomehr, als sie die „Freiheit" im Munde führt.
Je zweifelhafter ihre Berechtigung, desto rücksichtsloser macht
sie dieselbe geltend . . . In der agitatorischen Thätigkeit ver=
mag Korruption und Lüge mehr als Wahrheitsliebe und Pflicht,
findet Leichtsinn, Schmeichelei mehr Gehör als sittlicher Ernst
und Selbstprüfung; kurz Phrase und Leidenschaft entscheiden
über den Sieg". Das klingt etwas anders, als was man
sonst von dort zu hören bekommt — es ist zu betonen, daß
Hitze keineswegs seine Partei ausgenommen hat! Er mochte
seine Leute seit langem kennen. Schaut man auf die Reihe
von Skandalen gröbster Art, wie sie namentlich in jüngster
Zeit die Zentrumskreise heimgesucht haben, so wird der erzieh=
liche Einfluß der „guten Presse" und die himmlische Segnung
der „katholischen" Politik doch einigermaßen zweifelhaft. „Wir
würden ganz anders reden und schreiben" sagt die Ostdeutsche
Rundschau, wenn uns erst der Beweis geliefert würde, daß
in klerikalen Kreisen die Sittlichkeit, das Rechtsgefühl, die
Pflichtstrenge, die Duldsamkeit, die Volksliebe oder irgend ein
anderer Vorzug besser gedeiht als in freigläubigen. Dann
würden wir glauben müssen, daß wir nicht einen politischen
Trieb, sondern einen sittlichen Hochgedanken in den Reihen
unserer heutigen Gegner finden können. Bis dahin hats noch
gute Wege". Dabei ist, wie Hettinger in „Welt und Kirche"
1,97 darlegt, „die Gefahr, daß die Religion für die Folgen
der Politik büßen muß und die politische Parteistellung den
Mangel eines echt christlichen Lebens ersetzen soll". Ueber=
mäßige Beschäftigung mit der Politik zieht, wie Du=Bois=
Reymond sagt, vom Kultus der Idee ab und sollte also
einem Theologen als Gottes= und Geistesmann am fernsten
liegen. „Ich liebe den Lärm nicht", sagte Baader, „weil der

Lärm nichts gut macht und weil das Gute keinen Lärm macht".
Weniger Kultus der Macht und mehr Kult des Gewissens!

Und wenn man wenigstens in politischen Fragen einige
Freiheit ließe! Aber es herrscht ja gegenwärtig ein Terro-
rismus, eine Art weltliches Papsttum, wie es anmaßender
niemals geherrscht hat. Wer sich erkühnt, den Zentrums-
dogmen und dem Zentrumseiertanz zu widersprechen, der wird
von der Soldpresse als Ketzer, Aufwiegler, halber Apostat, ja
als Narr hingestellt. Wie bei einer Hammelherde wird mit
Hundegebell und Peitsche, wie Hansjakob sagt, jeder aus dem
Glied Tretende zurückgepeitscht oder schmählich mißhandelt.
Die Wahrheit wird euch frei machen! hat einmal einer gesagt.
Wenn man diesen Maßstab an das Zentrum anlegt, dann ergibt sich ein bedenkliches Resultat. Zu welchen Frivolitäten
solche Verranntheit führt, zeigt die Aeußerung Wackers (lucus
a non lucendo) bei dem Tod eines liberalen Führers (Kriechler),
das Verlangen nach einem Priester komme ihm bei einem
Liberalen „unheimlich" vor! Der Apostel gestattet mannig-
faltige Methode im Predigen des Evangeliums und tröstet
sich selbst bei ihm mißgesinnten Evangelisten mit dem Gedanken:
„wenn nur, sei es so, sei es anders, Christus verkündigt
wird!" (Phil. 1, 15); unsere politischen Apostel weit intoleranter,
kennen und erlauben nur ein Evangelium, und nur einen
Text, nach dem gelehrt werden darf: die Zentrumspartei und
Zentrumspresse. Wenn man unsere „Bienen der Weltgeschichte"
(so soll sie Leo genannt haben), nämlich die katholischen Journalisten
hört, da kommt nach dem kirchlichen Lehr- und Hirtenamt
gleich unmittelbar an Reinheit und Glorie das weltliche Lehr-
und Hirtenamt, die katholische Politik und ihr Allah nebst
seinen Propheten; aus allen Ländern berichten sie den über-
menschlichen Respekt, den die Helden und Martyrer des katholischen Deutschlands genießen. Schells Vorwurf der Inferiorität kann schon deshalb nicht berechtigt sein, weil die
Katholiken politisch auf höchst denkbarer Höhe stehen —
„Wenn politisch die Katholiken obenan sind, wie kann dann
der Katholik inferioren Geistes sein?" fragt Höhler. „In der
Politik begegnen sich sozusagen alle Beziehungen unseres Volks-
lebens". Würden sie nüchtern die Zeitverhältnisse betrachten,

so fänden sie, daß jener erlogene und reklamhafte Glanz sehr
verdächtig ist und daß weit richtiger der Satz Wahrmuts (nach
Mannings Darlegungen) zutrifft: „Der tiefste und letzte Grund,
der allen Wiedervereinigungen im Wege steht, ist das Ueber-
wiegen des kirchenpolitischen Elements in der römischen Kirche
und dementsprechend das Zurückweichen des religiösen Geistes
vor den irdisch-politischen Tendenzen". Höhler hat in schul-
meisterlich-anmaßender Manier Schell gegenüber seine „logische
Schulung" betont; auf obigen logischen Saltomortale kann er
sich nichts einbilden. Das religiöse Prinzip hat seine Stärke
gerade umgekehrt, als wo jener Antäus der Sage sie hatte:
solange es sich in idealer Höhe erhält, ist es unbesiegbar; berührt es aber die Erde, so nimmt es an der Erdenschwäche,
Verweslichkeit und Korruption der irdischen Dinge teil. Und
welches sind denn beim Licht näher betrachtet die gerühmten
Helden des Zentrums? Von Reichensperger und Schorlemer
an bis Baumstark, Lender, Ratzinger, Söldner hat das Zentrum
jeden tüchtigen selbständigen Kopf unter dem Despotismus der
Windthorst, Lieber, andererseits der Daller und Orterer aus
der Partei hinausgeworfen und mißhandelt, sodaß jetzt nur
die Nullen noch darin sind; es hat die unwürdigsten Intriquen
nicht gescheut, um unbequeme, wenn auch noch so verdiente
Männer zu beseitigen und konnte dabei auf eine Presse rechnen,
die jedes Mittel für jeden schlechten Parteizweck nach bekanntem
Moralcodex für erlaubt hielt — das bekannte „Durchlügen"
Windthorsts, das erst in Abrede gestellt, dann als harmloser
Provinzialismus hingestellt wurde, war so eine Probe, bis
wieweit Gesinnungsfestigkeit im Zentrum führen kann.

Ja die Mittelchen, welche im Zentrumsgewissen Platz
haben! Wenn man z. B. einen verdienten Gelehrten wie
Riezler von einer Professur wegbeißen will und ihm Beschimpfung des Königshauses vorwirft! Oder wenn man einem
Rivalen, der freilich mehr geleistet als einige Reden auf der
Landtagstribüne, das kirchenhistorische Seminar aus purer
Bosheit streicht und so die Theologen straft, daß sie zu Knöpfler nach München statt zu Daller nach Freising gehen! Die
tausenderlei Kniffe, indem man sich anstellt, als ob man

etwas thue, Donnerreden zum Fenster hinaushält und dann dem
Minister im Antichambre versichert; es war bloß Spaß; wir
müssen das unsern Wählern gegenüber so machen — der
Kontrast zwischen Wahlrede und Votum, (siehe Schädlers Rede
gegen das Militär zu Bamberg und dann die Abstimmung im
Reichstag) — die Stellung „im Prinzip" und in Wirklichkeit
(s. Aufbesserungsfrage des Klerus in Bayern, Antrag Pichlers
auf prinzipielle Prämienabschaffung, nachdem man eben 25
Millionen Prämienerhöhung bewilligt)—die bloßen Schwindeleien
wie Provokation von Versprechungen seitens der Regierung,
womit dann die Sache abgethan ist, (la politique parlante
et gesticulante sagt Daudet) — andererseits die ruden Brus=
kierungen, wo man keine Rücksicht zu nehmen braucht, wie
die Haltung gegen den darbenden Klerus, die Anrempelungen
des Kaisers, die rohen Eselstritte, die dem Löwen Bismarcks
nachgeschickt wurden und tausende andere Bravourstücke, zu
denen täglich Zuwachs kommt, anderseits die Feigheit, da wo
ein Wort wie in der Affaire Schell am Platze wäre, das
alles bildet einen Ruhmeskranz, den zu erschöpfen und ge=
bührend zu preisen wir ein größeres Buch schreiben müßten.
Was Bischof Keppler jüngst vom „Paradekatholizismus, Wirts=
hauskatholizismus, Vergnügungskatholizismus, catholizismus
saltatorius," dem „brüsken Hervortreten ins öffentliche Leben"
und der „Veräußerlichung des katholischen Sinnes" gesprochen,
sollte zuständigerseits zu einer ernsten Gewissenserforschung
Anlaß geben.

Am besten hat in schlagender Kürze Hansjakob, der greise
katholische Dichter, die Zentrumsgrößen geschildert, indem er
sagt: „Das Zentrum ist, wenn man auf seine selbstsüchtigen
Führer sieht, ein Gloria sine Credo, wenn auf seine folgsame
Herde: ein Credo sine Gloria. Und wie schön sie alle zu=
sammenstimmen und nach Qualität und Charakter in allen
Provinzen so edel über einen Schlag sind! Die Lieber und
Bachem sind für Preußen ganz dasselbe, was die Daller und
Orterer für unser gutes Bayern, die Gröber und Wacker für
Baden und Württemberg. Es ist ganz derselbe Stil, nur —
das muß man wahrheitsgemäß zugeben — in Preußen etwas

feiner und vielleicht auch ehrlicher. Die Krone aber und
Blume der ganzen Armee, das sind unsere bayrischen Helden,
namentlich in ihrer väterlichen Fürsorge für den Klerus und
was Ehrlichkeit und Wahrheitssinn betrifft! Und in demselben
Maße übertrifft die bayrische Centrumspresse an Adel und
Tugendgröße noch die preußische. Von ihnen leuchtet allen
voran das Centralblatt Süddeutschlands: die Augsburger Postzeitung; es wetteifert aber erfolgreich, wenigstens nach den
moralischen Qualitäten, mit ihr die kleinere Presse, besonders
der „Wendelstein", und der „Arbeiter" (berühmt durch den Ton
gegen Konfratres, von der „Münchener Post" sogar als rohes
und pöbelhaftes Blatt bezeichnet). Dabei passirt es manchmal
einem echt katholischen Blatt, wie 1898 der Augsburger Postzeitung, daß sie Artikel gegen katholische Schulorden bringt,
von ihren „katholischen" Lehrern aus Brotneid verfaßt. Bedenklicher noch ist der Bruch des Redaktionsgeheimnisses, den die
Augustinusbrüder zu ihrer Maxime erhoben haben, so Mayberg
in Posen und selbstverständlich die Postzeitung, die mich und
kürzlich Wernicke trotz Zusage der Diskretion der öffentlichen
Beschimpfung übergab.

Was den Inhalt der Blätter und der Reden des Centrums
betrifft, so denke ich bei der Lektüre oft an Zolas Wort über
Gambettas Reden: „Welch ein Spühlicht, welche Langweiligkeit,
Seichtheit der Gedanken, Abgedroschenheit und Kunstlosigkeit
der Form! Und das hat einen Mann berühmt und einflußreich
gemacht!" Daller, Schädler, Orterer stehen im Konversations-
lexikon; wieviel muß ein Gelehrter leisten, bis er hineinkommt?
Wo gibt es soviel Gemeinplätze, stehende Phrasen, Wortfülsel
als in der Politik und wieder ganz besonders in der Centrumspolitik? Ueberboten könnte die Mache nur werden in den
sogenannten Katholikenversammlungen, die jetzt auf dem Höhe-
punkt des Marasmus angelangt sind und zu einer vorbereiteten
Komödie fertig gemachter Anträge, Reden und Resolutionen
geworden sind, die vom moralischen Standpunkt aus nur
Ekel erregt, oder durch die famosen Flugschriften des katholischen
Volksvereins, die, wie wir jüngst gelesen haben, nunmehr in
8 1/2 Millionen Exemplaren gratis verbreitet wurden. Wieviele
wären verkauft worden, wenn die einzelne nur 20 Pfennige

gekostet hätte? Ich habe mich einmal scharf über die
katholische Manier ausgesprochen, Schriften anonymer Verfasser
anzukaufen und auf Kosten des Vereins zu verbreiten. Ich
meine, ein Autor soll sich sein Lesepublikum durch eigne
Tüchtigkeit verschaffen; heutzutage thut sich der hervorragendste
Autor schwer, ins Volk zu kommen, und wenn man da
sieht, wie ein obskurer Schmierer, der es nicht einmal
wagt, seinen Namen zu nennen, von einer Clique im Voraus
bezahlt wird, so ist das nicht nur ein Diebstahl am Geld
der gepreßten Vereinsmitglieder, sondern auch geradezu ein
Korruptionsmittel der Gesinnung wie der Arbeitstüchtigkeit;
denn wer gibt sich Mühe, gut zu schreiben, wenn er im
Voraus seines Honorars sicher ist, wenn er weiß, daß die
Arbeit nur nach Schimpftüchtigkeit, nicht nach innerem Gehalt
gewertet wird? Man lese nur was da geleistet wird!
Die sozialdemokratischen Blätter beschwerten sich einmal bitter,
daß in den Flugschriften ihre Partei aufs schmählichste verleumdet werde. Ich bekam den „roten Judasbart der Sozialdemokratie", den „roten Doktor Quacksalber", den „neuen
Bauernfreund in der roten Krawatte" und andere feinen
Exsudate mit ähnlichen saftigen Titeln in die Hände und fand
die Klage gerecht. Um den Gegnern zu zeigen, daß im
katholischen Lager noch Leute seien, die nicht jedes Mittel im
Kampf gerecht finden und Lüge und Verleumdung auch gegen
Sozialdemokraten verabscheuen, sandte ich einen Protest gegen
diese katholische Taktik an die „Münchner Post", welcher Anlaß
zu bodenlosen Schmähungen gegen mich, ja sogar Hauptursache
meiner Vergewaltigung durch das Münchner Ordinariat wurde.
Und doch wollte ich ja nur ganz uneigennützig der katholischen
Sache einen Dienst erweisen, indem ich die unverantwortlichen
Fehler und moralischen Defekte der Centrumspolitik, soweit ich
konnte, paralysirte und für Wahrheit und Ehrlichkeit eintrat.
Von den beiden ersten Flugblättern sind nach Mitteilung
Trimborns über eine Million verteilt worden. Man bedenke,
welches Unglück dadurch angestiftet worden, wenn sie nicht — das
ist freilich noch ein Trost — schon wegen des elenden Geschreibsels
von den Empfängern weggeworfen wurden. Was ist das für
ein Verein! Er animirt Hohlköpfe zu gemeinen albernen

Schreibereien als vermeintem Mittel, den Umsturz zu bekämpfen, stiehlt den Mitgliedern das Geld aus dem Beutel, ohne sie zu fragen, und empört oder korrumpirt dann noch die Gewissen durch das vermeinte gute Werk! Muß man denn nicht auch gegen den Feind gerecht sein? Hat die Sozialdemokratie nicht auch berechtigte Seiten? Erst wer ihren Ursprung in der gegenwärtigen wirtschaftlichen und religiösen Lage erkannt und die Diagnose zur Heilung der modernen Schäden richtig gestellt hat, der kann dann gegen die Auswüchse auftreten, aber auch dann geschehe es mit Sanftmut, nicht mit abstoßendem Haß und vor allem mit peinlicher Wahrheitsliebe! Das sollte ein katholischer Verein wissen! Es ist unverantwortlich, was auf solchem Weg der Kirche geschadet worden ist! Der Lohn, der einem gutmeinenden Warner aber zu teil wird, ist Beschmutzung seiner Ehre und Denunziation an die Ordinariate, die — es ist furchtbar, es zu denken, statt den angegriffenen Priester zu schützen, Schergendienste zu dessen Ruinirung leisten! Sonst wird von der Hierarchie der Laie immer als quantité négligeable behandelt, der nur zu gehorchen habe; nur in der Politik, da kann der elendeste Zeitungsschreiber einen Priester zu Tode mißhandeln, die bischöfliche Behörde schreitet nicht ein, sie fühlt ihre Ehre nicht engagirt, sie hilft noch ihrerseits mit! (s. auch Absetzung des Dekan Stempfle!)*) Das ist die gefährliche Position, welche die Laien der Centrumspartei und Presse errungen haben und der Despotismus, den sie über den Klerus

---

*) Es ist das nichts Neues. Als seinerzeit die Preßmeute gegen Hirscher losgelassen wurde, schrieb Schleyer (Hirscher und seine Ankläger S 43): „Die beiden Redakteure (der „Schweizer Kirchenzeitung" und des „Sion") sind im Vergleich zu Hirscher junge Männer und es muß betrüben, wie sie die Pietät gegen das Alter, welches sich sogar bei nichtchristlichen Nationen findet, so sehr verletzen. Überhaupt ist der Ton, welcher in vielen kath. Blättern unserer Tage sich findet, in höchstem Grad auffallend. Häufig sind es junge Männer, welche sich zu Zionswächtern aufwerfen, durch eine Art von Hyperorthodoxie sich Ansehen verschaffen wollen und den Mangel eigenen Verdienstes durch Schmälerung desselben bei wirklich verdienten Männern zu ersetzen meinen. Die religiöse Polemik unserer Tage ist bisweilen ekelhaft widerwärtig und kann nie und nimmer das Gute befördern, weil es ihr an Liebe fehlt, sie überzeugt und belehrt nicht, sie erbittert nur."

ausüben. Wir sind ja schon so weit, daß man dem Papst
die Zähne zu weisen sich getraut! Bei den Friedensunter-
handlungen zwischen Reich und Kurie hat das Centrum unter
Führung des Intriguanten Windthorst nur Steine in den Weg
geworfen; denn was kümmern diese Politiker die religiösen
Interessen, wenn ihr Einfluß zu wanken beginnt? Man hat
nicht nur starrsinnig — als es dringend geboten war bei den
heiklen schwebenden Verhandlungen jede Reizung zu unterlassen,
sich auf Kränkung des Chefministers verbissen, ihm sogar einen
Beamten im diplomatischen Dienst in kleinlichster Weise ver=
weigert, eine Erhöhung des Kriegsbudgets, die man sonst in
zehnfachem Betrag geleistet, zurückgewiesen — nur, um keine
Versöhnung zu stande kommen zu lassen — man hat sogar Briefe
des Papstes, die zur Kenntnis der Partei hätten kommen sollen,
unterschlagen, man hat ihren Empfang frech weggeleugnet
— „kräftig durchlügen" heißt man das in Westfalen — man hat
hinterher, als der Papst andere Wege zur Bekanntmachung
gewählt, offen erklärt, daß der Papst in politischen Dingen
nichts zu sagen habe; man ist in der rüdesten Weise gegen den
heiligen Stuhl aufgetreten — die Reden Schorlemers und
Rackés erinnerten an die wüstesten Agitationsreden der
Demokraten — und sonderbar, die Kurie ließ sich einschüchtern!
Derselbe Papst, der von den Monarchisten die Annahme
republikanischer Gesinnung verlangte und so „die Sünde der
Monarchie" erfand, der anrüchigen Agitatoren wie jenem Abbé
Gayraud als „Kandidaten des Papstes" gegen Ehrenmänner
und treue Katholiken aufzutreten gestattete, trat nicht mit dem
Gewicht seiner beleidigten und blosgestellten Majestät auf,
sondern ließ sich diesen Faustschlag gefallen. Wenn er doch
lieber etwas schonender gegen die Gelehrten vorginge! Die
Zurückdrängung der Laien aus dem kirchlichen Recht hat sich
gerächt. Ein Gebiet haben die Laien errungen, wo sie sich
nichts hineinreden lassen trotz aller beteuerten Demut gegen
das kirchliche Hirtenamt — gerade das bedenklichste und
obscönste: die Politik. Sagen ja die Centrumslaien ungescheut:
der Kirche das geistliche Gebiet, die Politik ist unser. Ja läßt
sich denn beides so scheiden? Als die französischen Monarchisten
gegen die Mahnung, der Republik sich anzuschließen, protestirten,

bedeutete ihnen gleich die Kurie, es stünde ihnen nicht an, die
kirchlich=politischen Verhältnisse zu beurteilen — das sei Sache
des Oberhauptes — warum ist man den Deutschen gegenüber
so gefällig, selbst wo sie der höchsten Stelle fronbiren? Dort
handelte es sich um fundamentale Änderung des politischen
Bekenntnisses, um Begrabung einer ganzen vielhundertjährigen
Vergangenheit voll Ruhm und Glanz, und zwar der legitimen
Vergangenheit, der Treue an das angestammte Königshaus, hier
um unbedeutende Bewilligungen, um ein Entgegenkommen, das
nichts präjudizirte, das zu verweigern schon eingefleischten
.Hochmut und kleinliche Eifersucht voraussetzte, und doch, die
französischen Aristokraten wurden brüskirt, ohne daß doch ein
Gewinn für die Katholiken herausschaute, die deutschen Klötze
wurden mit Glacéhandschuhen angefaßt. Sollte es wahr sein,
was ein Kardinal von Leo sagte: Die Dreisten faßt er sanft
an, den Demütigen zeigt er seine Gewalt?

Im schönsten Licht zeigte das Centrum seine katholische
Gesinnung beim Civilehegesetz. Soweit ist es gekommen, das
die Civilehe, deren Einsetzung von allen Päpsten mit Excommuni=
tation bedroht war, von der katholischen, und zwar allein echt
katholischen Partei in Deutschland mit Pauken und Trompeten
für immer ins bürgerliche Gesetzbuch aufgenommen wurde.
Ich habe seinerzeit das Wort dazu ergriffen und auch den
Weg gezeigt, den man hätte betreten können. Das
Centrum hätte ja, wenn es die fakultative Civilehe mit den
Konservativen nicht beschließen wollte, nur die Erlaubnis der
vorgängigen kirchlichen Trauung durchzusetzen brauchen, um
allen kirchlichen Konflikten auszuweichen, und dies wäre auch
an sich mit Rücksicht auf die überwältigende christliche Gesinnung
der Bevölkerung geboten gewesen; was verliert denn der
Staat, wenn die kirchliche Trauung eine Stunde vorher statt=
findet? Zur standesamtlichen Bescheinigung kann er ja doch
durch harte Strafen zwingen und schon im eigenen Interesse
wird dies niemand unterlassen und sich und seine Kinder dem
Makel einer bürgerlich illegitimen Ehe aussetzen. Aber vom
katholischen Standpunkt ist dies keineswegs ein Rangstreit;
denn der katholische Ehebegriff kennt keine zweifache, etwa
bürgerliche und kirchliche Ehe, sondern nur ein Eheversprechen,

das eben nur vor dem Priester geleistet werden kann. Er
kann die Ehe eben nicht vor dem Standesbeamten vollziehen,
auch nicht eine halbe, sogenannte bürgerliche Ehe. Die Ehe ist
entweder ganz auf dem Standesamt — das kann aber für
Katholiken nicht sein oder ganz und allein in der Kirche; dann
ist aber eine vorherige Eheerklärung beim Civilamt Heuchelei.
Daran ändern alle Spitzfindigkeiten und Formulationen „auf
Grund dieses Gesetzes" nichts. Die Jesuiten sind jetzt zu der im
katholischen Eherecht immer verpönt gewesenen Zweiteilung der
Ehe in kirchliche und bürgerliche fortgeschritten (s. Lehmkuhls
Ausführungen gegen meine Darlegung, ohne daß er meinen
Namen nennt, obwohl er sich wörtlich auf meine Erörterung
bezieht, in der Kölner Volkszeitung 1896 Nr. 452, und
Schnitzer, kath. Eherecht § 82). Mit Recht führt Schnitzer
aus, daß der Staat von seinem Standpunkt sich eigentlich gar
nicht um die religiöse Seite kümmern sollte. Er traut und
seine Trauung ist für ihn allein gültig; ob die Eheleute vorher
oder nachher sich kirchlich trauen lassen, was kümmert ihn das?
Was thut das seinem Ansehen Eintrag? Aber die kirchliche
Trauung vorher zu verbieten ist eine Tyrannei und ein Eingriff
in das Gewissen, und für Katholiken ein Zwang zur Aufgabe
ihres Ehebegriffs. Auch ist es nicht schön für einen christlichen
Staat, als welcher der unsere doch immer ausgegeben wird,
um dem Häuflein der Ungläubigen eine Freude zu machen,
die kirchliche Feier zurückzustellen und als nebensächlich zu
brandmarken. Hier geht der Staat über seine Befugnisse
hinaus und nimmt Partei für das Antichristentum; er tritt
dem eigentlichen sakramentalen Akt in dem Zeitpunkt, wo er
stattfinden sollte, feindlich entgegen, nicht im Interesse seiner
Majestät, denn die ist nicht bedroht, sondern im Interesse und
im Bündnis mit den Feinden des Konfessionalismus. Und
kann es nicht vorkommen, daß der eine Teil nach der Civil-
trauung die kirchliche verweigert und den gläubigen zum
ehelichen Zusammenleben zwingt? Ist es nicht vorgekommen?
Hat nicht das Gericht sich mit der Sache beschäftigt und thatsächlich zu gunsten des Treulosen entschieden? Das alles
haben die Centrumskatholiken auf dem Gewissen. Wo aber
war hier die kirchliche Autorität? Ist es nicht schmachvoll,

daß die so erbärmliches Zeugnis über ihre Katholizität abgelegt, sich noch ungestraft der kirchlichen Autorität, ja der Kurie, als Deckmantel für ihre Felonie bedienen dürfen? Wie zur Vergeltung für die Haltung des deutschen Centrums in der Civilehefrage beantragt nun die italienische Regierung ein Gesetz, welches die vorgängige Civilehe anbefiehlt und die vorgängige kirchliche Trauung, die bisher erlaubt war, mit Strafe bedroht. Die „klerikale Presse“ Italiens schreit Zetermordio über diese „Verfolgungsmaßregel“, welches nichts weiter ist, als was das Centrum unter der Ägide der Kirche beschlossen hat. Selten hat ein Akt der Treulosigkeit und angeblichen Handelspolitik so rasch seine Strafe gefunden. Die deutschen Centrumsblätter sind über den unbequemen Zwischenfall begreiflicherweise sehr verlegen.

Der Kaiser hat unter dem Eindruck der heiligen Stätten erhebende Worte gesprochen, die manchem zu Herzen bringen sollten: „Es ist doch eine gewaltige Thatsache, an deren Schauplatz wir stehen: Die Emanation der Liebe des Schöpfers, und dementsprechend ist das, was wir gesehen haben.“ Und auf die Muhamedaner zu sprechen kommend sagte der Regent des deutschen Reiches: „Wir können nur durch das Beispiel wirken, durch das Vorbild und den Beweis, daß das Evangelium ein Evangelium der Liebe ist. Der Muhamedaner ist ein so glaubenseifriger Mensch, daß es mit der Predigt allein nicht gemacht ist. Auf unsere Kultur, unsere Anstalten, das Leben, das wir ihnen vorleben, die Art unseres Verkehrs mit ihnen, den Beweis, daß wir unter einander einig sind, darauf kommt es an!“ Das sollte auch auf katholischer Seite beherzigt werden. Wir haben von S. Majestät durchgängig erfahren, daß ihr die Einigung und das friedliche Zusammenbestehen der christlichen Bewohner am Herzen liegen, sorgen wir, daß der katholische Name wieder zu Ehren kommt! Auch der Staat und der Fürst hat eine hohe Mission für die Religion; er fördere die Sache der kirchlichen Reform! es ist zugleich die Sache des Friedens und der Toleranz, der wissenschaftlichen Erhebung, der sittlichen Charaktererneuerung. Er begünstige nicht Elemente, die von fremden Hochschulen als untauglich und intriguant verwiesen wurden, welche die Rechte des Staates verleugnen und die konfessionelle Zwietracht schüren! Er sei auch vorsichtig bei Bischofsernennungen, es ist

traurig, daß Preußen Kirchenfürsten zugelassen, welche die Heß-
arbeit gegen die Vertreter der kirchlichen Wissenschaft im Dienst
der Jesuiten besorgen und die Theologen des Fortschritts von den
Lehrstühlen fernhalten. Es ist vielleicht eine heilsame Krisis,
in der wir jetzt stehen; mögen die „rückgratfesten, überzeugungs-
treuen Männer", welche der Kaiser wünscht, in ihrer Hoffnung
nicht betrogen werden!

§ 4. Der Index.

Es hat lang gedauert, bis in der katholischen Kirche eine
Anstalt zur Bücherzensur für notwendig erachtet wurde. Der
erste römische Index wurde unter Paul IV. 1559 vom hl. Offizium ausgearbeitet und dann vermehrt nach den Beschlüssen
des Trientiner Konzils 1564 von Pius IV. neu herausgegeben.
Bücherverbote fanden freilich schon früher statt; so kann man
des Papstes Damasus Dekret de libris recipiendis et non
recipiendis als eine Art Vorläufer des Index betrachten. Das
Institut der Indexcongregation selbst wurde 1571 von Pius V.
errichtet. Den römischen Indexerlassen gingen voran Bücherverbote der verschiedenen katholischen Staaten, zusammengestellt von Universitäten! (Wir sehen auch hier die Hochstellung
der Wissenschaft und der Akademien in früherer Zeit; man
hielt es für am passendsten, gelehrte Theologen als Censoren
aufzustellen und die Kirchenbehörde fand es nicht anmaßend.)
Niemand wird vernünftigerweise einer Autorität verwehren,
daß sie sich gegen feindliche Angriffe zu verteidigen und den
Ansturm gegen ihre Existenz unschädlich zu machen sucht, vor
allem dadurch, daß sie jene Angriffe fern hält und ihrem Einfluß auf das Volk die Wurzeln abgräbt. Die Proklamirung
allgemeiner Lehr- und Druckfreiheit ist ein Wahnsinn, der an
seiner eigenen Unvernunft scheitert; sie ist auch eine Unehrlich-
keit; denn der ihn verficht, würde ihn selbst nicht in die Praxis
treten lassen. Kein Staat wird es dulden, daß eine Verfassung
offen zu untergraben versucht, daß die Moral verachtet, daß
der Regent dem Hohn, ja der Vernichtung preisgegeben wird;
es gibt eben Schranken, die immer noch bleiben, auch wenn
man der Freiheit den denkbar weitesten Spielraum einräumt;
das Gegenteil wäre Anarchie. Es kann sich also nur um rich-

tige Aufstellung der Schranken und um schonende Begren-
zung der Freiheit handeln; es ist zweitens klug zu erwägen, ob
nicht durch das Verbot eines an sich verwerflichen Machwerks
mehr Schaden als Nutzen angerichtet wird. Schon die
staatliche Censur mußte erfahren, daß ein in Beschlag ge-
nommenes oder als infam gebrandmarktes, vielleicht durch
Henkershand vertilgtes Buch gerade dadurch willkommene Verbreitung fand und daß es immer tausend Wege gab, welche
die Polizei nicht überwachen konnte. Die menschliche Neugierde
und die Lust am Verbotenen wird eben gerade durch solche
Repressivmaßregeln angestachelt, während die einfache Igno-
rirung vielleicht die Schrift ganz in der Vergessenheit gelassen
hätte. Immerhin aber hat die staatliche Behörde wirksame
Mittel zur Unterdrückung eines unliebsamen Buches, die der
kirchlichen abgehen. Sie kann durch ihre Organe die Exemplare aufsuchen und vernichten, sie kann die Drucklegung in
ihrem Rayon verhindern, Verleger und Autor mit schwerer
Strafe belegen, Ankündigung und Verschleiß verbieten und selbst
das Lesepublikum noch zur Korrektion bringen. Alles dies geht
der Indexcongregation ab. Als die Kirche noch im weltlichen
Bereich entscheidenden Einfluß hatte, da gelang ihr die Fernhaltung und Unterdrückung bis zu einem gewissen Grade; so
kam es, daß wir z. B. von den alten Polemikern gegen das
Christentum wie Celsus, Porphyrius keine Schrift mehr besitzen und ihre Geistesarbeit für immer verloren ist. Ob dies
im Interesse der Wissenschaft, ja selbst des Katholizismus gut
war, lassen wir völlig offen, jedenfalls wurde der Zweck, die
Werke unschädlich zu machen, indem man sie aus der Welt
räumte, erfüllt. Dies ist jetzt nicht mehr möglich. Die katholische Kirche umspannt nicht mehr den civilisirten Erdkreis;
ihre Macht bricht sich an den nichtkatholischen Staaten; sie hat
auch den weltlichen Arm in katholischen Ländern nicht mehr
so zur Verfügung wie etwa noch im vorigen Jahrhundert, wo
z. B. in Bayern kein Buch ohne Genehmigung der Ingolstädter
Jesuiten erscheinen konnte, und endlich ist selbst die moralische
Einwirkung auf die Gläubigen nicht mehr so kräftig, um einem
autoritativen Gebot oder Verbot unbedingte Folgsamkeit zu
sichern. Die Indexverbote sind also meist ein Schlag in die

Luft; bloß die ganz Demütigen werden davon berührt, denen
das Wort der Kirchenoberen die Sprache Gottes ist. Ich lob=
preise nicht diesen thatsächlichen Verhalt, im Gegenteil, ich be=
dauere das Sinken der kirchlichen Autorität und läugne nicht
die vielen Schäden, die schlechte Bücher in der Welt anrichten;
aber ich meine, die thatsächliche Lage und die mutmaßliche
Wirkung müsse eben in Betracht gezogen werden bei der Er=
wägung, ob eine Maßregel rätlich oder unklug wäre. „Alles
ist mir erlaubt, aber nicht alles nützt." Schon manches wert=
lose Buch wurde durch eine Censur in unverdientes Ansehen
und große Verbreitung gebracht. Es ist ferner zu erwägen,
daß ein Buch bedenklich, ja gefährlich sein, aber dennoch viel
Nützliches enthalten, ja dem Fortschritt einer Wissenschaft höchst
förderlich und zum Studium derselben unbedingt nötig sein
kann. Soll des vielleicht wenigen Schlimmen oder Bedenklichen
wegen die gesamte Geistesschöpfung verwiesen und der Nutzen
daraus den Katholiken verwehrt werden? Wer z. B. Philo=
sophie studirt, wieviel von der Geistes= und Kulturbewegung
der Jahrtausende kann der kennen lernen, der gehorsam dem
§ 1 des Index alle „akatholischen, häretischen und censurirten
katholischen Autoren" bei seite läßt? Beim Studium der Ge=
schichte, der schönen Literatur, der Naturwissenschaft, der Theo=
logie, ja, um es kurz zu sagen, bei jeder Wissenschaft ist dies nicht
anders. Man hat Ausnahmen zu gunsten der Dichtungen,
der alten und modernen Klassiker, gemacht; aber gerade darin
zeigt sich wieder die stiefmütterliche Behandlung und der Arg=
wohn vor der Wissenschaft. Terenz, Ovid und Ariost darf man
lesen, aber nicht Kant, Herbart, nicht einmal Rohling und
Schell. Ich sage keineswegs, daß der junge Student sich kopfüber
in die religionsfeindliche Literatur stürzen soll, ehe er dazu
gewappnet ist; nein, ich würde ihm zuerst ein festes Funda=
ment im gläubigen Wissen geben, dann aber ihn auch befähigen,
die nicht völlig korrekte Literatur, soweit sie großes geleistet,
zu vertragen und mit Nutzen zu gebrauchen; es gibt eben
Errungenschaften und Darlegungen, die nur in akatholischen
Werken in solcher Kraft und Schönheit zu finden sind, und
mit den mächtigen Geistesriesen der Vergangenheit und Gegen=
wart muß ohnehin ein Gebildeter vertraut sein, sonst zählt er

nicht zu dem Elitekorps der Geistesrepublik. Das pädagogische
Moment bleibt keineswegs außer Betracht; für Kinder gehört
Milch, für Männer aber kräftige Speise. Kennen lernen wird
der Student in hundert Fällen neunundneunzigmal die akatho-
lische Literatur; denn das reine Verbieten ist das schlechteste
Mittel des Fernhaltens, er wird aber durch jene Vogelstraußpolitik oder durch die unehrliche Manier des Herabwürdigens
und Verächtlichmachens, wie sie gewisse Cliquen im Schwang
haben, der Schutz- und Verwahrungsmittel entbehren, welche die
Gefahr paralysieren. Meine Art der Bildung war immer,
möglichst reiches Material aus allen Fernen und Winkeln des
Wissens zu sammeln, nach der Mahnung des Apostels alles
zu prüfen und „das Gute“ — nicht einmal bloß das Beste —
zu behalten, nach Art einer Biene das Gute zu entnehmen
und das Gift darin zu lassen, das Berechtigte und Wahre, das
in jedem Irrtum liegt, herauszufinden und die rechte Methode
zu suchen, denselben zu widerlegen ohne Unredlichkeit und Win-
kelzüge, mit vollem Eingehen auf des Gegners Stärke und
ohne unnötige abstoßende Härte, mit Würdigung der psychologischen und kulturellen Ausgangspunkte und Schranken der
Verfasser, also nicht als Ketzerrichter, sondern als kritischer
Schüler und pietätvoller Forscher. Hat jemand eine andere
Methode, etwa die des Absperrens, des Zaunmachens um die
göttliche Wahrheit nach Art jener Musterhelden Sions, des
Einschränkens auf einen Meister, eine Schule, ein wissenschaftliches Evangelium, so mag dieser Weg als korrekt gelten,
sicher ist er auch bequem und leicht, aber ich beneide ihn nicht
darum; Wissenschaft ist das nicht und Sicherheit für den Glauben gewährt es erst recht nicht; erst wenn man alles kennen
gelernt, durch alle Einwände und Anstürme auf Christentum
und Kirche sich durchgekämpft, alle siegreich überwunden
hat, kann man eine moralische Gewißheit über die Heilsfragen
gewinnen, die so ein Angstmann, der voraussieht, sein kümmerliches Wissen werde den subtilen Angriffen der Kirchenfeinde nicht stand halten, und dann lieber den Kopf davor versteckt, nie erreicht. Freilich wird dadurch auch der Gesichtskreis erweitert, man wird liberaler und toleranter, lernt das
viele Gute, das außerhalb der Kirchenmauern entsprossen,

schätzen, verlernt es auch, jeden Andersgläubigen zu verketzern und ihm die schlimmsten Beweggründe unterzulegen, man sieht, daß doch viel redliches Forschen und Mühen um die ewig ge= heimnisvolle Wahrheit durch die Jahrhunderte und Völker geht, das von Gott auch nicht ungesegnet bleiben wird, selbst wenn es nicht zum vollen Licht gelangte, man gewahrt, daß der Weg der Kultur ein vielverschlungener ist, daß eine Sache, eine Wahrheit, von vielen Seiten betrachtet werden muß, bis ihre Einsicht vollkommen sicher steht. Hierin liegt auch die Theodicé des Irrtums — ein Irrtum bedeutet oft einen Schritt nach vorwärts und die fehlgeschlagenen Versuche der Vergangenheit bereiten nur den Triumph der Zukunft vor.

Ich glaube also, eine Censurbehörde solle diskret und vor= sichtig ihres Amtes walten, um nicht mit dem Unkraut auch den guten Samen auszuraufen, um nicht in der Besorgnis für den Glauben der Unwissenheit, der Verachtung der Katho= liken Vorschub zu leisten und schließlich selbst für den guten Zweck doch nichts oder nur Entgegengesetztes zu bewirken.

Hat die Indexcongregation in diesem Geiste gewirkt? Nun, sie hat seit drei Jahrhunderten die Sichel kräftig über das Feld der Literatur walten lassen, sie hat gemäht, was nur immer verdächtig war (freilich auch wieder stehen lassen, was besser weggeräumt worden wäre), sie hat, so lange sie bei Staat und Gesellschaft einflußreich war, starke Wirkungen erzielt, sie hat nämlich den katholischen Buchhandel, wo immer er in Konkurrenz mit dem protestantischen stand, ruinirt, Italien und Spanien vom deutschen Büchermarkt bis Anfang des Jahr= hunderts völlig isoliert, und den Katholiken in Deutschland, soviel an ihr lag, nahezu die gesamte literarische Entwicklung der neueren Zeit ferngehalten, soweit sie auf protestantischem Boden spielte. Sie hat dadurch die Präponderanz des Protestantismus und die wissenschaftliche Inferiorität des Katholizismus zum großen Teil hervorgerufen.

Es wurden Bücher censuriert, die zur Verteidigung des Katholizismus geschrieben waren, nur weil sie in gegnerischen citiert standen; es wurden von der Congregation so grobe Verstöße gemacht, Mißverständnisse verübt, daß schon wenig Jahre nach der Errichtung eine Revision nötig wurde. Die besten

Bekenner und Apologeten kamen wegen kleiner Unregelmäßig=
keiten an den Brandpfahl, Freigeister wie Gassendi, Montagne,
Rabelais, Cyniker wie Ariost, Voltaire (außer der Pucelle),
blieben verschont, so auch die lettres persannes des Montesquieu,
die ein Jesuit in Druck beförderte (s. Hillebrand, Zeit, Völker und
Menschen 5,23), Boccacio wurde nur wegen der Verhöhnung
des Klerus censurirt; nachdem im Dekamerone statt des Geistlichen
überall ein Notar oder Kaufmann gesetzt worden war, wurde die
so expurgirte Ausgabe trotz der unverändert gebliebenen Cynis=
men gestattet. Als Hermes verurteilt war, behaupteten dessen
Schüler, die ihm zugeschriebenen Sätze hätte er gar nicht ge=
lehrt und sprachen die Hoffnung aus, ihr um die Kirche hoch=
verdienter Lehrer, einer der würdigsten Geistlichen, dessen
Glaubensreinheit nie bezweifelt worden sei, werde in seiner
Ehre wiederhergestellt werden — die Antwort war die Aufhebung
der Fakultät Bonn durch Erzbischof Droste.

Die großartigste Leistung war das Verbot der Bibel,
des hl. Wortes Gottes. Gerade dieses Bibelverbot war das
wirksamste Agitationsmittel der Protestanten; es wurde dadurch
plausibel gemacht, daß die hl. Schrift für die neue Lehre spreche
und daß man seitens der Kirche ihr Bekanntwerden fürchte.
Dem entgegen hätte eine einsichtsvolle Behörde nichts Dringen=
deres zur Entkräftung thun können, als mit aller Macht die
Kenntnis und das rechte Verständnis des hl. Wortes zu be=
fördern, die religiöse Bildung dadurch zu steigern und dem
Volk als geistiges Erbauungsmittel außerhalb der Kirche, als
wahres Hausbuch, als das beste Werkzeug das Buch kat exochen,
die unmittelbare Offenbarung Gottes und den Inbegriff aller
Weisheit in korrekter Ausgabe zugänglich zu machen. Das Gegen=
teil geschah und die Folge ist bis heute, daß selten Jemand
selbst aus den gebildeten Katholiken die einfachsten Sprüche
und Erzählungen der Bibel kennt, während die Protestanten
von Jugend an darin bewandert sind. (Ich bemerke zur Ver=
hütung von Mißverständnis, daß ich die Bibel als Schulbuch
nicht geeignet finde; aber dem erwachsenen Christen sollte sie
doch nicht verweigert werden; die vielfach abgeschmackten Er=
klärungen Alliolis können dabei entbehrt werden.) Innocenz III.
gab das erste Bibelverbot bei den Streitigkeiten der Albigenser

und Waldenſer und ebenſo verbot die Synode von Touloufe d a s
Bibelleſen d e r Laien ohne jede Erleichterung! Daß
die Bibel ob hominum temeritatem, wegen der Verwegenheit
der Menſchen, mehr Schaden als Nutzen bringe, iſt uns ja erſt
kürzlich wieder eingeſchärft worden (ſ. Const. Leonis XIII. C. 3)
Die Bibel auf dem Index! was dazu Paulus und Johannes
ſagen würden?   Die alte Kirche kannte ein Bibelverbot nicht;
ſonſt betont man immer die Tradition und das Altertum,
warum ahmt man hier nicht die alte Zeit nach? Waren die
damaligen Chriſten, die erſt aus dem Heidentum kamen, weniger
verwegen? Auch damals wurden viele Irrlehren aus der hl.
Schrift begründet; man ſuchte aber das Heilmittel nicht im
rohen Verbieten des Heilsworts, das „eine Kraft Gottes iſt
für jeden, der daran glaubt“, ſondern in richtiger Erklärung,
nicht in Unwiſſenheit, ſondern in Belehrung, man war ſich be=
wußt, daß der Abuſus nicht den Uſus auslöſche und daß die
Wahrheit ſchließlich doch ſtärker ſein werde als der Irrtum.
Die Handſchriften der Bibel wurden vervielfältigt und öffentlich
feil geboten (scriptura venalis fertur per publicum; August.
in ps. 36.). Die frühzeitige Bekanntmachung mit der hl. Schrift
wurde als Hauptſache einer frommen chriſtlichen Erziehung
betrachtet: Hieronymus ermahnte eine vornehme Römerin, Laeta,
ſie ſolle ihre Tochter von Kind an gewöhnen, ſtatt Edelſteine
und Seide die hl. Schrift zu lieben (pro gemmis et serico
divinos codices amet. Ep. 107), ſie ſolle von der Gebuld Jobs
lernen, die Evangeliſten nie aus der Hand zu legen (in Job
virtutis et patientiae exempla sectetur, ad evangelia transeat,
numquam ea positura de manibus.) Von Monika, Nonna
rühmen ihre großen Söhne, daß ſie eifrig in der Bibel be=
wandert waren und auch die Kinder darin eingeführt hätten;
auch vom jüngeren Konſtantin erwähnt der (unbekannte) Leichen=
redner, daß er ſeine Seele ſtets aus der Schrift genährt und
nach ihr ſein Leben gebildet habe (ἐντεύθεν βίον ἐκόσμει καὶ
ἦδος ἐρρύθμιζε, ed. Morell.)
    Man war ſo unbeſorgt bezüglich der Gefahr der teme-
ritas hominum, daß Auguſtin — der vielleicht mehr Eifer
für die Reinerhaltung des Glaubens hatte als mancher jetziger
Kirchenvater, -- Laien, ſelbſt Katechumenen riet, bei Schwierig=

leiten nicht sowohl Geistliche als Gott um Rat anzuflehen,
der seine Erleuchtung schon schicken werde (ad ipsum Domi-
num pulsa orando, pete, insta! Sermo 105). In den
Gängen der Kirchen waren Gemächer (φροντιστήρια), in denen
Bibeln lagen, zu denen sich jeder Kirchengänger zurückziehen
konnte. Hieronymus untersagte im obigen Brief an die
Laeta der kleinen Paula nicht einmal das hohe Lied; nur solle
sie es erst am Schluß lesen; er hält den durch die übrigen Bücher
eingesognen edlen Geist für völlig genügend, um die sinnliche
Deutung auszuschließen. Chrysostomus und Augustin lassen
die Entschuldigung der Lesefaulen, die sagen: „ich bin Geschäftsmann, kein Mönch; ich habe für Frau, Kind und Haus-
wesen zu sorgen" nicht gelten; das seien kalte, sehr verdammens-
werte Worte; gerade der in den Stürmen der Welt Lebende
und ihren Versuchungen Ausgesetzte brauche die Schutz- und
Heilmittel, welche das göttliche Wort biete, mehr, als wer ein
stilles, vom Kampf mit der Welt unberührtes Leben im Kloster
führe. (Aug. de Lazaro; Chrysost., homil. 29. in Genesin,
wo auch die häusliche Lesung in der Familie empfohlen wird.)
Chrysostomus pflegte Texte und Abschnitte der Bibel, über die
er predigen wollte, längere Zeit vorher anzukündigen (s. z. B.
die Predigt über Lazarus), damit die Gläubigen einstweilen dieselben nachlesen und die Rede besser' fassen könnten.
Oft leitet Chrysostomus das Verderben der Kirche und die
Verbreitung der Irrlehren! von der mangelnden Bibel-
kenntnis ab (z. B. Prooemium in ep. ad Rom.) und Augustin hebt
unter den Kennzeichen eines tüchtigen Christen neben dem Kirchen-
besuch das Bibellesen hervor (audire sermonem, audire lectio-
nem, invenire librum, aperire et legere. In ps. 66). Chrysostomus läßt sogar die Armut nicht als Entschuldigung des
Bibelmangels gelten: „Da viele von den Armen stets diesen Vorwand gebrauchen, sie hätten keine Bibel, so möchte ich sie gern
fragen: Kann wohl noch so große Armut einen hindern, daß
er sich nicht alle Werkzeuge seines Handwerks anschafft? Ist
es nicht sonderbar, daß er in diesem Fall der Armut nicht
Schuld gibt, sondern alles thut, daß sie ihn nicht hindere, daß
er hingegen, wo er so großen Nutzen gewinnen kann, die Armut
anklagt?" (Hom. 11. in Joh.) Die Bekanntschaft mit der

Bibel war auch damals sowohl im Orient wie im Occident so
groß, daß manche allein durch das Anhören der in der Kirche
vorgelesenen Stücke ganze Bücher im Gedächtnis hatten, wie von
dem schriftunkundigen Parthenius, nachmals Bischof in Lamp-
sacus, berichtet wird (Acta sanctorum mens. Febr.). Hieronymus klagt sogar im Brief an Palinus (ep. 53.), daß
jetzt alle, Männer und Frauen, über die Schrift reden, ohne sie
recht zu verstehen. (Sola scripturarum ars est, quam sibi
omnes vindicant; hanc garrula anus, hanc delirus senex,
hanc sophista verbosus, hanc universi præsumunt, lacerant,
docent, antequam discant. Alii adducto supercilio grandia
verba trutinantes inter mulierculas de sacris literis philoso-
phantur, alii discunt a feminis, quod viros doceant).

Die Selbsttäuschung bei dem ganzen Indexprinzip ist, als
ob die Hauptsache bei einer drohenden Gefahr die negativen
Maßnahmen wären, die Abhaltung des Uebels, und, wenn dies
gelungen, dann alles in schönster Ordnung sich befinde. Allein
wenn durch Nachlässigkeit in der Kirche der Boden für ein Unkraut bereitet worden ist, dann ist mit der Ausrottung desselben,
gesetzt sie gelinge, noch wenig gewonnen; es beginnt nun erst
das positive Werk, die Bearbeitung und Veredlung des
Bodens, die Beseitigung des Morastes, auf dem das Unkraut
wucherte und von neuem aufschießen muß, wenn nicht Besserung
erfolgt. Das aber ist Aufgabe rastloser, mühsamer Kleinarbeit
und schwerer als ein Prohibitiverlaß und Indexverbot. Es
gelang, die Albigenser und Waldenser in blutigem Kampf zu
unterdrücken; es gelang auch, obwohl wieder nur unter unsäg-
lichen Verwüstungen und Metzelungen, der Hussiten Herr zu
werden; da aber die positive Reform der Kirche an Haupt und
Gliedern ausblieb, kam eine dritte Revolution, die der Reformatoren, und sie rang sich durch, nicht weil sie edel oder
hochsinnig gewesen, sondern weil der Haß gegen die jeder Besserung widerstrebende kirchliche Autorität zu mächtig geworden war,
um nochmals überwunden zu werden.

Wie es mit dem furchtbaren Sturm, der jetzt unter Vereinigung aller Feinde gegen die Kirche wütet, ausgehen werde,
weiß Gott allein; aber mit Indexverboten wird er sich nicht
beschwichtigen lassen, namentlich nicht, wenn die Verbote die

Freunde und Helfer treffen, welche den allein richtigen Weg zeigen, wie altbewährter Glaube und kultureller Fortschritt zu vereinbaren sei.

„Es ist tief bedauerlich, schreibt eine geistliche Stimme in der Straßburger Post, daß ein Mann von der Bedeutung Schells, dessen scharfe Geisteswaffen dem Unglauben unserer Zeit mit vernichtender Kraft zu Leibe rückten, im Hand= umdrehen durch die Indexkongregation moralisch vernichtet werden soll, daß ihm die Geisteswaffen, die ihm Gott gegeben, von den Vertretern der zwar nicht unfehlbaren, aber unbe= dingten Gehorsam verlangenden richterlichen Gewalt in Rom entrissen werden, ohne daß hervorragende Blätter, wie die Kölner Volkszeitung, auch nur ein Wort der Kritik über solche Rechtssprechung zu finden wissen.“ Wo in der Welt gibt es ein Gericht, eine Strafprozeßordnung, die keine Vertretung, kein Verhör des Angeschuldigten kennt,*) die keine Motivierung ihres summarischen Urteils gibt, die nicht einmal sagt, was in einem vierbändigen Buch nach ihrer Meinung falsch sei, sondern in Bausch und Bogen die sämtlichen Werke eines Autors ver= dammt und ihre Lektüre verbietet? Gesetzt, es gäbe manches Bedenkliche bei Schell — ich selbst bin dieser Ansicht und habe dieselbe lange vor der Entscheidung der Kongregation in meinem philosophischen Hauptwerk, wie im 1. Teil des „Reformkatho= lizismus“ dargelegt, muß denn dann die sämtliche Produktion eines der ersten Theologen, meiner Ansicht nach des größten jetzt lebenden Dogmatikers und Apologeten, verurteilt, geächtet, ja sogar als durchaus unverbesserlich gänzlich verworfen werden? Diese Prozedur hat verzweifelte Aehnlichkeit mit der That jenes Bären in der Fabel, der seinen schlafenden Herrn von einer Brummfliege befreien wollte und ihm auch richtig die Stirn samt der darauf sitzenden Fliege einschlug. „Alles ist mir erlaubt, aber nicht alles nützt!“ Ja, der absoluten Gewalt ist alles erlaubt, aber die Verantwortung ist dementsprechend auch eine furchtbare! Schon Beyschlag hatte prophezeit, Schell werde

---

*) Frühere bischöfliche Anträge in dieser Richtung wurden zurück= gewiesen, in jetziger Zeit traue ich einem Bischof nicht einmal den Mut zu einem solchen Antrag zu.

von Rom bald seinen Dämpfer bekommen; diesen Gefallen hat
dem evangelischen Bund die römische Kurie gethan; die Freude
in diesem Lager ist nun eine außerordentliche. „Im Katholizismus gibt es keinen Fortschritt," dies scheint jetzt bewiesen —
scheint, denn die Indexkongregation, ja selbst der Papst ist
noch nicht die Kirche. Aber sicher ist, daß die katholische Sache
eine unerhörte Niederlage von rückwärts, von ihren eignen
Oberen erlitten. Man überlasse doch auftretende dissentirende
Meinungen der wissenschaftlichen Diskussion und lege nicht gleich
das Brennusschwert der kirchlichen Censur in die Wagschale!
Wer wird noch kämpfen wollen, wenn er stets das Damokles-
schwert der eigenen Führung über sich schweben sieht, wer wird
für Reform unserer sicher nicht rosigen Zustände wirken wollen,
wenn er weiß, daß jedes Hinausgehen über tausendjährigen
Schlendrian mit Verdammung gelohnt wird, wenn er weiß,
daß die Gegner wissenschaftliche Beweise gar nicht ins Feld zu
bringen nötig haben, indem ihnen ein wirksameres und be-
quemeres Mittel, die Denuntiation an das Offizium oder die
Kongregation offen steht. Ein Bischof überträgt einem hoch-
gelehrten, die Liebe und Verehrung der studirenden Jugend
in reichstem Maß besitzenden Theologen die Leitung seiner Hochschule; er hat das Unglück, einer unheimlichen, aber mächtigen
Clique zu mißfallen, deren unbrauchbare und Aergernis erreg-
ende Affiliirte der Bischof von der Hochschule entfernt hat —
diese schreibt nach Rom und der Rektor wird abgesetzt. Eine
sogenannte Universitätsbehörde chikaniert bis aufs Blut ihre unter
falschen Versprechungen angeworbenen Professoren, weil sie sich
der Tyrannei einer ähnlichen Clique nicht unterordnen und ihre
Kollegienhefte nicht nach einem vorsündflutlichen Rezept korri-
giren lassen wollen — die Clique berichtet nach Rom, und ein
Kardinal schickt einen Schmähbrief voll der unwahrsten und
ungerechtesten Vorwürfe; die Sache ist erledigt. Roma locuta!
„Ein bitter gehässiger Ton, ein pruritus des Denunzirens
und Censurirens greift um sich, welcher den ruhigen, nur das
Wohl der Kirche und Wissenschaft berücksichtigenden Beobachter
mit Trauer und Widerwillen erfüllen muß," schrieb Döllinger
1868. Wir sind seitdem noch weiter gekommen. „Semper
quidem zelus absque scientia minus efficax, minusque utilis

invenitur; plerumque autem et perniciosus valde sentitur)
Quo igitur zelus fervidior ac vehementior spiritus, profu-
siorque caritas: eo vigilantiori opus est scientia, quae zelum
reprimat, spiritum temperet, ordinet caritatem." S. Bernard.
„Eifer ohne Wissenschaft taugt nichts, fruchtet nichts; ja er ist
sehr schädlich zu empfinden. Je heißer der Eifer, heftiger das
Streben, drängender die Liebe: desto wachsameres Wissen ist
nötig, um den Eifer zu beherrschen, das Streben zu mäßigen,
die Liebe zu ordnen." Wenn nun außer der Wissenschaft auch
die Liebe noch fehlt, ja gar Gehässigkeit an ihre Stelle tritt,
und nur der blinde Eifer bleibt, was ist er dann wert?

Die Centrumspresse war in Deutschland über das Schicksal
Schells nicht wenig verlegen; sie äußerte sich nicht gern zur
Sache und hätte die Geschichte mit Rücksicht auf den allenthalben ungünstigen Einfluß gern vermieden, aber zu einem
energischen Wort hat sie sich nicht aufraffen können. Sie kam
mit süßen Persuasionen und Deklamationen; die Sache sei ja
nicht so schlimm; schon viele hervorragende Männer habe dieses
Schicksal getroffen; ja es kam fast heraus, als liege eigentlich
darin eine Art Größe; man brauche sich nur zu unterwerfen,
dann sei die Sache ganz unschädlich; man zitierte Fenelons
Wort: „wieviel hätte es mich erst gekostet, wenn ich mich nicht
unterworfen hätte?" verschwieg aber, wie tief den edlen Bischof
die Demütigung gekränkt und für seine Lebzeit von der Schriftstellerei zurückgeschreckt. Pfülff nannte die Aufgabe der persönlichen Ueberzeugung „eine männliche That" und hielt Monate
vorher — diese Leute waren eingeweiht — das Schreckbild
Lamennais' und Pascals vor. Es wäre angezeigter gewesen, einer
anderen Seite die Forderung der Gerechtigkeit und Opportunität
etwas ins Gedächtnis zu bringen. „Persönliche Aengstlichkeit
und Unwissenheit überschritten weit das Maß dessen, was der
Katholizismus bedurfte", sagt Hase vom kirchlichen Censuramt.
Und wenn es nur immer mit der Wahrheit ernst genommen
worden wäre! Pichlers (es ist aber nicht der Passauer Domherr!)
grundgelehrte „Geschichte der griechischen Kirchentrennung" verfiel dem Index. Pichler schrieb an seine Kritiker: „Ich weiß
wohl, wie ich es hätte anstellen sollen, um den Beifall einer
gewissen Partei zu gewinnen. Ich hätte nur gegen Griechen

6*

unb Russen in der herkömmlichen Weise loszuschimpfen brauchen, so hätte ich gewiß bei derselben mir Lorberen errungen. Es ist doch bemerkenswert: gegen Protestanten und Orientalen kann man das albernste Zeug schreiben, ja die ungerecht= fertigsten Vorwürfe und Anklagen erheben, ohne von dieser Partei, die sich rühmt, die katholischen Interessen zu vertreten, einen Tadel zu bekommen. Dagegen braucht man auf eine in den eignen kirchlichen Zuständen vorhandene wunde Stelle auch nur ganz zart hinzutupfen oder auf einen von einem christlichen Mitbruder begangenen Fehler wenn auch noch so schüchtern aufmerksam zu machen, geschweige eine Lieblings= theorie in bestgemeinter Absicht zu einem noch so edlen Zweck anzutasten, so erhebt man ein Zeter= und Mordiogeschrei, man beginnt zu verdächtigen und zu verketzern, ja man droht mit dem Anathem.“ S. hiezu den Anhang.

Statt der Indexverbote thäte das kirchliche Lehramt besser, das achte Gebot mehr einzuschärfen, das heillose anonyme Schreiben, Lügen und Verdächtigen zu verbieten. In der vierten Sitzung des Tridentinums ist das anonyme Schrift= stellern verboten worden — warum wird denn das nicht beobachtet? Warum ist unsere sog. katholische Presse der Hauptskandalort jener bissigen Revolverangriffe unter allerhand chamäleonartig wechselnden Chiffren, nie aber mit offenem Her= vortreten des Strauchritters? Ausländische Zeitungen bringen ihre Artikel mit Unterschrift des Korrespondenten, ebenso die anständigen inländischen *); warum ist diese Gepflogenheit bei der Centrumspresse so selten? Man schreibt ganz anders, wenn man das offne Visir trägt, als wenn man hinter dem Busch hervor feuert; man konnte jüngst an dem ganz auffallend demütig gewordenen Ton eines so entdeckten und aus dem Busch gezogenen Trabanten sehen, was das ausmacht. Wäre das nicht eine edlere Aufgabe der Autorität, der katholischen Presse die allgemein moralischen Gesetze eindringlich zur Pflicht zu machen? Man glaube nicht, daß das überflüssig wäre! Wer mit Centrumsblättern und theologischen Journalen zu thun gehabt, der wird wissen, wie man da mit Streichung

---

*) Zu denen das „Liter. Centralblatt“ Zarnckes nicht gehört, da dessen (elende) philosophische Referate meist ohne Unterschrift erscheinen.

und Veränderung des Konzepts vorgeht, was eine profane Redaktion nur nach eingeholter Erlaubnis thut; der weiß, wie man hinter der Scene agirt, wenn eine unbequeme Rezension beseitigt werden soll. Mir ist wiederholt passirt, daß ein Redakteur mich zur Rezension eines Buches aufforderte, das gefertigte Gutachten aber dann dem befreundeten Verfasser des Buchs zuschickte, ob es ihm passe, und, wenn dieser sich nicht genug gelobt fand, es einfach nicht abdruckte. Dies hat z. B. der Elsässer Professor Hoeber in Straßburg, der Redakteur der „Akademischen Monatsblätter", bezüglich der Veremundusbrochüre begangen, und diese seine Praktik ganz unverfroren zugestanden. Wenn man einen Gelehrten, der seine Zeit wahrlich besser verwerten kann, um ein wissenschaftliches Gutachten ersucht, so kann man nicht eine bloße Lobhudelei verlangen. Zu einer Rezension gehört auch Gewissen. Auch setzt ein Gelehrter voraus, daß er nicht eine Kommanditgesellschaft auf gegenseitiges Lob vor sich hat, die unter sich zusammenhängt und den Namen des Gelehrten blos als Aushängeschild benutzen will. Dies nebenbei. Die kirchliche Censurbehörde möge rücksichtslose Wahrheit auch gegen den Feind zur Pflicht machen und nicht im Sinn der Verhimmlung des eigenen Lagers, der kleinlichen Angst vor Aufdeckung der Schäden Josephs wirken. Man erzählt, daß die Übersetzung der Imitatio Christi von Franz Müller für luxuria in coenobiis Zügellosigkeit in Klöstern „Zügellosigkeit in den höheren Ständen" enthalte, die Auflage aber trotzdem vom Erzbischof von Köln approbirt worden sei. Ja was wurde nicht alles in letzter Zeit approbirt, und was wurde andererseits nicht approbirt! Approbirt wurden die mystischen Bücher von Bautz und Leistle; der erstere gab eine anschauliche Topologie des Jenseits. Fegfeuer und Hölle seien nach zahlreichen kirchenschriftstellerischen und scholastischen Ansichten in der Erde, die Vulkane seien Schlöte der Hölle. Körber in Bamberg stimmt bezüglich der Lage der Hölle bei, möchte aber das Fegfeuer nicht so nahe an die Hölle und die Teufel rücken, und hält den Mond als Platz für geeigneter, wobei die armen Seelen dann noch den Vorteil haben, daß es bei ihnen etwas kälter ist als bei den Verdammten. P. Schouppe, dessen Schrift über das Fegfeuer

mit fürstbischöflicher Approbation von Pfarrer Pletl
aus dem Französischen übersetzt wurde, deklarirt als „ver=
breitetste Meinung, welche sich der Sprache der hl. Schrift am
besten anpaßt und von den Theologen fast allgemein angenommen
wird" die Lage „im Innern der Erde, in der Nähe der Hölle".
Nach dem hl. Thomas sei die Hölle sehr wahrscheinlich ein
schwarzer, dunkler Kerker. Das Fegfeuer sei ein doppeltes:
eines tiefer gelegen, nahe bei der Hölle, das andere in besserer
Situation für die „Privilegirten". Nach dem hl. Franziscus
gäbe es sogar drei Abteilungen, eine über der andern. Die
erste sei ein weites Eisfeld, wo unaussprechliche Kälte herrsche,
die zweite ein ungeheurer Kessel mit siedendem Oel und Pech,
die dritte ein Teich mit flüssigem Metall. (Vgl. auch die
„Höllengeschichten nach den besten Quellen" von
Josef Anton Keller, 1889 bei Kirchheim erschienen.) Auch über
die Zeit, welche die armen Sünder im Fegfeuer zubringen
müssen, sind von diesen Gelehrten auf Grund sehr gewichtiger
Zeugnisse äußerst dankenswerte Aufschlüsse geboten worden:
Schouppe rechnete aus, daß ein „guter Christ, der über sich
stets wacht, jede Todsünde vermeidet, sich der Buße und guter
Werke befleißt", nach Verlauf von zwanzig Jahren noch drei
Jahre, drei Monate und 15 Tage fürs Fegfeuer haftbar bleibt.
Ein anderer Jesuit, den Bautz als Autorität citirt, ist strenger;
er rechnet nach der Schrift 7 Sünden täglich auf den
Gerechten, macht im Jahr 36 000 — welch ein Fegfeuer müsse
das sein! Mindestens hundert Jahre kämen da für den
Gerechten wohlgemerkt! heraus. Schouppe kennt einen
Novizen, der 77 Jahre im Fegfeuer war, weil er 7 hl. Messen
zu hören versäumte! Ob das nun im Eiswasser bei 180 Grad
Minus oder im Pechkessel oder gar in flüssigen Metallteich
zugebracht werden muß, es ist jedenfalls keine frohe Zuversicht.
Bei den armen groben Sündern jedoch, das gibt ein einfaches
Rechenexempel, muß die Frist bis in die Millionen gehn! und
zwar selbst wenn die armen Teufel gebeichtet und so wenigstens
dem höllischen Centralfeuer entgangen sind! Setzt ja Schouppe für
jede gebeichtete Todsünde sieben Jahre Fegfeuer an! Wie nun
gar die Hölle aussieht, das unterlassen die höllischen
Geographen zu schildern; denn über den flüssigen Metallteich

hinaus zu kommen mag der Phantasie schwer werden; ich würde hier die neuentdeckte flüssige Luft als Qualmittel vorschlagen; sie hätte den Vorteil, daß sie sich troß der unerhörten Kälte wie glühendes Feuer anfühlt, also die hißige und kalte Tortur glücklich vereinen würde. So ein Teich flüssiger Luft wäre auch nichts Schlechtes und könnte den hartgesottensten Sünder mürbe machen. Auch würde die jenseitige Physik und Astronomie vielleicht plausibler werden, wenn sie mit dem jeweiligen Stand der Naturwissenschaft gleichen Schritt hielte und in ihre Systematik die Fortschritte der diesseitigen und profanen Physik und Chemie aufnähme. Die Hefte des Pellikan, der den päpstlichen Segen in reichem Maß genoß, selbst als er unverdienter Weise nach der Taxilgeschichte vom Centrum preisgegeben wurde *) und — last not least — Taxil und Gruber S. J., sein Ueberseßer und Verbreiter, lieferten auch einen schönen Beitrag zur Dummheit resp. Spißbüberei der Menschheit. Leistle in Dillingen wiederum fügte im Programm 1886/87 zu den obigen Lokalbeschreibungen der Unterwelt noch das Porträt des Fürsten dieser Regionen. Nach seinen auf die zuverläßigsten Mitteilungen aus diesem Reich gestüßten Ausführungen ist der Teufel entweder schwarz oder doch dunkel, er ist häßlich, hat schnabelartig gebogne oder glatte Nase, versteckte, flammende Augen, Krallen an Händen und Füßen, haarige Beine, von denen oft eines lahm; die ganze Gestalt ist unproportionirt, immer durch irgend etwas Ungewöhnliches das unschöne Innere verratend. Er stinkt leider nach Leistle immer noch. Daß der Teufel heutzutage weniger erscheine, führt Leistle auf die geänderte Taktik des Satans zurück, die ihm viel mehr Opfer zuführe als ein früheres Faustbündnis. Durch diese wissenschaftliche Leistung hat der schwäbische Moralist, wie die Abendzeitung meint, auch einen sprechenden Beitrag zu der allgemeinen Bildung, welche die Lyceen liefern, geleistet. Solche Probleme sind jedenfalls für unsere Zeit die wichtigsten und interessantesten. Es ist zu

---

*) Nur die Offenburger Zeitung trat für den guten Pellikan ein, und bedauerte einzig „wegen der Form und der hämischen Commentare der liberalen Blätter", daß die Redaktion des Pellikan die Artikel, so korrekt in tieferem Sinn sie auch sind", als „Perlen vor die Säue geworfen".

beachten, daß keiner dieser Autoren eine Censur von der
Kirchenbehörde erfahren hat; vielmehr sind die Schriften
mehrfach approbirt, sogar in fremde Sprachen zu übertragen
wert gefunden worden. Auch Körbers Mariologie, welche die
Worte des Buchs der Weisheit: „Vor den Bergen war ich
geboren und vor Schaffung der Welt" u. s. w. buchstäblich auf
Maria auf Grund der marianischen Liturgie anwendet
und sie zu einem zwischengöttlichen Wesen macht, sowie Maignens
Schmähschrift auf Hecker, die ihrer Lügen und Schimpfereien
auf Ireland wegen von allen amerikanischen Verlegern zurückgewiesen wurde, blieben unbeanstandet; letztere trägt sogar
das päpstliche Imprimatur, wie Brauns und Höhlers
Pamphlete das bischöfliche. Als der neue Knebelerlaß über die
Druckgenehmigung erschien, wurde beschwichtigend verkündet, es
gelte nur der abergläubischen Erbauungsliteratur — das Gegenteil
war der Fall; man hat von keinem verbotenen aftermystischen
Werk seitdem gehört, vielmehr sind die meisten obigen Bücher
erst vor kurzem und mit Druckgenehmigung erschienen, ja diese
Literatur ist jetzt erst recht aufgeblüht; aber Schell und Hecker
sind getroffen; weitere Gelehrte wie Scholz werden bereits
angekündigt; es ist klar, man hat die Männer der Wissenschaft treffen wollen.

Noch eine Anfrage: Warum soll denn bloß der Theologe
seine Schriften der Druckgenehmigung vorlegen? Warum nicht
der theologisirende Laie? Warum darf jeder Zeitungsschreiber
über religiöse Probleme leitartikeln, gelehrte Theologen ab-
kanzeln, noch dazu unter Maske, während der Theologe nicht
einmal ohne besondere Erlaubnis eine Redaktion übernehmen
darf, und sich jetzt allgemein der Usus einbürgert, daß jedes
Fachblatt — ausgenommen die Jesuitischen, denn die brauchen
so etwas nicht — den Vermerk trägt: mit oberhirtlicher Approbation? Geschieht diese zarte Rücksicht auf die Laien deswegen,
weil man ihnen bessere und korrektere Theologie zutraut, oder
wagt man sich vielleicht nicht an die Laien aus Furcht, sie
möchten den Befehl mißachten? Ei, dann wäre das ja fast
etwas wie Feigheit?

Nun, den Vorteil werden einfach die protestantischen
Verleger haben. Wer der Chikane ausweichen will, mit der

man jetzt die katholischen Schriftsteller verfolgt, der schreibt eben anonym oder wendet sich an einen Verleger, der nichts nach Index und Censur frägt. Ob ersteres gut für Charakterbildung und Förderung der Wissenschaft ist, möchte ich bezweifeln.

§ 5. Die religiösen Orden.

„Alle Regungen des Gemüts, die leidenschaftlichsten und die zartesten, kommen uns aus jener Welt der Weltentsagung entgegen. Kunst, Poesie und Wissenschaft haben dort ihre Pflege gefunden, ja die Anfänge der Civilisation unseres Vater= landes sind ein Kapitel aus der Geschichte des Mönchtums. Hat das Mönchtum dies alles nur leisten können, indem es seine Ideale verließ oder lassen seine eigenen Ideale solche Wirkungen zu? Setzt die Weltentsagung eine zweite Welt und eine zweite Geschichte, der ersten ähnlich, nur reiner und größer, oder muß sie die Welt zur Wüste werden lassen?“ So fragt Adolf Harnack im Anfang seines Buchs „Das Mönchtum, seine Ideale und seine Geschichte“.

Für einen Protestanten ist es stets peinlich, an das Ordens= leben der christlichen Kirche erinnert zu werden, fast so pein= lich, als für den kritischen Theologen, über Dogmengeschichte zu schreiben. Er fühlt, daß hier etwas liegt, das der Protestant von seinem Standpunkt verleugnen und entwerten muß, dessen Erhabenheit aber doch zu sichtbar und greifbar ist, als daß sie nicht wider Willen Staunen und Verehrung erzwänge. Es ist das Moment der sittlichen Kraft, der Selbstbezwingung mit all der Seelengröße, dem Charakteradel, die sie im Gefolge hat, was Achtung hervorrufen muß, selbst wenn man die Ge= staltung, wie jene Tugenden sie in der katholischen Ascetik angenommen haben, im Prinzip perhorrescirt. Harnack ist ein viel zu guter Kenner der Geschichte, um etwa in der banausi= schen Manier wie Waldemar Kawerau der Ehe „die höchsten sittlichen Aufgaben“ zuzuteilen und weil Luther ein unglücklicher Mönch gewesen, Mönchtum und Ascese überhaupt zu verkleinern und als widernatürlich hinzustellen, als Kontrastbild dagegen aber die Erhabenheit und „Heiligkeit“, welche die Ehe durch die Reformation gewonnen, auszumalen. Es ist eine wohlfeile Taktik, das zu verachten, was man nicht erreichen kann, und

wie es mit der Heiligkeit des Lutherischen Ehebegriffs aussah,
beweist Luthers Rechtfertigung der Bigamie, die Aufhebung
des sakramentalen Charakters und Herabdrückung der Ehe zum
„rein natürlichen Ding", die schamlose Verunehrung der gottge=
weihten Jungfrauen, die er als schlimmer wie Dirnen und Huren
hinstellt, sowie die cynischen, von einer zuchtlosen Geschlechts=
phantasie getragenen Aeußerungen über das Geschlechtsverhältnis
sogar in Predigten. Nein, auf dem Hintergrund der Zuchtlosig=
keit kann eine Wertschätzung der Ehe nicht erwachsen; wer die Macht
des Geschlechtstriebs so hoch und heilig anschlägt, daß er alle
Rücksichten ihm unterordnet, selbst eheliche Treue, kirchlichen Beruf,
heilige Gelübde, wer das berüchtigte: „Kommt die Frau nicht,
so komm' die Magd" gesprochen, wer desgleichen einer Frau,
die einen untüchtigen Mann hat, sogar Buhlerei mit einem
Dritten gestattet, der kann als Restaurator der Ehe nur eine,
je nachdem traurige oder lächerliche Figur spielen. Man kann
zugeben, daß im Katholizismus das Moment der Ascese zu
hoch und leicht angeschlagen wurde, und gerade daraus, durch
Zulassung so vieler ungeeigneter Elemente, die vielen Miß=
bräuche entstanden; aber das Ideal muß stets hochge=
halten werden, die Umwertung der Werte, wie sie der
Protestantismus im Gegensatz nicht bloß zur alten Kirche,
sondern zum gesamten klassischen Altertum, ja zu den sämtlichen
übrigen Religionen, die alle mehr oder minder auf dem sustine
et abstine! das Gebäude des sittlichen Lebens aufführen, kann
nicht geduldet werden. Der Satz, daß sich eines nicht für alle
schicke, daß die Gaben und Neigungen verschieden ausgeteilt
seien und der Flug des Genies von dem Gang des Alltags=
menschen sich einigermaßen unterscheide, wird wohl auch für das
moralische Leben und das religiöse Genie passen. Geistern wie
Antonius, Franziskus, Bernardus den Rat geben, es wäre
besser gewesen, sie hätten geheiratet und etwas Nützliches als
Kanzleibeamte, Geschäftsleute oder allenfalls als behäbige verhei=
ratete Pfarrherren geleistet, ist etwas so unsäglich Banales und
Erbärmliches, daß es an seiner eigenen Jämmerlichkeit strandet,
und doch müssen wir Katholiken uns derartige Dinge sagen lassen.

Zu einer gerechten Würdigung des Klosterlebens müssen wir
vorher einen Blick auf seine historische Gestaltung werfen.

Die alte Kirche der ersten vier Jahrhunderte hatte kein Mönchtum. Die Paulinische Forderung: „in der Welt leben als lebten sie nicht darin“, war die Maxime der ersten Christen. Wie die göttlichen Sendboten in das dichteste und corrupteste Heidentum sich wagten, nicht um sich darin zu beflecken, sondern um es zu bekehren und zu veredeln, so blühte die junge Kirche mitten im Gewühl der antiken Welt, im Sturm der Verfolgung und suchte, statt in banger Weltflucht die eigene Seele und das irdische Heil zu retten, durch das Exempel des Bekenner- mutes und Tugendglanzes, der von ihr ausströmte, ein Lock- mittel für die Außenstehenden, ein stilles Zeugnis ihres gött- lichen Ursprungs zu werden — ein Ziel, das thatsächlich erreicht wurde. Die Tugenden höchster Reinheit, erhabensten Edel- mutes, idealster Sanftheit und Menschenliebe, sowie staunens- werte Leistungen der Ascetik wurden nicht vernachlässigt, aber man glaubte sie in der Welt ebenso gut und mit größerer Frucht üben zu können; auch ließ man jedem hier im höheren religiösen Leben volle F r e i h e i t, man band niemand zeitlebens durch Gelübde, — die vielen Christen, die bis ins höchste Alter nach dem Bericht Justins ehelos blieben, waren nicht in Klöstern vereint — ja selbst dem Priester und Bischof war der Cölibat wohl empfohlen, aber nicht zur Pflicht gemacht, um nur ja keinem zuzumuten, was ihm vielleicht zum Fallstrick werden konnte. Auch als Antonius, der erste Einsiedler, in die ägyp- tische Wüste zog und durch seine Heiligkeit viele Nachfolger anlockte, die in Mönchszellen sich um ihn her ansiedelten, da war in diesem Bruderleben volle Freiheit, und wer wollte, konnte jederzeit zur Welt zurückkehren, ja wurde auch gegen seinen Willen zurückgeschickt, wenn er sich nicht geeignet erwies oder zu Extravaganzen neigte. Dies blieb auch so unter der Mönchsvereinigung des Pachomius. Auch wurde streng darauf gesehen, daß kein Mönch unbeschäftigt blieb und jeder sich selbst seinen Unterhalt erwarb. Es waren die häretischen Euchiten, welche zuerst die Arbeit verschmähten, die mystische Kontemplation der aktiven Thätigkeit vorzogen und a l s e r s t e B e t t e l m ö n c h e von Almosen leben wollten. Epiphanius spricht sich scharf gegen diese Richtung aus. Das Ideal der evangelischen Räte wurde von den großen Theologen der Patristik, Basilius, Chrysostomus,

den Gregoren, Hieronymus, Ambrosius, eifrig gegen Geister
wie Jovinian, die Protestanten jener Zeit, verteidigt, immer
aber die Notwendigkeit strenger Selbstprüfung für den Eintritt
ins Kloster ans Herz gelegt — hatte sich doch die Kirche bereits
gegen wüste Mönchsausschreitungen im 5. Jahrhundert zu
wehren. In keiner Weise wurde in der alten Kirche den Orden
ein Recht zur Mitregierung in der Kirche eingeräumt. Der
einzelne Mönch konnte durch hervorragende Tugenden großes
Ansehen bei den Gläubigen und im Klerus erwerben, er konnte
auch aus seiner Zelle zum Bischofsstuhl erhoben werden (was
übrigens im Altertum ziemlich selten war), der Orden als
solcher hatte keine Ausläufer, keine Vertretung an den Centralstellen der kirchlichen Führung, ihm war als Aufgabe die stille
praktische und ascetische Arbeit im Klosterraum angewiesen und
sie mußte ihm genügen. Das wurde später anders. Wir
wollen der Entwicklung nicht nachgehen, aber man betrachte
heute die Kardinalskollegien, die Mitglieder der Officien, den
Episkopat! Troß der großen Minorität des Regularklerus
sind fast alle leitenden Centralstellen in den Händen von Ordens-
mitgliedern! Während in der alten Kirche die Orden eine
verschwindende Rolle spielten und in der Regierung gar nichts
zu sagen hatten, trägt im heutigen Katholizismus der Weltklerus das Brandmal der Minderwertigkeit; die Orden,
namentlich der eine, der von Anfang an auf Herrschaft aus-
ging, werden als Elite, als treueste und zuverläßigste Garde
des Papstes betrachtet, und alle Maßnahmen, alle Beurtei-
lungen von Wissenschaft, Disciplin und kirchlichem Leben von
ihrem Standpunkt und Interesse aus genommen. Die früheren
Mönche lebten ihrem ascetischen und weltfernen Ibeal, und
selbst der Abt dachte nicht über sein Kloster und seinen Ordensverband hinaus, die jetzigen Orden sind Weltmächte geworden,
die durch ihre Vertretung an der höchsten Stelle, durch ihre
centrale Organisation und Verzweigung über die ganze Welt
eine dem zerstreuten Weltklerus gewaltig überlegene Rolle spielen
und ein Gewicht in die Wagschale der Kirchenregierung legen,
das sehr stark bemerkbar ist. Ob dies nun ein Segen für die
Kirche, ob solche Herrschaft mit dem Klostergeist und Kloster-
beruf vereinbar, darüber darf man doch wohl noch streiten.

Der Mönch Nilus, der aus einem ansehnlichen Staatsamt sich im 5. Jahrhundert auf den Berg Sinai zurückgezogen hatte, schrieb: „So große Gnade hat Gott auch vor der zukünftigen Welt den Mönchen verliehen, daß sie keine menschliche Ehre wollen und nach den mannigfachen Würden der Welt nicht verlangen, sondern vielmehr vor den Menschen verborgen zu bleiben suchen, während viele Große, welche alle Herrlichkeit der Welt besitzen, freiwillig .... zu den niedrigen Mönchen ihre Zuflucht nehmen, und, von tötlichen Gefahren befreit, die zeitliche und ewige Rettung zugleich finden."

Ist es nun nicht ein Widerspruch, wenn man den, der, um verborgen zu bleiben, sich in die Zelle zurückzog, auf den glänzenden Stuhl eines hohen Amtes beruft, wo er statt Entbehrung Ueberfluß, statt Buße Würden und Ehren findet, wo er statt zu dienen, statt Gehorsam zu üben, selbst herrscht und eine Provinz unterwürfiger Diener findet? Er suchte den inneren Segen und den jenseitigen Lohn der Demut und Entsagung und findet die Pracht und Herrlichkeit dieser Welt und den Pomp und das Geräusch des Weltlebens; er tritt in Würden, zu denen er im Weltleben nie gekommen wäre, er erringt einen Einfluß, der nur dem der höchsten irdischen Staatslenker gleich zu achten ist — liegt darin nicht eine Ironie des Schicksals? „Was waren das für Menschen," spottet Harnack (Dogmengeschichte 3, 311), „die die Welt und das fröhliche Leben flohen, und dann alle irdischen Güter .... Feste und sinnlichen Genuß aus der Hand der Kirche zurück erhielten? Freilich — eine kleine Drehung am Kaleidoskop: und alle diese Güter stürzen zusammen — es gilt zu fasten und zu büßen — aber wiederum eine kleine Drehung: und es ist alles wieder da, was die Welt zu bieten vermag, aber verklärt vom Lichte der Kirche und des Jenseits!" Wie ich das ascetische Ideal auffasse, so hat ein Orden als Weltmacht keinen Segen; er ist ein innerer Widerspruch. Das Kloster ist auf die Tugenden der Demut, der Weltverleugnung, des Gehorsams gegen die Kirche gebaut; es soll nicht durch eine Hinterthüre das gerade Gegenteil: die Herrschsucht, die Weltregierung, die Ueppigkeit wieder einziehen. Man geht in das Kloster zu ascetischen Uebungen; diesen bleibe man treu; man betrachte nicht das

Kloster als Durchgangspunkt zum Weltleben und zur Welt-
herrschaft! Die alten Ordensgründer ahnten wohl diese Klippe,
die ihnen gerade von wohlwollender Seite drohte; sie nahmen
darum in ihre Grundregeln das Verbot der Annahme kirchlicher Würden auf (selbst Ignatius v. Loyola stellte diese Regel
auf); aber es trat allenthalben bald außer Geltung. Ja, man
kann sagen, selbst wenn die Orden nicht nach äußeren Würden
streben, die für die Entsagung des Klosterlebens schadlos halten,
es liegt sogar schon in der innern Organisation, in dem Aufrücken zur Abts- und Provinzial-, wie Generalwürde ein Thor
zu weltlichem Glanz, zu Unabhängigkeit und Herrschaft — nur
wenn ein Orden in all seinen Mitgliedern sich zum unterwürfigen Gehorsam gegen eine fremde Obrigkeit verpflichten
wollte und gar keine Möglichkeit des Avancements hätte, wäre
das reine Ideal des Gehorsams und der Demut gewahrt.
Ich will damit nur zeigen, daß die scheinbar so hohe Ascetik
des Ordenslebens keineswegs eine Kehrseite ausschließt, die in
ziemlich grellem Kontrast zum Prinzip steht. Zwar wird man
sagen: es sind doch verhältnismäßig wenige, die zu den herrschenden Ämtern kommen; die meisten bleiben eben doch ihr
Leben lang einfache Pater. Ich will nicht untersuchen, ob das
Avancement im Weltklerus ein leichteres ist — ein einfaches
Rechenexempel lehrt, daß jeder Pater, der jung eingetreten ist
und sich gut führt, mindestens mit dem 50. Lebensjahr zum Prior
aufrücken muß — wir wollen vergleichen, was der einfache
Pater dem Weltkleriker gegenüber an Vollkommenheit voraus
hat. Im Punkt der Keuschheit und in den allgemein priesterlichen Pflichten stehen sie gleich. Was die Armut betrifft, so
ist sie sicher nicht drückend; die Kost ist im Allgemeinen besser
als die eines Pfarrtisches; Erholung, Garten, Bibliothek usw.
stehen dem Mönch zur Verfügung; es gewährt sogar ein unge-
meines Gefühl der Erleichterung, daß man sich um die kleinlichen
täglichen Ausgaben nicht zu kümmern braucht; was das Klosterleben in ascetischen Regeln, nach Kleidung, Schlafstätte, Auf-
stehen rc. Drückendes hat, wird durch Gewohnheit leicht; sehr
angenehm ist ja schon gegenüber den unberechenbaren Vorfällen der,
Weltkura und des Weltberufs die unabänderlich gleich sich
abrollende Ordnung, die Sicherheit und der Schutz des Klosters

das kollegiale Zusammenleben, das der hinausgeworfene Seelsorger oft entbehrt, das Freisein von jeder größeren Verantwortlichkeit und die Deckung durch den Ordensverband, die
namentlich dem schwächeren Charakter, der offen zu handeln
sich scheut, so erfreulich ist. Der Mönch kann Privateigentum
nicht erringen, er ist aber auch allen Schmerzen des privaten
Besitzes enthoben, niemand verlangt von ihm Unterstützung,
nichts braucht er zu leisten, keine Opfer, keine Entbehrung für
andere auf sich zu nehmen. Es bleibt im Grund nur eines:
das Opfer des eigenen Willens, der unerbittliche Gehorsam, den er zu leisten hat, die Unfreiheit, der er selbst in
den geringfügigsten Dingen unterworfen ist. Sie kann mitunter schmerzlich sein, sie kann selbst zu Gewissensbedenken
führen, aber in der Regel, wo nicht offene Chikane ihr Spiel
treibt, wird auch sie durch Gewohnheit nicht mehr fühlbar;
der Geist gewöhnt sich allmählich, apathisch dem Zuge fremder
Einwirkung zu folgen und die Initiative des Handelns von
außen zu empfangen. Aber — und hier möchte ich den Hebel
einsetzen — es ist sehr fraglich, ob diese Übung überhaupt
etwas so Vollkommenes ist. Ich kann mich zu der Anschauung
nicht erschwingen, als ob der freie Wille etwas so schädliches
sei, als ob der vollkommenste Mensch der sei, der gar nichts
mehr selbst denkt, aus eigener Initiative nichts erstrebt, sondern
sich „wie ein Kadaver, wie der Stock in der Hand eines alten
Mannes" wenden und tragen läßt.

Gerade weil dem Katholiken gewöhnlich Passivität, blinde
Fügsamkeit, Mangel an Selbstdenken vorgeworfen wird, ist es heutzutage am Platze, die eigene Selbstthätigkeit und Initiative,
den persönlichen Mut, das Bewußtsein der Verantwortlichkeit
mehr zu entwickeln und zu pflegen. Die Orden waren ja selbst
Sprossen genialer Neuschöpfung seitens ihrer Stifter, die in
den bestehenden Institutionen ihr Genüge nicht fanden; hätten
diese bloß Demut und Gehorsam üben wollen, so wären sie
einfach einem bestehenden Orden beigetreten; allein in ihnen,
in Dominikus, Franziskus, Ignatius war der Geist eigener
Kraft, eigener Initiative erwacht und sie schufen sich ein Ge-
bilde nach ihrem Sinn, sie hatten neue Ideen von Vollkommenheit, von nach ihrem Sinn notwendigen Veränderungen

des ascetischen Ideals und kämpften dieselben durch, selbst gegen
mächtige Gegenströmungen in und außerhalb der Kirche. Was
so mächtiger Willenskraft, so heldenmütiger Initiative entstammt,
kann doch nicht auf Vernichtung aller Selbstthätigkeit, alles
schöpferischen Wirkens angelegt sein. Die heiligen Ordens=
gründer haben Unendliches gewirkt, sind für alle Zeiten leuch=
tende Beispiele der Größe, zu der sich die menschliche Natur
erheben kann, aber wahrlich nicht, weil sie matte Kopien
fremder Charaktere gewesen wären. Aus einem Benedikt von
Nursia, Franz von Assisi, Bruno, spricht eine Eigenart, eine
elementare Kraft des Charakters, die mit der Schablone eines
Dutzendmönchs sich schlecht deckt, und eher durch Erweckung
und Ausbildung der eigenen individuellen Anlagen nachgeahmt
werden dürfte. Alle großen Institutionen waren Schöpfungen
der Begeisterung. Aber die Begeisterung läßt sich nicht wie
ein Erbgut auf Schüler und nachfolgende Zeiten übertragen.
Das, was überpflanzt wird, ist die Constitution, die Ordens=
regel, das Schema; der Geist muß stets neu aus der frischen
Quelle der selbsteigenen Kraft fließen; wo diese fehlt, wo der
Zeitgeist die ideale Flamme religiösen Hochsinns gelöscht hat,
wo der Eintritt in den Orden durch Nebenmotive, zufällige
Konstellationen oder gar gezwungen erfolgt, da kann aller
mechanischer Gehorsam nichts Großes wirken, die innere Kraft
wird erlahmen und das künstliche Gebäude beim ersten Ansturm
zusammenbrechen. Es handelt sich in der Frage der Neube=
lebung der Gesellschaft keineswegs darum, krampfhaft möglichst
viel Mitglieder zum geistlichen und klösterlichen Stand zu pressen,
sondern im Gegenteil in peinlichster Sorge zu wachen, daß keine
Unwürdigen und Schwachen das schwere Joch auf sich nehmen;
aus solchen Unglücklichen sind die schlimmsten Revolutionäre,
die Urheber der schwersten Krisen für die Kirche hervorgegangen.
Die ganze Geschichte des Mönchtums ist ausgefüllt mit krampf=
haften Bemühungen, die Ordensregeln aufrecht zu erhalten und
mit steten Rückfällen in die laxere Praxis. Eine ewige Reform,
die nie zum Ziele kommt! „Lieber mystischen Geist ohne
Mönche als Mönche ohne mystischen Geist!" sagte Möhler.
Ich bin nicht für Abschaffung der Klöster, aber ich will, daß
nur der hineingehe, der wirklich den hohen idealen Sinn, die

Anlagen zur Vollkommenheit hat, für die allein sie geschaffen sind. Man schaue sich um in den Cönobien, wie viele dieser Art sich dort befinden und man wird keine Lust mehr haben, nach neuen Klöstern zu rufen, sondern eher, die vorhandenen zu säubern. Wenn schon die Rekrutierung des Weltklerus, auf dem doch die eigentliche Last der Seelsorge ruht, Schwierigkeiten macht, dann sollte man eben den Regularklerus einschränken, der ohnehin in seiner Internationalität für die Heimat nicht große Wichtigkeit besitzt; man sollte die großen Privilegien, die für den Eintritt in die Orden bestehen, einschränken, und der Staat sollte nicht Dispensen vom Gymnasial- und Hochschulabsolutorium für Novizen bewilligen, auch nicht erlauben, daß junge Studenten bereits in die Klöster aufgenommen werden. Franz Ludwig von Erthal, der große Fürstbischof der Würzburg-Bamberger Diözese hat sich seinerzeit dagegen gewehrt, daß die Bamberger Franziskaner Studenten der mittleren Gymnasialklassen als Novizen einkleideten.

Wir leiden überhaupt an einer Überschätzung der Orden, die Protestanten freilich an einer ebenso weit gehenden Unterschätzung derselben. Es wäre schlimm, wenn das Ideal des kontemplativen Lebens keine Jünger mehr fände, es ist aber auch ein Mißstand, wenn man alle besseren Elemente in das Kloster treibt und so das Weltleben seiner edelsten Triebkräfte und des überirdischen Ferments beraubt. Der Satz Lecky's dürfte mancherorts, wo man immer nur eine Seite betrachtet, ernstlich erwogen werden: „Dadurch, daß die Kirche dem thätigen Leben die sittliche Begeisterung entzog, welche das Ferment der Gesellschaft ist, wirkte das Klosterleben überaus verderblich. Diesem Umstand ist es zweifellos zuzuschreiben, daß es der Kirche nicht gelang, eine bedeutende Besserung der sittlichen Zustände Europas zu bewirken." *) In der That, schauen wir uns in den katholischen Ländern um, was sehen wir? Zwei recht grelle Kontraste: Klöster voll Mönche und Nonnen mit meist sehr zweifelhafter Heiligkeit, andererseits im Weltleben

---

*) Auch Chrysostomus klagt gegen diese Weltflucht: „Wie sollen wir die Feinde besiegen, wenn die einen sich um Tugend nicht bekümmern, die aber, welche sie sich angelegen sein lassen, sich fern von der Schlachtordnung zurückziehen?" (6. Homil. über 1. Cor.)

die dominierenden Rotten politischer Parasiten mit atheistischen
Allüren, zur Abwechslung auch einmal blindgehorsame Bet=
brüder, die vor Auflegung einer Klostersteuer sich durch die
angedrohte bischöfliche Excommunikation abschrecken lassen.

Bigotterie und Atheismus, das sind die zwei Mühlsteine,
zwischen denen das Land zerrieben wird. Wären drei Vierteile
jener Mönche und Nonnen ins Familienleben getreten, so
würden sie einen Sauerteig zur Ausgleichung der Gegensätze
bilden und eine religiöse und soziale Wiedererhebung vorbe=
reiten. In protestantischen Ländern ist freilich die religiöse
Verflachung groß, aber die Gegensätze sind nicht so schroff, alle
Kräfte werden verwertet, nicht hinter Klostermauern brach
gelegt und die wirtschaftlichen Verhältnisse blühen. Ist es ein
gesunder Zustand, wenn Milliarden in den Klöstern eines
Landes aufgehäuft sind, der Staat aber seine laufenden Aus=
gaben nicht bestreiten kann, und das Volk am Verhungern ist?
Wo bleibt da die evangelische Armut?

Das Immobiliarvermögen der Orden betrug nach einer
jüngsten Zusammenstellung 1657 Millionen Fr.; in 50 Jahren
war es um eine Milliarde gestiegen. In Spanien und auf
den Philippinen besitzen die Klöster immense Reichtümer; für
das arme heruntergekommene Vaterland geben sie nicht das
Mindeste; ja sie begegnen jedem Versuch zur Beitragsleistung
mit kirchlichen Strafen. Ein nicht minder wichtiger Faktor
ist auch die Entvölkerung eines Landes durch das Anwachsen
der Orden. In Spanien hatte die Entvölkerung des Landes
durch Auswanderung und Cölibat schon 1623 so überhand
genommen, daß Philipp II. allen, die heiraten würden, die
Vorrechte des Adels auf vier Jahre, und denen, die sechs
Kinder hatten, auf Lebenszeit sicherte. In Spanien sind gegen=
wärtig 160 000 geistliche Personen, darunter 37 363 Mönche
und 20 000 Nonnen, aber nur 17 000 Pfarrer und 13 000
Kaplāne, über 3000 bloße Messeleser und 20 000 Laienbrüder.
Auf den Philippinen haben sie fast allen Grundbesitz in Be=
schlag genommen, das Aufkommen der Industrie, das Selbständig=
werden der eingebornen Tagalen verhindert, und schließlich
den Krieg mit verschuldet, der Spanien ruinirte. Ein furcht=
barer Haß der Tagalen richtete sich gegen die spanischen Orden,

während sie ihre einheimische Geistlichkeit verehrten und unangetastet ließen. Auch Erzbischof Dogaleda sprach sich für die Aufhebung der Orden aus, weil sie beständig mit einander stritten und die Kirche verhaßt machten. Wären möglichst viele Orden das Ideal der Religion, dann wäre Spanien ein Paradies; so aber sind dort eben — spanische Zustände. Denen, die wie die badischen Centrumsschafe immer nach Orden rufen, dürfte zu Gemüte gebracht werden, daß das Anwachsen der Orden doch auch seine bedenklichen Seiten hat und uns an Population und Besitz immer mehr den Protestanten gegenüber in Nachteil bringt. Ein außerordentlicher Zuwachs der Orden ist ohnehin in den letzten Jahren zu konstatieren. 1886 gab es in Preußen 746 Niederlassungen, 1890 1027, 1896 bereits 1399, also in zehn Jahren eine Zunahme um das Doppelte; in noch höherem Grade stiegen die Mitglieder von 7248 auf 11217 und 17348. Es gibt aber Leute, die meinen, zuviel Kapuziner könne es eigentlich gar nicht geben; sonderbarer Weise aber gehen diese selber nicht ins Kloster, sondern schicken andere hinein. Der durch viele Affairen bekannte Pater Lorenz in Waldsassen bewirtschaftet einen weiten Komplex im Egerthalkloster. Alle möglichen Mädchen beredet er, ins Kloster zu treten und ihr Geld hineinzutragen, statt zu heiraten. Das ist eine wahrhaft gemeinschädliche Thätigkeit.

Was die Wissenschaft betrifft, so haben die Orden die Führung längst an den Weltklerus und die profane Bildung abgetreten und sind meist nur Hemmschuhe für eine zeitgemäße Entwicklung. „Was aus den Klöstern kommt, gehört auch meist nur für Klöster," dies Wort Herders bekommt immer mehr Wahrheit. Wer der fruchtbaren Verbindung mit dem Leben, der Anregung durch den wechselnden Verkehr mit der Zeit entbehrt, der verarmt und sein Gedankenkreis verliert die Elastizität und die Fühlung mit den treibenden Mächten. Die Wissenschaft ist nicht ein heiliger Schatz, der ängstlich zu hüten und nur rein zu vererben ist, sondern der Schatz ist überhaupt noch nicht fertig, sondern im Zeitbewußtsein immer wieder neu zu gestalten und mit allen geistigen Produktionen, die jede Kulturstufe mit sich führt, in fruchtbare Verbindung zu bringen, um erst am Schluß der irdischen Entwicklung in immer höherer

7*

und reinerer Ausarbeitung und Bereicherung dem göttlichen Ideal
nahe zu kommen. Was von Ordenswissenschaft und Ordensherr=
schaft zu erwarten ist, das hat Freiburg erschreckend deutlich gezeigt.

Auch für die Volksschulbildung haben die Orden nichts
gethan. Am Ende des vorigen Jahrhunderts befanden sich
in München 9 Männer= und 9 Frauenklöster; von den Kindern
konnten unter zehn neun nicht schreiben und lesen.

Was die Ascese betrifft, so kann ich in der Gestattung
von Wein, Bier und Tabak in einer Zeit, wo die Temperenzler=
und Vegetariervereine selbst unter Laien und Freidenkern so
stark geworden, nichts besonders Vollkommnes sehen. Auch
lassen viele Mönchsgestalten das Ascetische stark vermissen.
Man hat über die Grütznerbilder geklagt; allein man müßte
eben die wirklichen Grütznertypen wegschaffen, wenn man sie
nicht gemalt sehen will. Zum Schluß will ich eine beherzig=
enswerte Stelle aus Maurice Mäterlinks „Sagesse et des-
tiné" citieren: „Die Welt ist voll von schwachen und edlen
Wesen, die sich einbilden, das letzte Wort der Pflicht liege im
Opfer. Die Welt ist voll von schönen Seelen, die, weil sie
nichts zu thun wissen, ihr Leben zu opfern trachten, und das
wird noch als höchste Tugend gepriesen. Nein, die höchste
Tugend ist wissen, was man thut, und wählen zu lernen, an
was man sein Leben setzen kann. Auf allen Punkten, wo der
Kampf möglich ist, besteht die Entsagung nur in Unwissenheit,
Ohnmacht oder verhüllter Faulheit. Es ist ein schwerer Irr=
tum, zu glauben, daß die Schönheit einer Seele in ihrem
Verlangen nach Aufopferung liege; ihre schöne Fruchtbarkeit
herrscht in dem Bewußtsein und in der Erhebung und Kraft
ihres Lebens. Es ist im allgemeinen viel leichter, sich zu
opfern, d. h. sein moralisches Leben fahren zu lassen, als sein
moralisches Schicksal zu vollenden und bis zum Ende die Auf=
gabe zu erfüllen, zu der uns die Natur geschaffen. Es ist im
allgemeinen viel leichter, moralisch und selbst physisch für andere
zu sterben als für sie leben zu lernen."

„Nicht das Gelübbe, sondern das Gesetz der Freiheit führt
zur Vollkommenheit. Ein Gelübbe ist ein totes Ding, aber der
Wille ist Leben und gehorcht mit freier Entscheidung dem Willen
Gottes". Manning.

§ 6. Der Jesuitenorden.

„Es geziemt sich nicht, daß es in der literarischen
Republik Könige gibt, sondern Führer.

Comenius.

Die Gesellschaft Jesu nimmt nach vielen Beziehungen
eine gesonderte Stellung ein, sodaß sie eine Betrachtung für
sich verdient. Es gibt nun sicher nichts auf der Welt, worüber
die Meinungen derart auseinandergehen und zwar ins Extrem
auseinandergehen, als über diese Männer, die von den einen
nicht viel höher als eine Art Thugs oder Assasinenbande, von
den andern dagegen als die reinsten, heiligsten, makellosesten
Individuen der Menschheit, als das „verkörperte Ideal Christus",
als „die alleinigen Retter vor dem drohenden Umsturz" [Schäp=
mann auf der Katholikenversammlung in Köln 1894] geschätzt
werden. Eine objektive Beurteilung, die sowohl den Fehlern
als den Vorzügen des Ordens das Auge nicht verschließt, wird
allenthalben vermißt und dürfte am ersten von einem katho=
lischen Priester gegeben werden können, der mit der Literatur
und auch mit vielen Persönlichkeiten des Ordens vertraut doch
in vielfachem Gegensatz mit den Bestrebungen der Gesellschaft
steht. Es kann da sicher nicht der Vorwurf erhoben werden,
daß die Jesuiten nur als eifrige Verfechter der katholischen
Prinzipien angefochten werden, da ich, soweit der Jesuitenorden
katholisch ist, ja mit ihm übereinstimme. Es ist keine Frage,
daß protestantischer Zelotismus die Jesuiten vielfach nur als
treue Garde des Katholizismus gehaßt und angefeindet hat.
Görres, der keineswegs ein Freund des Ordens war, sagt
daher: „Aller Haß und Grimm, den man gegen die Kirche
nicht zu bändigen weiß, hat man von jeher an die Jesuiten
abgeladen, und alles, was man nicht direkt gegen die Kirche
und die ihrigen auszulassen wagt, das befördert man unter
der Adresse der Jesuiten an die, welche es angehen mag. So
sind die Ordensleute, wie der, von dem sie den Namen ange=
nommen, mit den Sünden und Schandthaten der ganzen Welt
beladen; jeder Tropf, dem ein Topf zerbrochen, trägt die Scherben
hin zum Berg, der auf ihnen liegt". Schon Heine hat diese
Heuchelei gegeißelt: „Es will mich bedünken" sagt er, „als

habe man die Jesuiten nicht selten ein bischen jesuitisch behandelt
und als wären die Verleumbungen, welche sie sich zu Schulden
kommen ließen, ihnen manchmal mit zu großen Zinsen zurück-
bezahlt worden. Man könnte auf die Väter der Gesellschaft
Jesu das Wort anwenden, das Napoleon über Robespierre aussprach: „Er ist hingerichtet worden, nicht gerichtet".
Allerdings kein besonders schmeichelhafter Vergleich! Auch Lagarde, der große deutsche Gelehrte, der sich durch Parteiparolen
nie imponieren ließ, sagt: „Die Abneigung gegen den Orden
ist ein Kunstprodukt, das selbst nüchterne und gerechte Menschen
übersehen läßt, wieviel ethische Kraft in ihm steckt, wie nahe
er der Kirche steht und wieviel Segen er in Folge dessen
zu bringen vermag; man empfindet lediglich die Dressur und
sieht daher die Jesuiten als unwahrhaftig an". Auch Paulsen,
der objektive, allem Fanatismus feindliche Forscher, sagt, nachdem er die Lichtpunkte der Väter betont: „Warum ich dies
hervorhebe? Weil es mich verdrießt, immer hören zu müssen,
wie Männer, die mit Aufopferung aller persönlichen Interessen
für eine Idee leben, von stumpfen Philisterseelen, die ihr Leben
lang sinnliches Behagen suchten, oder von ehrgeizigen Strebern,
die nur daran denken, wie sie Machthabern des Staates und
der öffentlichen Meinung gefallen, der Selbstsucht und des
Ehrgeizes beschuldigt werden". In der That, wenn man sieht,
was für Leute gegen die Jesuiten schimpfen und wie sie alle
Lüge und Niedertracht in diesem edlen Zweck für erlaubt halten,
möchte man fast zum Lobredner der Jesuiten werden. Das
ist eben die günstige Position der Jesuiten. Mit Genugthuung
verzeichnen sie diese Angriffe, weisen auf die darin verhüllten
Angriffe auf die Kirche, auf das Christentum, auf den Glauben
hin und fühlen sich dann großmütig als die berufenen Wächter
und Vertheidiger des Katholizismus. Und wagt einmal einer,
der auch katholisch ist, daran zu zweifeln und einige Bedenken
über dies und jenes im Orden vorzubringen, dann stopft man
ihm gleich den Mund mit dem Ruf: du machst nur den Feinden
des Katholizismus Freude, du wirkst in ihrem Dienst, du bist
kein rechter Katholik! Das soll mich nun aber nicht abhalten,
ganz ruhig und objektiv die Haltung und den Wert des Jesuitenordens einer Kritik zu unterziehen; eine katholische Reform-

schrift würde wahrlich des innersten Kerns entbehren, wenn dies Kapitel ungeschrieben bliebe.

Die Stiftung des Jesuitenordens war wie die aller großen Institutionen das Werk der Begeisterung. Selbst Huber sagt von Ignatius von Loyola, wenn man sein Leben und sein Werk vorurteilsfrei betrachte, so könne man nicht klein von diesem seltenen Mann denken. „Nur eine ernste reuige Einkehr in sich selbst und der starke Wille nach sittlicher Erneuerung und Erhebung, dann die Kraft eines felsenfesten Glaubens und eine die Tiefen der Seele ergreifende religiöse Erregung machen es verständlich, daß der eitle und weltlustige Kavalier und Kriegsmann Leiden und Mühen fast über menschliches Maß auf sich nimmt, die Freuden und den Glanz eines vornehmen Lebens mit dem Geschick des dürftigsten und verachtetsten Bettlers und den Ruhm der Welt mit ihrem Spott vertauscht. (Joh. Huber, Der Jesuitenorden S. 9. 10.) Gleich hier ist eine Parallele mit Luther psychologisch interessant. Dieser strebte aus dem für ihn furchtbar drückenden Klosterleben heraus in die Welt, Ignatius umgekehrt aus dem Weltleben zur entsagungsvollen Einsamkeit; jener kam von der Buße und Ascese zur „evangelischen" Freiheit, dieser sehnte sich aus der Freude zur Buße; jener kam zur Abwerfung der Schranken moralischer Zucht und bis zur völligen Wertloserklärung des moralischen Lebens und der zehn Gebote, die nur der „Stockmeister" Moses gegeben, dieser baute auf dem festen und harten Boden ethischer Vervollkommnung, um von diesem Boden aus die Welt aus den Angeln heben zu können. Es fällt also die Parallele des beiderseitigen Anfangs durchaus zu Gunsten des Spaniers aus; freilich muß man sich von der Lutherlegende emanzipieren und auf Grund unmittelbarer Quellenstudien den treibenden Momenten bei Luther und den Reformatoren nachgehen. Aehnlich edel inspiriert waren die Genossen Faber, Rodriguez, Franz Xaver, Laynez, Salmeron und Bobadilla, die mit Ignatius am 15. August 1534 zu Montmartre das Gelübde zum geistlichen Kreuzzug nach Palästina ablegten. Doch erregt das vierte Gelübde des unbedingten Zurverfügungsstehens für jeden Befehl des Papstes Ueberraschung; es nimmt sich aus als captatio benevolentiæ, als ein schlauer Schachzug, um die Gunst der höchsten Stelle für

eine so treue Leibgarde zu sichern; ob dies freilich vom Stifter
so gedacht war, bleibe dahingestellt; die Bestimmung mag
auch Ausdruck des militärischen Geistes der unbedingten Sub=
ordination und der Opposition gegen die zügellose revolutionäre
Strömung der damaligen Zeit gewesen sein; jedenfalls
war dieser Punkt durch die unlösliche Verkettung mit den
Interessen des Papsttums bedeutungsvoll und trug die
künftige Entwicklung des Ordens im Keime und der Richtung
nach bereits in sich. Auch einzelne Sentenzen, die uns von
Ignatius überliefert sind, haben sehr charakteristisches Gepräge:
„Die Verläugnung des eignen Willens ist höher zu schätzen
als die Erweckung der Toten. — Kein Sturm ist ärger als
die Meeresstille, und kein Feind gefährlicher als keine Feinde
zu haben. — Das Vertrauen auf Gott muß so groß sein,
daß man sich nicht bedenken darf, in Ermanglung eines Schiffs
das Meer auf einem bloßen Brett zu überschiffen. — Aus=
erlesene Klugheit mit geringer Heiligkeit ist mehr
als größere Heiligkeit mit geringerer Klugheit.“
Der letztere Satz ist besonders bedeutungsvoll; er zeigt, daß
die Heiligkeit, so sehr sie bei Loyala betont wird, doch in den
Dienst der Klugheit treten soll. Auch beweist die gleich
ursprünglich energisch betonte praktische Wirksamkeit, daß der
Orden mit rein kontemplativen Stiftungen nichts gemein hat,
und der Mystik sich nur zur Sammlung von Kräften und zur
Entflammung der Begeisterung für die äußere Mission bediene.
Der neugegründete Orden hatte mit manchen Hemmnissen, auch
von katholischer Seite aus, zu kämpfen. Schon die Benennung
„Gesellschaft Jesu“ erregte als anmaßend Anstoß, so bei der
Sorbonne, und Erzbischof Bellay von Paris forderte auf der
Provinzialversammlung zu Poissy 1561 als Bedingung der
Zulassung in Frankreich, daß er seinen Namen ändere; aber
bereits waren sie Schützlinge des apostolischen Stuhls, und
verschafften sich wichtige Privilegien, selbst das, Handel und
Bankgeschäfte in allen Ländern zu treiben (von Gregor XIII.
verliehen). Dies wurde schließlich ihr Todesstoß.
    Wir wollen die weitere Entwicklung des Ordens nicht
verfolgen und nun die ihm nachgerühmten großen Vorzüge
und Verdienste in Augenschein nehmen. Zunächst wurde der

aufblühende Orden zum Missionsdienst gegen die Reformation verwendet, er wurde auf die gefährdetsten und wichtigsten Posten gesandt und errang in der That überall Siege. Die zielbewußte Einheit gegenüber der Zerfahrenheit im prote=stantischen Lager, der Eindruck der Ehrwürdigkeit, des Opfersinns, der religiösen Begeisterung verbunden mit schlagfertiger Dialektik und Rhetorik gewann viele Herzen der alten Kirche zurück und bewerkstelligte bei den treu gebliebenen jene ethische Umwandlung und religiöse Reformation, welche der vielfach gesunkene Welt= und bisherige Regularklerus nicht hatte zu stande bringen können. Auch die Bildungsanstalten, welche sie allmählich allenthalben errichteten, erfreuten sich großer Anerkennung, selbst von feindlicher Seite, und konnten anfangs mit den besten der Zeit konkurrieren. Bald aber zeigten sich die Mängel, die dem neuen Ordenssystem im Prinzip anhafteten. Es war schon auffallend und zeugte nicht gerade für Demut und Interesse für Volksaufklärung, daß der Orden den Volks=unterricht prinzipiell ablehnte. Nicht einmal seine eigenen Brüder sollten Unterricht erhalten: „Keiner von denen," heißt es in den Regulae communes," die zu den häuslichen Diensten verwendet werden, soll lesen und schreiben lernen oder, wenn er es schon versteht, noch mehr dazu lernen; ohne die Erlaubnis des Generals darf ein solcher nicht unterrichtet werden; denn ihm wird es ausreichen, in heiliger Einfalt und Demut Christo dem Herrn zu dienen." Der Orden beschränkte sich also auf den höheren Unterricht. Aber auch hier überpflanzte er wohl das Wissen, wie es der damaligen traditionellen Bildungsstufe entsprechend war, schlecht und recht, je nach den Lehrkräften, die ihm zu Gebote standen; er fügte aber nichts aus Eignem hinzu; er gab keinen höheren Schwung. „Es ist keine schöpferische Idee, die seinem Wirken zu Grunde liegt, kein positives Prinzip, das er vertritt, nicht einmal eine bessere Methode, die er erfunden hätte" sagt Wagenmann (Enzykl. des gesamten Unterrichts= und Erziehungswesens, Gotha 1862, 3, 789). Indem man soviel als möglich an den Traditionen des Mittelalters, dem Inhalt und der Methode der Scholastik festhalten wollte, dieselben nur äußerlich mit den Ideen des damals siegreichen Humanismus verquickte und an dem einmal

geschaffenen Studienplan und Erziehungsgeist Jahrhunderte
lang krampfhaft festhielt, verschloß sich der Orden schon den
damals neue Bahnen brechenden kühnen Denkern der Renaissance=
zeit, lähmte vollends für die Folgezeit jeden Fortschritt, ja
durch die ertötende Geistesdressur sogar jeden Sinn für Fort=
schritt und Verbesserung. Die ratio studiorum zeigt in
Organisation der Anstalten, in Lehrbüchern, Lehrgang sehr
große Übereinstimmung mit dem Lehrplan Sturms (daher auch
das vielausgebeutete Lob dieses Humanisten), legte aber allen
Wert auf formale Schulung in Rhetorik und Dialektik mit
Vernachläßigung der Realien, der Natur= und Geschichtswissen=
schaft, und blieb in Philosophie und Theologie in sklavischer
Abhängigkeit von der Scholastik, vorzüglich von Thomas, der nur
durch Suarez und die casuistische Schule einige Veränderung
erlitt. Die griechische und hebräische Sprache, die in der
Constitution als wünschenswert bezeichnet wird, verfiel bald
gänzlich; das Medium der lateinischen Sprache als ausschließliches
Unterrichtsmittel in den Collegien bewirkte Unverständlichkeit
und Schwerfälligkeit der Vorlesungen und führte zu jener
Unbeholfenheit und Stillosigkeit im Gebrauch der Muttersprache,
wie sie das charakteristische Kennzeichen der Jesuitenzöglinge
ist, ein Mangel, der durch die Geistesarmut des Lernstoffes,
durch die Fernhaltung von allen großen Literaturschöpfungen
(im Interesse der Reinerhaltung des Glaubens) noch vergrößert
wird. Die spitzfindige Dialektik kann dafür Ersatz nicht gewähren,
da zu einer wirklich großen wissenschaftlichen und rhetorischen
Leistung der Gedankenstoff einer umfassenden Bildung fehlt, ja
sie artet in kleinliche und unredliche Sophistik aus, die durch
die mit Vorliebe gepflegten Disputationen herangezogen wird;
man wird in der Polemik der Jesuiten und jesuitisch Geschulten
immer bemerken, daß der Mangel an Beweismaterial durch
formale Chikanen, durch Herumreiten auf Äußerlichkeiten,
angeblichen Nachweis von Denkverstößen rc. ersetzt werden soll.
Wehe dem, der einem dieser Leute durch logische, oder auch
nur sprachliche Nachläßigkeit den geringsten Vorteil einräumt!
Sie werden diese Chance ausbeuten und dadurch allein den
Gegner für geschlagen halten, mag er sachlich noch so große
Überlegenheit besitzen. Ein ehrlicher Kämpfer nimmt den Gegner

von der stärksten Seite, ignoriert kleine Mängel der Explikation, ja verbessert selbst Fehler, die jener aus Versehen begangen, um dem Kern seiner Ideen volle Aufmerksamkeit zuzuwenden, — Dialektiker jenes Schlags dagegen haben nicht die Wahrheit, nicht ein zu erzielendes Resultat im Auge, sondern einzig die Niederwerfung des Gegners durch alle Mittel, vorzüglich durch jene widerliche Advokatenrabulistik, die sich namentlich in einer religiösen Schrift und im Munde eines Theologen so eigen= tümlich ausnimmt. Von Anfang an waren die Jesuiten jedem Fortschritt der Wissenschaften entgegen; alle großen Geister und schöpferischen Genien wurden von ihnen angefeindet; die Wissenschaft betrachteten sie als etwas Abgeschlossenes, Fertiges, das nur an die kommenden Generationen zu überpflanzen, aber wesentlich nicht zu vermehren sei. Ihre schriftstellerische Thätigkeit erschöpfte sich daher in ewigen Kommentaren ihrer leitenden Autoren, in philosophischen und theologisch= dogmatischen Lehrbüchern, die wohl bis heute sturmflutartig hervorwuchsen, aber im Grund immer derselbe Abklatsch von Thomas, Suarez, Bellarmin, also völlig unnütz sind, da doch jeder lieber an der charakterhaltigen und urwüchsigen Quelle, als an dem trüben und matten Bächlein seinen Durst löschen will. Wie wenig Gewicht bei den Jesuiten auf eigent= liche Forschung gelegt wird, beweist ihr Baccalaureat, das nicht wie an Universitäten vorzüglich durch eine selbständige und gegenüber dem bisherigen Standpunkt der Frage weiter führende Leistung, sondern durch eine einfache Disputation errungen wird, durch welche die Wissenschaft nicht das Mindeste gewinnt. Nur in Mathematik und in den Natur= wissenschaften folgten die Jesuiten der Zeit allmählich nach, aber erst nachdem ihr Widerstand gegen die großen Ent= deckungen auf diesen Gebieten fruchtlos gewesen und eine längere Opposition sie der Lächerlichkeit ausgesetzt hätte. Uebrigens wurde die aristotelische Naturphilosophie noch bis zur Auflösung des Ordens festgehalten und der Benediktiner Gordon erregte bei den Jesuiten noch 1748 einen furcht= baren Streit, als er die aristotelische Physik für unnütz er= klärte. Gleich drei Hochschulen der Jesuiten, darunter Würzburg, sandten ihre Pamphlete gegen Gordon; Eisenkraut, Psriemb und Opfermann schrieben gegen den Neuerer und letzterer beschuldigte ihn sogar der Ketzerei. Näheres s. Werner, Geschichte der katholischen Theologie in Deutschland S. 163. Was speziell Würzburg betrifft, so verteidigte ein Kandidat am 14. Mai 1700 unter dem Vorsitz des Professors Zink S. J. Sätze aus der aristotelischen Naturphilosophie wie den bösen Blick und die Wirkungen der Edelsteine auf den menschlichen Organismus, wonach der Jaspis die Lebensgeister weckt, der Amethyst die Dünste aus dem Kopf zieht und die Trunkenheit verscheucht, der im Magen des Haushahns sich bildende lapis alectorius den, der ihn im Mund trägt, mutig und tapfer macht u. s. w. Als ein Beispiel ewiger Dauer werden Lampen gerühmt, die in einem verschlossenem Gefäß jahrelang brennen, da der Rauch, weil er sich nicht verflüchtigen kann, dicht wird und dann wieder zur Nahrung der Flamme dient. Zur These über Entstehung und Untergang der Dinge wird ganz ernsthaft der Bericht des Jesuiten Schott aufgetischt, auf den schottischen Hebriden und in einigen Gegenden Indiens wüchsen an den Bäumen Enten und verschiedene andere Vögel, die wie Blätter hervorbrächen, sich rundeten und endlich mit dem Schnabel gleich einem Stiel an den Ästen hingen, bis sie ganz ausgebildet abfielen und davonflögen. Auch die drei Himmel, der empyräische, der Stern= und der Planetenhimmel werden beschrieben; in dem letzteren, der flüssig sei, schwämmen die Planeten wie Fische. Ob die Himmel vergänglich oder unver= gänglich seien? Die Sache sei noch nicht entschieden, da fürs erstere die Vernunft, fürs zweite die Autorität*) spräche. Auf die Autorität hin sprach der Doktorand auch die Über= zeugung aus, daß im künftigen Leben alle Auserwählten eine Größe von 6 Fuß hätten; denn diese Größe habe nach Berichten von Geschichtsschreibern und Vätern auch der Heiland gehabt. S. Schwab, Franz Berg, Beiträge zur Charakteristik des katho= lischen Deutschlands im Zeitalter der Aufklärung, zunächst im Fürstbistum Würzburg.**) Auch heutzutage halten die Jesuiten

---

*) Bei der Kritik meines Systems der Philosophie wurde mir von einem derartigen Helden vorgehalten, ich hätte in der Logik bei den Erkenntnis= quellen die Autorität vergessen.

**) Scheiner hatte 1675 die Sonnenflecken und die Satelliten des

immer noch das aristotelische Formprinzip fest, was mit der Atomtheorie absolut unvereinbar ist.

Da die Jesuiten sich immer wieder auf Baco berufen, der doch keine direkte Kenntnis von der jesuitischen Lehrmethode haben konnte, und auch Leibniz als ihr Gönner und Korrespondent immer zu ihrer Verherrlichung herhalten muß, so muß auch an das Urteil Leibnizens in einem Brief an Burnet aufmerksam gemacht werden: „Die Jesuiten hätten allerdings Vieles thun können, namentlich, da ihre Unternehmungen von der Religion empfohlen wurden. Aber nach dem, was man heute sieht, sind sie unter der Mittelmäßigkeit stehen geblieben, und ich glaube, daß Baco von Verulam mit seinem günstigen Urteil sehr im Irrtum ist." Im großen und ganzen urteilte Leibniz über die Wissenschaft der Jesuiten geringschätzig und betonte wiederholt den völligen Niedergang der wissenschaftlichen Thätigkeit bei den deutschen Jesuiten seiner Zeit. Er macht ihnen zum Vorwurf das Hängen am Formalismus, an der Dialektik und den Subtilitäten der Scholastik, ihren Widerstand gegen die großen naturwissenschaftlichen Entdeckungen, die Mängel ihrer Moraldoktrinen, ihre excessiv rohe Polemik, aber auch ihre geringe Teilnahme für die Armen und Kranken. Was letzteren Punkt betrifft, so beklagte sich auch Karl Borromäus bitter, daß sie bei der großen Pest in Mailand den Kranken keine geistliche Hilfe spenden wollten, (er hatte überhaupt beständige Konflikte mit der Gesellschaft Jesu); auffallend ist, daß auch in den Aufzeichnungen Mannings und Wisemans die Klage wiederkehrt, daß die Jesuiten wohl um die vornehmen Katholiken Londons sehr bemüht waren, die Armen aber zu Grund gehen ließen, und wenn sie um Pastoration oder Missionen gebeten wurden, sich hinausredeten. daß sie keine Leute hätten, gleichwie auch die Redemptoristen und Oratorianer ihre Regel vorschützten, die ihnen die Mission der Armen verböte. Wiseman bricht in einem Brief an Faber in die Klage aus: „Rings um die Ordenshäuser herum gehen Seelen zu

---

Juppiter entdeckt und schrieb dies dem P Bufée. Dieser antwortete: „Ich habe im Aristoteles nachgelesen und nichts derartiges gefunden, du kannst also sicher sein, daß es nur eine Täuschung deiner Sinne oder deines Glases war."

Grund; aber die Orden selbst sind durch ihre von Heiligen festgesetzte Regel verhindert, jenen zu helfen und sie zu retten! Sie hängen am Buchstaben ihrer Regel, den Geist derselben aber kennen sie nicht, die Verhältnisse sind andere geworden, aber an dieselben sich anzupassen, verstehen sie nicht! So viel habe ich für die Orden gethan . . und da ich ihrer bedurfte, bin ich so weit wie am Anfang, da noch keine Orden vorhanden waren!" Kard. Mannings „Neun Hindernisse". Autoris. Über= setzung von Gerhart Wahrmut. Göbel 1898 S. 101.

Im Kreis der verständigeren Jesuiten wurden die Übel= stände selbst diskutiert und auf Reformen gedrungen. So entwarf Pontanus, Professor und Präfekt in Augsburg, schon am Ende des 16. Jahrhunderts ein sehr unerfreuliches Bild von den Zuständen des Ordens, er tadelte die Überstürzung in der Bildung der Scholastiker, wonach die Professoren in allen Zweigen des Wissens höchst unwissend blieben, das beständige Wechseln der Magister, die Unterschätzung der humanistischen Studien, den Geiz im Ankauf guter Bücher u. s. w. Auch Mariana, einer ihrer bedeutendsten Kräfte, klagt über die wissenschaftliche Sterilität, den Mangel an guten Predigern, großen Theologen und guten Lehrern der Humaniora. Er behauptet, daß man nun in Spanien weniger Latein verstehe als vor 50 Jahren und legt diese Barbarei in den klassischen Sprachen dem Unterricht des Ordens zur Last. „Würde man erkennen, welch ein Schaden daraus entsteht, so würde man uns ohne Zweifel durch öffentliches Dekret aus den Schulen hinausjagen". Streicher sagt sogar, daß viele die Messe und das Brevier nicht verstünden. Als Streicher einen Kollegen zu Sevilla fragte, warum keiner sich auf Mathematik verlege, bekam er von den Jesuiten zur Antwort: Diese Sache erscheint den Spaniern allzu leicht und zu knabenhaft. S. Schwab, Franz Berg, S. 21. Weitere Belege s. Huber, Der Jesuitenorden, S. 348—400.

Als die Jesuiten in Polen zur Herrschaft gekommen waren und die Lehranstalten des Landes überkamen, konnte sich Polen keiner bedeutenden Literaturwerke mehr rühmen, während vordem und noch bis Ende der Regierung Sigismunds sehr zahlreiche erschienen waren. Dasselbe war anderwärts

der Fall. Von Swieten erhebt gegen sie den Vorwurf, daß
alle Universitäten, wo sie die Herrschaft gewonnen hatten,
total gefallen seien: Gratz, Ollmütz, Tyrnau, Prag, Wien,
Ingolstadt u. s. w. Es ist in der That geradezu erschreckend,
wie der Geist vor ihnen zurückweicht und die Stagnation mit
ihnen einkehrt, wo immer sie ihren Fuß fassen. Ingolstadt
war in regster Blüte und eine Stätte vielversprechenden Auf-
schwungs, mit den Jesuiten hörte wie mit einem Schlag aller
Fortschritt auf. Und doch wirkten dort noch ihre besten Kräfte
wie Gretser, Kirchner, Scheiner. Besonders ungenügend werden
ihre Vorlesungen in Philosophie, Geschichte, Poesie und
Mathematik bezeichnet, dann in Exegese, Kirchengeschichte und
Patristik, wo überhaupt diese Fächer behandelt wurden.
Orientalische Sprachen lagen ganz darnieder; nicht einmal die
Exegeten verstanden sie; die neuere Philosophie war verpönt,
nicht einmal ihre Geschichte durften die Studenten kennen
lernen; durch den lateinischen Vortrag*) blieben sie den meisten
Zuhörern unverständlich, zumal sie in ihren Gymnasien sehr
wenig Lateinkenntnis verbreiteten, woran schon der Unfug
schuld war, daß sie unreife Novizen, die selbst erst die Mittel-
schule absolviert hatten, zu Lehrern nahmen. Selbst die
bedeutendsten ihrer Schüler traten gegen sie auf, wie in
Würzburg Michael Schmidt, Oberthür, Onymus und Berg
und wurden ihre heftigsten Gegner. „Es sind nicht Feinde,
sondern aufrichtige Freunde der Gesellschaft Jesu" sagt Theiner.
„die sich fragen, woher es gekommen, daß die Jesuiten, als sie
nach Deutschland kamen, große Theologen aus dem Weltpriester-
stand vorfanden, welche kühn und mit glänzendem Erfolg den
ersten Reformatoren die Spitze boten; daß sie aber, als sie
durch eine besondere Fügung Gottes auch in Deutschland
abtreten mußten, keine zurückgelassen. Kein Land der Christen-

*) „Nichts ist erwünschter und bequemer für den mittelmäßigen und
beschränkten Lehrer, der nur Herkömmliches mitzuteilen weiß, als der
Gebrauch der fremden, lateinischen Sprache. In dem ausgetretenen
Geleise dieses, selbst in seiner modernen Gestalt, verarmten Idioms verbirgt
sich trefflich die eigene Unklarheit der Begriffe und die Dürftigkeit der
Ideen. Gemeinplätze, die im deutschen Gewand unerträglich wären,
klingen doch etwas vornehmer in der lateinischen Umhüllung." Döllinger,
„Die Universitäten sonst und jetzt." Rektoratsrede.

heit ist seit der Reformation, seit die Jesuiten sich in Deutschland
in den ausschließlichen Besitz der Bildung der geistlichen wie
weltlichen Jugend gesetzt hatten, so arm an katholischen Schrift=
stellern von nur einiger Bedeutung als eben Deutschland". La
Chalotais geht näher auf den Grund, indem er sagt: „Was
können wir von einer wissenschaftlichen Institution denken,
welche einer Ordre des Generals oder der Generalcongregation
bedarf, um die Grammatik zu wechseln, um ein physikalisches
oder astronomisches System anzunehmen, von einer Institution,
in welcher bei vielleicht 5000 Professoren der Philosophie nicht
e i n e r von Reputation ist und bei der ungefähr gleichen Zahl
von Professoren der Literatur so wenig gute literarische Werke
sich finden und bei etwa 2000 Mathematikern nur so wenige
Mathematiker!" „Die Dogmatik", urteilt Möhler von den
Jesuiten, „verlor sich in ihren Händen in ein leeres Gerippe
von Verstandesbegriffen, während die Moraltheologie einen
besonders nachteiligen Einfluß von ihnen erlitten hat". Nur
e i n e n großen Exegeten haben die Jesuiten aufzuweisen: Maldonat;
freilich Kritik und Geschichtskenntnis läßt auch hier zu wünschen;
das Beste bei ihm ist die Sprachenkenntnis und das schöne
Latein. Daß aber selbst Maldonats Kritik im Orden Anstoß
erregte, beweist die Verstümmlung seiner Werke seitens der
Väter zu Pont-à-Mousson. Cornelius a Lapide steht ihm
weit nach, er kennt nur die Kirchenväter und hängt sich mit
Vorliebe an die mystische Exegese. Als Historiker früherer Zeit
können gelten Bollandus, Harduin, Mariana, Petavius, der auch
Döllinger für die Kirchengeschichte begeisterte.

Auf nichts bilden sich die Jesuiten mehr ein als auf ihre
P h i l o s o p h i e , nichts lehren sie eindringlicher und länger, und
nichts ist elender als ihre Philosophie. „Merkwürdig" sagt
Lavater „daß unter allen so gelehrten Jesuiten so wenig Beispiele,
vielleicht nicht e i n entscheidendes, sind von einem wahrhaft
philosophischen Kopf! Mathematiker, Physiker, Politiker, Redner
Poeten, wieviele hatten sie! aber so wenig philosophische Köpfe!"
Es gab nie eine Gesellschaft von Gebildeten, unter denen so
wenig spekulative Köpfe waren. Möhler erklärt dies dadurch,
weil der Blick des Ordens allzusehr auf das äußere Leben
gerichtet und dadurch von der innern Tiefe des Geistes abgekehrt

wurde. Es dürfte aber mehr ihr Abscheu gegen selbständiges Denken und ihr Hang an der Schablone schuld sein, der sich in der Centralwissenschaft natürlich am meisten durch Unfrucht= barkeit rächt.

Ähnlich steril blieben die Jesuiten in Poesie und Kunst. Balde, der hohes Talent besaß, vergrub es, indem er seine Muttersprache, in der sich, wie er meinte keine Lorbeeren er= werben ließen, verachtete und über die Dichter seiner Zeit, z. B. Opitz, spottete. Aber seine glatten lateinischen Verse waren doch nur eine kümmerliche Nachahmung Horazens.

Wenn man von den wissenschaftlichen Leistungen der Jesuiten spricht, darf man nicht vergessen, welch immense Menge von Mitgliedern dieser Orden seit seiner Gründung zählt; dann wird man erkennen, wie wenig von ihnen überhaupt geschrieben worden und wie dürftig der Gehalt dieses Wenigen ist. Vergleicht man dagegen nur, wieviele Männer aus dem kleinen Tübingen sowohl protestantischer= als katholischerseits, hervorgingen, so wird man den Gegensatz der Methode begreifen. Von den 203 Professoren, die von 1702—1773 aus dem Orden an der Universität Breslau wirkten, sind 133 in keiner Weise literarisch thätig gewesen, so daß auch nicht ein Büchlein unter ihrem Namen bekannt geworden ist! Von dem übrigen Drittel sind viele nur durch den Druck ihrer Thesen, durch Erbauungs= schriften und polemische Abhandlungen zur Berücksichtigung gekommen. Ähnlich ist es in Ingolstadt und überall. Als Prantl verächtlich von den Jesuitennullen Ingolstadts sprach, wollte Romstöck die Ehre der Väter retten und suchte alles zusammen, was er auftreiben konnte; aber was brachte er fertig? Zeug, an das kein Mensch mehr denkt, das, wenn es gefehlt hätte, die Entwicklung der Wissenschaften nicht um ein Haar anders gestaltet hätte. Was nützt es, wenn die Note III—IV in III aufgebessert wird? Vielschreiber sind überdies nicht Genies; und eben darum handelt es sich; es fehlte dem Orden an großen fortschrittlichen Männern. Als der Orden aufgehoben wurde, war er eigentlich schon in Agonie; in Frankreich, wo er noch Ende des 17. Jahrhunderts Geister des Mittelschlags hervorgebracht und so immerhin auch in der profanen, namentlich ästhetischen Literatur einigen Ein=

fluß auf den Gang der Bildung ausgeübt, fehlten ihm im
18. Jahrhundert gegen die wachsenden Feinde, Jansenisten und
Encyklopädisten, alle Verteidigungskräfte; er bot ein Bild des
Mitleids und es war unmöglich, daß der allgemeine Maras=
mus, wie er in allen Ländern sichtbar war, fortbestehen konnte.
Die Aufhebung war eher ein Werk der Erbarmung als ein
feindseliger Akt und verschaffte den Jesuiten noch einen glän=
zenden, durch den Lorbeer des Martyriums verherrlichten
Abgang.

„Nicht den Intriquen der bourbonischen Minister oder
einem geheimen Bund und der Anklage zweideutiger moralischer
Grundsätze sind sie erlegen," sagt Schwab, „sondern dem Geist
der Zeit, der auf allen Kulturgebieten nach Lösung der hem=
menden Fesseln und Erweiterung des Gebietes der Erkenntnis
ringend, überall ihre Hände gegen sich fand. Auf der Kanzel
wie im Beichtstuhl, im Hörsaal wie im Kabinet der Fürsten,
in der Literatur wie innerhalb der Schranken des Familien=
lebens — alles sah sich von ihnen verdächtigt, was nicht ihr
Zeichen trug. Daher die Erscheinung, daß gerade die be=
deutendsten ihrer Schüler gegen sie auftraten. Man kann mit
Sicherheit annehmen, sagt Leiniker, Dompropst und Professor,
daß die Jesuiten schon allein deswegen dem Staat und der
Kirche schädlich werden mußten, weil sie den ganzen Staat
und · die ganze Kirche zu ihrem Wirkungskreis machten und
in allem unmittelbar oder mittelbar die natürlichen Rechte der
wichtigsten Korporationen im Staat beeinträchtigten. Die
Vervollkommnung des Ganzen wurde der Herrschsucht, die
alles umfassen will und nicht alles umfassen kann, ohne Be=
denken aufgeopfert. Jede Triebkraft der Vervollkommnung,
die sich außer dem Gebiet einer solchen Societät regt, wird
gewaltsam unterdrückt, weil nichts Kredit haben soll und nichts
Kredit haben darf, als was aus der Societät kommt. . . . Auch
ihr literarisches Wirken steht in keinem Verhältnis
zu dem Reichtum an Talenten, die sie ihrem Orden
einverleibten. Ihre Erziehung war sklavisch, daher trugen
die von ihnen Gebildeten etwas Verstelltes, Falsch=freundliches,
Falsch=demütiges, das mit der Reizbarkeit und den Explosionen
des wildesten Ehrgeizes einen sonderbaren Kontrast machte."

Daß man den Orden wieder aufleben ließ, war ein ver=
hängnisvoller Fehler und ein schwerer Nachteil für die katho=
lische Kirche. Er brachte das Wiederaufleben der Scholastik,
gerade jetzt, wo Görres, Stolberg, Schlegel die katholische
gebildete Welt mit den aufblühenden Künsten und Wissenschaften
in fruchtbringendste Verbindung gesetzt und die Glanzperiode
der katholischen Wissenschaft vorbereiteten, deren Träger Männer
waren wie Sailer, Thanner, Brenner, Drey, Walter, Hirscher,
Katerkamp, Binterim, Windischmann, Baader, Günther, Sengler,
L. Schmid, Möhler, Staudenmaier, Kuhn, Gfrörer, Hug, Hane=
berg, Hefele. Görres erkannte mit Scharfblick die Gefahr, die
bei dem wohlbekannten Streben des Ordens nach Weltherr=
schaft in Aussicht stand und sprach warnend: „Während Rom
durch ihre Wiederherstellung ihnen mit Fug und Recht die
lang versagte Genugthuung gegeben hat, mögen die Völker
wohl zu Rate gehen, was ihre Zeit und ihre Art verlangt,
damit nicht, während sie nach einem Besseren greifen wollen,
ein Rückschritt geschehe, der jedesmal durch seine Folgen sich
empfindlich rächt.“ (Rheinische Merkur 1814 Nr. 133.)

Wir am Ende des Jahrhunderts wissen jetzt, wohin wir
durch die Jesuiten gekommen sind; die Saat ist aufgegangen,
die Frucht steht da, der Sieg des herrschsüchtigen Ordens über
die Kirche ist vollkommen. Man führt die großen Leistungen
des neugegründeten Ordens an, was sind sie? Neue, bahn=
brechende Schöpfungen? Keine Spur. Ihre Philosophie, Moral
und Dogmatik bewegt sich ganz genau in dem alten Geleise
wie vor dreihundert Jahren; ja es ist diese Konstanz und
Perennität, die wir bewundern und als Beweis ihrer Tüchtig=
keit nehmen sollen. Wo immer sie auf die neueren Erschein=
ungen der Literatur kommen, reden sie mit jenem anmaßenden,
verächtlichen Ton über Zerfahrenheit, „Haltlosigkeit der moder=
nen Wissenschaft“, „Krach von Wittenberg“, sprechen von Genien
wie Kant, Schelling, Herbart, Goethe, als wenn diese Leute
tief unter ihnen stünden, und ihren Ruhm nur erschlichen hätten,
üben ein Censuramt auch über katholische Gelehrte mit empören=
der Parteilichkeit und Gehässigkeit, während zugleich das elendeste
Machwerk ihrer Färbung in den Himmel hinaufgelobt wird,
und sind überhaupt von einem Hochmut besessen, der an Größen=

8*

wahn grenzt, wenn man die Winzigkeit ihrer Leistungen bedenkt,
die jeder Originalität und Selbständigkeit, jeder Objektivität
und formellen Schönheit entbehren. „Sowohl auf dem Gebiet
der christlichen Frömmigkeit,“ sagt Passaglia, einer ihrer besten
Geister, „als hinsichtlich der Philosophie und der Orthodoxie
vertreten gewisse jesuitische Schriftsteller die Ansicht, die Gesellschaft Jesu sei das Eden der Kirche, und wenn es anderwärts noch Blüten der Unschuld und Heiligkeit gebe, so stamm-
ten diese Blumen aus ihrem Garten. Seit vier Jahrhunderten
hat nach der Meinung dieser Autoren der Jesuitenorden das
Recht erworben, Verstand und Willen der ganzen Menschheit
zu leiten und in dieser Welt einen Chor überlegener und
leitender Geister darzustellen. Daher leiten sie ihre Be-
fugnis ab, zu herrschen, der Welt und insbesondere den hohen
Schulen ihre Doktrinen vorzuschreiben. Die Überlegenheit ihrer
Intelligenz ist in ihren Augen so groß, daß den Menschen
nichts anderes übrig bleibt, als keinen Gedanken mehr zu hegen,
der nicht von der Gesellschaft approbiert ist.“ Das Traurigste
aber ist, daß thatsächlich die katholische Welt von der angeblichen Vorzüglichkeit der Jesuiten nach allen Richtungen förmlich
hypnotisiert ist, daß nichts so sehr das wütende Gebell der ihr
befreundeten Presse — und das sind mit wenig Ausnahmen
alle „katholischen“ Organe — herausfordert, als ein Zweifel
an der Größe der Gesellschaft Jesu. Es gibt, wie Möhler
sagt, Geistliche, die „einzig nach i h r e r Thätigkeit und der der
Mönche überhaupt sich sehnen und d e s s e n nur sich freuen
und das nur erharren, was diese wirken würden, w e n n sie
wieder vorhanden wären — selbst aber, auf diese Imagination
sich verlassend, in schmachvoller Unthätigkeit auf dem Ruhe-
polster verfaulen und alles gethan zu haben sich vorlügen,
wenn sie selber träge nur nach der Thätigkeit der Jesuiten
und der Mönche s c h m a c h t e n , als hätten sie damit ihre Pflicht
erfüllt.“ (Alois Knöpfler, Joh. Ad. Möhler. S. 124 ff.)
      Montalembert warf den Jesuiten vor, daß sie auf allen
Gebieten des Unterrichts nicht e i n e n wirkungsvollen Ver-
teidiger gestellt hätten. Ravignan, selbst wenigstens als Redner
bedeutend, verteidigt sich dagegen mit Berufung auf die unge-
nügenden Kräfte, die dem Orden zu Gebote stünden. Es ist

dies aber falsch. Die bedeutendsten Talente aus allen Ländern
sind dem Orden zugeführt worden, aber er hat sie durch seine
Methode ertötet, er hat Individualität, Selbständigkeit und
umfassende Bildung gehindert, hat jedes Abweichen vom ausgetretenen Weg, jeden Schritt nach Vorwärts erbarmungslos
geahndet, er hat in seinen Pfleglingen jenen zelus amarus,
jene scientia inflans hervorgerufen, welche nur erbittert und
wieder leidenschaftliche Abwehr erweckt, ohne das geringste
Gute zu schaffen, ohne die wissenschaftliche Erörterung im
mindesten zu förbern; er hat dadurch der Kirche ein Heer von
Feinden geschaffen, das immer zahlreicher wird und immer
mehr gegen die Kirche selbst sich wendet, je mehr es sieht, daß
die Jesuiten unter dem Mantel des offiziellen Kirchentums
Deckung finden. Welch eiserne Fessel der Verband des Ordens
für den Geist ist, das sieht man an dem Fortschritte, den viele
Jesuiten nach dem Austritt aus dem Orden nahmen. Stattler,
Passaglia, Reinhold mögen als Beispiele dienen. Auch Hettinger und Hergenröther sind erst in Deutschland und durch
deutsche Bildung das geworden, wodurch sie Ruhm erlangt,
selbst wenn man die formelle logische Schulung im Germanikum
immerhin als wertvoll anerkennt. Aber das Formelle
geht obendrein, wenn man mit den großen Geistesschöpfungen
und Literaturdenkmalen vertraut wird. Wer die großen Meister
kennen lernt, lernt auch denken, urteilen und schließen; man
braucht nicht an einem öden Stoff und an hohlen Nüssen die
logische Kraft zu bilden, man thut dies weit ersprießlicher an
wertvollem Geistesstoff, von dem der Geist zugleich realen
Gewinn und bleibenden Nutzen zieht. Weit müssen die Thore
des Wissens geöffnet werden, historisch und philosophisch muß
in die Tiefe der Zeiten und Ideen gegangen, die Verknüpfungen
und Zusammenhänge müssen gezeigt, die Grundlagen erforscht
werden, kritischer Blick und philologische Akribie müssen jeden
Schritt begleiten; so muß die Zeit des Studenten mit der
principiellen Festigung und methodischen Schulung ausgenützt
werden, damit der Trieb des Weiterbauens in der Periode der
Praxis erwacht; nicht aber soll ein Kompendium des fertigen
Wissens als bequemes Faulpolster eingepaukt und nach Bedürfnis abgerollt werden. Das ist der fundamentale Gegensatz,

zwischen dem, was wir und was jene Wissenschaft nennen. Wissen heißt selbst schaffen, nicht den Fuhrmann, den Kolporteur eines Buches machen. Wer letzteres für hinreichend hält, der kann z. B., wie der Professor Haimbucher in Bamberg, Tilmann Pesch den größten Philosophen der Gegenwart nennen, andere werden ihn nur einen Kompilator und ätzenden Kritiker nennen, — mit jenem abgeschmackten Lob macht man jemand nur lächerlich und zeigt, was man selber für eine Geistesgröße ist. Aber solche sind eben jetzt das gesuchte Material für die Hochschulen. „Nichts sitzt heutzutage so tief als die Ober= flächlichkeit," sagt Tilman Pesch in seiner „Lebensphilosophie"; ich bin zwar bisher der Meinung gewesen, daß die Ober= flächlichkeit immer oben sitze; aber der „größte Philosoph der Jetztzeit" muß es wohl besser wissen; auch ist Logik eine un= umschränkte Domäne der gelehrten Väter; daher bescheide ich mich. Aber das muß ich sagen, daß Pesch durch sein neuestes Büchlein einen schönen Beleg zu seinem so tieflogischen Wahl= spruch gegeben. Als ich das Büchlein durchblätterte und die Ideenarmut darin sah, dachte ich immer an die Devise am Anfang und fand das Buch im Hinblick darauf ganz entsprechend. Um ein Lobredner der jesuitischen Philosophie zu sein, muß man schon Kriterien und Normen anlegen, die sich von benen, wie sie sonst gelten, wonach man weiten Ausblick, Eigenart, Originalität und doch solide Begründung als Momente der Tüchtigkeit ansieht, diametral entfernen. Diese Sorte Schul= philosophie ists, als deren Vertreter Jean Paul in seinem „Lob der Dummheit" sagt: „Ich will keinen einzigen neuen Gedanken vorbringen; aber ich will keinen einzigen alten Term auslassen und jedem unwichtigen Begriff durch eine barbarische Benennung eine neue Wichtigkeit verschaffen. ... Setzt man noch hinzu, daß man in der Metaphysik sehr klüglich Wörter erfunden hat, die mehr durch ihren Klang als ihren Sinn die tiefsinnigsten Abstraktionen verraten und mehr auf dem Trommelfell als in den Gehirnfibern philosophische Erzitterungen verursachen; daß man eine besondere Stellung der unverständlichen Wörter er= dacht hat, die man das Metrum der metaphysischen Dichtereien nennen könnte, und daß man jeden Satz zu einer Demonstration umschaffen kann, wenn man die drei Wörter quod erat

demonstrandum hinten anflickt, wie die Verfertiger der Rezepte
in den Kalendern ihr probatum est, oder wenn man den
Beweis suchenden Leser von Paragraph zu Paragraph verweist
und ihn endlich eine kleine Quelle von einem ganzen Strom
oder gar nur das entdecken läßt, was der neugierige Affe nach
zwanzig auseinander gewickelten Papieren entdeckt — setzt man
dies alles zum vorigen hinzu, so folgt unwidersprechlich, daß
die Wohnung des Ergos, wie Voltaire die Schule nennt, auch
die Wohnung der Dummheit sein müsse. Sie ist also die
Dulcinea des metaphysischen Don Quichote — und wenn ich's
nicht verstänblich und gründlich erwiesen hätte, so würd' ich
sagen, ich hätt' es demonstriert.“

Der Benediktiner Gerbert machte es schon seinerzeit in
seiner Schrift (de recto et perverso usu theologiae scho-
lasticae. St. Blasien 1758) den einseitigen Scholastikern zum
Vorwurf, daß sie den Fortschritt der Theologie nur aufhalten,
indem sie die Pflege der zur theologischen Ausbildung notwendigen Quellenstudien und Hilfsstudien vernachlässigen; ja
ein förmlicher Verfall und eine bedauerliche Entartung der
Theologie wäre von der Alleinherrschaft des Scholastizismus
zu gewärtigen, indem die einseitigen Scholastiker auf dem Gebiete der Glaubenslehre ihre abstrakten Spitzfindigkeiten für
das Wesen und die Hauptsache zu nehmen geneigt sind und
die Moral durch Trennung von der Mystik einer den christlichen Lebensernst verleugnenden Veräußerlichung anheimfallen
lassen. Der einseitige Scholastizismus, sagt er weiter, sei geeignet, aufstrebenden jungen Kräften das Studium der Theologie
völlig zu verleiden, woraus sich erklären möge, warum in
manchen kirchlichen Ordensinstituten die Pflege der theologischen
Wissenschaft völlig erstorben sei; er nähre den Geist des Hoch-
muts, der Streitsucht und einer selbstgenügsamen Zufriedenheit
mit dem, was den gesteigerten Anforderungen und Bedürfnissen
der Zeit gegenüber nun einmal nicht mehr genüge. Er betont
aber auch, wie sich das Gute und Treffende der Scholastik
verwerten und mit dem Fortschritt der Wissenschaft vereinen
lasse. (Vergl. Werner, Gesch. der kath. Theologie, S. 182 ff.)
Ich selbst darf mich in diesem Betracht wohl auf mein „System
der Philosophie“ berufen, wo ich positiv auf allen Gebieten der

philosophischen Wissenschaft hindurch gezeigt, wie das bewährte Alte mit dem gediegenen Neuen in fruchtbare Verbindung zu bringen und so der elenden Misère auszuweichen sei, welche die Lage der Philosophie in den heutigen Tagen kennzeichnet: einerseits trostlose Verirrung in kleinlichen Spezialismus mit Aufgabe der eigentlichen metaphysischen Lebensfragen der Philosophie, andererseits starres Festhalten an einer überwundenen und dem Stand des heutigen Wissens absolut unangemessenen Methode.

Kann ich so an der jesuitischen Philosophie der Pesch, Kleutgen ꝛc. nichts Wertvolles, ja nicht einmal etwas Eigentümliches erkennen, so ist das Urteil über andere Zweige der Wissenschaft, auf denen sich die Jesuiten versuchten, kaum günstiger. Die Grundfehler: Unselbständigkeit, Mangel an exakter Methode, an umfassendem Wissen, unelegante Form sind mehr oder minder überall zu spüren. Man könnte die gesamte Produktion des Ordens ausschalten, ohne das Mindeste zu verlieren, was nicht anderswo ebenso gut oder besser gesagt wäre. Der Lauf der Wissenschaften ging unberührt von den Ordensleistungen und ohne Rücksicht auf sie seinen eigenen Weg und kaum wird ein Philosoph, Naturforscher, Literarhistoriker, Theolog, Aesthetiker, Pädagog ꝛc. das Bedürfnis fühlen, ein Werk der Jesuiten zu studieren, um dort etwas zu finden, was ihm die übrige Literatur nicht böte. Selbst in der Scholastik sind sie ja nicht die besten Vertreter und die Einig, Willmann, Gutberlet, Heinrich, Scheeben u. a. sind auch hier den Pesch, Kleutgen, Franzelin entschieden über. Es sind eben immer nur Dutzendleistungen sechsten, siebenten Rangs, und man verliert nicht das Mindeste, wenn man sie unbeachtet läßt, wie denn thatsächlich keinem akatholischen Studenten einfällt, ihre philosophischen Kollegien zu besuchen und ihre Leistungen dieser Art von der Fachwissenschaft nicht einmal registriert werden, welche Geringschätzigkeit seitens der Fachmänner doch schlecht zu ihrem Hochmut paßt. Wenn sie ja einmal ein über das gewöhnliche Maß hinausgehendes Talent haben, welches Geschrei, welche Fanfaren muß man da hören! Wie viel hundertmal hat nicht Secchi als Beweis der Trefflichkeit der Jesuiten herhalten müssen und doch hat eigentlich nur die Physik der Sonne ihm einige Fortschritte zu danken; seine „Einheit der Naturkräfte" ist ein sehr in Hypothesen und Nebeln gehülltes Werk. In letzter Zeit haben sich die Jesuiten auch auf die Geschichte im großen Stil geworfen, nachdem Spezialleistungen wie die der Bollandisten schon früher zu verzeichnen waren. So haben sie die Lorbeeren Janssens nicht ruhen lassen, und M i ch a e l fühlte sich berufen, der Janssen der mittelalterlichen Geschichte zu werden. Es hat sich aber gezeigt, daß Michael nur die Fehler Janssens in erhöhter Potenz sich anzueignen vermochte, von seinen Vorzügen aber nichts besitzt. Erich Brandenburg sagt in der „Historischen Zeitschrift" über Michaels Geschichte des deutschen Volks seit dem 13. Jahrhundert: Von einem organischen Einblick keine Spur, nichts als Citate, wo man ein Urteil über eine Zeitrichtung erwartet; keine Verarbeitung des Materials, keine Entwicklung der zu Grunde liegenden Triebfedern der Perioden; alles ist nach Schematen geschieden (Ritter, Bauer, Bürger, wobei Höhe und Verfall der Ritterzeit usw. zusammenfällt). Das Buch ist nichts als eine Excerptenaneinanderreihung, eine Notizensammlung; es fehlt jeder historische Blick, es ist voller Widersprüche, voller Tendenz, daher wissenschaftlich wertlos, nur als Notizensammlung von Wert.

Ein anderer Kritiker (Rudolf Goette in der Steinhausenschen „Zeitschrift für Kulturgeschichte") tadelt namentlich die Auffassung des Verhältnisses, in das die deutschen Fürsten zum Papsttum gestellt werden. Michael sagt, das Kaisertum des hl. römischen Reiches deutscher Nation habe durchaus christlichen Charakter gehabt und sei „eine Schöpfung des apostolischen Stuhls" gewesen; er will dadurch eine Unterordnung der deutschen Fürsten unter den Papst und zwar gleich im Anfang begründen. Goette weist nach, daß gerade das Gegenteil der Fall gewesen, wie dies der gedrückten Lage des päpstlichen Stuhls entsprach. Er weist auf die Vorfälle bei der Krönung Otto des Großen und zeigt, daß erst unter Heinrich IV. das Papsttum erstarkt sei durch die Schwäche der Könige, die Mithilfe der Fürsten und das Aufkommen der italienischen Republiken. Bei Michael erfahre man überdies nirgends, daß außer dem Kaisertum noch ein Königtum in Deutschland bestanden,

welches das Prinzip der weltlichen Gewalt war und auf das
der Papst und die Kirche nicht den mindesten Anspruch hatte!
Viele Fürsten waren ohnehin nicht Kaiser, ohne dadurch das
Mindeste an ihrer Fürstenhoheit einzubüßen. Die Tendenz Michaels
geht offenbar dahin, die weltliche Macht in Unterordnung unter
die päpstliche zu zeigen; dazu benützt er den Berührungspunkt
der Kaiserkrönung, deren Charakter er völlig entstellt. Das
Verhältnis des souveränen Königtums zur Kaiserwürde und
zum Papsttum wird systematisch verschwiegen. Auch die Darstellung des Rittertums sei sehr schwach. Nirgends sei das
genetische Werden Schritt für Schritt gezeigt, etwa das der
Städtebildung, der Entwicklung der freieren Bürger- und
Bauerntums aus dem Sklavenverhältnis. Das Lehenswesen
werde zu ideal aufgefaßt. Schon der Ausgangspunkt des
Werks sei unglücklich gewählt. Im 12., nicht im 13. Jahrhundert
habe sich der Umschwung der Zeit vollzogen. Die Darstellung
sei außerordentlich schwerfällig. Werfen wir noch einen Blick
auf die literaturgeschichtlichen Leistungen eines Kreiten und
Baumgartner, so fallen uns dieselben Mängel auf. Nirgends
ein liebendes Eindringen in den Geist, in die Tiefe des betrachteten Schriftstellers, des auf die Folterbank gelegten Werks,
nie ein Zuverstehensuchen einer Periode aus ihren natürlichen
und psychologischen Voraussetzungen, Triebkräften und Schranken,
sondern ein gehässiges absolutes Absprechen von der Höhe des
Kritikers herab, eine Nörgelei und Verkleinerungskunst, die den
widerlichsten Eindruck macht. Schreibt Baumgartner über indische Literatur, so muß jedes Erzeugnis des Heidentums denen
christlicher Literatur unendlich nachstehen; so ist seine Darstellung
statt ruhiger Schilderung ein beständiges Plaidoyer, eine unauf-
hörliche und ganz unnötige Polemik; er ist immer in Angst,
ein Leser möchte an den heidnischen Dingen Geschmack finden
und dem muß er unaufhörlich vorbeugen. Die heilige Schrift
muß nicht nur als religiöses Buch, sondern auch als poetisches
Erzeugnis in jedem ihrer Teile turmhoch über den heidnischen
Mythen stehen; komisch wirkt es, wie er z. B. das so ungemein
poetische Gilgamosepos mit dem Sündflutbericht herabsetzt und
den trocknen Bericht Mosis dagegen hinaufschraubt. Wo er kann,
muß er verdächtigen und Moralpredigten einstreuen; Hafis ist

ihm nicht nur ein seichter Dichter, der nur Trinken und Lieben
preist, sondern auch ein Sodomit! Baumgartner, der große
Literarhistoriker, weiß nicht, daß bei den Mohamedanern die
Geliebte zu preisen verpönt ist, und daher durchgängig in den
Liebesliedern ein „Freund" für die Freundin, die aber doch
gemeint ist, steht. Weitere sachliche Verstöße, besonders die
ungerechte Verspottung der indischen Mystik hat Dr. Grävell
in einem Fachblatt gebracht. Was soll man von einem Be=
schreiber der indischen Literatur sagen, der die Oupnek' hat, die
Schopenhauer die belohnendste und erhebendste Lektüre, die auf
der Welt sei, nannte, nicht einmal erwähnt, ebenso wenig als
die gleich großartigen Upanishaden, der von Sankaracharya, einem
der größten Genien der Inder, nur erwähnt, er sei ein Komen=
tator des Brahma=Sutras gewesen. Die tiefsinnigen Werke,
die Grävell benamt, scheinen Baumgartner unbekannt geblieben
zu sein. Und welch wohlfeiles und hämisches Urteil über die
indische und persische Mystik, die doch eine gewaltige Geistes=
leistung gewesen! Der Jesuit findet es lächerlich, daß der große
persische Dichter Dschelāl ud-din Lamm und Wolf, Schöpfer
und Geschöpf, Gott und Welt in allem Ernst für wesenhaft
identisch hält und „in seiner geistigen Trunkenheit die einfachsten
Grundsätze seiner Logik völlig verloren hat" und wendet sich
mit ein paar Gemeinplätzen, wie sie jeder Schuster finden kann,
von diesem „mystischen Derwischtanz" ab. Ja, die Logik!
Daran erkenn ich den Jesuiten! Ich habe immer eine Freude,
wenn ich auf das Steckenpferd der gelehrten Väter stoße. Ich
weiß im voraus, daß bei jeder Kritik, wenn nicht bei der dritten,
so sicher bei der vierten Zeile das schwere Geschütz der „man=
gelnden Logik" angefahren kommt. Vollends aber treten die
widerlichen Eigenschaften der jesuitischen Literarkritiker hervor,
wenn sie die „moderne", namentlich deutsche schöne Literatur
und Philosophie unter ihr Messer nehmen. Nach einander sind
so Kant, Lessing, Goethe, Richard Wagner, der Schöpfer des
Parsifal! bis herab auf Gerhard Hauptmann und Rosegger an
die Reihe gekommen und der Vivisektion unterworfen worden.
Ich protestierte einmal in einem Aufsatz über die Predigt (im
Pastor bonus 1895 Heft 10, 11, 12: „Wie wird man ein
tüchtiger Prediger?"), in dem ich dem Theologen zur Bildung

eines guten Stils das eifrige Studium der schönen Literatur
anriet, gegen die Manier, dem katholischen Volk seine großen Genies
zu verekeln und sagte: „Wäre es nicht besser und ersprießlicher,
statt, wie Baumgartner und Sebastian Brunner, jeden Flecken
im Leben und in den Werken unserer großen Meister aufzu=
spüren und hämisch darüber zu Gericht zu sitzen, lieber das
Edle, Große und Erhebende derselben ins Licht zu rücken? Ich
dächte sogar, es wäre christlicher. Wenn wir jeden
Dichter, jedes Buch verwerfen, die nicht bis in den kleinsten Zug
christlich, ja katholisch sind, was bleibt da noch übrig?.. Der
moderne Theolog hat ein weit schwierigeres Arbeitsfeld als je
eine Zeit zuvor, er muß mit allen Waffen moderner Bildung
ausgerüstet sein, um auf seine Zeit wirken zu können. Nichts
Großes und Gediegenes darf ihm fremd sein. Denn er hat
ein gewaltiges verlorenes Terrain, namentlich in der gebildeten
Welt zurückzuerobern. Wie kann er aber das, wenn er wie
ein Nachtwandler in der Zeit steht, wenn er sich von einem
Handlungskommis, von einer Salondame an Literaturkennt=
nissen beschämen läßt?" Die es anging, verstanden es auch, und
richtig kam im nächsten Heft des Pastor bonus eine „Er=
widerung" Hammersteins, die erstens darlegte, daß Goethe und
Schiller auf dem Index stünden oder „von den allgemeinen
Regeln des Index getroffen würden", zweitens meinem Tadel
der gehässigen Kritik nur die armselige Retourchaise entgegen=
zustellen hatte: „Wäre es nicht besser und ersprießlicher, statt
wie Herr Dr. Müller über Baumgarten und Sebastian Brunner
zu Gericht zu sitzen, lieber das unermeßliche (!) Verdienst"
(der Verleumdung) „hervorzuheben, welches diese Männer sich
dadurch erwarben, daß sie der maßlosen Vergötterung (?) jener
christentumsfeindlichen (!?) Klassiker gebührende Schranken setzten
und auf das Gift hinwiesen, durch welches dieselben zahllose
Jünglinge an Glauben und Sittlichkeit ruinieren (brr!) Ich
dächte sogar, es wäre christlicher." (Eine Prachtleistung
der Logik und Moral!) Gegen meinen Vorwurf, es hätte sich
in den letzten Jahrzehnten ein gehässiger liebloser Zug in der
katholischen Polemik eingeschlichen, der bittere Früchte trage
(s. den „evangelischen" Bund!) brachte der Jesuit wieder nur
eine Retourchaise vor, indem er zu sagen wagte: „Es hat sich

seit etwa 20 Jahren ein so großartiger und warmer
Zug in der katholischen Journalistik entwickelt,
daß wir besonders ihr den Sieg im Kulturkampf
verdanken und von Herzen wünschen, dieser Geist
möge nie von ihr weichen!!" Quod erat demonstrandum! Das heißen die Meister der Logik eine Widerlegung,
wenn sie ihre unerhörten Behauptungen wiederholen und durch
noch ungeheuerlichere und jeder Erfahrung ins Gesicht schlagende
noch weit übertrumpfen! Herr v. Hammerstein ist Konvertit;
von einem solchen sollte man doch erwarten, er habe von seiner
protestantischen Vergangenheit etwas freie Gesinnung und Hoch-
schätzung seiner großen Konfessionsgenossen, die auch wir Katholiken mit Stolz unsere nationalen Dichter nennen, bewahrt;
— und Hammerstein weiß von Goethe und Schiller nichts
anderes zu sagen, als daß sie die Jugend vergiften und ruinieren und von der Lektüre ausgeschlossen zu werden verdienen!!
Und das ungemein unedle und schamlose Treiben, wie es die
Thersiten der Nation gewerbsmäßig üben, soll „christlich, großartig, warm und unermeßliches Verdienst" sein!!! Soll man
da lachen oder weinen? In einer Schauergeschichte von einem
Studentenselbstmord (Stimmen aus Maria Laach 1898, 1,56)
heißt es: „Kant, Fichte, Schopenhauer, Hartmann, Darwin,
Häckel, Büchner, Nietzsche auf dem Studiertisch — die Kugel im
Herzen; hier ist Ursache und Wirkung bei einander". Das
ist doch selbst Stölzle, dem unbedingten Lobredner der Jesuiten,
dessen Elaborate nur in der Beilage der Germania erscheinen,
für welches Blatt sie gerade auf der rechten Höhe sind, zu viel.
Selbst Herbart, der milde und edle theistische Philosoph, dessen
Persönlichkeit und Werke, wie Strümpell bemerkt, eine vollendete Darstellung der Idee des Wohlwollens sind, die er so
herrlich entwickelt hat, verfiel dem Scherben- oder Schergen-
gericht und wurde von einem Obscurus, der um den hundert-
sten Teil von Herbarts Geist zu Gott bitten dürfte, in der
bekannten Manier verarbeitet. Von einem Einblick in des
Denkers Gedankengänge keine Spur, eben nur eine Gerichts-
sitzung, ein Auflesen aller mißliebigen, zur Scholastik nicht
passenden Sätze und dann das anathema sit! Von Herbart könnte so ein schäbiger Jesuit lernen, wie man polemisiert,

wie man geistesscharf und doch liebevoll und ohne Unredlichkeit seine Ideen verficht — aber, wo eben der Zweck die Mittel
heiligt, da ist Verdrehung, Lästerung, Verleumdung und Bosheit nicht nur erlaubt, sondern, wie wir gesehen haben, sogar
christlich, großartig und von unermeßlichem Verdienst im Himmel!
Und dann immer die Mahnung, man solle ja nichts lesen!
Der Autor wird nicht nur als unchristlich, der ewigen Seligkeit gefährlich, sondern auch als dumm, oder wenigstens für
die echte Bildung ganz unnötig hingestellt. Nach diesen Geistes-
lichtern nehmen sich Männer wie Lessing, Goethe, Kant u. s. w.
wie leichtfertige Skribenten aus, natürlich wieder ohne „Logik"
und Schulung, und das bischen Wissen ist im Germanikum
viel besser zu haben. Ein grenzenloser Hochmut in der aufge-
blasenen Nichtigkeit ist das durchgängige Kennzeichen des Ordens,
dabei aber eine Empfindlichkeit gegen den geringsten Tadel, der
jeden Gegner mit Vernichtung bedroht. Dies war sogar zur
Zeit des tiefsten Verfalls der jesuitischen Lehranstalten der Fall.
Als Wiest in seinem dogmatischen Werke bekannte, von Leß
viel gelernt zu haben, nahmen ihm die Jesuiten das sehr übel
und belehrten ihn, daß er dies alles „aus unseren alten und
neuen Lehrern ebenso gut, ja gewiß noch reiner und stärker aus
den wahren Quellen des heiligen Geistes hätte schöpfen
können!" Also immer diese Verquickung des Wissens mit dem
Religiösen! Und doch ist ihre ganze Philosophie eine heid-
nische! War denn Aristoteles vom „heiligen Geist" inspiriert?
Mit Not gestanden sie Wiest zu, daß die Protestanten in der
deutschen Sprache ihnen voran wären, „aber in allen anderen
Fächern der Literatur waren wir ihnen nicht nur
gleich, sondern weit, weit überlegen, und was sie
Gutes in ihren Schriften aufweisen mögen, ist bei-
nahe ganz aus alten und neuen katholischen Autoren
geborgt." So steht in der anonymen, aber exjesuitischen „Kritik
über gewisse Kritiker." Augsburg 1788. Vgl. Schwab, Fr. Berg.
S. 13. Jüngst kam im jesuitischen Scherbengericht Rosegger,
der edle, liebenswürdige Dichter daran. Es gehört nämlich zur Gepflogenheit und zu den „unermeßlichen Verdiensten", der „Stimmen" wie Polyphem jeden Tag ein paar Gefangene verzehrte,
in jedem Heft einen jener armen Sünder, welche die übrige

Menschheit Dichter und Philosophen nennt, zu verspeisen. Da
heißt es nun, daß bei Rosegger „die nötige Klarheit der Begriffe fehlt" (das bekannte Triumphroß der Logik!), daß „unverständliche Schlagworte die Stelle der Beweise vertreten",
daß Rosegger, „was religiöse Bildung betrifft, noch
auf dem Standpunkt eines Schneidergesellen steht",
ja Kreiten bedauert, daß R. nicht Schustergeselle gewesen, weil
er ihm sonst zurufen könnte: „Schuster bleib' bei deinem
Leisten"!!! Das sind Witze? nicht wahr? Und welche
Demut und christliche Liebe im Munde eines Mönchs! Wenn
der Dichter schüchtern bemerkt, eine reiche persönliche Erfahrung
und denkende Verarbeitung der Erlebnisse sei auch soviel wie
Bücherweisheit, so schnauzt ihn Kreiten ab: „Anmaßung! den
Vertretern des katholischen Dogmas Bücherweisheit vorzuwerfen,
ihnen die Erfahrung absprechen und sie auf eine einzige Gesell-
schaftsschichte einschränken wollen!" (Eine freche mutatio elenchi
und ficta universalitas im Munde eines so großen Logikers!)
Aber es kommt noch schöner: „Als ob die Kirche nicht die Geschichte und die Erfahrung der Jahrtausende für sich hätte und die
Gesellschaftsschichten, wie sie sich in 18 Jahrhunderten gebildet, nicht
alle zu den Ihrigen zählte! In der Erfahrung also könnte wohl
die katholische Kirche sich zur Not noch selbst mit Rosegger messen!"
Kein Mensch wird begreifen, wie hier die „katholische Kirche" herein-
kommt! Ist Herr Kreiten die katholische Kirche? Will er seine
unerhörten kritischen Verdächtigungen und Lieblosigkeiten aufs
Konto der katholischen Kirche bringen? O heilige Jesuitenlogik!
„Wegen eines geringen Kunstgenusses oder literarischen Ge-
winns sich der Gefahr auszusetzen, seine religiösen Ideen verwirren
zu lassen, ohne daß man die nötige Kenntnis hat, sich selbständig zu-
rechtzufinden" (welches schöne Deutsch!) „oder die Pflicht fühlt,
sich aufklären zu lassen, das mag den modernen Anschauungen
über Bildung und Belletristik entsprechen — aber es ist weder
vernünftig noch christlich." Immer dieselbe Taktik! Den
Angegriffenen als Trottel, als unwissenden Schneidergesellen
hinstellen, der nichts geschaffen habe, was lesenswert wäre!
„Für einen Katholiken ist es keine Schande, mit Roseggers
Werken unbekannt zu sein". Aber eine Schande ist, das achte
Gebot so zu übertreten, wie es Kreiten und Cie. tagaus

tagein thut. Es gehört in der That ein gebrandmarktes
Gewissen dazu, so etwas für recht, gar noch für verdienstlich
zu halten und die katholische Kirche so unverantwortlich bloß=
zustellen. Dabei passiert es dem großen Philosophen, der einem
Dichter hier so grimmig den Text liest, daß er den Unsinn
behauptet, der Dichter dürfe keinem seiner Charaktere andere
Meinungen in den Mund legen, als er selbst hat. Klopstock
hätte also nicht den Teufel auftreten und nach seinem Sinn
reden lassen dürfen! Mit viel mehr Recht als Kreiten in
seinem pöbelhaften Angriff erwiderte ihm Rosegger in einer
übrigens sehr maßvoll gehaltenen Replik, er verstehe von der
Dichtkunst soviel als — um mit seinen eignen Worten zu
reden — „ein Schneidergeselle von der Theologie". Man wird
fragen, wie kam denn Kreiten dazu, einen keineswegs aggressiven
Dichter, der ihm nicht das Geringste gethan, so bodenlos an
seiner Ehre und seinem literarischem Namen anzurempeln und zu
begeifern — im Namen der katholischen Kirche? Ja, eine
Gesellschaft, welche sich als die personifizierte Kirche dünkt, und
zu dem Zweck, vermeintlich unchristliche Werke zu bekämpfen
und zu vernichten, kein Mittel — auch nicht das der schamlosesten
Entstellung und persönlichen Beschimpfung — scheut, fragt nach
solchen Kleinigkeiten nichts. Hier aber war noch ein persönlicher
Anlaß gegeben, den aber Kreiten erst in einer Duplik — einer
entsetzlich langen und voll Unsinn und Langweile angefüllten
Schreiberei — gesteht: im „Ewigen Licht" hat Rosegger einen
Jesuiten oder jesuitisch gezeichneten Priester auftreten lassen,
in dem Kreiten sich wahrscheinlich getroffen sah! Es ist übrigens
zu bemerken, daß in dieser überaus innigen und tiefergreifenden
Dichtung der Held ein ideal gezeichneter Pfarrer ist, der,
nachdem er sein Leben rastlos im Dienste einer armen Gebirgs=
gemeinde geopfert, an dem Gram über einreißende Verwilderung
in Folge wirtschaftlicher und sozialer Veränderungen zu Grunde
geht. Jeder Katholik könnte dem Dichter für dieses Seelen=
gemälde eines edlen Priestergemüts dankbar sein, namentlich
in heutiger Zeit, wo der Priester nicht immer in zarter Weise
angefaßt wird. Daß die Jesuiten in der Dichtkunst nicht
ähnliche Rollen spielen, wie, Gott sei Dank, noch Priester,
dafür sind vielleicht die wirklichen Originale schuld, die dem

Dichter und Menschenzeichner eben keine schönen Vorbilder geben. Es mag übrigens Herrn Kreiten, wenn er es nicht schon weiß, bekannt werden, daß Rosegger, wohl unter dem Eindruck seiner liebenswürdigen Kritik, wie das Märzheft des „Heimgartens" anzeigt, den katholischen Glauben verlassen hat und offen mit den Deutschnationalen zum Übertritt und Anschluß an den Protestantismus oder Altkatholizismus auffordert! Vielleicht findet Herr Kreiten für seine nächste Beichte Gelegenheit zur Gewissenserforschung, vielleicht schreibt er sich auch diesen Erfolg auf sein Tugend= und Verdienstkonto und erhofft größeren Lohn im Himmel zu den „unermeßlichen Verdiensten", die er bereits errungen. Wer kann in eine solche Jesuitenseele schauen! Daß auch Gerhart Hauptmann seinem Schicksal nicht entgehen konnte, liegt auf der Hand. Und gerade die „Versunkene Glocke", sein idealstes Werk, mußte zur Mißhandlung beihelfen! Statt es zu begrüßen, daß in der modernen Poesie religiöse Klänge immer häufiger werden (vgl. Sudermanns „Johannes" und „drei Reiherfedern") wird die gesammte moderne Literatur, weil sie nicht jesuitisch ist, in Bausch und Bogen verdammt. Mit Raffinement werden einzelne, nicht besonders gelungene Partien abgedruckt, einzelne Gedanken durch Verdrehung und perfide Zusammenstellung lächerlich gemacht, und überhaupt der Eindruck erweckt, als habe man es mit einem ganz geistlosen Machwerk zu thun. Der Zweck dabei ist nämlich, ja zu verhüten, daß einer der Leser das Buch kaufe! Dann käme er nämlich, wie der Afterkritiker meint, um seine ewige Seligkeit. Darum muß es nicht nur schlecht, sondern auch dumm gemacht werden. Alles Große und Edle wird verschwiegen, die Ideen werden verzerrt, offene Lüge, persönliche Verleumdung wird nicht gescheut — und das ist katholische Kritik! Für die wunderbare Symbolik und [die] [herrliche] Sprache hat der Kritiker keinen Sinn; ein ernst, wenn auch noch dunkel strebendes Gemüt kann er nicht fassen; da er die absolute Wahrheit und Weisheit besitzt, ist ihm ein innerer Seelenkonflikt unbegreiflich, und jeder Zweifel in der Religion schon schwere Verirrung von Gott. Aber eines sollte einen solchen Kritikaster doch zum Nachdenken bringen, wie es denn kommt, daß in seiner gottgefälligen Gesellschaft solche Sterilität an positiven Leistungen, Frucht=

barkeit nur in Satire und boshafter Kritik herrscht, während
alle Blüten echten Geisteslebens außerhalb der Ordensmauer
sprossen? (Den Spanier Coloma können die Jesuiten nicht als
Mann ihres Geistes reklamiren; denn er hat sich seine Bildung
als Weltmann geholt und ist erst in reifen Jahren aus Ver=
zweiflung am Leben in den Orden getreten).

Es wäre noch Überfülle von Material, um den Orden für
Verleumbung an der Hand seiner Referate über moderne
Literatur in seinem Licht darzustellen, wir wollen aber nur
noch ein Heldenstück ins Auge fassen, bevor wir zu einem
andern Hauptteil übergehen: die Charakterschilderung Isaak
Heckers im Oktoberheft 1898. Der Held ist der berühmte
Historiker Otto Pfülf. Seiner Schilderung ist das berüchtigte
Schmähbuch von Meignen, das wegen seiner Infamien von
sämtlichen amerikanischen Buchhändlern ausgeschlossen wurde,
zu Grunde gelegt. Das Buch weigerte sich der Erzbischof von
Paris zu approbiren; der Autor aber erlangte in Rom direkt
von der Kurie die Druckgenehmigung, was niemand Wunder
nehmen wird, der sieht, wie es jetzt in Rom zugeht. Doch
fühlte man sich in Rom später genirt und gab vor, die Appro=
bation sei hinter dem Rücken des Papstes erschlichen. Was
Meignen für ein Held ist, beweist schon der geschmackvolle
Vergleich, Kleins Biographie Heckers sei ein trojanisches Roß,
dessen Bauch eine Ansammlung gefahrvoller Anschauungen und
Tendenzen berge, die ins Innere der katholischen Kirche ein=
geschmuggelt werden sollen. Es wäre nichts als eine Neuauflage
des vorvatikanischen liberalen Katholizismus. Dieser demokra=
tische Katholizismus Browsons und Heckers, den auch Venturas
Rede auf O'Connell trage, sei „die große Ketzerei des
19. Jahrhunderts." Besonders anstößig ist Pfülf die große
Ketzerei Heckers, es gäbe viele Menschen auch außer der Kirche,
die von schweren Sünden frei geblieben seien und man dürfe
die Andersgläubigen nicht mit verhärteten Sündern und Büßern
zusammenwerfen, ferner seine Abneigung gegen die Scholastik,
die natürlich wieder Gelegenheit gibt, über „unglaublich
lückenhafte Kenntnisse" zu belfern. „Man hielt ihn für
schwachsinnig". Aber er hatte doch die Mystik Taulers, Ruys=
broeks, Joh. v. Gott, Susos, der hl. Theresia leidenschaftlich

stubirt! Es war also nicht Unfähigkeit, sondern Widerwille, was ihn vor dem trocknen Stroh der Scholastik zurückschreckte. Er sah, daß sie zur Bekehrung der jetzigen Menschheit völlig unvermögend und unzureichend sei. Daß Hecker sich vor „größeren Ausschreitungen" gehütet, gibt er zur Not zu, aber „er wurde wegen schwerer Verstöße gegen die Disziplin aus dem Redemptoristenorden ausgestoßen"!) (Er ließ sich nämlich nicht als „Kadaver" behandeln.) Daß Hecker im selbst begründeten Orden der Paulisten so fascinirend gewirkt, daß er die Kirche St. Paul bauen konnte — „das Gotteshaus ist ein Denkmal für seine Energie wie für seinen Geschmack" sagt Tablet — daß seine Konferenzen trotz seiner angeblich „unglaublich lückenhaften Kenntnisse und dürftigen Schulung" so viele für die Kirche gewinnen und begeistern konnte, das kümmert diese Ketzerrichter nicht. Selten sei einem Mann von so dürftiger Schulung und geringen Kenntnissen gelungen, solchen weitgreifenden Einfluß auf die kirchlichen Fragen zu üben. Ja, ist denn das nicht ein Widerspruch, daß ein fast als Tölpel gezeichneter, mit Visionen und „methodistischer Besessenheit" behafteter Schwachkopf solchen unerhörten Einfluß übt, noch dazu bei dem freisinnigsten und aufgeklärtesten Volk? Warum bringt denn das Pfülf mit all seiner scholastischen Gelehrsamkeit nicht zu weg? Warum erwecken die Jesuiten denn überall Streit und Haß und Abscheu, wo sie auftreten und machen die katholische Kirche verhaßt? Jetzt trat einmal ein Mann auf von vollendeter geistiger Schönheit, voll Begeisterung für die Kirche, der Anhänger zu schaffen er sein ganzes Leben in rastloser Thätigkeit opferte, ein Mann, dem nie ein gehässiges Wort aus dem Munde kam, von dem alle, die ihn kannten, überzeugt waren, er habe nie eine größere Sünde begangen, — ein Leumund, den selbst ein Jesuit nicht begeifern konnte — und sein Lohn? Wenn er noch lebte, wäre er als Ketzer gebrandmarkt, sein Werk wäre vernichtet, sein Mut gebrochen! Soweit sind wir Katholiken gekommen. Und die Verläumder und lieblosen Ketzerrichter führen das Wort und sie geben sich als die reinen Katholiken! Nein, solche Handlungsweise, solche Kritik ist nicht katholisch! Wie ganz anders dachten und sprachen unsere großen Führer der guten katholischen Zeit! „In jedem Menschen" sagt Sailer, „wenn er nicht vollends verstockt ist, findet sich doch noch ein

9*

lichter Fleck, ein Punkt der Empfänglichkeit für das Gute: bei
diesem soll man ihn fassen und zu heben suchen, daß der Licht-
punkt sich erweitere und die Finsternis allmählich verdränge.
Gott der Heilige hat so unendlich viel Geduld mit den Sündern,
sollten wir sie nicht auch haben?" Bei Personen, die sich bei
Sailer in geistlichen Dingen Rats erholten, pflegte er anfangs
selten Irrtümer und Sünden zu bekämpfen, sondern „er er-
spähte sorgsam geistig gesunde Stellen; wie ein erfahrener
Bergmann wußte er bei jedem die Adern des edlen Metalls
aufzufinden und mit dem Scharfsinn der Liebe auszubeuten."
Welche Methode ist die ersprießlichere, welche die christlichere?
Ist es nicht eine furchtbare Verantwortung, die genialsten
Geister systematisch und planmäßig zu Kirchenfeinden zu machen,
damit allenfalls einige Schafe nicht Anstoß nehmen und ein irriges
Gewissen, wieder nur wegen ihrer Unwissenheit, gewinnen?

Die größte Leistung des Jesuitenordens habe ich bis zuletzt
gespart; sie ist es, welcher der Orden den Hauptruhm verdankt,
wegen deren er vorzüglich genannt und bekannt ist: seine
Morallehre. Zwar auch hier ist der Orden nicht originell,
wie überhaupt in gar nichts; der Probabilismus war schon
längst aufgestellt und es wäre nicht nötig, daß die Jesuiten sich
mit so komischem Eifer gegen die Urheberschaft der sauberen
Doktrin wehren, — es weiß ja jeder, daß sie nie etwas erfunden
— komisch finde ich den Eifer, weil, wenn ihr Moralprinzip
eine edle Richtschnur des Lebens wäre, sie ja nur Ehre hätten,
dasselbe erfunden zu haben. Das aber fällt den Jesuiten zur
Last, daß sie eine obskure und vereinzelt auftretende Maxime
aus dem Staub der Bibliotheken ausgegraben, ausgebildet und
entwickelt, zur Devise ihrer Schule gemacht und schließlich zur
offiziellen und kirchlich abgestempelten Lehre der Kirche erhoben
haben, die zu bekämpfen fast als Merkmal der Ketzerei betrachtet wird. Waren die Jesuiten nicht die natürlichen Väter,
so waren sie doch die Adoptivväter des netten Kindes, das
ohne sie weder das lange Leben noch die Bedeutung in der
Kirche erlangt hätte.

Der Probabilismus lehrt, daß man bei dem moralischen
Handeln keineswegs der richtigen Ueberzeugung von der Moralität oder Unmoralität einer Handlung zu folgen die Pflicht

habe, sondern auch der laxeren Meinung folgen dürfe, wenn
nur noch wenigstens e in wahrscheinlicher Grund für sie spreche.
Das ist nun schon deswegen eine leere Wortklauberei, weil ja
das Urteil, ob etwas wahrscheinlich sei, wieder subjektiv, also
der eigenen Reflexion anheimgegeben ist. Es gibt zwar auch
eine probabilitas extrinseca, die auf Autoritäten gründet,
aber diese besteht nur für die quaestio juris, nicht facti und
macht selbst da eine Abschätzung der Autoritäten notwendig,
die wieder prekär ist. Das Schlimmste aber ist, daß die ganze
Geschichte auf einem logischen Denkfehler beruht. Es
wird das Seelenleben von den Probabilisten in einzelne Denk-
akte zerstückelt und die innige Wechselbeziehung des geistigen
Lebens sowie die Veränderungen, welche hinzutretende neue
Momente und Erwägungen in den früheren hervorbringen, völlig
verkannt. Es wird mit Argumenten als mit festen Größen
gerechnet, dieselben werden wie materielle Gewichte gefaßt, die
völlig dieselben bleiben, auch wenn neue größere in die Wagschale hinzukommen und es wird nicht bedacht, daß ein Argument, das für sich genommen, volle Wahrscheinlichkeit und
Zustimmung hervorrufen würde, diese Wahrscheinlichkeit und
dieses Gewicht verliert, wenn eine wahrscheinlichere,
gewichtigere Meinung auftritt; man kann erstere dann eben
nicht mehr als wahrscheinlich (veri similis, der Wahrheit
ähnlich) nehmen, die andere nur dem Komparativ nach als
der Wahrheit näher stehend; es gibt nur e in e Wahrheit, eine
Ueberzeugung, nicht ein Dutzend Wahrheiten und Ueberzeugungen
bezüglich derselben Sache; ich kann schwanken, ob dies oder
jenes das Richtige sei, aber, wenn ich überzeugt bin, daß
ein Glied der Entscheidung, pro oder contra nach den Argumenten, die dafür sprechen, ein wirkliches entschiedenes
Uebergewicht hat, so kann ich nicht mehr mit gutem Gewissen die andere Alternative wählen. Die Argumente, die,
solange das neue entscheidende Motiv nicht zum Bewußtsein
kam, sehr plausibel waren, können, nachdem die neue Ueberzeugung Platz griff, nicht mehr in dem früheren Gewicht
bleiben, so daß jetzt nur zu dem einen Kilo Plus etwa zwei
Kilo Minus kämen, sondern das frühere Argument wird in
seiner Geltung von dem überwiegenden aufgesogen und muß

dann ausgeschaltet werden. **Man kann** nicht mehr als
seiner besten Ueberzeugung folgen, man **muß** dies
aber auch thun, wenn man ein reines Gewissen behalten
will. Ich will eine Analogie geben. Ich bin im Zweifel, ob
ich etwas nur geträumt oder erlebt habe. Da komme ich an
einen Ort, der mit dem Vorgang in Beziehung steht und sofort
steht mir die ganze erlebte Scene wie mit Tageslicht über-
gossen vor Augen. Der frühere Zweifel verschwindet, die gegen-
teilige Ansicht, so plausibel sie den Augenblick vorher noch schien,
ist völlig zu nichte; sie kann vor der Kraft der siegenden Ueberzeugung nicht bestehen, auch nicht zu einem Bruchteil. Es
kann ja vielfach sein, daß die Argumente einander nicht immer
so entscheidend gegenüberstehen, aber die **wirklich** größere Ueberzeugung wirkt auch immer entscheidend auf das unverdorbene
Gewissen und läßt jene Rechnerei und hinterlistige Klauberei
nicht aufkommen. Verlieren aber die Gegengründe nicht ihr
Gewicht, so ist eben eine größere Ueberzeugung auch nicht da
und die Sache bleibt ungewiß. Man muß von aller Psychologie und Logik verlassen sein, wenn man mit Kathrein sagt:
„Die größere Wahrscheinlichkeit der einen Ansicht, **auch wenn
ich von derselben ganz überzeugt bin,** hebt die sichere
(?) Wahrscheinlichkeit der entgegengesetzten Ansicht nicht notwendig auf." (Pastor bonus 1896. S. 164.) „Die Existenz
eines Gesetzes kann in keiner Weise gewiß sein, so lange eine
wahrhaft wahrscheinliche, auf gute Gründe gestützte Ansicht die Existenz desselben leugnet." ib. Hier sehen wir die
Auseinanderzerrung der **einen** Reflexion. Ja, wenn freilich
„gute Gründe" für etwas sprechen, dann steht es natürlich gut
um dasselbe; und es ist sicher nicht bloß probabel, sondern
auch mit gutem Gewissen zu thun; aber das Widersinnige ist
eben dabei, daß ebenso gute, ja noch bessere Gründe für das
Widerspiel sprechen sollen; der Jesuit bringt es fertig, eine
Ansicht und ihr gerades Gegenteil nicht etwa als gleich plausibel, das kann ja sein, — dann kommt es eben nicht zur
Klarheit — sondern als gleiche sichere Ueberzeugung
weckend hinzustellen, ja sogar der schwächeren Ansicht doch
sichere Ueberzeugung ihrer Richtigkeit und Moralität beizu-
legen. (Die sententia certe minus probabilis soll immer noch

solide probabilis sein!) Das heißt nichts anderes, als etwas
kann zugleich schwarz und weiß, wahr und unwahr, recht und
unrecht sein. Das erste Denkgesetz ist aufgehoben. In dem
darauffolgenden Satz sieht man die Quelle des Denkfehlers:
„Es kann unzweifelhaft wahrscheinlicher sein, daß ein An-
geklagter ein Verbrechen begangen und trotzdem oder vielmehr eben deswegen noch wahrscheinlich bleiben, daß er es
nicht begangen hat." Setzt man statt „wahrscheinlich" im letzten
Satz: möglich, so hat man das Richtige. Es kann nicht das
eine wahrscheinlich, und das Gegenteil wahrscheinlicher
sein, sondern wenn eines wahrscheinlich ist, dann ist das andere
unwahrscheinlich, kann aber noch möglich sein. Diese
beiden Begriffe sind verwechselt. In dem mit Schlauheit ge-
wählten Beispiel wird dann noch das moralische Handeln mit
einem Kriminalgericht und der zu einer moralischen Handlung Verpflichtete mit einem Angeschuldigten verglichen, um das moralische Gebot gleichsam als die
Verurteilung eines noch nicht überwiesenen, sondern nur mit verdächtigen Indizien belasteten
Angeschuldigten erscheinen zu lassen, also die Sym-
pathien in völlig verdrehter Weise der Freiheit
von dem Gesetz zuzuwenden. Es ist freilich verhängnisvoll
und bedenklich, einen nicht voll Ueberwiesenen zu verurteilen;
aber ich glaube, einem Menschen die Erfüllung eines Gebotes
nahe zu legen, ist doch etwas anderes und nicht so fürchter-
liches; das kann man schon, auch wenn nicht absolute Gewißheit von der Verpflichtung besteht. Wo würde die ohnehin
zu Ausflüchten geneigte Trägheit kommen, wenn man ihr erst
apodiktisch beweisen müßte, daß sie eine Leistung schuldig sei!
Ist das die Erfüllung des Gesetzes aus ganzem Herzen, aus
voller Seele, aus allen Kräften, wie sie der Heiland verlangt?
Etwas unsäglich Kleinliches und Erkältendes für ein ideal be-
geistertes Gemüt liegt in jener äußerlichen Abtaxirung des
Innersten und Freiesten, in jenem Vorrechnen gegenüber Gott,
was man ihm schuldig sei und in dem Herabdrücken aller Leistungen
auf das Mindeste und Kleinste! Wenn Escobar untersucht, wie
oft man die Liebe Gottes erwecken solle, und dann richtig heraus-
bringt, es genüge, einmal im Jahre mit Liebe an den Schöpfer

zu denken (vergl. dagegen das: Betet ohne Unterlaß!), wie erbärmlich kommt ein solches Markten und Feilschen mit heiligen
Gefühlen vor! Wie geistlos und schablonenhaft ist es, Leistungs-
termine für Liebesäußerungen gegen Gott festzusetzen, und wie
kärglich und knauserig gegen den Schöpfer geht der Jesuit
dabei zu Wege! Welche haarsträubenden Ratschläge und
moralischen Lizenzen gaben die Jesuiten von ihrem Moralprinzip
aus! Ketzer, die schon infamirt sind, darf man zwar nicht
falsch beschuldigen, aber es ist doch eine läßliche Sünde.
Escobar l. Ex. C. 3 n. 20. (Welches Licht wirft dieses Prinzip
auf die Praxis mancher Polemiker!) Wer mich um Vermögen
und Leben bringen will dadurch, daß er ein wahres, aber
geheimes Vergehen von mir offenbaren will, den darf ich töten.
Es sei dies eine Notwehr gegen einen Räuber. Diese Ansicht
des Bannes billigt Escobar, sie sei im Naturrecht begründet,
aber durchs positive Gesetz verboten worden! Esc. l. Ex. 7,3.
Einer Schwangeren darf man, wenn sie in Verzweiflung sich
umbringen will, den Rat zu einem Abortus geben. ib. Ebenso
de Lugo. Einer Ohrfeige wegen jemand zu töten, wird von
Leß erlaubt. Andere erlauben es nur den Adeligen. Der
Sohn darf sich nach Vasquez über den Tod seines Vaters
freuen, wenn er nicht den Tod an sich, sondern das zu erbende
Vermögen ins Auge faßt. Fagundo, nicht damit zufrieden,
rechtfertigt jene Freude sogar in dem Fall, wenn der Sohn
seinen Vater in der Trunkenheit erschlagen habe!! Am schönsten
sind die Grundsätze und Eskamotagen, die das achte Gebot
betreffen. Escobar sagt, daß der Schwur „bei meinem Heil",
„so wahr mir Gott helfe" ohne Meineid übertreten werden
könne, sobald man nur an irdisches Heil, irdische Hilfe
denke, daß ein Sünder etwas ableugnen dürfe, wenn er nur
einen anderen Tag denke. Sie könne auch sagt Cardenas der
Mörder eines Franzosen ruhig sagen: gallum non necavi, er
brauche nur an einen Hahn zu denken; ein Dieb könne beschwören, er habe kein Schloß erbrochen, wenn er an ein
Schloßgebäude denke usw. Man dürfe einen anderen bewegen,
etwas Falsches zu beschwören, das er für wahr hält (jener
begehe ja nichts formell Böses dabei) und Eide ungültig machen,
indem man innerlich das Gegenteil denke. Das klingt an des

Euripides Spruch im Hippolyt (612): „Es schwor die Zunge nur, unvereidigt blieb das Herz", wegen dessen der athenische Dichter so sehr von Aristophanes (Frösche 101) gegeißelt wurde. Selbst kriminelles Einschreiten brachte ihm diese Stelle. Euripides wurde von Hygiainon der Gotteslästerung angeklagt und konnte nur mit Mühe vor gerichtlicher Verurteilung sich retten. (Aristoteles, Rhetorik III, 15,8.) Auch in der Mahabarata kommen solche Casuisten vor; Jazischthira hat gelobt, 13 Jahre im Wald zu büßen; da halten ihm seine Jesuiten den Vedaspruch entgegen: „ein Tag, in Not und Kummer verlebt, gilt einem ganzen Jahre gleich"; er brauche also nur 13 Tage sein Gelübde zu halten. Wer denkt da nicht an Christi Wort: „Falls eure Gerechtigkeit nicht größer ist als die der Schriftgelehrten und Pharisäer, so könnt ihr nicht eingehen ins Himmelreich!" Wenn sie aber noch geringer ist? Der Perserkönig Perochus hatte lang unglücklich gegen die Hunnen gekämpft und sich schließlich anheischig gemacht, vor dem Hunnenkönig huldigend niederzufallen und die Grenze nie anders als in Liebe und freundlicher Absicht zu überschreiten. Ein Magier stellte ihm vor, er solle bei untergehender Sonne vor dem König niederfallen und so die Huldigung der Sonne erweisen, da nach Zoroaster Anbetung nur der Sonne erwiesen werden dürfe. Was den zweiten Teil betreffe, so möge er nur den Grenzstein ausheben und der vorrückenden Armee vorantragen lassen; er habe ja nur geschworen, den Grenzstein nicht in Feindschaft zu überschreiten. Sailer, der in seiner Moral diese Episode erwähnt, sagt dazu: „Arme Menschen! Machen wir es mit dem Grenzstein unserer Pflicht nicht täglich wie dieser König mit dem Markstein seines Landes? Wir packen ihn auf dem Weg unserer sophistischen Neigungen und tragen ihn vor uns her, um ihn auch da nicht zu überschreiten, wo wir das Gesetz hundertfach überschritten haben."

Wozu überhaupt dieses eisige Abwägen der Sünden, diese Verwandlung der Moral in Jurisprudenz und Hintansetzung aller treibenden Motive und Hilfsmittel zur Heiligung? Die Morallehre soll doch eine Anleitung zu einem vollkommenen Leben sein und nicht ein Entschuldigungskanon für einen leichtfertigen Wandel oder ein raffinirtes Regelbuch, wie man den

Schlingen des Teufels ausweichen und doch luſtig leben kann!
Iſt es denn notwendig, immer zu wiſſen, ob etwas 'eine läß=
liche oder eine Todſünde iſt, kann man das überhaupt wiſſen?
„Er hat keine Todſünde begangen; tauſend läßliche Sünden
ſind eben doch nur läßliche Sünden. Aber der Mann iſt lau
und jeder fühlt das, wenn er predigt oder im Beichtſtuhl ſitzt
oder am Sterbebett ſteht oder in einem Haus ſich befindet,
das von Kummer und Sorge heimgeſucht iſt.“ (Wahrmut,
Mannings Neun Hind. S. 25.) „Der Geiſt läßt ſich nicht
mechaniſch und kaſuiſtiſch behandeln; die Religion des Geiſtes
ſoll und kann auch in der Behandlung der Gnade und der
guten Werke zu keiner Krämerbude und zu keinem Wechſel=
markt werden.“ (Schell, Der Kath. als Prinz. d. Fortſchr.
S. 71.) „Lieber,“ ſagt Manning, „viel lieber wollte ich durch
Ratſchlag und freie Wahl alle Menſchen zu Anhängern des
Tutiorismus machen, als daß ich die laue Läſſigkeit auch nur
einer einzigen Seele auf meinem Gewiſſen haben möchte.“
(Wahrm. l. c. S. 112.)

Nach den Jeſuiten kann man zwanzigmal des Tages über
die Schlinge einer Todſünde hinwegſpringen, man braucht nur
den richtigen Springſtock; ſie wiſſen ganz genau die Grenze,
wie weit man ſich wagen darf. Dabei ſind ſie aber nicht
immer ſo freigebig und liberal; in manchen Punkten ſind ſie
rigoros bis zum Exzeß. So ſagt Mühlendorff, daß der eigentliche
Haß immer Todſünde iſt, weil es nicht möglich ſei, jemand zu
haßen, ohne ihm ein großes Uebel zu wünſchen. Wäre dies
möglich, ſo wünſchte man eigentlich nicht dem Nächſten ein
Uebel, ſondern ſich einen Vorteil und es wäre nur uneigentlich
Haß. Wolle man dem Nächſten wirklich ein Uebel, dann er=
ſtrecke ſich der Wille wenigſtens virtuell auf ein großes Uebel,
ſelbſt wenn der Haſſende in concreto nur ein kleines Uebel
zufügen wolle. Nun, die Jeſuiten müſſen das wiſſen, ſie ſind
ja Meiſter im Haſſen, faſt ſo ſehr wie — der „evangeliſche“
Bund. Ein anderes Beiſpiel: Hollweck, der in der Theorie
ganz zu ihnen gehört, wirft in ſeiner Schrift über den Index
die Frage auf, welche Sünde man durch Leſen der verbotenen
Bücher begehe. Recht kaſuiſtiſch taxirt er das Quantum ab,
das eine Todſünde herbeiführe: Mehrere Seiten zu leſen, ſei

jedenfalls Todſünde „mag nun ein Irrtum in denſelben ſtehen
oder nicht"!! Dann unterſucht er, ob ſchon das Leſen des
Inhaltsverzeichniſſes Todſünde ſei, des Titels? Eine tiefſinnige
Betrachtung! Das eben iſt das Empörende, daß die Jeſuiten
ihre laxen Grundſätze nur auf das ſittliche Leben anwenden,
wo immer aber Cenſurverbote, Knebelungen der Wiſſenſchaft und
Geiſtesbildung in Frage kommen, die härteſten Maßſtäbe an=
legen, wie ſie auch ihren liberalen Gegnern keine probabeln
Argumente zu gute kommen laſſen. Man leſe einmal, was
Hilgers im letzten Märzheft 1899, das mir gerade noch recht
gekommen iſt, über das Inderverbot ſagt! Nur ein ver=
ſchwindend kleiner Teil der Gelehrten brauche verbotene Bücher;
gerade die wiſſenſchaftlichen Bücher ſeien die gefährlichſten von
allen; ihre Leſung ſei auch den Gelehrten gefährlich, wofür er
einen ganzen Haufen von Belegen aus der „Erfahrung" anführt.
(Im Germanikum zu Rom heißt der Schrank der verbotenen
Bücher l'inferno!) Selbſt die erlaubten Bücher könnten unter
Umſtänden, und zwar auch für den Gelehrten, ſchwere Sünden
involviren; der Nutzen für die Bildung ſei überhaupt nicht ſo
groß; Kardinal Mai habe nie die Erlaubnis, verbotene Bücher
zu leſen, benutzt. Muratori habe, als man ihm den Thomas
Burnet brachte, die Lektüre abgelehnt mit der Bemerkung:
„Zu welch anderem Zweck als um ſelbſt der Ketzerei zu ver=
fallen, ſollte ich die Schriften der Neueren leſen? Ich ſuche
lieber ſolche Bücher, die mich in meiner Religion beſtärken,
nicht die, welche mich von ihr abſpenſtig machen." Er mußte
es wiſſen! Wahrlich ein jämmerlicher Glaube, der von jedem
Windhauch fremder Meinung wie Spreu zerſtiebt! Hilgers
mahnt, man ſolle trotz Erlaubnis ja nicht bis an die Grenze des
Erlaubten gehen (im ethiſchen Gebiet aber geht der Probabiliſt
bis an und über die äußerſte Grenze!); wer die Gefahr liebe,
komme darin um, Gelehrtenſtolz dünke ſich freilich über ſolche
Gefahr erhaben! Ich habe es ſchon in meiner Schrift über
das Beichtſiegel, nachdem die Jeſuiten ſogar Meineide für er=
laubt erklärt haben, wenn das Beichtſiegel in Frage komme,
geſagt: „Die Jeſuiten ſtellen ſich auf den Standpunkt eines
leichtfertigen Libertins, der für ſeine Schwächen Nachſicht fordert,
dem aber wiſſenſchaftliche Probleme gleichgiltig ſind." Gerade

unsere fortgeschrittene Zeit fordert Zugeständnisse in der
Doktrin, will aber den Ernst der Moral gewahrt wissen.
Nach Friedrichs Geschichte des Vatikanischen Konzils sagte man
den opponirenden Bischöfen: um ihr Gewissen zu beruhigen,
genüge es, wenn sie den Einwendungen gegen die Unfehlbar=
keit nur probable Gründe gegenüberzustellen wüßten. Aber
das Bildungsbedürfnis und zwar bezüglich Untersuchungen,
die man nur in verbotenen Büchern findet, ist kein probabler
Grund zur Lesung eines Buchs! Und hier bedenke man, daß
nicht nur häretische und ungläubige Werke, sondern selbst echt
katholische, wie Schells, Hirschers, Kraus' Werke auf den Index
kamen, und daß nach Hollweck einige Seiten, selbst wenn nichts
Verdächtiges auf ihnen stünde, die ewige Verdammnis nach
sich ziehen sollen!! Man machts, wie es einem paßt; man
hat zwei Maßstäbe, bald legt man den kurzen an, namentlich
wenn es sich um Wissenschaft und kirchliche Machtfragen handelt,
bald den kilometerlangen, wenn bloß sittliche Vergehen in Frage
kommen. Dabei herrscht die reinste Willkür. Alle Proposi=
tionen hängen in der Luft, es wird mit lauter Abstraktionen
gerechnet: wahrscheinlich, certe probabilis, minus probabilis,
aber immer noch solide probabilis, als ob das Gerede, selbst
wenn es exakt wäre, einen Anhaltspunkt für das praktische
Leben an die Hand geben könnte. Die Frage ist eben, ist im
konkreten Fall eine Wahrscheinlichkeit da? Wenn etwas wahr=
scheinlich ist, dann ist die Sache ja schon entschieden, wenigstens
für vernünftige Leute, nicht für Probabilisten. Diese fahren
ja dann immer noch im Nebel ihrer albernen Distinktionen
herum und knacken die hohlsten Nüsse mit Herzenswonne. Wie
tief ist unsere Moraltheorie gesunken, wenn man Sailer, Hir=
scher, Deutinger nachsieht! Ganz in Kasuistik hat sie sich
aufgelöst, alle prinzipiellen Fragen werden bei Seite gestellt,
von der reichen Entwicklung der moralischen Theorien auf
außerkatholischem Boden findet man bei Lehmkuhl, Gury,
Göpfert nichts, absolut nichts. Letzteres besonders schmählich
bei einem Hochschulprofessor, der einen höheren Schwung in
das veraltete Zeug bringen sollte. Keine philosophische Be=
handlung, kein historischer Ueberblick, nichts von der Wärme
und dem idealen Geist, mit dem die Patristiker, die Mystiker an

die Behandlung des religiös-sittlichen Lebens gingen! Nur ein Hand-
buch für Beichtväter, ein trockenes Corpus juris gibts jetzt, in dem
die moralischen Handlungen seciert und abtaxiert werden: soweit
geht die läßliche Sünde, ein Quentchen darüber beginnt die
ewige Verdammnis! Auch im Beichtstuhl ist das nicht notwendig.
Der Beichtvater höre die Beicht und gebe liebevolle Ermahnung,
ob der Pönitent schwer oder läßlich gesündigt, was geht das
ihn an? Das weiß weder er noch der andere so genau.
Genug wenn er nach bestem Wissen sich anklagt! Jene Moral-
behandlung verführt zu dem peinlichen Ausfragen und Foltern
der Gewissen, welches soviel Widerwillen gegen die Beicht schon
erregt hat und namentlich Frauen gegenüber, besonders bei
gewissen Materien, ganz heillose Dinge unter dem Mantel
sorgfältiger Gewissenserforschung zeitigt. Unsere Moraltheologie bedarf einer völligen Umkehr, sie ist in ganz falsches
Fahrwasser durch die Jesuiten geraten, sie ist ebenso sittlich
verirrt als wissenschaftlich und methodisch verkommen. Schlägt
man so ein System auf: fast alle Konklusionen hängen in der
Luft; da wird geredet, was Alphonsus, was Lessius, was
Busenbaum für probabel oder probabler hält, — der eine
meint so, der andere anders, nun werden die Autoritäten ab-
gewogen, — ja zum Henker, was kümmert mich denn, was
Alphonsus, Lessius usw. meinen, das ist doch kein Entscheid!
Diese jammervolle Autoritätenwirtschaft entbehrt jedes wissenschaftlichen und exakten Geistes; man lese einmal, wie etwa
Martensen in seiner „Christlichen Ethik" die moralischen Fragen
behandelt! Wo haben wir Katholiken ein ähnliches Werk?
Man muß schon ein halbes Jahrhundert oder noch weiter zurückgehen, um einigermaßen ähnliches zu treffen. Von Sailers
Moral sagt Werner: „Wir begegnen in Sailers Werk seit dem
Bruch der neueren Theologie mit dem abgelebten und ent-
geisteten Scholastizismus zum erstenmal einer Leistung, in
welcher zeitgemäße Bildung und geläuterter Geschmack vom
Geiste tiefer und wahrer Christlichkeit durchdrungen und zugleich über den streitenden Gegensätzen des Alten und Neuen
ein versöhnender höherer Standpunkt gewonnen ist." (W. l. c.
S. 267.) Auch die Werke aus der idealistischen Schule wie
Deutingers, Werners Moral entwickeln die christliche Sittlich-

leitsidee nach der spekulativen Methode; ist diese Form auch
veraltet, sie steht doch turmhoch über der geistlosen Behand=
lung der jetzigen Zeit. Einzig Linsenmann hat einigermaßen
die guten Traditionen bewahrt; ein zeitgemäßes Moralbuch
entbehren wir Katholiken aber immer noch. Ich habe in meinem
„System der Philosophie" (im dritten Teil) die Moralphilosophie
entwickelt, wie sie in strengster Rücksicht auf die modernen wie
alten Theorien und doch in christlich=katholischem Geist meiner
Ansicht nach darzustellen ist; ich glaube, etwas besseres geliefert
zu haben als Cathrein; eine Moraltheologie in ähnlicher Methode
aber ist noch nicht geschaffen.

De Rancé, Stifter des Trappistenordens, sagt in einem
Brief aus dem Jahre 1676: „Die Moral der meisten Molin=
isten ist so verderbt, ihre Grundsätze stehen so sehr im Wider=
spruch mit der Heiligkeit des Evangeliums und mit allen Regeln
und Unterweisungen, welche Jesus durch sein Wort oder durch
seine Heiligen gegeben hat, daß mir nichts peinlicher ist als
zu sehen, daß man sich meines Namens bedient, um Ansichten
zu autorisieren, welche ich von ganzem Herzen verabscheue.
Was mich in meinem Schmerz verwundet, ist dies, daß in Be=
zug auf diesen Punkt alle Welt stumm ist, und daß selbst die=
jenigen, welche sich für eifrig fromm halten, tiefes Schweigen be=
obachten, als wenn es etwas wichtigeres in der Kirche gäbe, als
die Reinheit des Glaubens in der Führung der Seele und in der
Leitung der Sitten zu bewahren. Wenn Gott sich nicht der
Welt erbarmt und den Eifer zu nichte macht, mit welchem
man daran arbeitet, die wahren Grundsätze zu zerstören und
dafür andere an die Stelle zu setzen, die nicht wahr sind, so
wird das Uebel immermehr zunehmen und bald eine fast all=
gemeine Verwüstung wahrzunehmen sein". In einem Brief
aus 1678 sagt er: „Was meine Ansichten über die christliche
Moral betrifft, so bekenne ich offen, daß ich mich ausschließlich
an das halte, was uns Christus in seinem Evangelium gelehrt
hat, wie es uns die Väter erklärt haben. Ich glaube, daß
sind die rechten Quellen, aus welchen die Christen die Regeln
ihres Verhaltens zu schöpfen haben, und ich kann es weder
billigen noch begreifen, daß man heilige Wahrheiten abschwächt,
um die Neigungen der Natur zu stärken und ihre Gelüste zu

begünftigen". Mabillon fagt 1691 in feinem „Traité des études monastiques Nr. 2: „Die fchlimme Anwendung, die man
von der Scholaftik gemacht hat, ift die Ausbildung der Cafuiftik.
Man hat in die Moral foviele Subtilitäten hineingebracht, daß
man vor lauter Vernünfteln oft unvernünftig geworden ift
und man hat leider gefehen, wie die Moral der Heiden die
neuere Cafuiftik befchämt. Seitdem find fo viele laxe Meinungen aufgekommen, daß es faft kein Verbrechen mehr gibt,
für das man nicht Entfchuldigungen hätte. Weit entfernt, daß
das Studium der Cafuiften ein gutes Mittel wäre, um die
chriftliche Sittenlehre zu lernen, gibt es faft nichts gefährlicheres,
als fie ohne Unterfchied zu lefen, und man läuft Gefahr, Geift
und Herz zu verderben, wenn man nicht das Gute von dem
Schlechten zu unterfcheiden weiß. Es ift viel nützlicher, Ciceros
Bücher de officiis zu lefen als gewiffe Cafuiften zu ftudieren,
welche, abgefehen davon, daß fie unendlich weitläufiger find,
fehr oft nur dazu dienen, den Lefer in der fchlimmften Weife
zu verwirren und dann fchlechte Regeln geben, um fich aus
der Verwirrung herauszuhelfen". Hören wir noch einige
Neueren. Hirfcher fagt über das Verhältnis des Evangeliums zur
Scholaftik: „Statt irgend und vor allem in den Geift, welcher
jede einzelne Tugend zur Tugend macht und alles Gute in der
Gotteswelt trägt, einzudringen, ftatt alfo die Darftellung mit
dem e i n e n unteilbaren Wefen des Guten zu beginnen, beginnt
fie (die Cafuiftik) mit dem M a t e r i a l der einzelnen fittlichen
Gebote und Verbote. Statt diefe Gebote und Verbote aus
jenem einen unteilbaren Wefen des Guten abzuleiten und das
fittliche Urteil der Zuhörer dadurch mit Sicherheit zu ordnen,
reiht fie prinziplos Sollen an Sollen, verfieht dies mit unzähligen Beftimmungen und Klaufeln und verwirrt und erdrückt
auf folche Weife den Zuhörer mit einer Unfumme von Pflichten,
Halbpflichten und Nichtpflichten. Statt endlich in dem ganzen
Vortrag fich einer Methode zu befleißen, wodurch das Gute,
während man darüber redet, zugleich in dem Gemüt des Zög-
lings geweckt und gebildet wird, muß diefe blos oder doch
zunächft um die Vollzähligkeit des Pflichtenregifters beforgte
Scholaftik dem Verftand und Gedächtnis ein Aggregat von
Geboten und Verboten vorlegen, wodurch dem Menfchen zwar

eine feste und übersehbare Pflichtenlast aufgelegt, weiter aber
ihm lediglich selbst überlassen wird, wie er dieselbe tragen
möge. Es entspricht mehr dem Geist des Mosaismus als dem
des Christentums, wenn die christliche Moral nicht so sehr als
Tugendlehre wie als Gesetzes- und Pflichtenlehre behandelt
wird, und Gebote an Gebote, Verbote an Verbote reihend
uns ein vollgerütteltes Maß sittlicher Regeln gibt, statt den
christlichen Geist zu Grunde zu legen und alles besondere Gute
aus ihm abzuleiten und in ihm nachzuweisen... Diebstähle
werden nach der Summe taxirt, die sich durch Addition ergibt;
der unredliche Sinn kommt nicht in Betracht. Der biebische unehrliche Sinn, der sich in manchen Kleinigkeiten äußert, bestünde mit der Gnade Gottes? Die Verläumbung in einer
wichtigen Sache wäre eine Todsünde, dagegen könnte man dem
gewöhnlichen lieblosen Geschwätz des Tages nachhängen und
ein Heiliger bleiben? Das wäre eine christliche Moral, die
Trug und Diebstahl unter den Menschen bis auf einen gewissen Grad duldet! Sie wird aber unbestreitbar durch diese
Lehrweise befördert. Dieser talmudische Kleingeist macht es
dem gemeinen Mann unmöglich, sich im sittlichen Leben zurecht-
zufinden". Ebenso Linsenmann: „Es ist sicherlich kein normaler
Stand christlicher Bildung und Erziehung, wenn es im gemeinen Leben gar so viele „Gewissensfälle" gibt, die erst im
Beichtstuhl, also regelmäßig, nachdem die Sünde schon begangen
worden ist, ihre Lösung durch den Beichtvater finden müssen.
Die nachtridentinische Zeit hat eine Aehnlichkeit mit der nachexilischen Periode des Judentums; an die Stelle der Gesetzgebung trat die Gesetzesauslegung durch die Wissenschaft. Gleichwie nach dem Abschluß der vorherrschend dogmatisierenden
Periode der Kirchengeschichte die Scholastik aufblühte, so be-
mächtigte sich nun das Schriftgelehrtentum des kirchlichen Sitten-
und Rechtsgesetzes und schuf die Casuistik". (Theolog. Quartalschrift der Tübinger Fakultät 1871. Vgl. Döllinger und Reusch,
Moralstreitigkeiten in der römisch-katholischen Kirche seit dem 16.
Jahrhundert. S. 200, 242). Ebenso war Janssen ein Feind der
Schule und ihrer Alleinherrschaft und gestand ihnen nur Erfolge
in der Seelsorge zu. Heinrich gab ihm recht. S. Augsb. Postzeitung 1. Febr. 1899, Beilage: Schneider, Erinnerungen an Janssen.

Auch Alphonsus, der offiziell römische Moralist, hat bedenkliche Dinge. Er erlaubt Amphibologien, z. B. dico non, wenn man um ein Geheimnis gefragt wird, d. h. ich spreche das Wort nicht aus. Eine Ehebrecherin kann dem Mann ihre Sünde ableugnen, indem sie denkt, ich habe sie nicht so begangen, daß ich gestehen müßte; ich kann auch sagen: ich habe die Ehe nicht gebrochen, da sie ja fortbesteht. Oder falls sie die Sünde gebeichtet hat, kann sie mit Fug sagen, ich bin unschuldig. Wenn ein Brandstifter aus Irrtum ein anderes Haus anzündete, als er beabsichtigte, so ist er nach Alphonsus nicht zur Restitution verpflichtet, diese Pflicht erwachse nur aus einem formellen Unrecht, nicht aus materiellen. Auch ein Mord verpflichte nicht zu Schadenersatz an die Hinterlassenen, wenn ein Unschuldiger an Stelle des Thäters hingerichtet wird, selbst dann nicht, wenn der Mörder den Irrtum vorhergesehen, ja selbst dann nicht, wenn er mit Rechnung auf diesen Irrtum den Mord beging! Ebensowenig habe ein Duellant die Pflicht, die Wittwe eines von ihm im Duell Getöteten zu entschädigen. Selbst Gury ist hier edler. Im Jahre 1831 wandte sich der Erzbischof von Besançon, de Rohan-Chabot, an die Pönitentiarie mit der Klage: Da von einigen Seelsorgern die Moral des Alphonsus als zu lax, sehr gefährlich und der gesunden Sitte zuwider gefunden werde, bitte er um Entscheidung. Mehrere französische Bischöfe haben zu Anfang des Jahrhunderts seine Bücher für die Seminarien verboten. (Bei uns kam er in der Aufklärungsperiode überhaupt nicht ins Land.) Auch in England erregte er Anstoß. Newman schrieb an Kingsley: Zweideutigkeit sogar mit einem Eid zu bekräftigen, gehe über das englische Gewissen. Alphonsus habe als Italiener geschrieben. Jetzt ist jede Widerrede verstummt. Thomas in der Dogmatik und Philosophie, Alphonsus in der Moral, das sind die beiden „sicheren Führer zur Seligkeit!"

Wie die Jesuiten in der Theorie, so sind sie auch in der Praxis, und es ist keineswegs richtig, daß sie ihre schöne Moral nur aus Barmherzigkeit für die von den bösen Jansenisten geplagten Gewissen erfunden hätten. Sie machen reichlichen Gebrauch von ihren probabeln Hinterlistigkeiten und Unmoralitäten, wie wir bereits in ihrer Polemik gesehen haben. Daß

der Zweck das Mittel heilige, wollen sie zwar nicht gelehrt
haben; es mag sein, obwohl ich ihnen anraten würde, dann
nicht solche Sätze wie: der Obere könne „obligare ad peccatum"
in ihrer Constitution stehen zu lassen; man kann sich hinterher
mit dem schlechten Latein entschuldigen, aber der Wortlaut ist
eben doch gefährlich. Auch Busenbaum mit seinen „erlaubten
Mitteln, falls der Zweck erlaubt ist", hätte etwas vorsichtiger
sein sollen, doch wie gesagt, es mag sein, daß man den Jesuiten diesen Grundsatz nicht nachweisen kann; es ist ferner
richtig, daß viele, die sich darüber ereifern, ihn selbst lehren
oder befolgen nach dem Vorgang Luthers, der gegen das Papsttum alles für erlaubt hielt. (Brief an Johann Lange. S. de
Wette, Luthers Briefe ꝛc. Leipzig 1825 1,478: „Wir sind überzeugt, das Papsttum ist der wahre und leibhaftige Antichrist,
zu dessen Täuschung und Betrug um des Seelenheils willen
uns alles erlaubt ist".) Luther predigte thatsächlich Mord gegen
Kardinäle und Papst noch in den letzten Jahren*). Richtig aber
ist doch, daß die Jesuiten diesen Grundsatz thatsächlich prakti-
zieren. Wer eine laxe Moraltheorie hat, der muß auch ein
laxes praktisches Verhalten besitzen. Was haben sich die Jesuiten gegen die Jansenisten erlaubt! Von den falschen Briefen
Arnaulds bis zur Verfolgung und Vernichtung des Port
Royal, der Mißhandlung der armen Nonnen, den Intriquen
bei Ludwig XIV. und der Maintenon! Sagt selbst Möhler:
„die Jansenisten waren edler als die Jesuiten. Sie hätten sich
nie zu so abgeschmackten Sätzen verirrt, wenn sie schonender
behandelt worden wären." Die Jansenisten hätten die mystische Innerlichkeit und den frommen Ernst vor ihren Gegnern
voraus gehabt, welcher die Feindschaft der Jesuiten erweckte,
die ganz in Politik aufgingen und durch ihre wenig in die
Tiefe gehende Verstandestheologie und probabilistische Moral
die Veräußerlichung der Kirche betrieben. „Auch der Jansenismus
durfte nicht siegen, aber er war ungemein mehr wert
als der Jesuitismus in seiner Entartung in einer
Zeit, wo der Naturalismus schon in allen Köpfen

---

*) Auch die „gute, starke Lüg", die Luther Philipp von Hessen
anriet, um die von Luther gut geheißene und eingesegnete Bigamie zu
beschönigen, gehört hierfür; hier war sogar der Zweck ein schlechter.

spukte". Die Jesuiten hätten, meint Möhler, die laxe Beurteilung der Moral von den Protestanten angenommen. Da
dies in der Lehre nicht möglich war, so führten sie es in den
einzelnen Fällen durch. S. Alois Schmid, Möhlers geistiger
Entwicklungsgang (Historisches Jahrbuch 1897, 2. 3. Heft.)
Derjenige Verband, der heute an Stelle der Jansenisten getreten,
als der, gegen den ungestraft verleumdet werden darf, ist der
Freimaurerorden. Die Taxilgeschichte und die Rolle Grubers darin
sind bekannt. Neuerdings wird Gruber von Kuntzenmüller der
schwersten Verleumbung der Freimaurerei beschuldigt. Ich bin
kein Freimaurer, aber ich glaube nicht, daß die christliche Moral
Gegner zu verleumden erlaubt. Wie die Jesuiten ihre innersten
Prinzipien verläugneten, um die Herrschaft zu erhalten, wie sie
selbst gallikanische Grundsätze unterschrieben und verfochten, wie
sie gegen den Papst, ja gegen ihren General auftraten, wenn
ihnen diese nicht nach Belieben waren (s. die Agitation namentlich Segneris gegen Gonzalez und die Konspiration behufs dessen
Absetzung, weil er den Probabilismus bekämpfte, bei Döllinger
und Reusch, Geschichte d. Moralstreitigkeiten 113 ff.), wäre zu weit-
läufig hier zu schildern. Segneri verstieg sich dabei zu dem Satz,
auch der Papst könne den Probabilismus nicht verbieten und
Gonzalez richte den Orden zu Grund, weil er die Ordens-
doktrin bekämpfe! Interessant für die Jesuitenlogik ist auch
die Art, wie Segneri beweisen will, daß der General gar nicht
als Schriftsteller auftreten dürfe. Der General habe die Gesellschaft zu leiten, aber nicht Bücher zu schreiben. Würde er
als Autor auftreten, so würden seine Ansichten durch seine
Stellung ein Gewicht bekommen, die sie nicht haben sollen.
Einige würden aus Interesse, andere aus Ehrgeiz oder Schmeichelei, andere aus einem gewissen timor reverentiæ, andere aus
zarter Gewissenhaftigkeit oder Schwachheit des Herzens oder
sonst einer Rücksicht sich für seine Meinungen erklären. Darum
dürfe jeder andere Jesuit, aber nicht der General
zu gunsten der einen oder andern Ansicht schreiben. G. wurde
von seinen Untergebnen als Verbreiter boshafter Pasquille,
als Verletzer der wichtigsten Grundsätze des Ordens und der
Rechte der Generalkapitel, die er nicht berufe, als nachlässiger
Verwalter seiner Regierungspflichten und ehrgeiziger Bücher-

schreiber beim Papst 1693 benunziert und es wurde um Beschrän=
kung seiner Gewalt gebeten. Sogar seine Absetzung war geplant,
aber die Ordensstatuten gestatteten diese nur im Fall schwerer
sittlicher Vergehen oder wegen Häresie. Ein Jesuitenstücklein war
auch die Unterschlagung des Druckbogens, auf welchem das
„Neunte Hindernis" in Purcells Manningbiographie stand,
durch den Jesuiten, dem derselbe zur Durchsicht übergeben
war; derselbe schickte ihn nach Rom zum General und er kam
nicht mehr in die Hände des Autors. Purcell wurde sogar
mit dem Index bedroht, wenn er den Inhalt veröffentliche.
(Geld aber haben die Jesuiten nicht erhalten, wie der Spektator
argwöhnte; dazu sind die Jesuiten zu sehr — Idealisten.
Diesen Sachverhalt kann ich aus authentischer Quelle ver=
bürgen und nehme nur aus persönlichen Rücksichten Abstand
von Namennennung.) Schon Benedikt XIV. sah sich veranlaßt,
den Jesuiten die christliche Liebe einzuschärfen und ihnen zu
verbieten, durch Sklavenhandel und andere Härte die Ausbreit=
ung des Christentums unter den Indianern zu erschweren. S.
Bulle Jmmensa pastorum vom 20. Dez. 1741. Nach ihrer
Absetzung fügten sich die Jesuiten da nicht, wo sie durch die
weltliche Macht gehalten wurden, wie in Preußen und Rußland
und wohnten ganz gesetzwidrig in Kollegien ganz wie vorher
weiter. Hätte eine einzige katholische Macht die Jesuiten unter=
stützt, statt daß sie zum allgemeinen odium generis humani
geworden, wir hätten sicher ein Schisma in der Kirche erlebt.*)

Dadurch, daß der Orden kein Haar breit von seinen Traditionen
weichen wollte und alle Reformen zurückwies, deren er doch so
dringend bedurfte, sprach er sich selbst das Todesurteil. Er war
auch geistig ganz zurückgekommen. „Man kann es kaum begreifen"
sagt Ranke in seiner Geschichte der Päpste, „daß weder sie, noch
auch andere mit ihnen verbündete Gläubige ein einziges ori=
ginales und wirksames Buch zu ihrer Vertheidigung
hervorgebracht, während die Arbeiten ihrer Gegner die Welt
überschwemmten und die öffentliche Ueberzeugung feststellten".

*) Theiner berichtet in seiner Gesch. d. Pontif. Clemens XIV. II. 265 von
einem Schreiben Friedrich des Großen an d'Alembert, worin der König
erzählt, daß die Jesuiten ihn zum Schutz des Ordens angerufen hätten,
er aber abgelehnt habe.

Außer den Freigeistern waren auch ihre jansenistischen Gegner ihnen an Geist und formeller Schulung bedeutend überlegen. Man halte einmal Tillemont, den ersten Geschichtschreiber in großem Stil und mit kritischem Geist, Arnauld, Pascal gegen die obskuren Jesuiten des 18. Jahrhunderts! Was ihre neueren Kniffe betrifft, so sei nur an die geheimen Cirkulare erinnert, welche von Zeit zu Zeit von Innsbruck und Exaeten aus an die Redaktionen der „gutgesinnten" Blätter versandt werden, und in welchen ersucht wird, den Namen dieser oder jener Person nicht mehr zu erwähnen oder die Reputation derselben durch einen organisirten Feldzug zu untergraben. (Beilage z. Allg. Zeitg. 1. Dez. 1896, p. 4.) Der Schreiber dieses hat das Schicksal, daß seine Schriften von den Jesuiten, denen sie durch Kirchheim zugesandt worden, systematisch ignorirt werden. Dies Schicksal wurde ihm von einem Jesuitenzögling in Mainz angekündigt als Rache für eine harmlose ironische Bemerkung über Kreitens „Moliere" in seiner „Philosophie des Schönen". (Kreiten wollte nämlich absolut beweisen, daß Molière in seinem Tartuffe die Jansenisten gemeint hätte). Es gibt nun aber nichts Infameres und geradezu Diabolischeres, als jemand, der doch eine literarische Rolle einnimmt, totzuschweigen. Ich werde diese Infamie den frommen Vätern nicht anthun, ich bin christlicher und rede von ihnen, wie sie es verdienen; ich sage nichts, als was ich strikte beweisen kann. Auch Schell gegenüber haben sie sich, wie einer ihrer freiwilligen Vertheidiger sagt, „nobel" benommen; sie hätten sich gar nicht vertheidigt! Ja, sind denn die Augen und die moralischen Begriffe bereits so verwirrt, daß man nicht einsieht, daß die Handlungsweise der Jesuiten Schell gegenüber die perfideste, schamloseste, mit einem alles bezeichnenden Wort die jesuitischeste ist, die es geben kann. Sie waren angegriffen — kein Mensch hätte es ihnen verdacht, wenn sie Gegenschriften erlassen hätten. Ueberdies stehen ihnen ja hundert freiwillige Federn zu Gebot. Aber sie erwiderten kein Wort, hüllten sich in den vornehmen und „noblen" Mantel des Schweigens und der gekränkten Unschuld und fügten höchstens in der Rezension so ‚eines Pamphlets einige schonende Bemerkungen hinzu, so etwa wie Pascal von ihnen kürzlich verarbeitet wurde.

Kein Wort der Erbitterung gegen den Autor der Provinzial=
briefe; aber so halblaut zwischen der Geschichte ein Bedauern
über die Kränklichkeit und pathologischen Anfälle des armen
Pascal — eine Manier, durch deren Raffinement sich selbst
Karl Jentsch täuschen ließ. Er bewundert die Objektivität und
Ruhe bei der Charakteristik des größten Feinds der Jesuiten
und merkt nicht, daß diese Pascal als — Wahnbefallenen hin=
stellt. Natürlich,· es muß doch einer ein Narr sein, wenn er
die heiligen Väter angreift und ihre edle Moral nicht für voll=
kommen hält! Wenn die Jesuiten Quellen angeben müssen, so
vermeiden sie es sorgfältig, Bücher zu nennen, die ihnen feind=
lich sind; Pachtler hat in den Monum. Germ. paedag. die
Werke von Zirngiebl, Weiter, Döllinger, Reusch, Friedrich über
die jesuitische Pädagogik unterschlagen, gleichwie Brück in seiner
Geschichte der katholischen Kirche des 19. Jahrhunderts — ein
Gegenstück zu Nippolds Werk — dieses Vorbild nie anführt.
Das mag kirchlich korrekt sein, aber es ist unehrlich. Sogar
im Bücherverzeichnis hat er eine Formel gefunden, um das
verhaßte Buch nicht erwähnen zu müssen; sie heißt: „Vollstän=
diger Titel der Werke, die in diesem Band häufiger benutzt
wurden." Was das Nippoldsche Werk betrifft, so ist es freilich
mit krankhaftem Fanatismus geschrieben, aber es enthält doch
viel Beherzigenswertes, namentlich für ähnliche — nämlich
katholische Fanatiker. Einblick in den wissenschaftlichen Geistes=
gang, überhaupt in den geistigen Kern der kirchlichen Ent=
wicklung bietet es jedoch nicht, obwohl kaum ein Schriftchen, ja
fast keine Flugschrift aus dem geschilderten Zeitraum übergangen
ist; vergebens hungern wir nach einer Darlegung irgend eines
Systems, z. B. des Ritschlichen oder Rotheschen; wer nicht schon
vorher mit der Literatur vertraut ist, bekommt durch Nippold
nichts; nur den äußeren Verlauf lernen wir kennen mit allem
Klatsch und allen Anekdötchen, die mit Behagen vorgeführt werden.

„Diesen Leuten kann man es nie recht machen" sagte
Ignaz Schmidt seiner Zeit, „man mag sie heben, wenden oder
legen, wie man will. Lobt man sie, so ist des Lobes immer
zu wenig. Diesem diktatorischen Ton muß ein Ende gemacht
werden, sonst sind wir für immer verloren." „Man hat
gesagt", meint Manning, „die Einwirkung der Gesellschaft Jesu

auf die Geistlichkeit im Allgemeinen bethätige sich in Anspornung und Hebung der letzteren, besonders in Anfeuerung zu guten Werken. Doch ich kann jene Gegenüberstellung nicht zugeben. Fürs erste nämlich hat die Einwirkung der Gesellschaft Jesu uns arm gemacht, arm an Leuten und an Geld, und sie hat **den Geist und die Ideale herabgedrückt.** Ferner hat ihre sogenannte Aneiferung hauptsächlich im Rivalitätsgeist und in unberufener Einmischung ihren Grund. Endlich: nur wahrhafte Güte und Liebe vermag wiederum Güte und Liebe in andern hervorzubringen." Wahrmut, l. c. S. 68. Nicht verschwiegen darf endlich werden ihre krankhafte und lächerliche Eitelkeit. Wo immer ein Brosämchen Lob für sie abfließt und käme es selbst aus dem Munde der Heiden und Zöllner, wird es begierig aufgeschnappt und gleich in allen Zeitungen kolportirt. Als kürzlich Karl Jentsch die jesuitische Schriftstellerei lobte, und die „Stimmen" weit über die „Historisch-politischen Blätter" erhob, konnte man einige Tage später in zwanzig Zeitungen und Journalen, und zwar in ganz freisinnigen, die Lobrede von Jentsch als prahlerisches Inserat lesen, wie denn die hl. Väter für ihre Elaborate Reklame über einen Bazarjuden treiben. In den „Stimmen" kann man nun freilich alles mögliche finden; in brüderlicher Eintracht stehen Artikel über die Sonnenflecken neben Erläuterungen des Index, Schilderungen der S. Jose-Schildlaus neben den in christlicher Bruderliebe geschriebenen Biographien von Lamennais und Hecker, probabilistische Scholastik neben den ergötzlichen Abkanzelungen unserer deutschen Dichter, wie sie der große Kritiker und Tugendwächter Kreiten von seinem Richterstuhl aus erläßt. Für bunte Vielseitigkeit also ist gesorgt und alles mögliche geboten, nur nicht Geist, Tiefe, Ehrlichkeit, Methode, überhaupt das, was den Forscher ausmacht. Trotz dieser Mängel, trotz der Oede ihrer Geistesprodukte wissen sie auch noch alle katholischen Fachorgane zu überfluten und ihnen mißliebige Autoren zu verdrängen. Außer ihren eigenen Organen (für Deutschland die Innsbrucker theologische Monatsschrift und die „Stimmen aus Maria Laach") sind sie in allen Fach- und Unterhaltungsschriften vertreten. (Einzig die Tübinger Quartalschrift hat sich von ihnen rein erhalten, ist aber sehr vorsichtig in Kritik der Jesuitischen

Schriften.) Überall begegnet man ihren mit den bekannten
Eigenschaften ausgerüsteten Weisheitsprodukten; ja ich weiß,
daß manche Redakteure eigentlich nicht gern ihre Sachen auf=
nehmen, aber alles fürchtet ihre Rache und wagt es nicht, die
mächtigen Väter zu reizen. Lieber verstößt man einen beliebten
Autor, der ihnen nicht paßt.

Ich wollte noch über die Staatslehre der Jesuiten einiges
sagen; bekanntlich sind die Jesuiten Anhänger der Volks=
souverainität und gestehen dem Volk das Recht zu, ihre Fürsten
zu entsetzen. Die Kirche dagegen ist absolut auch über die
weltliche Macht gebietend.*) Die Jesuiten lehren Priorität
der Kirche vor dem Staat. Da dies wegen des späten Eintritts
der Kirche in die Welt nicht leicht zu begründen ist, so nehmen
sie eine keimartige, potenzielle Existenz der Kirche schon von
Anfang der Welt an, die allmählich hervorgetreten sei. Es ist
bekannt, daß die jesuitische Staatsdoktrin jetzt auch Ansicht
der Kurie ist und darin die hartnäckige Verweigerung einer
Versöhnung mit der italienischen Krone wurzelt. Wir haben
soeben von Kardinal Parocchi klipp und klar die Hoffnung aus=
sprechen hören, daß der heilige Stuhl auf eine Zersetzung der
italienischen Monarchie in Föderativstaaten rechnet und auf diesem
Weg sein Erbgut wieder zu erlangen wähnt. Einer der Haupt=
vertreter dieser Staatstheorie war Hoensbroech. Er schrieb
1889: „Die ganze lehrende Kirche, Papst und Bischöfe (??)
verkünden feierlich: Unter den gegenwärtigen Zeitumständen
ist die weltliche Herrschaft des apostolischen Stuhls für die
freie Leitung der Kirche notwendig. Daran zu zweifeln,
nämlich daß Papst und Bischöfe dies verkündet haben, ist
unmöglich. Als oberster Hirt und Lehrer wendet sich der
Papst an die ganze Kirche . . . Also, schließen wir mit Recht,
enthält dieser Ausspruch von der Notwendigkeit des weltlichen
Besitzes unfehlbare Wahrheit. Also ist es jedem Katho=
liken verwehrt, diese Notwendigkeit zu bezweifeln oder zu
bestreiten. Dem einen oder andern Leser mag auf den ersten

---

*) Es ist zu bemerken, daß auch im Staatslexikon der Görres=
Gesellschaft ähnliche Theorien vertreten sind; das kommt davon, wenn
man die „gelehrten" Jesuiten oder Männer wie Stieve zu Mitarbeitern
macht. Dittrich hat im Reichstag vergebens dagegen protestirt.

Blick dieser Schluß befremdlich erscheinen" .. (weil Glaubens-
entscheide nur göttliche Offenbarungen betreffen) „allein damit
die Kirche im Stande sei, unfehlbar sicher über eigentliche
Glaubenswahrheiten zu entscheiden, muß sie offenbar mit gleicher
Irrtumslosigkeit ihr Urteil abgeben über alles, was zu diesen
Glaubenswahrheiten in innerer, notwendiger Beziehung steht.
In einer solchen Beziehung zu eigentlichen Glaubenswahrheiten
steht aber der weltliche Besitz der Päpste. Denn es ist Glaubens-
wahrheit der Kirche, daß dem Papst vollkommne Freiheit
gebührt in der Leitung der ihm anvertrauten Herde. In ihrer
Bethätigung ist aber diese Freiheit abhängig von äußeren
Verhältnissen, ist angewiesen auf den Gebrauch äußerer Mittel,
und diese Mittel stehen somit in innerer, naturnotwendiger
Beziehung zur Freiheit selbst. Also kann auch die Kirche m i t
u n f e h l b a r e r S i c h e r h e i t jene Mittel bezeichnen, welche, je
nach den Zeitverhältnissen für die Ausübung ihrer gottgewollten
Freiheit, sei es nützlich, sei es notwendig sind. Für unsere Zeit
hat sie nun den weltlichen Besitz als ein notwendiges Mittel
zur Wahrung der ihr gebührenden Freiheit erklärt und der
k a t h o l i s c h e E r d k r e i s (!!) v e r e h r t i n d i e s e m A u s s p r u c h
u n t r ü g l i c h e W a h r h e i t." („Der Kirchenstaat in seiner
dogmatischen (!) und historischen Bedeutung" 1889, S. 74.*)

Es geht aus der schamlos gewundenen Dialektik und dem
an Wahnwitz streifenden Ton klar hervor, daß dieser Unsinn
von Hoensbroech den geliebten Brüdern noch ins Nest und
aufs Konto gelegt wurde, als der edle Graf bereits mit dem
Plan zum Austritt zu rate ging, und nur die Zeit noch aus-
nützen wollte, um unter dem Deckmantel der Ordensideen noch
möglichst krassen Unsinn ihnen anzukreiden. Harnack hat den

---

*) Welches Geisteskind Hoensbroech noch als Jesuit war, beweist schon
sein Beitrag zum Satz, „der Zweck heiligt die Mittel", den er gegen Reusch
begangen, siehe Reusch (Beiträge z. Gesch. d. Jesuitenordens II, Note), sowie die
jahrelange Heuchelei, die er vor seinem Austritt nach eigener Aussage gespielt,
noch besser aber seine Thätigkeit als „evangelischer" Hetzbruder, als „Cavalier
von altem Adel, angenehmem, stattlichem Äußern und in religiöser Beziehung
vorurteilsfrei" bis zum ominösen Heiratsprozeß und seiner Entlarvung.
Recht erbaulich ist auch der schöne Abschied von seinen lieben neuen,
geistesverwandten Brüdern, die wahrlich einander wert sind. Jesuit und
„evangelischer" Bund sollten eigentlich in Compagnie treten.

Passus auch sofort in seiner Dogmengeschichte 3,682 verwertet als ein Zeichen, wieweit die Unfehlbarkeitsidee bereits gediehen. Die Ordensbrüder aber ließen sich durch derartige Deklamationen, die an die Briefe der Dunkelmänner erinnern, düpiren und das Buch uncensurirt passiren. Es ist eben doch im Grunde die Doktrin des Ordens, wie sie jetzt gilt und sei es aus Schmeichelei für Leo, sei es aus Überzeugung, verfochten wird. Haben wir ja schon wiederholt vom höchsten Ort verkündigen hören, es sei göttlicher Wille, daß der Papst weltlicher Herrscher sei; so sei es durch die Vorsehung im historischen Verlauf ein= gerichtet worden. (Warum nimmt man dann die Entziehung des weltlichen Besitzes nicht auch als „göttliche Fügung"?) Kommt die Rede auf das Recht der Monarchie, das doch an= gestammtes und durch Jahrhunderte geheiligtes Erbe ist, so gilt das diesen frommen Politikern keinen Pappenstiel. Da werden tausendjährige Rechte abgesprochen, die Monarchisten zu den Republikanern abkommandirt, als ob Treue gar nichts mehr gelte, als ob man seine Überzeugung von heut' auf morgen so wechseln könnte wie ein Kleid, da heißt es, der einzelne könne nicht erwägen, was für das Ganze des kirch= lichen Interesses von nöten sei — und der kirchliche Besitz soll auf einmal unantastbar und heilig sein. Glaubt man denn, man könne Ehrfurcht vor dem eigenen Eigentum einflößen, wenn man das des Nachbarn für vogelfrei erklärt und als Objekt für politische Kontrahagen behandelt? Schon Lamennais beging diesen Fehler, als er die allgemeine Demokratie predigte und alle Fürstengewalt suspendirte — aber diese souvraine Volksgewalt auf einmal am Felsen Petri sich brechen ließ. Wenn man das Volk zum Souvrain macht, dann wird es sicherlich vor dem geistlichen Besitz und vor der Kirchengewalt nicht Halt machen, und ich glaube kaum, daß, wenn wirklich das italienische Königshaus hinweggesegt würde, das empörte Volk dem heiligen Stuhl in aller Ehrfurcht die Legationen und die Stadt Rom zurückstellen würde. Es ist ein gefährliches Spiel, die Volksleidenschaften wach rufen oder gar ihre elementare Gewalt kirchlich sanktioniren zu wollen.

———— · ————

Ausblick.

Ziehen wir nun das Fazit unserer Erörterungen, so dürfte jedem einsichtsvollen Leser klar sein, daß nicht der Austritt aus der Kirche und der Anschluß an eine fremde Religionsgenossenschaft das Endergebnis unserer Reformbestrebungen sein kann.

Nicht der Austritt aus der Kirche. Denn wir verzweifeln noch nicht an der Wiedergeburt des Katholizismus, so ungünstig auch jetzt die Verhältnisse liegen mögen. Der Fall, daß von oben einer schreiend verlangten Reform widerstrebt wurde, war schon oft da, und es kam schließlich doch zu einer solchen, freilich meist erst nach schmerzlichen Katastrophen. Die neuen Reformideen sind — darüber ist selbst bei den Gegnern nur eine Stimme — durch unbedingt bindenden lehramtlichen Entscheid nicht zurückgewiesen (dabei ist noch zu beachten, daß Schells und Heckers Ideen noch lange nicht die meinigen sind); wir haben also das Recht, an ihnen festzuhalten. Es ist freilich keine rosige Situation, als Vorkämpfer für die Besserung der kirchlichen Verhältnisse noch unter dem Mißtrauen, ja der Anfeindung der kirchlichen Gewalt zu stehen; es gehört schon Opfermut und Idealismus dazu; aber es ist eben auch eine Charakterprobe und ein Zeugnis für die Treue, die wir der von Christus gestifteten Kirche auch unter für uns schweren Verhältnissen leisten. Wir dürfen die Kirche, an deren Göttlichkeit wir glauben, jetzt am wenigsten im Stich lassen und feige und treulos ihr den Rücken kehren. Es kann sich über Nacht die Situation ändern und ein neuer Papst, eine ungeahnte Veränderung unsern Bestrebungen zum Siege verhelfen. Sollte dies aber auch nicht der Fall sein, so heißt es eben ausharren und inzwischen durch Verbreitung der Reformideen die Bewegung so stark machen, daß auch die Autorität mit fortgerissen wird, wofür Antecedentien nicht fehlen. Im Besitz der höheren Kultur, des erstarkten Zeitbewußtseins kann man viel ertragen — selbst den Bescheid einer Inderkongregation.

Am wenigsten kann der Uebertritt zum Protestan

tismus einen Ausweg bieten. Es warten jetzt die Schakale
auf die Beute, die ihnen winkt. Wir Reformkatholiken machen
ihnen diese Freude nicht. Es gibt charakterlose Buben genug,
die sich von den Silberlingen des „evangelischen" Hilfskomités
ankaufen lassen; dort mögen die Hetzer ihre Rechnung finden, nicht
bei Männern. Selbst Pressensé hat eingesehen, daß die Über-
läufer nicht das Material sind, aus denen eine Zukunftskirche
gebaut werden kann. „Ich bin überzeugt," sagt er, „daß
Frankreich das Evangelium nicht in der Gestalt des gegenwärtigen Protestantismus annehmen wird. Der Protestantismus kann nur dazu beitragen, eine umfassendere, wirksamere
Reformation zu beschleunigen, allein für sich allein wird er sie
nicht zu stande bringen; jedenfalls müßte sie innerhalb des
Katholizismus selbst entstehen und sich entwickeln in der
Weise, daß er sich selbst umgestaltet und mit dem götzendiene-
rischen Ultramontanismus bricht, der ihn zu grunde richtet
und sicher das Land zu grunde richten würde, wenn nicht dieser
Triumph vorübergehend wäre. Wir wissen, welche Schätze
der Wissenschaft und Frömmigkeit der Katholizismus in sich birgt. Die Erneuerung Frankreichs kann
nur dann von Erfolg sein, wenn sie vor allem eine religiöse
ist, wenn sie die wahre Freiheit von dem lernt, der am Kreuze
die Seelen frei gemacht hat". Der Anschluß an den Protestantismus wäre der bedenklichste Rückschritt, den wir machen
könnten. Daß ich die auf protestantischem Boden (aber nicht
aus protestantischen Lehren) gewonnenen Kulturerrungenschaften anerkenne, darüber wird nach dem Bisherigen wohl
kein Zweifel obwalten; etwas ganz anderes aber ist der Übertritt zu einer Religionsgenossenschaft. Ich erkenne auch und eigne
mir an die im klassischen Heidentum, in der Religion Zoroasters,
Buddhas, Confutses liegenden Culturelemente, aber ich werde deswegen nicht Buddhist, Chinese, Feueranbeter, Verehrer von Zeus,
Apollo ꝛc. Zum Uebertritt zu einer Confession gehört die
Ueberzeugung von der religiösen Wahrheit und göttlichen Begründung derselben. Der Protestantismus befindet sich nun aber allen Symptomen nach als religiöse Gemeinschaft in völliger Deroute, ja man kann fragen, ob er
überhaupt noch das ist, was man eine Religionsgemeinschaft

d. h. eine Genossenschaft mit festem Charakter, klaren Symbolen und Formen nennt. Wird ja das Wesen, ja der Vorzug des modernen Protestantismus jetzt darin gefunden, daß er eben nicht ein bestimmtes Bekenntnis hat, daß er in einem „dogmenlosen Christentum" (freilich eine contrad. in adj.) besteht, so daß Feuerbachs Worte legitimirt sind, man könne dem Christentum das Herz aus dem Leibe reißen und doch ein guter Protestant bleiben. Diesem Charakter verdankt der Protestantismus seine jüngsten Erfolge: es sind Siege des antireligiösen Prinzips in ihm, nicht des religiösen. Die Führer der österreichischen Apostaten haben offen zugestanden, daß sie den Uebertritt zum Protestantismus wollen, weil er eine Etappe auf dem Weg zum Atheismus ist, für den die Zeit noch nicht reif sei (weshalb sie den Altkatholizismus weniger befürworten, weil er positiver ist). Und dazu läßt sich die protestantische Kirche gebrauchen! Selbst die Orthodoxen verblendet Haß gegen die katholische Kirche so, daß sie eifrig mitwirken — s. die schmächliche Haltung des „Reichsboten"! Es zeigt sich immer mehr, daß der „evangelische" Hetzbund die Führung der Protestanten an sich reißt und selbst die Kirchenbehörden mit fortzieht. Sehr, sehr spärlich waren die Proteste gegen die unverantwortlich frivolen Umtriebe in Oesterreich und selbst diese waren kaum ernst, da z. B. das Wiener Konsistorium wohl die Art der Agitation tadelte, aber die aus klar erkennbaren Motiven erfolgten Uebertritte nicht annullirte! Moralisch und religiös hat sich der Protestantismus hier in einem Verfall gezeigt, der geradezu Erstaunen erregt. Auch in der liberalen Presse haben die Hetzereien des Bundes eine Sympathie gefunden, die den Zeitbetrachter mit Trauer erfüllen muß, um so mehr, als die schüchternen Reaktionen katholischerseits fast als unberechtigt und ihrerseits als Verfolgung der Protestanten gestempelt wurden. Ich kann mir das nur dadurch erklären, daß die Abneigung gegen das herrschende System in der Kirche so groß geworden ist, daß man gegen den Katholizismus alles für erlaubt hält. Es dürfte also dringend die Mahnung am Platze sein, dem katholischen Namen durch ernste Reformen und Beseitigung alles die Gegenwart vor den Kopf Stoßenden wieder Ehre zu machen. Es ist für die Stimmung der Zeit bezeichnend, daß dieselben Parteien und Blätter, die den Antisemitismus als „Hetze" brandmarken und wütend angreifen, in der Katholikenhetze, die doch ausschließlicher Zweck des bekannten Bundes ist, nichts anstößiges sehen und den Bund selbst eifrig fördern. Nun sind aber die Katholiken nicht nur sicher etwas ebleres als die Juden, sondern die Antisemiten haben vor den andern Hetzern auch das voraus, daß sie — wenigstens die Vernünftigeren unter ihnen — neben den negativen noch positive (soziale, volkswirtschaftliche, nationale, religiöse) Zwecke verfolgen, während die Bündler nie ein positives religiöses Interesse zeigen, einer inneren Konsolidation, Bekenntnisfragen u. s. w. vielmehr ausweichen, weil sie darin einen Keim zur Spaltung sehen, der ihrer Tendenz, alle Kräfte des Protestantismus zur Niederwerfung der katholischen Kirche zu verwenden, entgegenwirken würde. Ich kann mir nun aber nichts verächtlicheres denken, als Menschen, die einzig vom Haß sich inspiriren lassen — und das soll „evangelisch" sein? das ist ihre Auffassung vom Evangelium der Liebe? Die bloße Negation in der Polemik ist immer gemein; ich möchte keine Feder anrühren, wenn ich nicht für ein positives Ziel kämpfen könnte, wenn ich so geistesarm, so sittlich verwahrlost wäre, daß mir der Unglaube völlig genügen würde. Ich würde am wenigsten dem noch positiv Glaubenden, also dem Ideenreicheren, sein inneres Gut rauben, seinen Frieden nehmen wollen. Es liegt auch auf der Hand, daß in dem Uebergang des Protestantismus zu einer nur noch durch Negation zusammengehaltenen, in allen positiven Anschauungen oder auseinandergehenden Gesellschaft der innere Zusammenbruch, die offene Bankrotterklärung ausgesprochen ist. Denn wo immer wir Religionsgemeinschaften treffen, immer sind sie eine Gesellschaft gleichgesinnter, gleichgestimmter Personen gewesen; ein und derselbe Glaubensinhalt wurde für alle Glieder insgesamt und für jedes Glied insbesondere vorausgesetzt; es herrschte das durchgreifende und zwingende Gefühl der Notwendigkeit, mit seinen innersten und heiligsten Angelegenheiten sich in einem Kreis wahrhaft Gleichgesinnter zu wissen. Dieses Gefühl, diese aufs stärkste gefühlte Notwendigkeit, in Sachen des Glaubens nur mit Einverstandenen ver-

lehren zu können, hat die furchtbaren Kämpfe um das Bekenntnis, hat die religiösen Trennungen erzeugt — Kämpfe
und Trennungen, die der moderne Protestant, dem Dogmen
nutzloser Kram sind, gar nicht begreift, die aber unseren Vor-
eltern trotz ihrer namenlosen Leiden für das hohe Gut der
Einheit des Glaubens nicht zu teuer waren. Dieses Wesen
aller religiösen Gemeinschaften, diese Lebensgrundlage aller
kirchlichen Vereinigung aufgeben, heißt nichts anderes, als den
Charakter einer religiösen Gemeinschaft aufgeben, und somit
den Protestantismus als Kirchengenossenschaft nicht blos hinter
den Katholizismus, sondern hinter dem Islam, Buddhismus,
ja hinter der letzten Negerreligion zurückwerfen. Auch den
Protestantismus, soweit er orthodox ist und nicht als Sonder-
konfession sich von der Landeskirche getrennt hat, berührt
dieser Vorwurf; denn die Orthodoxen verkehren mit den ungläubigen Protestanten in derselben Gemeinschaft; ja
sie suchen in ihnen eine weit engere Verbrüderung als mit
den gläubigen Katholiken, gegen die sie sich mit jenen zum
Kampf zusammenschließen. Wie verhängnisvoll das ist, darüber
könnten die warnenden Worte Vilmars 1846 gelegentlich der
Deutschkatholikenfrage belehren (Vilmar, Zur neuesten Kulturgeschichte 3, 281 ff.). Wir Katholiken können über solche Gestaltung der Zeiten nur frohlocken. Mehr als je habe ich die
Hoffnung, daß ein gereinigter Katholizismus die Religion der
Zukunft bilden werde, je mehr der innere Verfall des Protestantismus zu Tage tritt. Jenem werden sich dann die un-
befriedigten und Gott suchenden Elemente der protestantischen
Kirche anschließen. Dann wird Joh. 10, 16 erfüllt werden:
„Es wird ein Hirt und eine Herde sein".

Anhang.

Zu S. 84. Gegen Pichler mußte Hergenröther, der offizielle Historiker der Curie seinen „Photius" schreiben. Vergleiche hiezu die Schrift des jetzt vorzüglichsten Kenners der orientalischen Kirchenverhältnisse, Albert Erhards: Die orientalische
Kirchenfrage und Oesterreichs Beruf in ihrer Lösung. Wien
und Stuttgart 1899, besonders S. 19 und 61.

1. Jean Paul und seine Bedeutung für die Gegenwart. München. Verlag Dr. Lüneburg, 1894.

Wer liest heute noch Jean Paul? Mit Ausnahme der Handvoll Literarhistoriker kein Mensch. Das kann kein noch so schönes Buch ändern. . Darüber hilft nicht fort, daß Müller seine Aufgabe in glänzender Weise gelöst hat. Nach einer einleitenden biographischen Skizze charakterisiert er J. Paul als Menschen, als Philosophen und Moralisten, spricht über seine Religion, betrachtet ihn als Pädagogen, als Dichter, Sprachschöpfer und schließlich als Politiker. So steht am Ende der ganze Mensch vor uns, dieser wunderbare originelle Mensch, der hundert Talente mitbekommen hatte und durch seinen Humor das Kunterbunt seines Wissens und Könnens zur Einsicht verband. . . Nach zwei Seiten ist das Müllersche Buch wertvoll, als Beitrag zur Literaturgeschichte und als Zeitdokument. Als Beitrag zur Literaturgeschichte, denn es giebt die gründlichste Charakteranalyse, die sich geben läßt. Deutscher Fleiß hat es geschaffen, und die Liebe zum Dichter hat Pathe gestanden. Man braucht nur die Disposition des Buches zu sehen und man weiß, daß man sicher geführt wird. Als Zeitdokument aber hat das Werk noch einen besonderen Reiz, weil es das Recht der Persönlichkeit predigt, weil es im Kern ein antisozialistisches Buch, weil es eine Streitschrift ist für Individualismus und Volkskraft. *Karl Busse.*

An dem großen und gründlichen Werk erweckt nahezu Bewunderung schon der Mut des Unternehmens. Wohl keinem der großen deutschen Autoren fühlt die überwiegende Anzahl der Leser sich so gründlich entfremdet als Jean Paul. Für die Aufgabe, Jean Paul als den Eckstein einer religiösen Wiedergeburt im Sinn einer Regeneration des ganzen Lebens zu erweisen, bringt der Autor das erste Erfordernis, eine bis ins Einzelnste genaue Kenntnis der Schriften seines Helden mit sich. Nie ist Jean Paul so allseitig bearbeitet worden. In der Kenntnis des Gegenstandes dürfte kaum einer seiner Vorgänger mit diesem neuesten Interpreten verglichen werden können. Wo er sie kritisiert, erscheint er von dieser Seite entschieden überlegen. *Eugen Kühnemann.*

Jean Paul, den Ernst seiner Lebensauffassung, die Größe seines Phantasie- und Empfindungslebens, unserer Zeit wieder nahezubringen, ist immer ein Verdienst. Ein ganz besonderes aber wird es, wenn es in einer Weise geschieht, wie in diesem Buch. Müller führt uns den Wunsiedler Dichter und Denker als Mensch, Philosophen, Pädagogen, Dichter, Sprachschöpfer und Politiker und in seinem Verhältnis zur Religion vor, zeichnet ihn meist mit seinen eignen Worten, die, als Perlen tiefsinniger Gedankenoffenbarungen, das Buch zu einer Fundgrube von Lebensweisheit machen, und legt stets das Gewicht auf die Hauptsache, das Wertvolle und Vorbildliche im Leben des großen Manns, der in der sittlich schlaffen Zeit der sog. Kraftgenies sich als Prophet des Ideals empfand und bethätigte. Gegenüber der Fülle von edler Anregung, die ein solches Buch gewährt, wird man die eine oder andere anfechtbare Wendung gern übersehen. Je weniger die Werke J. Pauls als Ganzes uns heute genießbar wird, je weniger sie deshalb gelesen werden, je mehr sollte man zu solchen Büchern greifen, die gerade in einer Zeit, wo der Verfall der Sitten mit kaltem Wissensdünkel Hand in Hand geht, und das Band zwischen Religion und Kunst, den großen Schwesterreichen gelockert ist, von unschätzbarer Bedeutung sind.   **Karl Muth.**

Wir haben es hier mit einem wertvollen, hochbedeutsamen Werk zu thun. Zum ersten Mal erscheint hier der ganze J. Paul mit beständiger Rücksichtnahme auf die brennenden Fragen und Probleme der Gegenwart behandelt und zwar in einer Darstellung, die, anziehend und vollendet, durchweg auf ernster und umsichtiger Quellenforschung beruht. Als eine ausgezeichnete Leistung sind die Kapitel zu bezeichnen, welche den vielverkannten Dichter als Menschen, Optimisten, Philosophen, Pädagogen behandelt, sie bekunden eine meisterhafte Beherrschung und künstlerische Gestaltung des umfangreichen Stoffs und bewegen durch sittlichen Ernst und eine ungewöhnliche Wärme des Tons das Herz des Lesers. Die tiefen und herrlichen Gedanken eines der größten Geister unseres Volks und eines der edelsten Menschen aller Zeiten geben ein imposantes, harmonisches Gedankengebäude voll der originellsten Züge.   **Old Fellow.**

Wir sind dem Verfasser dankbar, daß er uns in seinem mit sichtbarer Liebe zum Dichter geschriebenem Werk ein so ungewöhnliches, reiches und anregendes Geistesleben wieder näher gebracht und wir können nur wünschen, daß sein Werk, das eine wahre Fundgrube fruchtbarer und anregender Gedanken ist, allseitig Beachtung fände... Der Herr Verfasser hat sich mit Liebe seinem Thema hingegeben, es ist eine tüchtige Leistung und wir wünschen demselben guten Erfolg.   **J. Herter.** (Lit. Rundsch.)

Im ganzen hat Müller eine gediegene Arbeit geliefert. Sie zeugt überall von einer sehr gründlichen Kenntnis des Lebens und der Schriften J. Pauls und zugleich von dem rühmlichen Bestreben, die Widersprüche und Sonderbarkeiten, die uns in diesem Leben und Wirken stören, durch eine möglichst tiefeindringende philosophische Forschung zu erklären... Man merkt dem Werk nicht nur den Fleiß und die Gewissenhaftigkeit an, mit denen sein Verfasser arbeitete, sondern man erkennt auch leicht, daß Müllers Absichten durchaus die besten, sittlich reinsten sind.   **Franz Muncker.**

Das Werk ist sowohl mit philosophischem Geist als mit sehr beträchtlichem Aufwand von Fleiß geschrieben.
          Augsb. Abendzeitung.

Mit Freuden begrüßen wir vorliegende Schrift, deren Aufgabe es ist, eine der eigenartigsten Persönlichkeiten der deutschen Literatur nach ihren verschiedenen Seiten zu schildern. ... Was wir besonders begrüßen, ist die ausführliche Schilderung J. Pauls als Pädagogen. In der Geschichte der Pädagogik ist J. Paul meist zu kurz, wenn nicht oberflächlich behandelt worden. Was ist in den zerstreuten Werken über diesen Gegenstand Bedeutendes geleistet, was in der Levana, Titan, der unsichtbaren Loge, einem Mur, Firlein Wichtiges zu finden, führt Verfasser hier in geordneter Weise uns vor und befriedigt zugleich des Lesers Bedürfnis nach einem systematischen Zusammenhang. ... Überschäumend wie perlender Wein tritt der Genius J. Pauls vor unser Gemüt auf's Neue, herb und oft der klassischen Form entbehrend, aber doch tief befriedigend, weil wahrhaft erhebend.   Josef Bach.

2. **Die Seelenlehre Jean Pauls.** München, bei Lüneburg 1894.

3. **Das Wesen des Humors.** München, bei Lüneburg 1896.

In gewandter, lebhafter Darstellung bespricht der Verfasser zunächst eine Reihe alter und neuer Ansichten über das Wesen des Humors. M. tabelt an den bisher gemachten Versuchen hauptsächlich die Überspannung der im Humor vorhandenen Gegensätze, die Hervorhebung pessimistischer Züge und die Neigung, statt einer wirklich wissenschaftlichen Behandlung der Frage selbst ein Feuerwerk humoristischer Vergleiche loszubrennen. Im zweiten thetischen Abschnitt entwickelt er seine eigne Auffassung im Zusammenhang: Der Humor drückt eine 1. lebensfreudige, optimistische, 2. sittlich edle Gemütsstimmung mit den Mitteln des Komischen aus, was ihm die Vorteile der Kontrastwirkung gestattet.
                Karl Groos.

Personne ne se trouvait mieux placé que M. le docteur Müller, pour traiter ce sujet special de l'humour. N' a-t-il pas en effet pénétré le plus avant dans l'esprit le plus humoristique que nous connaissions en Allemagne par ses belles études sur Jean Paul? .. Laissant de côté le terrain metaphysique qui a égaré plus d'un critique et l'a amené à porter dans sa definition les idees qui decoulaient à priori de son système, M. Müller se place au point de vue psychologique et cherche à determiner les qualités qui constituent l'ecrivain humoristique .. et il les reduit a deux: l'optimisme d'une part, la noblesse morale d'autre part.
                Polybiblion, Revue bibliogr. univers.

4. **Eine Philosophie des Schönen in Natur und Kunst.** Mainz, bei Kirchheim. 1897.

Ein überaus anregendes Buch, von umfassendem Studium und feinem Kunstverständnis zeugend, dabei gewandt geschrieben, blendender und effektvoller, als sonst katholischen Verlagswerken eigen zu sein pflegt. So leicht und angenehm das Buch sich auch liest, so ist's doch mit einmaligem Durchfliegen freilich nicht angethan; man wird's immer mit Genuß und Vorteil zur Hand nehmen; leicht und zwanglos reihen sich die einzelnen Abschnitte an einander und doch liegt ihnen eine feste Disposition zu grunde, deren Klarheit und Folgerichtigkeit einem erst beim Rückblick ganz zum Bewußtsein kommt... Die Darstellung bietet eine Fülle von Belehrungen in geistreicher Form: selbst für die Behandlung und Würdigung unserer Schulschriftsteller habe ich manches daraus entnommen, obwohl auf eine so hausbackene Nutznießung der Verfasser kaum zu reflektieren scheint.   Dr. Seidenberger.

Es ist staunenswert, wie unterhaltend der Verfasser eine ungeheure Menge gedanklichen Stoffs auf den 270 Seiten gruppiert und dargestellt hat. Wir Katholiken dürfen uns zu diesem Buch aufrichtig Glück wünschen: unsere eigne Literatur enthält nichts ebenbürtiges, die liberale nichts, woneben es sich nicht sehen lassen könnte. Das Wort Hertlings, daß ein tüchtiger Gelehrter zehn Bände Apologetik aufwiege, möchten wir bewundernd mit Bezug auf H. Müller als den Verfasser der „Philosophie des Schönen" wiederholen. Es ist leicht zu weissagen, daß sich sein Buch auch bei den Gegnern das größte Ansehen verschaffen wird. In ihm wird zum ersten Mal von katholischem Standpunkt aus eine durchaus modern gedachte und dem modernen Geist zusagende Ästhetik geschaffen und damit dem katholischen Standpunkt in der modernen Kunstwelt zum ersten Mal eine gewichtige Stimme erobert. Der Schwung der Sprache, die Leichtigkeit der Gedankenwiedergabe und der hinreißende Fluß der Darstellung verbürgen uns überdies, daß die Stimme Müllers nicht in den engen Fachkreisen verhallen wird.   Dr. Martin Spahn.

Josef Müller, der durch seine Bücher über Jean Paul sich bereits als geistreichen Ästhetiker erwiesen, hat nun auch mit einer gediegenen Ästhetik die katholische Literatur bereichert. Es ist ein inhaltschweres Buch, in blendender Diktion geschrieben. Der Verfasser hat eine Menge prächtiger Gedanken in sein Werk gelegt. Dabei ist er Meister des Stils; die Klarheit des Denkens wird bei ihm von selbst zur Schönheit der Form... Zu den glänzenden Partien des Buchs gehört, was M. über das Verhältnis des Wahren und Schönen geschrieben. Vorzüglich ist der Abschnitt über Natur und Kunst... In geradezu erhabener Sprache preist der Verfasser die beseelte Stimme..   Dr. Vögele.

Müllers Buch enthält viele originelle Gedanken und die Fülle von aufgeführten Beispielen zeugt von der Belesenheit des Verfassers. Ein außerordentlich reicher Stoff ist hier in einer Schrift geringen Umfangs durchgearbeitet und dargestellt. Daß M. Katholik ist, macht sich nur selten bemerkbar, jedenfalls beweist seine Verehrung Göthes und seine Bewunderung Shakespeares und Jean Pauls, daß er kein ultramontaner Fanatiker ist. Diese Philosophie des Schönen verdient von allen Freunden des Idealismus in der Kunst gelesen zu werden.   Baltische Monatsschrift.

Auch in der Vornehmheit des Tons steht das Buch hoch über der Jungmannschen Ästhetik. Alles Salbungsvolle, alles spezifisch

Theologische ist sorgfältig vermieden. Die Polemik ist maßvoll, es fehlt fast ganz an den beliebten Seitenhieben auf den Protestantismus, dessen Hang zur Innerlichkeit offen anerkannt wird.

Alfred Obermann.

Das Buch hat große formelle Vorzüge, es ist flott geschrieben .. wen der wiederholt hervortretende kirchliche Standpunkt des Verfassers nicht stört, der wird das Buch mit Genuß und auch mit Gewinn lesen. Lit. Centralbl.

5. Die Keuschheitsideen in ihrer geschichtlichen Entwicklung und praktischen Bedeutung. Mainz, Kirchheim 1897.

Ich möchte dieses Werk geradezu als eine rettende That bezeichnen; denn mit der Vogelstraußpolitik auf diesem Gebiete ist's auf die Dauer doch nicht gethan. Die Schrift bietet, was bisher noch nicht geboten wurde, eine Geschichte der Hochachtung der Keuschheit bei den Völkern des Altertums, des Mittelalters und der Neuzeit mit kritischer Würdigung der entgegengesetzten Tendenzen ... Wo Montegazza ausgelegt ist, müßte auch Müllers Geschichte der Keuschheitsideen zu finden sein, und gelesen würde sie, Stoff und Eleganz der Darstellung bürgen dafür; freilich müßte auch die buchhändlerische Reklame ein übriges thun, und darauf verstehen sich, scheint es, die Katholiken noch zu wenig.

Dr. Seidenberger.

Der Verfasser gibt in fesselnder Sprache eine eingehende Darstellung der Keuschheitsideen und Bewegungen bei allen Kulturvölkern vom Altertum und Mittelalter bis zur modernen und modernsten Richtung... Am vortrefflichsten gelungen sind seine Ausführungen über die neuere Erotik. In diesem Glanzkapital des ganzen Werks zeigt er sich als scharfer Beobachter, vielbelesener Philosoph und gewandter Kritiker, der sich auch hier endlich von den vorgefaßten Meinungen seines Standes emanzipiert. ... Jedenfalls verdient dieser erste Versuch einer zusammenfassenden geschichtlichen Darstellung der Keuschheitsidee, auch vom gegnerischen Standpunkt aus, weitgehende Beachtung. Pfälzische Presse.

Brillanter Stil, ungemein fesselnde Ausführungen... es findet sich kein einziger Gemeinplatz darin und selbst dem mit der Kulturgeschichte Vertrauten ist alles mit wenigen Ausnahmen neu und in überraschende Beleuchtung gerückt.

Dr. Grupp.

Wir müssen vor allem die große Belesenheit und meisterhafte Exposition des Verfassers rühmend hervorheben. Er versteht es in seltenem Maße, seinen Stoff in klarer, durchsichtiger Weise zu behandeln, die passendsten Belege an rechter Stelle zu bringen und verfügt dabei über einen klassischen Stil, wobei bei einzelnen Stellen die Darstellung sich zu einem wahrhaft lyrischen Schwung erhebt! Man sieht es dem Verfasser an, daß er seinen Stoff mit Lust und Liebe behandelt, sich in den Stoff gründlich vertieft hat und daß er über eine jahrelange Erfahrung und ein in der Praxis gereiftes Urteil verfügt. Darum liest sich sein Buch mit Genuß und noch mehr mit Nutzen!

Dr. von Hackelberg.

**6. System der Philosophie (Erkenntnistheorie, Lo=
gik, Metaph., Psychologie, Moralphil.). Mainz,
Kirchheim 1898.**

Der als geistreicher und scharfsinniger philosophischer Schrift=
steller längst bekannte Verfasser bietet hier auf 372 Seiten ein
relativ vollständiges System der Philosophie. Das Buch Müllers
kann mit den vorhandenen Lehr- und Handbüchern der Philoso=
phie nicht verglichen werden, es ist eine Leistung sui generis, die
sozusagen aus sich selbst heraus beurteilt werden muß. . . Nach
unserm Dafürhalten ist das Buch, die Frucht zwanzigjähriger
Studien, in originellem und hochmodernen Gewande
auftretend, von einem mit allem Rüstzeug der modernen
Wissenschaft versehenem Verfasser zeugend, sehr geeignet, durch
Selbststudium in die Philosophie einzuführen und die Nichtigkeit
moderner Skepsis darzuthun.   Wiener Vaterland.

In dem Buch wird der ernstliche Versuch gemacht, die christ=
liche Philosophie nach Inhalt und Form zu modernisieren. Bis
jetzt wurde den literarischen Erscheinungen christlich philosophischen
Charakters immer wieder vorgeworfen, sie stünden nicht auf der
Höhe der Zeit, die Form sei unverdaulich und dergl. Diesen Ein=
wand hat der Verfasser Lügen gestraft, und zwar mit einer
Eleganz und Gelehrsamkeit, um die ihn mancher atheistischer Phi=
losoph beneiden wird. Dr. Müller beherrscht mit wohlthuender
Sicherheit das große und weite Gebiet der Ästhetik und Philoso=
phie; er faßt die schwierigsten Probleme mit einer Leichtigkeit an,
die es mehr als wahrscheinlich erscheinen läßt, daß wir in seinen
Werken „die Frucht zwanzigjähriger Studien" vor uns haben. . .

Die philosophischen Werke des Verfassers bedeuten einen Fort=
schritt in der Entwicklung des christlich-philosophischen
Gedankens; denn in denselben wird der ernstliche und glückver=
heißende Versuch gemacht, die bleibenden Errungenschaften der mo=
dernen Philosophie in die Grundvesten der theistischen Weltan=
schauung einzugliedern; sie führen uns ein in das Verständnis moderner
Probleme; die Sprache ist edel, schwungvoll, klar dahinfließend.
              Dr. Albert Lang.   Straßb. Diözesanbl.

Als eines der besten Bücher zum Studium der Philosophie
muß das vorliegende von Dr. Josef Müller bezeichnet werden. So
schön, so klar, so anziehend wie Dr. Müller hat nicht bald ein anderer
philosophischer Autor geschrieben.   Wiener Volksblatt.

Originell ist die Einteilung des ganzen Stoffs, originell auch
die Begründung der einzelnen Fragen. Auch wer auf dem Gebiet
der Philosophie bereits Bescheid weiß, wird gewiß mit lebhaftem
Interesse der frischen, oft geistreichen Darstellung folgen, die da=
durch noch gewinnt, daß die modernen philosophischen Richtungen
mehr als dies gewöhnlich geschieht, berücksichtigt werden.
                                      Chr. Willems.

**7. Pädagogik und Didaktik auf modern wissen=
schaftlicher Grundlage. Mainz, Kirchheim 1898.**

Jeder Erzieher, jeder Geistliche und Lehrer, der aufgeklärte
Vater und die gebildete Mutter sollten diese treffliche Schrift lesen

und wieder lesen. Für den Kenner ist das Buch durch und durch wissenschaftlich geschrieben; der Stil ist aber so plastisch, so klar und einfach, so entfernt von Phrasen und gelehrten Redensarten, daß man mit Spannung weiter liest wie in einem Roman. . . Ein Überblick über die Geschichte der Pädagogik schließt als Anhang das wertvolle Buch, das die Vorzüge aller Schriften des geschätzten Verfassers, Tiefe der Gedanken und glänzende Diktion in hohem Maße in sich vereinigt und deshalb in weiten Kreisen als hochwillkommene Gabe begrüßt werden wird.

Dr. J. Moser, Berlin.

Die Lösung dieser Aufgabe ist dem Verfasser in einer Weise gelungen, die die Aufmerksamkeit der gesamten Lehrerwelt auf sich ziehen muß. Ob Freund oder Feind, jedermann, der der hehren Disziplin der Pädagogik nicht fern steht, muß die phänomenale Beherrschung des Stoffs bewundern, den der Verfasser streng wissenschaftlich und doch einfach und klar behandelt. Tiefe der Gedanken ist vereint mit glänzender Diktion, ist getragen und verklärt von edler Gemütsstimmung, die den Lehrer fesselt, erwärmt und begeistert. . . Elegant und schneidig, sicher und treffend, weist er die pädagogischen Verirrungen der Gegenwart zurück, seine Arbeit ist ein Kernschuß aus dem gewaltigstem Geschütz unserer Zeit gegen die antichristliche Pädagogik. Dabei ist die Form seiner Polemik nobel, human und gewinnend.

Prof. Otter, Wr. Neustadt.

Das Buch zählt zu der kleinen Anzahl von Werken, die man mit ungetrübtem Genuß liest, und aus denen man in angenehmer Weise etwas Tüchtiges lernt. Angenehm und befriedigend wirkt einesteils die durchaus klare, einfache Darstellung, dann der Reichtum der Gedanken, die Behandlung und Gruppierung des Stoffs, die Heranziehung der Klassiker und Pädagogen aller Zeiten.

Büchermarkt, Krefeld.

Das vorliegende Lehrbuch ist eines der ausgezeichnetsten seiner Art, wert, nicht nur von Lehrern, sondern von jedem studiert zu werden, der Familie besitzt. Die strenge Wissenschaftlichkeit dieser seltenen Publikation verhindert nicht eine recht einfache, plastische Darstellung, sodaß es eine Lust ist, sich in die Probleme der Erziehung zu versenken. Jede einzelne Frage, die uns in diesen Tagen beschäftigt, jedes Ziel, das uns für die Folge zu erreichen bleibt, hat der Verfasser berührt, sodaß das Werk ein sicherer Wegweiser ist für jeden, der in unserer Zeit strebt. Es ist selbstverständlich, daß sich das Buch bald in den Händen eines jeden tüchtigen Lehrers befinden wird. Die Tiefe der Gedanken und die Vorzüglichkeit der Darstellung sichern dem trefflichen Werk für lange Zeit einen hervorragenden Platz unter den gleichgearteten. Wir empfehlen es aufs dringendste.

S. Thierack in der „Pädagogischen Warte."

8. Erlaubt die Kirche die eidliche Ableugnung einer wissentlichen Thatsache? München, bei Pössenbacher 1896.